500円で覚える
エクセル&ワード&パワポの
超基本ワザ全部!

ワイツープロジェクト

SUGOI
文庫

宝島社

この本の使い方

タイトルが「やりたいこと」「知りたいこと」になっています。目次から探してお使いください。巻末には効率アップに欠かせない「ショートカットキー一覧」もあります。使用頻度の高いキーを厳選してありますので、きっと役に立つことと思います。

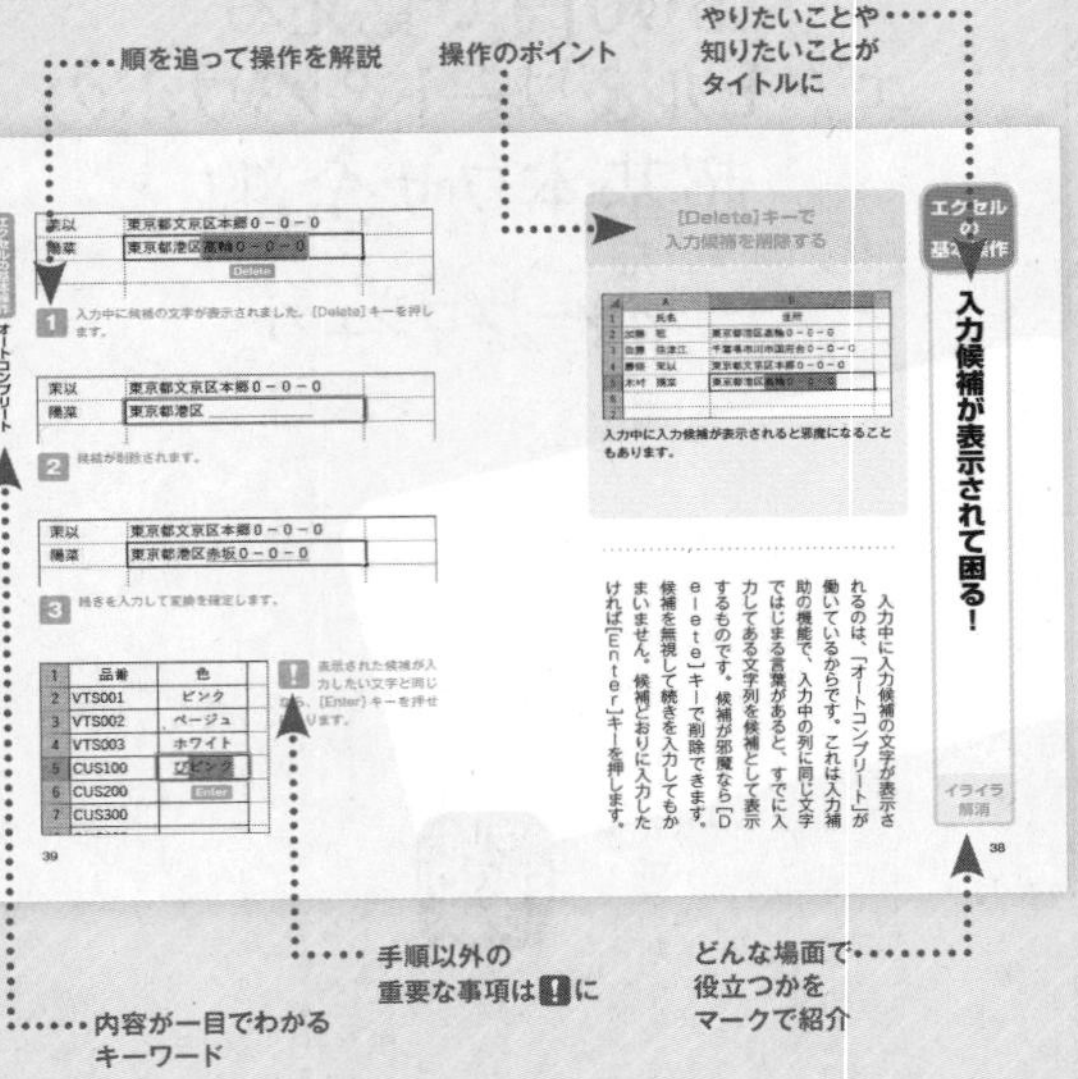
順を追って操作を解説
操作のポイント
やりたいことや知りたいことがタイトルに
エクセルの基本操作
入力候補が表示されて困る!
[Delete]キーで入力候補を削除する
入力中に入力候補が表示されると邪魔になることもあります。
入力中に入力候補の文字が表示されるのは、「オートコンプリート」が働いているからです。これは入力補助の機能で、入力中の列に同じ文字ではじまる言葉があると、すでに入力してある文字列を候補として表示するものです。候補が邪魔なら[Delete]キーで削除できます。候補を無視して続きを入力してもかまいません。候補どおりに入力したければ[Enter]キーを押します。
イライラ解消
オートコンプリート
入力中に候補の文字が表示されました。[Delete]キーを押します。
候補が削除されます。
続きを入力して変換を確定します。
手順以外の重要な事項は!に
どんな場面で役立つかをマークで紹介
内容が一目でわかるキーワード

宝島SUGOI文庫
500円で覚えるエクセル&ワード&パワポの超基本ワザ全部!

書式とレイアウト

位置揃え

表

アニメーション

スライドショー

保存と印刷

Part5 共通操作 画像編

図形・図表・写真

Part 1
共通操作
基本編

ファイルの操作

画面表示

ファイルを開く

保存場所を開いて ファイルを選ぶ

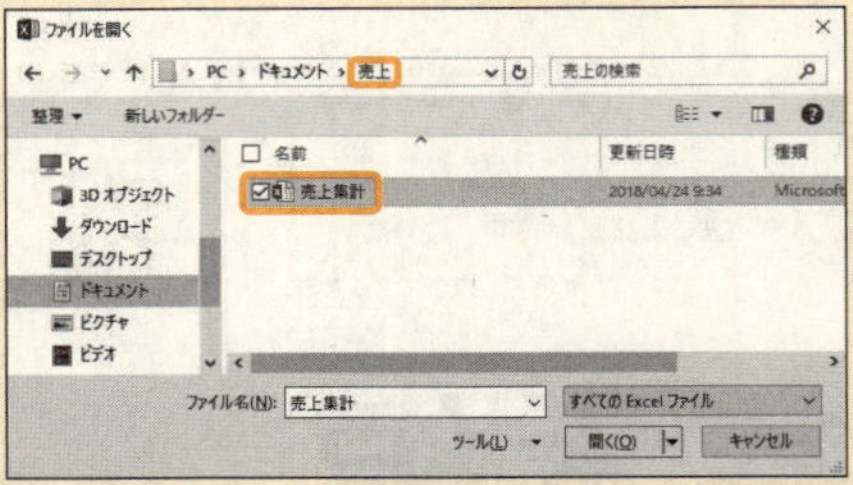

「売上」フォルダーのなかの「売上集計」を開こうとしています。

ファイルを開くには、まず保存したフォルダーを開きます。［開く］画面でフォルダーを移動し、目的のファイルを選ぶという手順になります。最近使ったファイルなら、履歴から開く方法もあります（Ｐ14参照）。

開いたファイルのタイトルバーに「互換モード」と表示されていたら、以前のバージョンの形式です。このファイルは２０１０以降の形式にすることもできます（Ｐ16参照）。

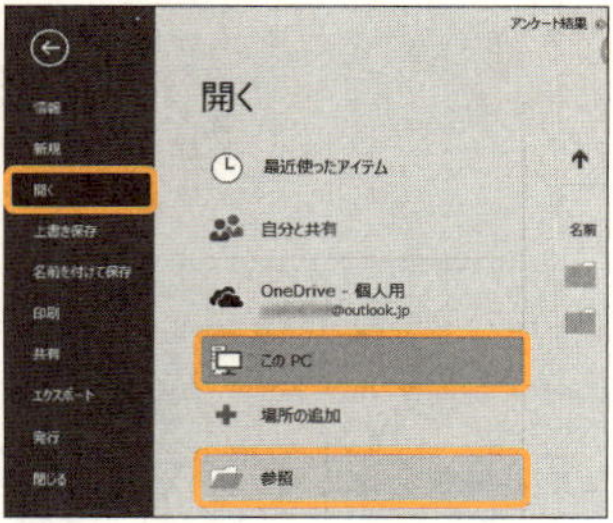

1 ［ファイル］タブを開き、左の一覧で［開く］を選びます。2010では次に**2**に進みます。［このPC］（2013では［コンピューター］）→［参照］をクリックします。2016では、この画面の右側でフォルダーを移動してファイルを開くこともできます。

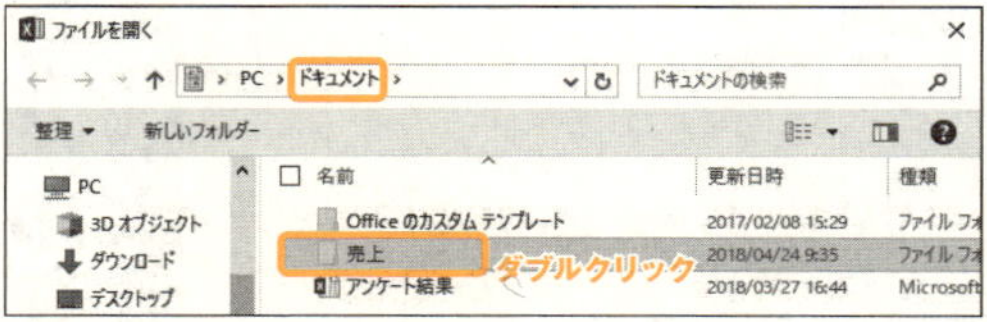

2 **1**を行うと、通常は「ドキュメント」フォルダーが開きます。それ以外の場所だったら、左の一覧で［ドキュメント］をクリックすれば「ドキュメント」フォルダーに移動できます。ファイルが保存されたフォルダーをダブルクリックします。必要に応じてこの操作を繰り返し、目的のフォルダーに移動してください。

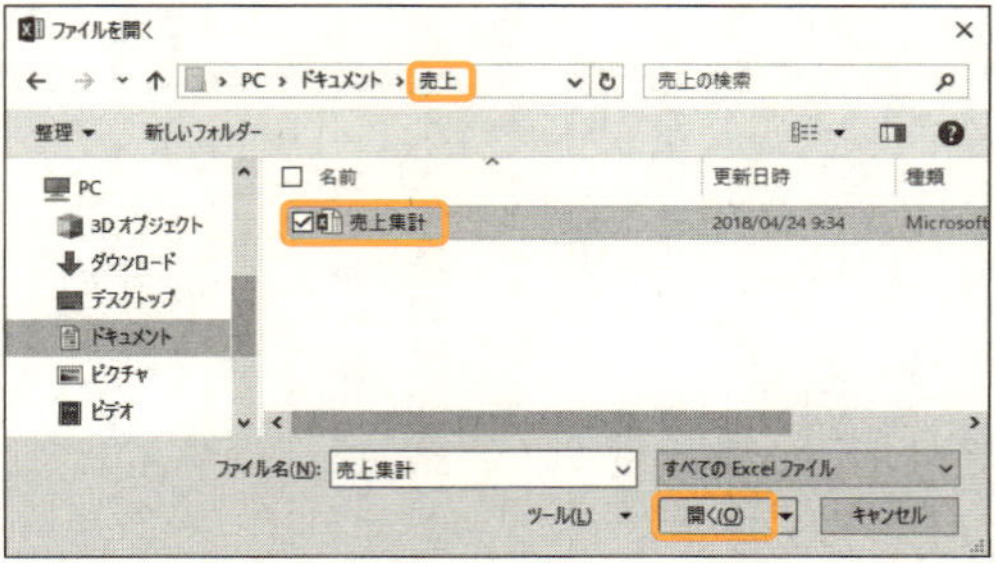

3 ファイルを選び、［開く］をクリックするとファイルが開きます。または、ファイルをダブルクリックしても開くことができます。

ファイルの操作

既存のファイルを上書きしないように開きたい

これは便利!

右クリック→[新規]でファイルのコピーを開く

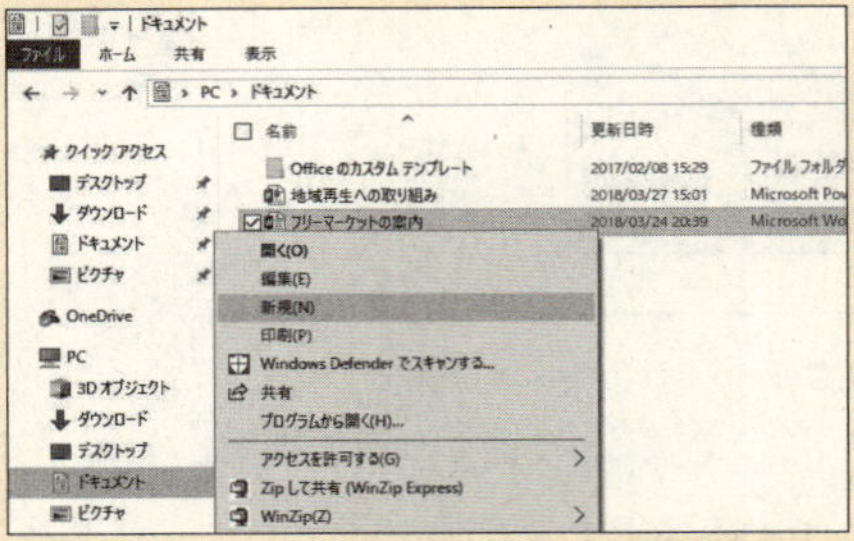

「フリーマーケットの案内」のコピーを新しいファイルとして開こうとしています。

既存のファイルを書き換えて新しいファイルを作るのは、誰でも頻繁に行う作業です。しかし、元のファイルを開いて編集すると、うっかり上書きしないとも限りません。

既存のファイルから別のファイルを作りたいときは、元のファイルのコピーを開くようにしましょう。中身は元のファイルと同じですが、別のファイルになるので、上書きする心配がありません。

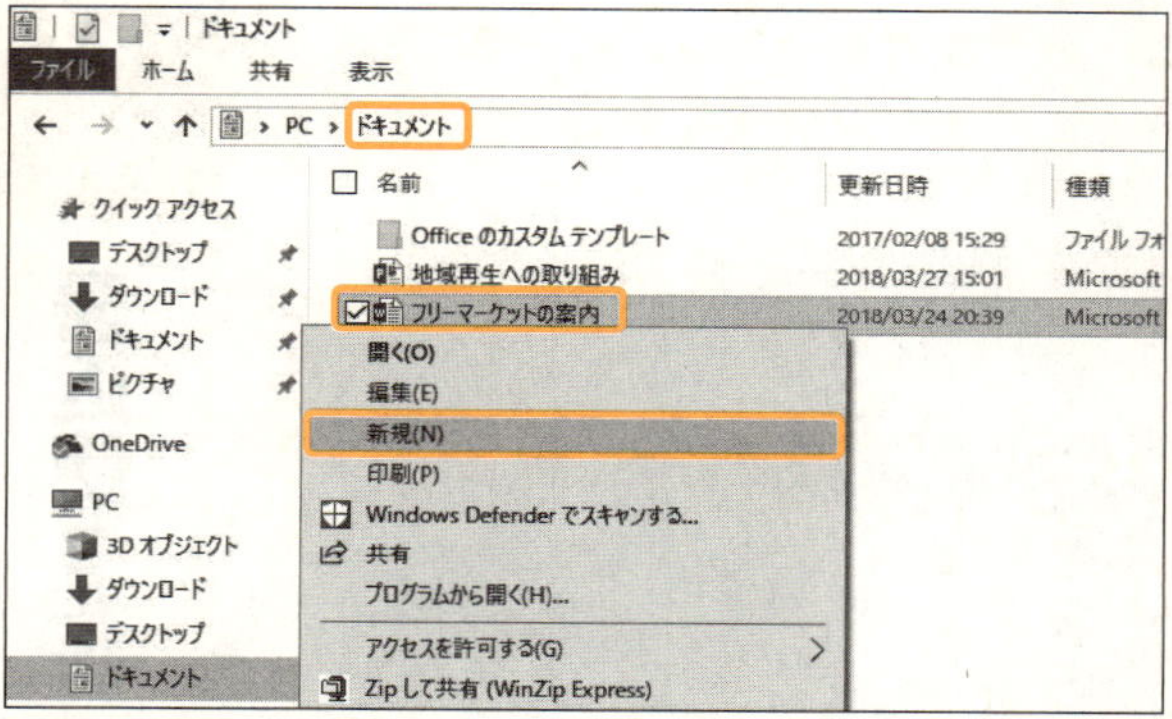

1 エクスプローラーで、ファイルを保存したフォルダーを開きます。コピーを開きたいファイルを右クリックして[新規]または[新規作成]を選びます。

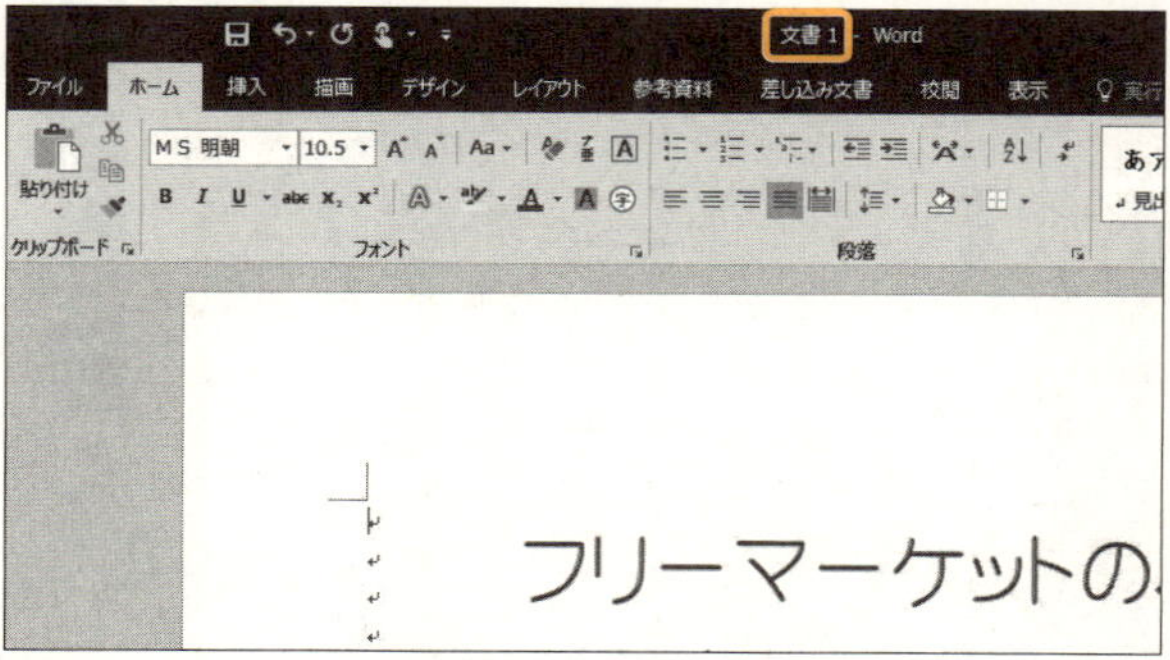

2 ファイルのコピーが開きます。ワードやパワーポイント(以下パワポ)では新規作成ファイルと同じように、「文書1」、「プレゼンテーション1」などと表示されます。エクセルでは元のファイル名に「1」を加えた仮の名前で開きます。いずれの場合も[ファイル]タブを開き、左の一覧で[名前を付けて保存]を選んで保存してください。

ファイルの操作

最近使ったファイルを簡単に開く

時間短縮
効率UP!

最近使ったファイルの一覧で開くファイルを選ぶ

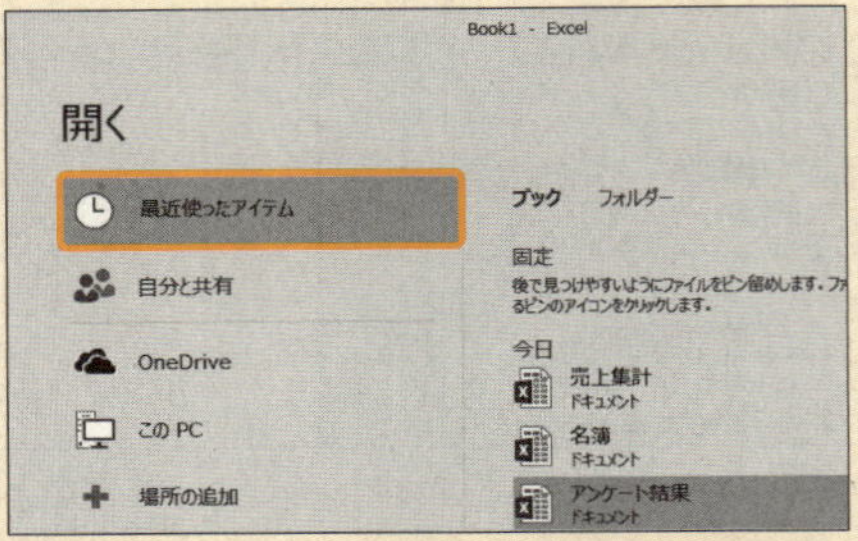

最近使ったファイルは、[最近使ったアイテム] などから選べます。

最近使ったファイルは履歴から開けます。よく使うファイルを手早く開く方法です。

履歴は、エクセルなどを起動中なら「ファイル」タブの「開く」→「最近使ったアイテム」（2013は「最近使ったブック」など）から表示できます。2010は「ファイル」タブ→「最近使ったファイル」で表示します。タスクバーにあるエクセルなどのアイコンを右クリックする方法も便利です。

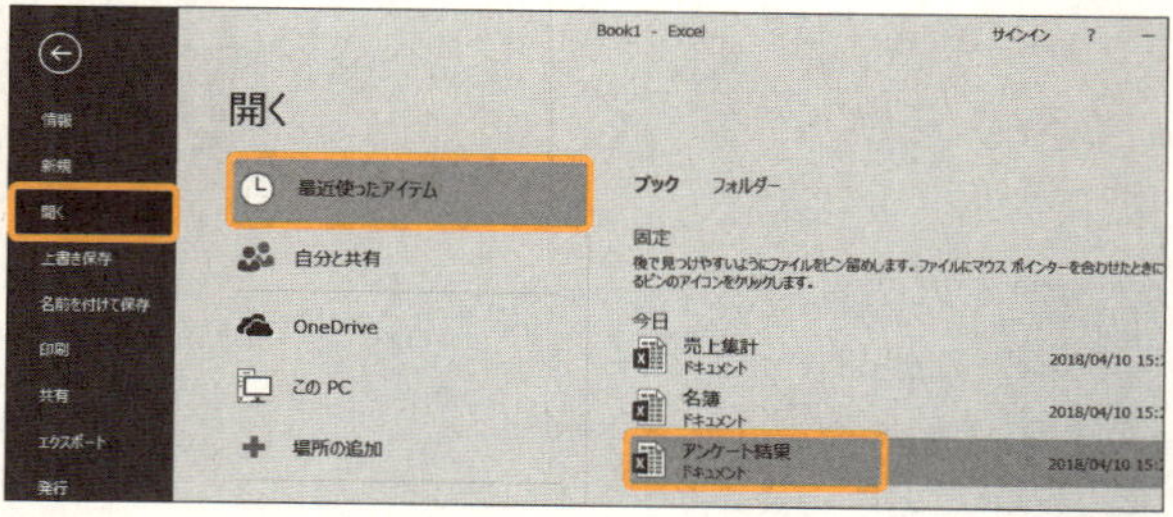

1 ［ファイル］タブを開き、左の一覧から［開く］→［最近使ったアイテム］（2013は［最近使ったブック］など）を選びます。2010では［ファイル］タブ→［最近使用したファイル］を選びます。最近使ったファイルが表示されるので、開くファイルをクリックします。

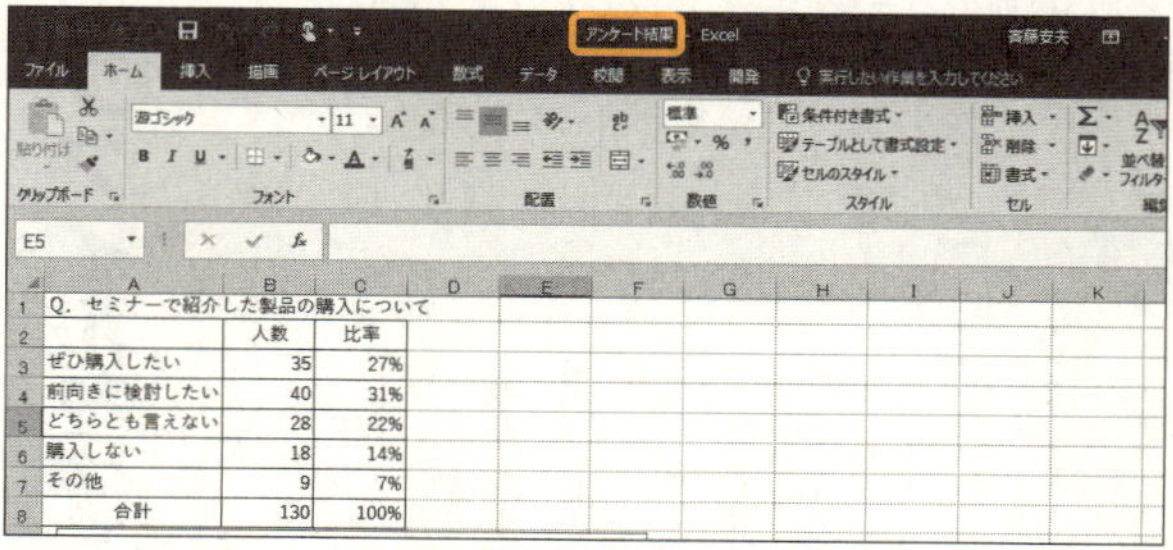

2 ファイルが開きます。

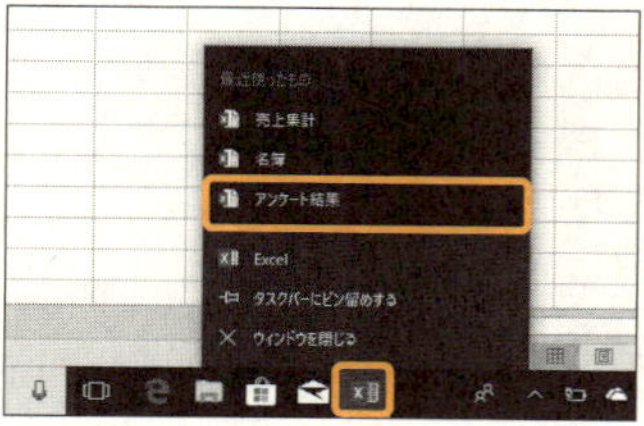

! 起動中のアプリはタスクバーにアイコンが表示されています。アイコンを右クリックすると最近使ったファイルが表示され、クリックすれば開けます。

ファイルの操作

2003以前のファイルを使う

これは便利！

[変換]をクリックして最新バージョンのファイルにする

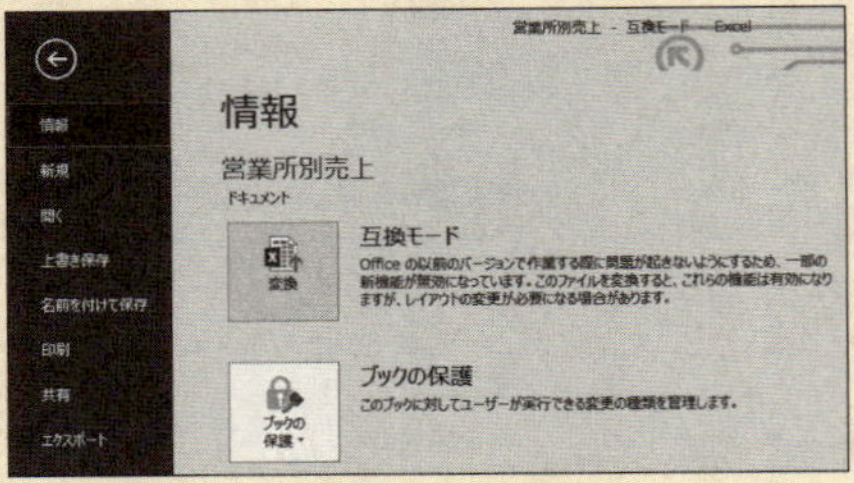

2003以前のバージョンで作成したファイルは、[変換]をクリックすると新バージョンのファイル形式になります。

エクセル2003のような以前のバージョンで作成したファイルは、最新バージョンのエクセルなどでも開けますが、新しい機能を使えなかったり、新機能で作ったデータを保存できなかったりします。新機能を使えるようにするには、[変換]を実行して新しいファイル形式に変換します。ただし、変換後のファイルは、そのままでは旧バージョンで開けないので注意してください。

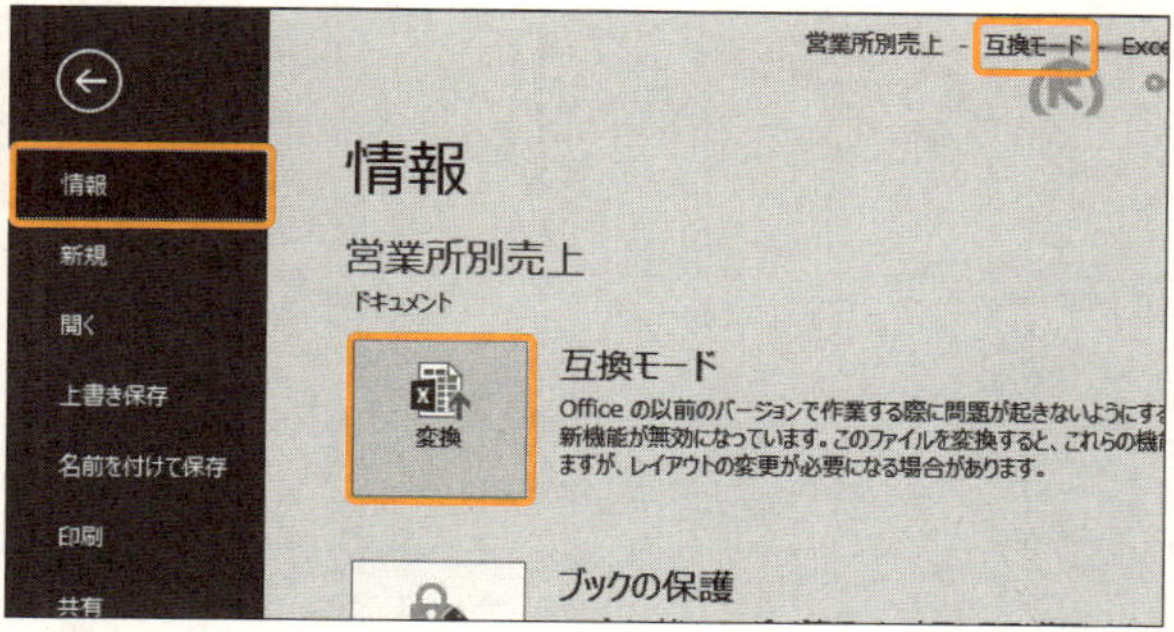
営業所別売上 - 互換モード - Exce
情報
新規
開く
上書き保存
名前を付けて保存
印刷
共有
情報
営業所別売上
ドキュメント
変換
互換モード
Office の以前のバージョンで作業する際に問題が起きないようにす
新機能が無効になっています。このファイルを変換すると、これらの機
ますが、レイアウトの変更が必要になる場合があります。
ブックの保護

1 旧バージョンのファイルを開くと、タイトルバーに「互換モード」と表示されます。[ファイル]タブを開き、左の一覧で[情報]を選びます。[変換]をクリックします。

Microsoft Excel
この処理では、ブックが最新のファイル形式に変換されます。変換されると、Excel のすべての新機能を使用できるようになり、ファイル サイズが小さくなります。変換後は、元のブックは削除され、復元することはできません。
ブックの変換を確認するメッセージを今後表示しない
詳細...
OK
キャンセル

2 変換を確認する画面になるので、[OK]をクリックします。ワードではメッセージが異なり、[OK]をクリックすると変換が完了します。ワードの終了時に変更の保存を尋ねられたら[保存]をクリックしてください。パワポでは上図の代わりに[名前を付けて保存]画面が表示されるので、新しい形式で保存しなおせば変換が完了します。

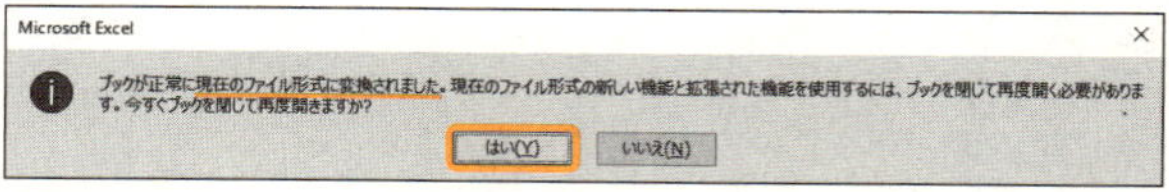
Microsoft Excel
ブックが正常に現在のファイル形式に変換されました。現在のファイル形式の新しい機能と拡張された機能を使用するには、ブックを閉じて再度開く必要があります。今すぐブックを閉じて再度開きますか?
はい(Y)
いいえ(N)

3 [はい]をクリックするとファイルが自動的に開きなおされ、変換が完了します。この画面はエクセルでのみ表示されます。

ファイルの操作

ファイルを保存する

[名前を付けて保存]で保存場所と名前を指定する

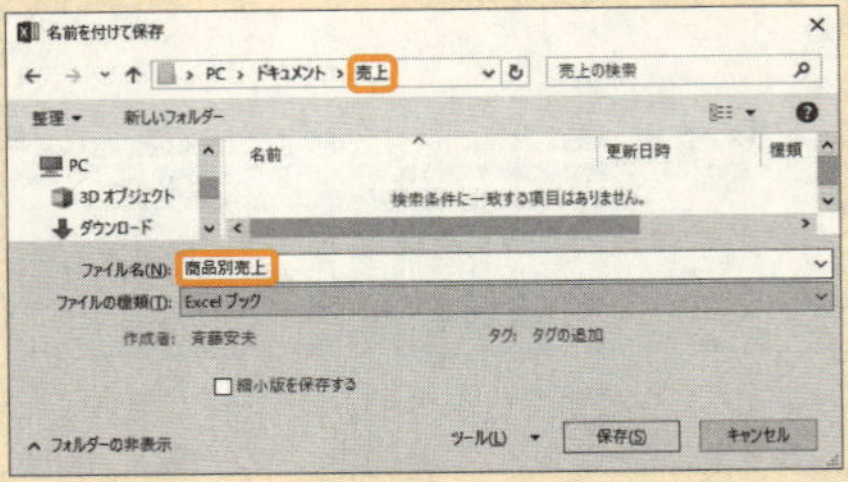

「ドキュメント」のなかにある「売上」フォルダーに、「商品別売上」という名前を付けてファイルを保存しようとしています。

エクセルなどを起動すると、新しいファイルを作成できます。そして、入力が終わったらファイルに名前を付けて保存します。保存の際には、保存する場所を意識しましょう。保存場所がわかっていれば、迷わずにファイルを開けるからです。

新しく作ったファイルを保存せずに閉じようとすると、保存の確認画面になります。[保存]を選ぶと図2が表示されて保存できます。

基本のキホン

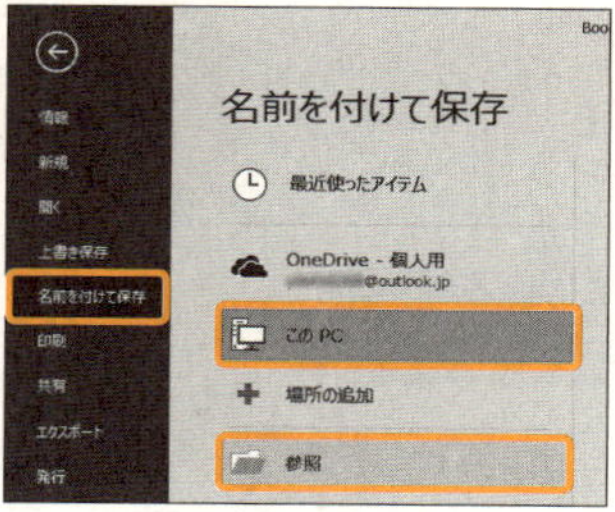

1 ［ファイル］タブを開き、左の一覧で［名前を付けて保存］を選びます。2010では次に**2**に進みます。［このPC］（2013では［コンピューター］）→［参照］をクリックします。2016では、この画面の右側でフォルダーを移動してファイルを保存することもできます。

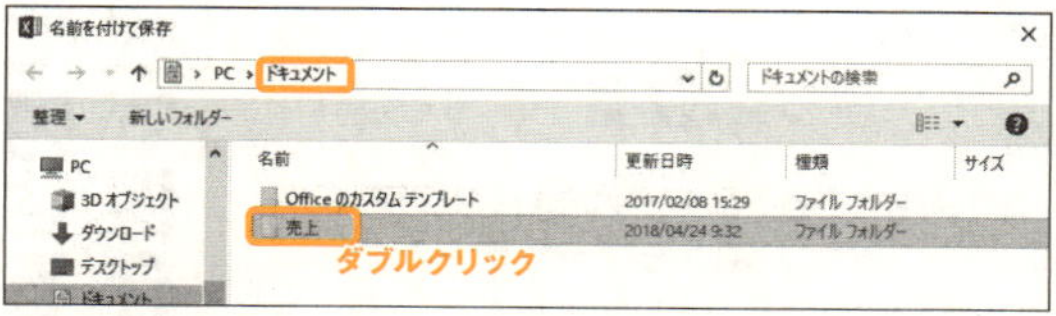

2 保存先とするフォルダーがある場所を開き、保存先のフォルダーをダブルクリックします。必要に応じてこの操作を繰り返し、目的のフォルダーへ移動してください。

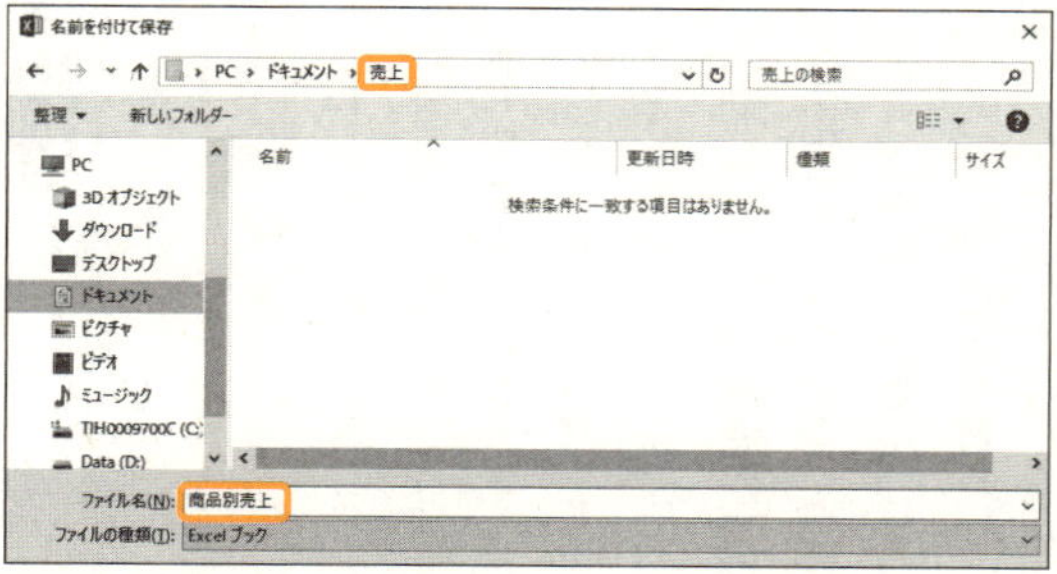

3 保存先のフォルダーに移動したことを確認します。［ファイル名］の欄に名前を入力して［保存］をクリックします。ファイル名には半角の「*」「/」「:」「￥」「?」「"」「<」「>」「|」の各記号は使えないので注意しましょう。

ファイルの操作

ほかの人に見せるファイルはPDF形式で保存する

これは便利！

[PDF/XPSドキュメントの作成]でファイルを保存する

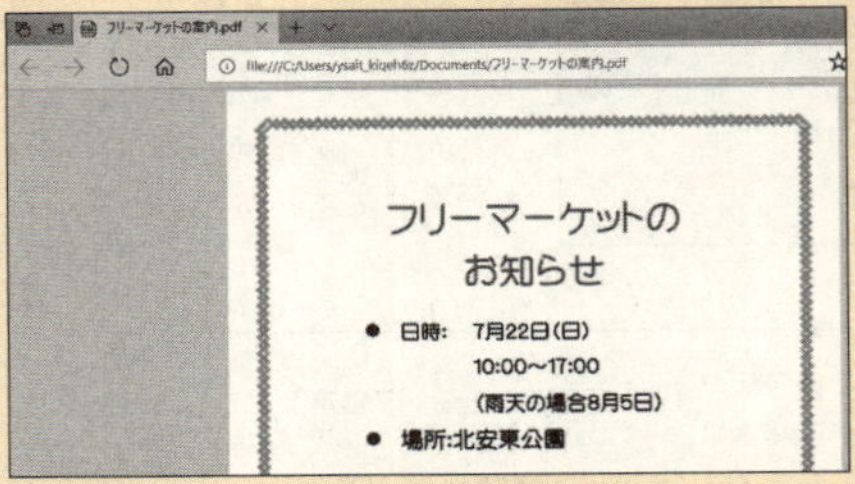

PDF形式で保存すると、設定された書式を再現できます。ウィンドウズ10ならブラウザーのエッジでPDF形式のファイルを閲覧できます。

ＰＤＦは「Portable Document Format」の略で、さまざまな情報機器でファイルを表示することを目的にしたファイル形式です。ＰＤＦファイルは、異なる環境で開いたり印刷しても、作成者が意図した書式を再現できるという特徴があります。また、編集には専用のアプリが必要なので、書き換えられにくい形式です。このため、ファイルを配布する際はＰＤＦ形式がよく使われます。

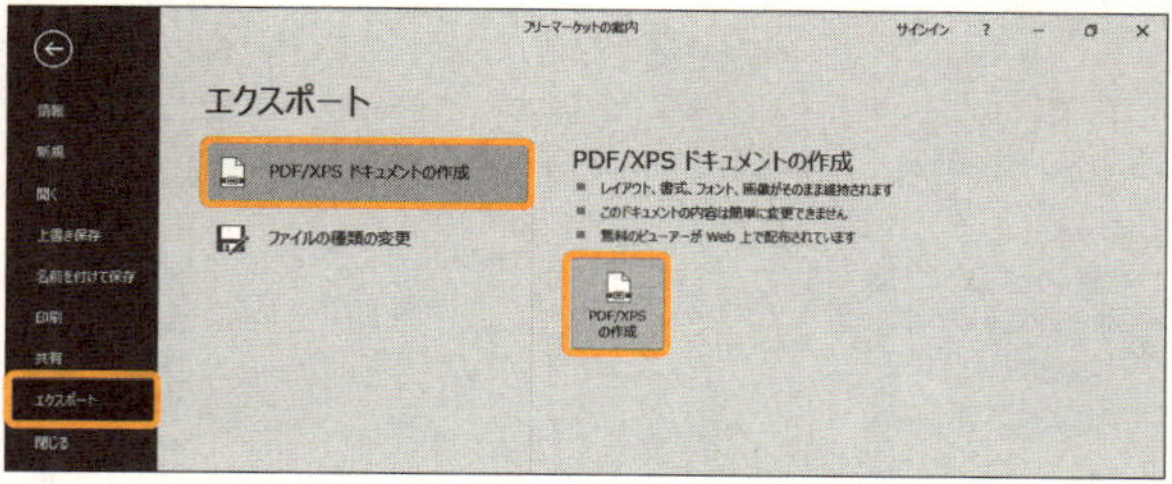

1 [ファイル] タブを開き、左の一覧で [エクスポート] (2010では [保存と送信]) を選びます。[PDF/XPSドキュメントの作成] を選択し、[PDF/XPSの作成] をクリックします。

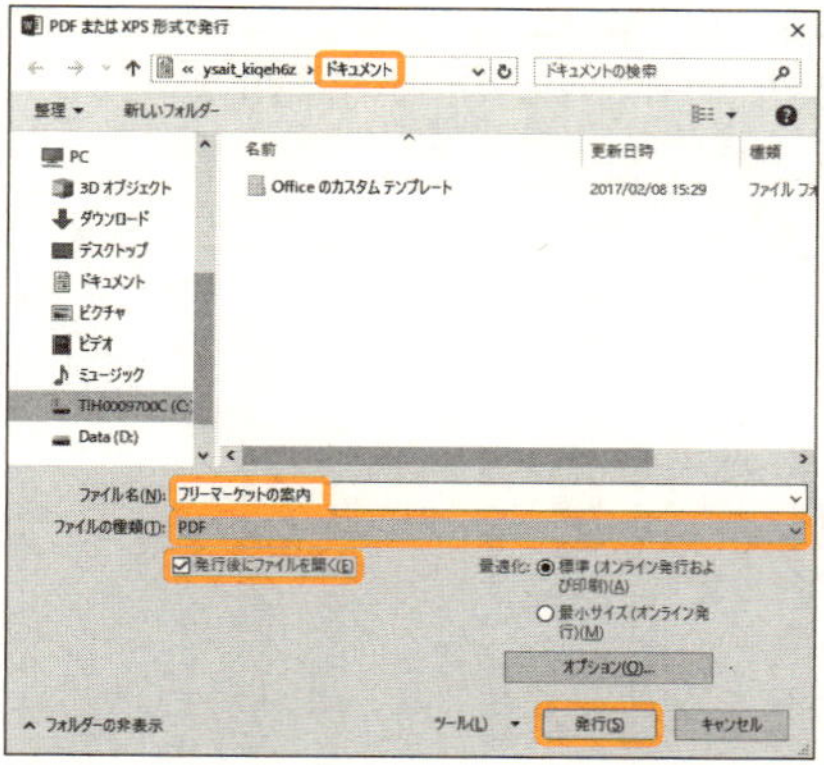

2 保存先のフォルダーを開きます。ファイル名を入力します。[ファイルの種類] 欄が「PDF」になっていることを確認します。[発行後にファイルを開く] が☑になっていることを確認します。パワポで1ページに複数のスライドを入れたければ、[オプション] をクリックして設定してください。[発行] をクリックすると、ファイルがPDF形式で保存され、PDFに関連付けられたアプリが起動して内容が表示されます。対応するアプリがインストールされていなければ何も起こりませんが、PDF形式のファイルは保存されています。

ファイルの操作

旧バージョンでも開けるように保存する

これは便利！

ファイルの種類を「97-2003」の形式にする

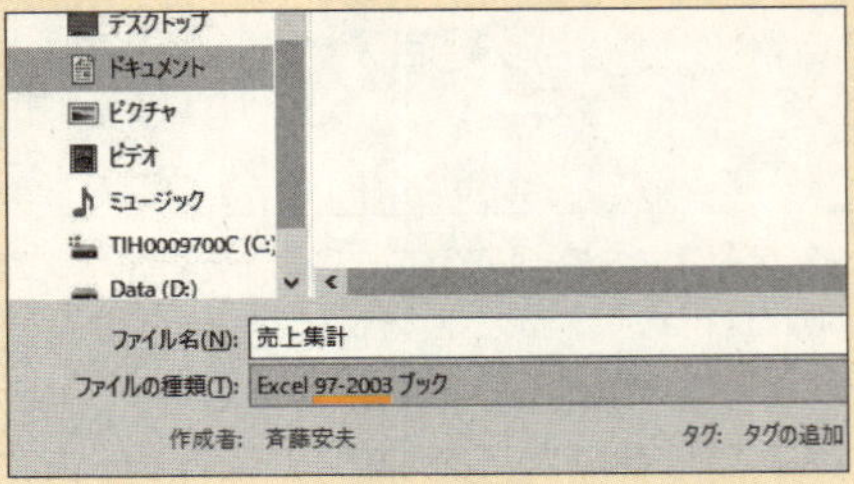

[名前を付けて保存]画面の[ファイルの種類]欄で「97-2003」を選ぶと、2003以前のバージョンで開ける形式になります。

　エクセルなどは、２００３までのバージョンとそれ以降ではファイル形式が異なります。このため、新しいバージョンで作成したファイルは、そのままでは以前のバージョンで開けません。そこで、以前のバージョンで編集する可能性のあるファイルは、「９７-２００３」の形式で保存します。このファイルでは、２００７以降の新機能を使わないように注意することも大切です。

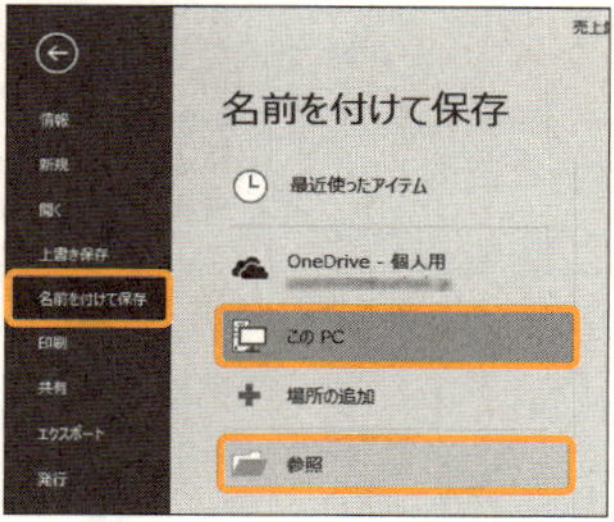

1 [ファイル] タブを開き、左の一覧で[名前を付けて保存]を選びます。2010では次に**2**に進みます。[このPC] (2013では[コンピューター]) →[参照]をクリックします。

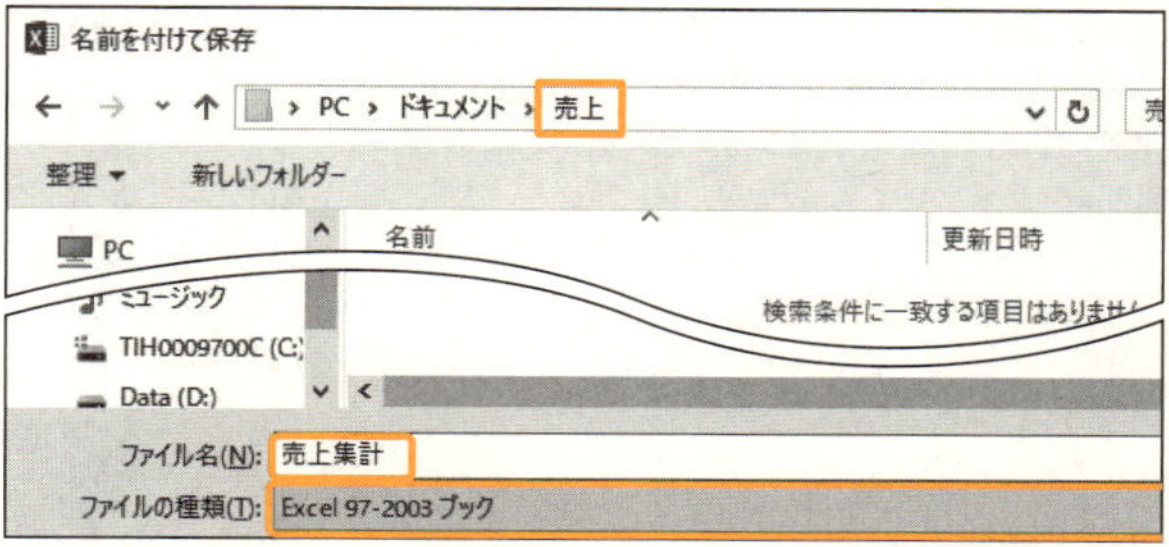

2 保存先のフォルダーを開きます。ファイル名を入力します。[ファイルの種類] の欄をクリックして、[Excel97-2003ブック] (ワードでは[Word97-2003文書]、パワポでは[PowerPoint 97-2003プレゼンテーション]) を選びます。[保存] をクリックすると、旧バージョンの形式で保存できます。

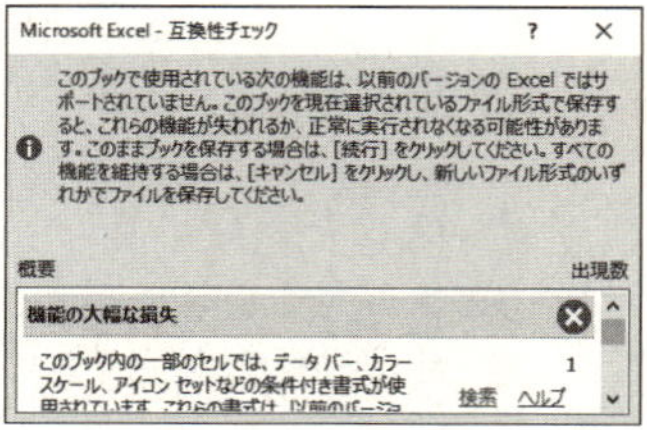

! 新機能を使っていると、図のような画面が表示されます。内容を確認して[続行] をクリックすれば旧バージョンの形式で保存できますが、データなどが失われることもあります。

ファイルの操作

ファイルを閉じる・終了する

基本のキホン

開いているファイルは[閉じる]を選ぶと閉じられます。エクセルなどは起動したままなので、続いて同じアプリでファイルを作成したり、開いたりしたいときに適しています。

　ファイルを閉じて、アプリも終了するには、ウィンドウの右上にある「×」をクリックします。

　いずれの場合も、同じアプリで複数のファイルを開いていたら、操作を行ったファイルだけ終了します。

[ファイル]→[閉じる]で閉じる、右上の「×」をクリックして終了

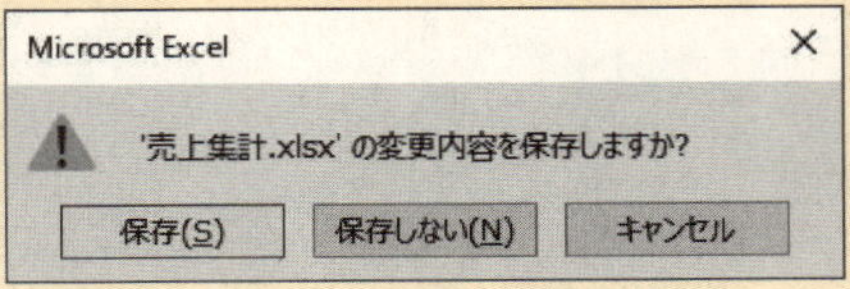

ファイルを閉じたりアプリを終了する際に、最新のデータが保存されていないと、この画面になります。[保存]をクリックすればデータを保存できます。

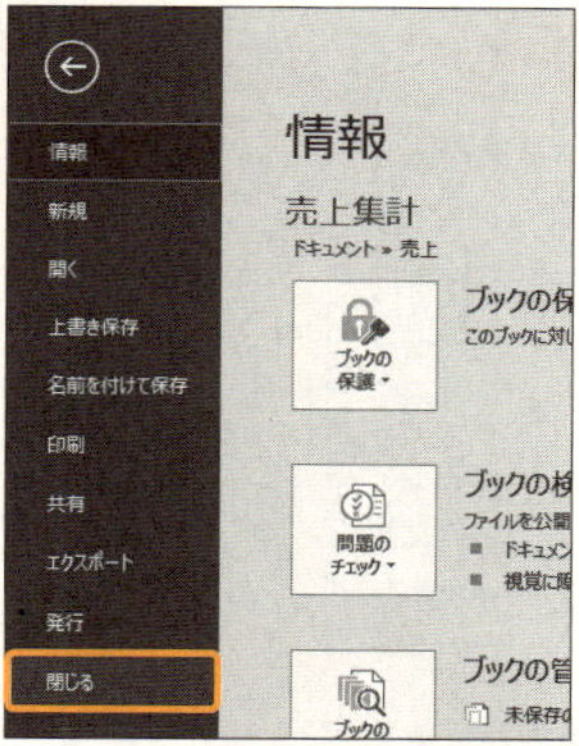

1 [ファイル]タブを開き、左の一覧で[閉じる]を選びます。

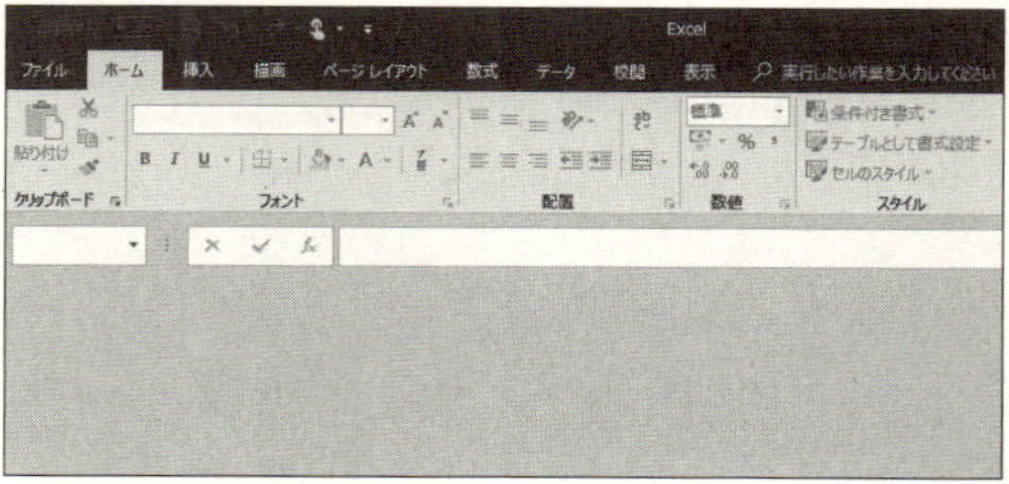

2 アプリは起動したままファイルが終了します。同じアプリで複数のファイルを開いていたら、残ったファイルのウィンドウが前面に表示されます。最新のデータが保存されていなければ、終了する前に保存を確認する画面が表示され、[保存]をクリックすれば保存できます。

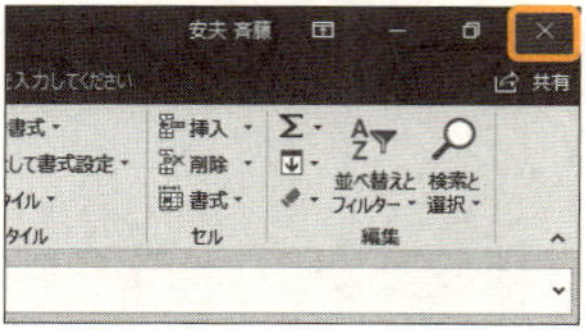

3 ウィンドウの右上の「×」をクリックすると、ファイルを閉じてアプリが終了します。複数のファイルを開いていたら、ファイルごとにこの操作を繰り返して終了します。

画面表示

表示倍率を変えて見やすくする

これは便利！

ズームスライダーを左右にドラッグする

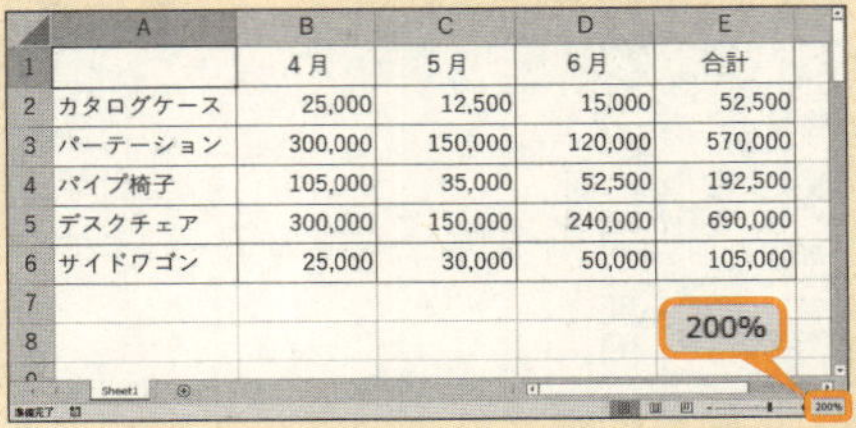

	A	B	C	D	E
1		4月	5月	6月	合計
2	カタログケース	25,000	12,500	15,000	52,500
3	パーテーション	300,000	150,000	120,000	570,000
4	パイプ椅子	105,000	35,000	52,500	192,500
5	デスクチェア	300,000	150,000	240,000	690,000
6	サイドワゴン	25,000	30,000	50,000	105,000
7					
8					

100%から200%に表示倍率を変えると、見え方が変わります。

ワークシートや文書、スライドなどの表示は拡大したり縮小したりできます。細かい部分を見たければ拡大、全体を見渡したければ縮小すると作業がしやすくなります。表示を変える方法は、右下の［ズーム］のスライダーを左右にドラッグする方法と、［表示］タブの［ズーム］で倍率を指定する方法があります。画面を見ながら倍率を変えるには前者、倍率を指定するなら後者を使います。

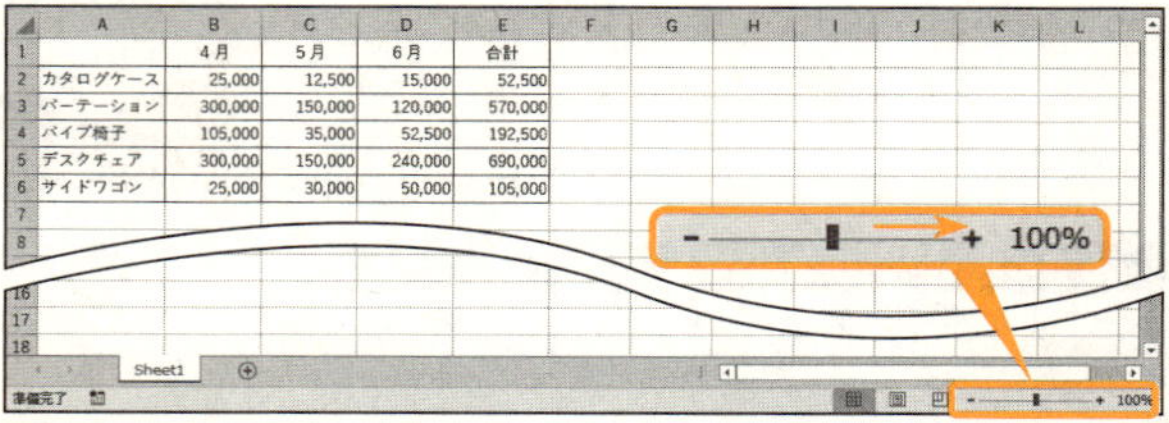

	A	B	C	D	E
1		4月	5月	6月	合計
2	カタログケース	25,000	12,500	15,000	52,500
3	パーテーション	300,000	150,000	120,000	570,000
4	パイプ椅子	105,000	35,000	52,500	192,500
5	デスクチェア	300,000	150,000	240,000	690,000
6	サイドワゴン	25,000	30,000	50,000	105,000

1 100%の表示になっています。画面右下の［ズーム］のスライダーを右にドラッグします。

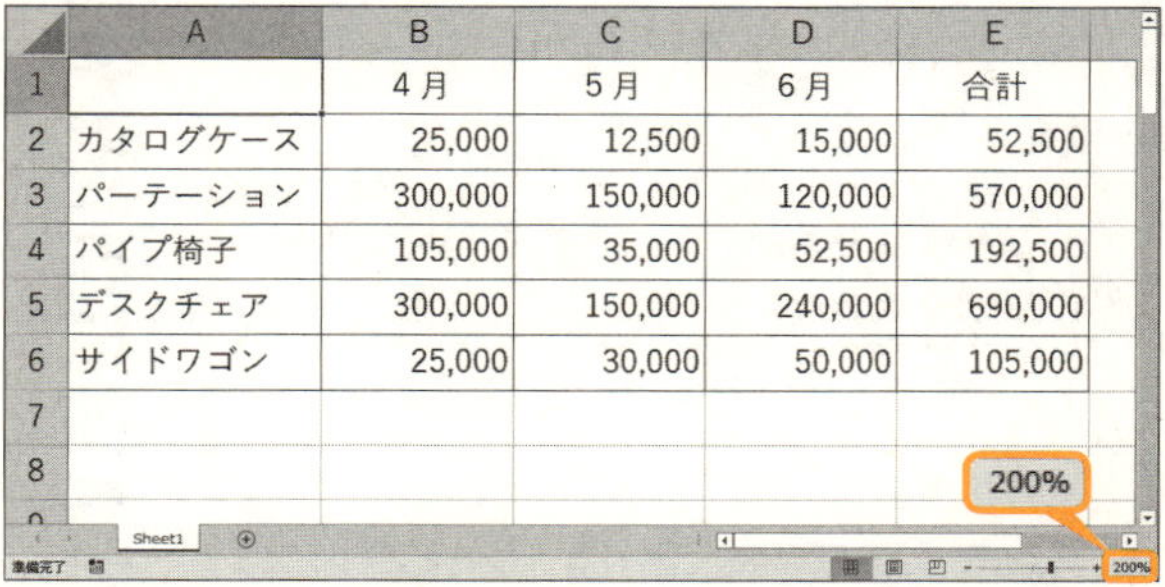

	A	B	C	D	E
1		4月	5月	6月	合計
2	カタログケース	25,000	12,500	15,000	52,500
3	パーテーション	300,000	150,000	120,000	570,000
4	パイプ椅子	105,000	35,000	52,500	192,500
5	デスクチェア	300,000	150,000	240,000	690,000
6	サイドワゴン	25,000	30,000	50,000	105,000

2 拡大表示になります。❶で左にドラッグすれば縮小表示になります。

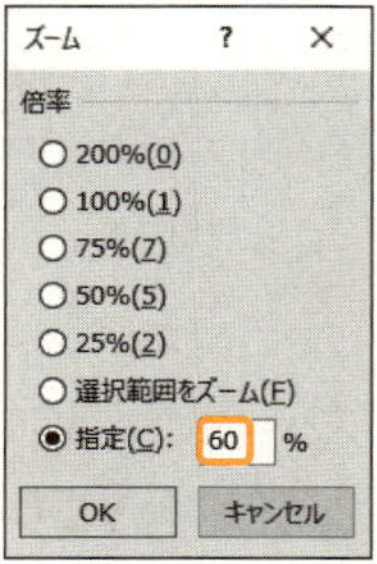

! ［表示］タブを開き、［ズーム］グループ→［ズーム］をクリックすると、［ズーム］の画面になり、表示倍率を指定できます。この画面はアプリによって若干異なります。

画面表示

ウィンドウを左右に並べて表示する

時間短縮
効率UP!

エクセルのグラフをパワポのスライドにコピーしたり、ウェブページのデータを参照しながら報告書を作るなど、ウィンドウをまたいだ作業をするときは、ウィンドウを並べて表示すると切り替える手間が省けます。ウィンドウを左右に並べるには［Windows］キーと左右の矢印キーを使うと簡単です。ウィンドウズのバージョンによって操作が少し異なる点に注意してください。

［Windows］＋矢印キーで左右に並べる

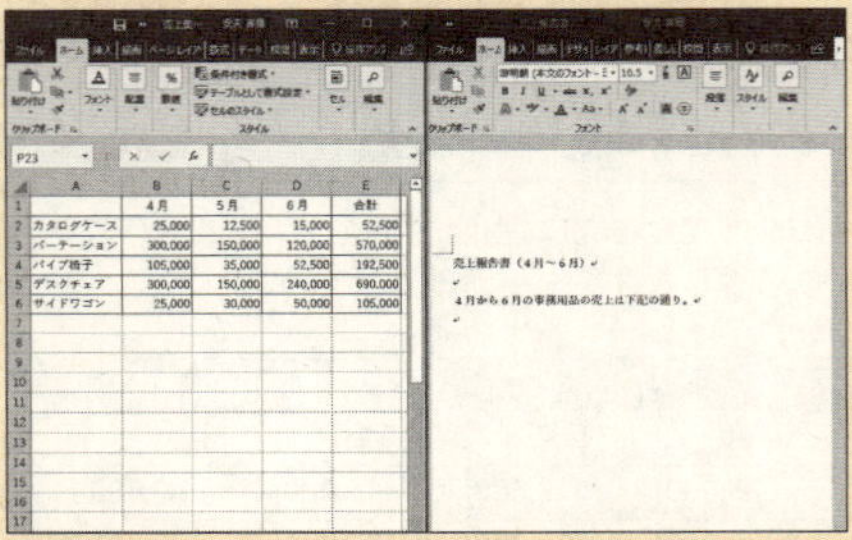

ウィンドウを左右に並べると、データをコピーしやすくなります。

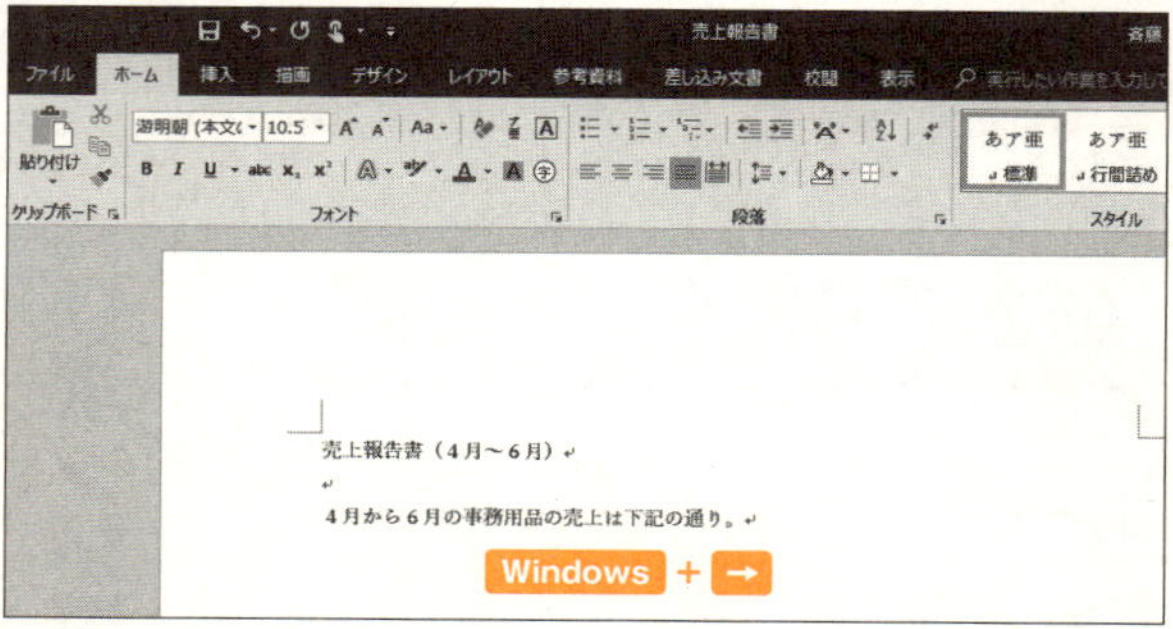

1 デスクトップの右半分に表示するウィンドウを表示し、[Windows]キーを押したまま[→]キーを押します。

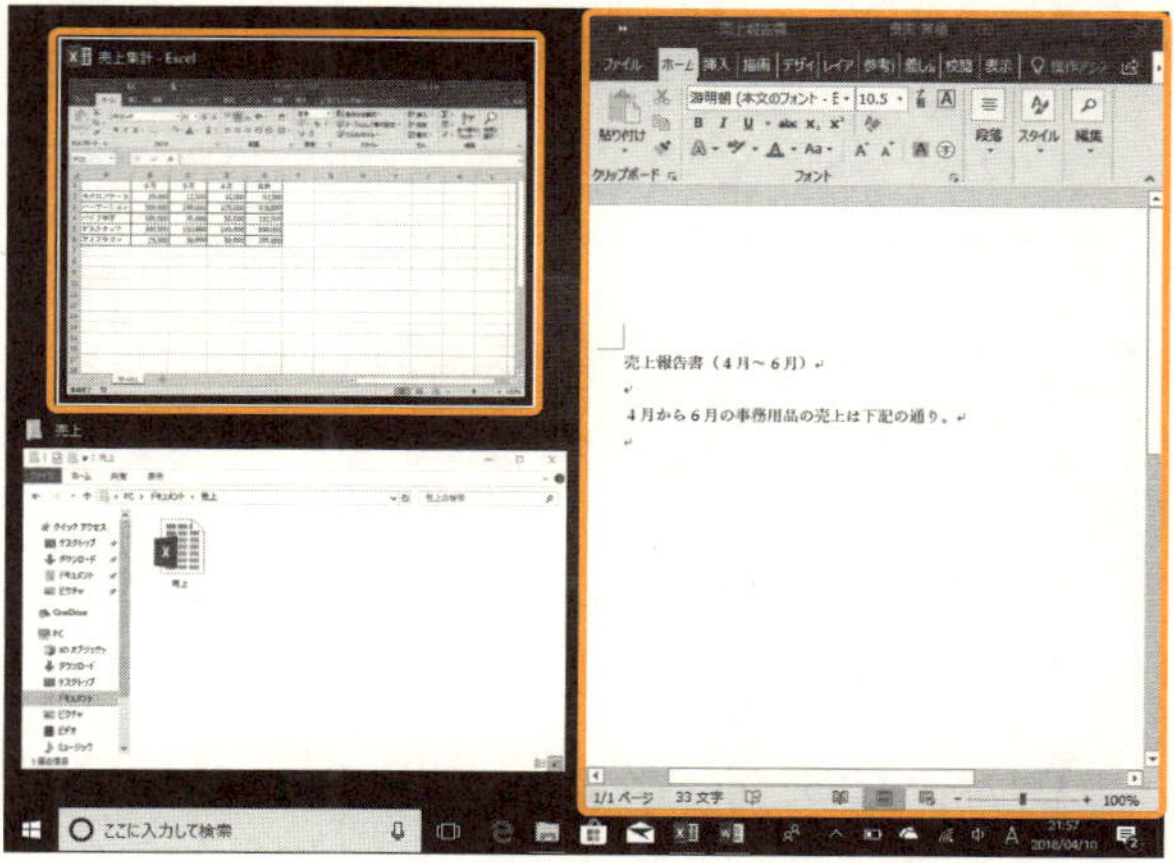

2 ウィンドウが右半分の表示になります。左半分に表示するウィンドウをクリックします。ウィンドウズ8.1と7では、左半分に表示するウィンドウを選んで[Windows]キーを押したまま[←]キーを押します。ウィンドウが左右に並んで表示されます。

画面表示

リボンが消えてしまった！

トラブル退治

タブをダブルクリックして再表示する

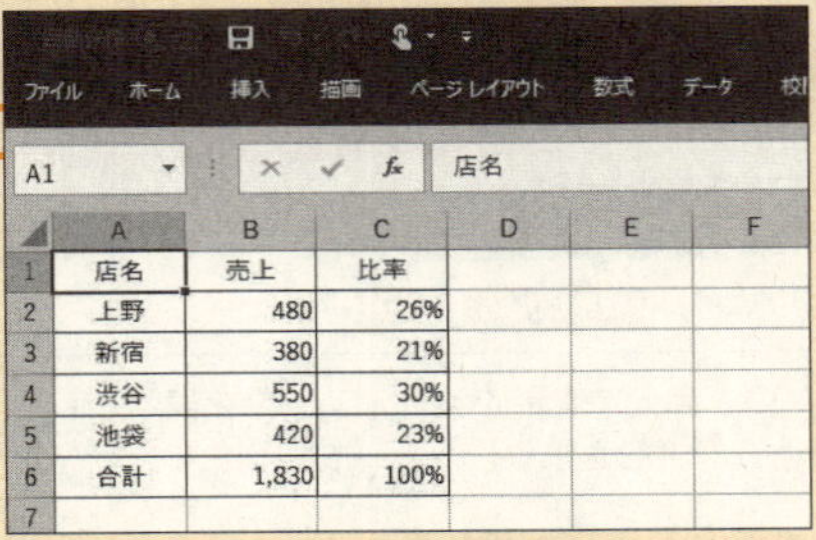

	A	B	C	D	E	F
1	店名	売上	比率			
2	上野	480	26%			
3	新宿	380	21%			
4	渋谷	550	30%			
5	池袋	420	23%			
6	合計	1,830	100%			
7						

リボンが消えて、タブだけの表示になってしまいました。

リボンはタブごとのボタンが表示される領域です。リボンの表示と非表示はタブのダブルクリックで切り替えられます。リボンが消えてしまったら、任意のタブをダブルクリックすれば再表示できます。

2016と2013でリボンもタブも非表示になった場合は、画面右上の［リボンの表示オプション］→［タブとコマンドの表示］を選んで再表示します。

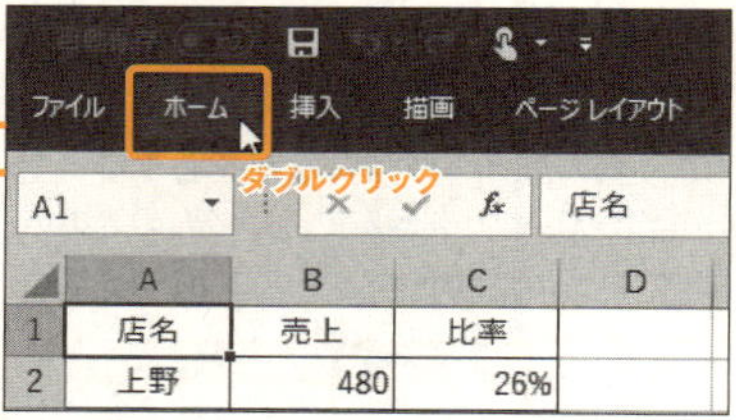

1 リボンが消えてしまったら、任意のタブをダブルクリックします。

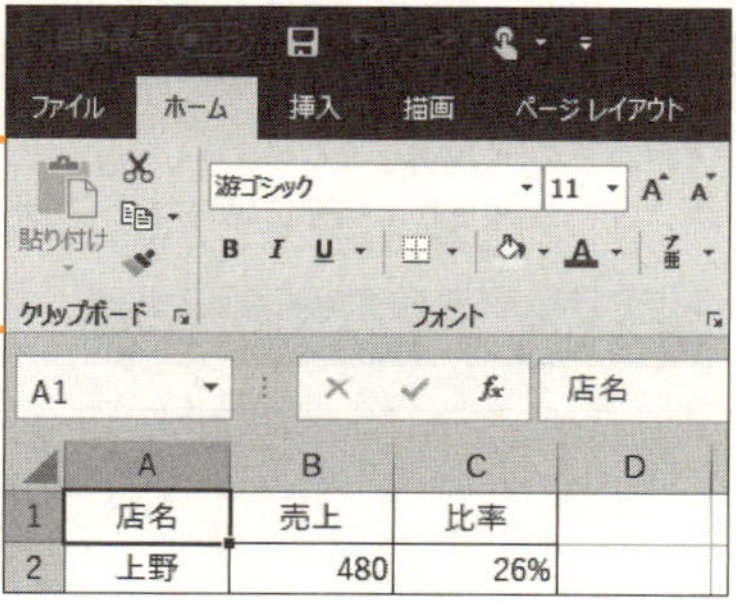

2 リボンが再表示されます。

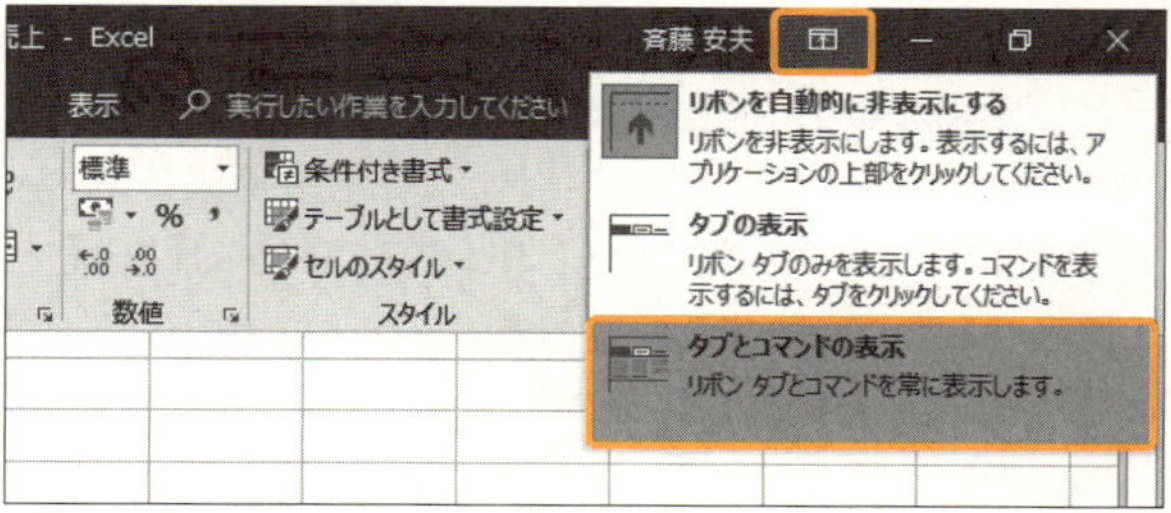

! 2016と2013では、リボンだけでなくタブも非表示になることがあります。この場合は、画面右上にポインターを合わせ、…をクリックして、[リボンの表示オプション]→[タブとコマンドの表示]をクリックすると、タブとリボンが常時表示されるようになります。

COLUMN

キーと違う文字が入って困った!

ウィンドウズ10と8.1ではタスクバーの「あ」などを右クリックし、[ローマ字入力]または[かな入力]を選んで、いつもの入力方法に戻します。

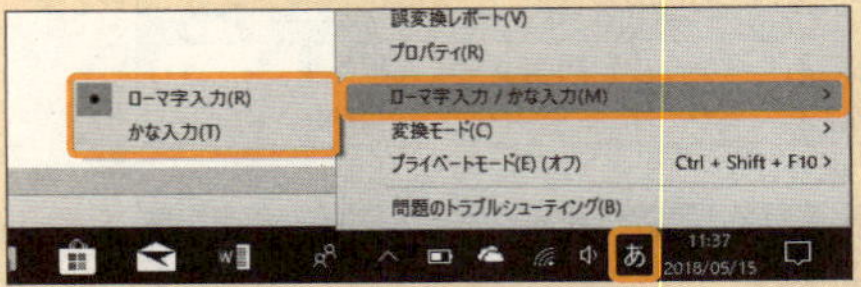

ウィンドウズ7では、言語バーの[KANA] をクリックしてオンとオフを切り替えます。[KANA] が押された状態(文字が青色の状態) だと、かな入力になります。

ローマ字入力をしていて、「あ」と入力するつもりで[A]キーを押したら「ち」と表示されるトラブルが起こることがあります。かな入力で「な」を入力するために[U]キーを押すと「う」になることもあります。いずれも、入力方法がいつも使っているものと違ってしまったことが原因です。入力方法はウィンドウズ10と8.1ではタスクバーの「あ」などの文字を右クリックすると選べます。ウィンドウズ7では言語バーの[KANA]のオンとオフで切り替えます。

類似のトラブルとして、ノートパソコンで文字キーを押しているのに数字が表示されるというものもあります。これは[NUM LOCK] キーが押されて、キーボードの一部が数字用になったためです。[NUM LOCK] キーを押すと解除できます。

Part 2
エクセルの超基本ワザ！

エクセルの基本操作

書式設定

計算とデータ活用

グラフ

トラブル解決

印刷

リボンの表示オプション

クリックして、リボンとタブの表示方法を選びます。

最小化

クリックすると、ウィンドウが最小化されます。元に戻すには、タスクバーのアプリのアイコンをクリックします。

閉じる

クリックすると、表示中のファイルが閉じます。

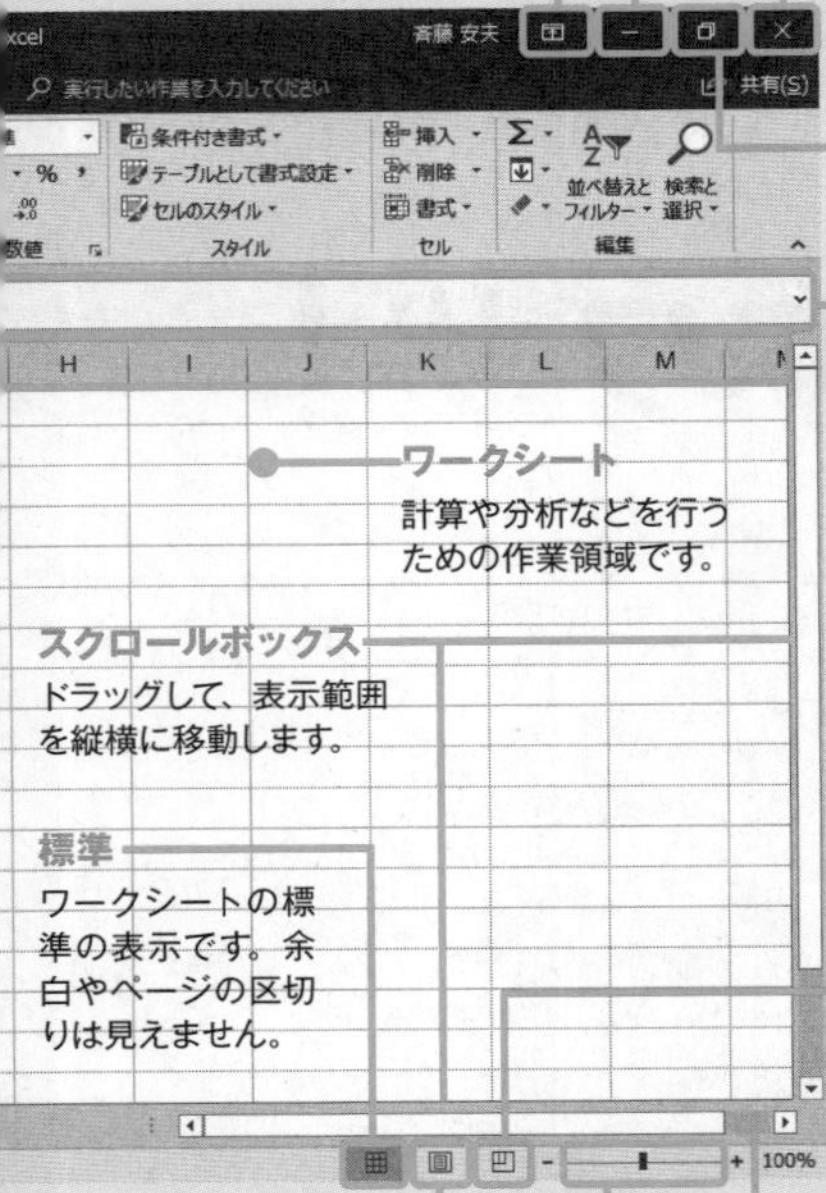

ウィンドウを元のサイズに戻す

ウィンドウが最大化されているときに表示されます。クリックすると、ウィンドウが以前のサイズに戻り、ここに[最大化] ボタンが表示されます。[最大化] をクリックすると、ウィンドウがデスクトップいっぱいに表示されます。

ワークシート

計算や分析などを行うための作業領域です。

数式バー

選択中のセルに保存されている値や数式を表示する領域です。ここをクリックして文字や数値、数式を編集することもできます。

スクロールボックス

ドラッグして、表示範囲を縦横に移動します。

標準

ワークシートの標準の表示です。余白やページの区切りは見えません。

改ページプレビュー

クリックすると、改ページ位置を確認したり、変更できる表示になります。

ページレイアウト

クリックすると、余白や印刷範囲を確認しながら編集できる表示になります。主にヘッダーやフッターを編集するのに使います。

ズーム

ここにあるスライダーをドラッグして画面の表示倍率を変えます。

スクロールバー

表示部分を縦横に移動させるための操作部分です。クリックすると上下や左右に1画面分移動します。

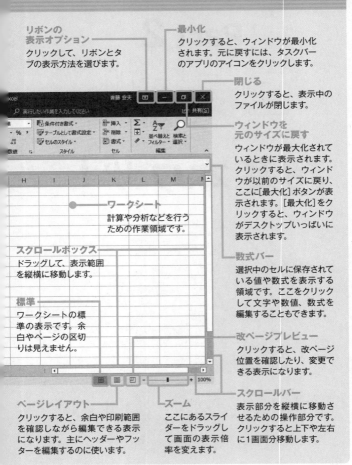

エクセル画面解説

エクセル2016の各部の名称と機能です。2013、2010でもほぼ同じです。また、エクセル、ワード、パワーポイントに共通する部分の名称と機能も紹介します。

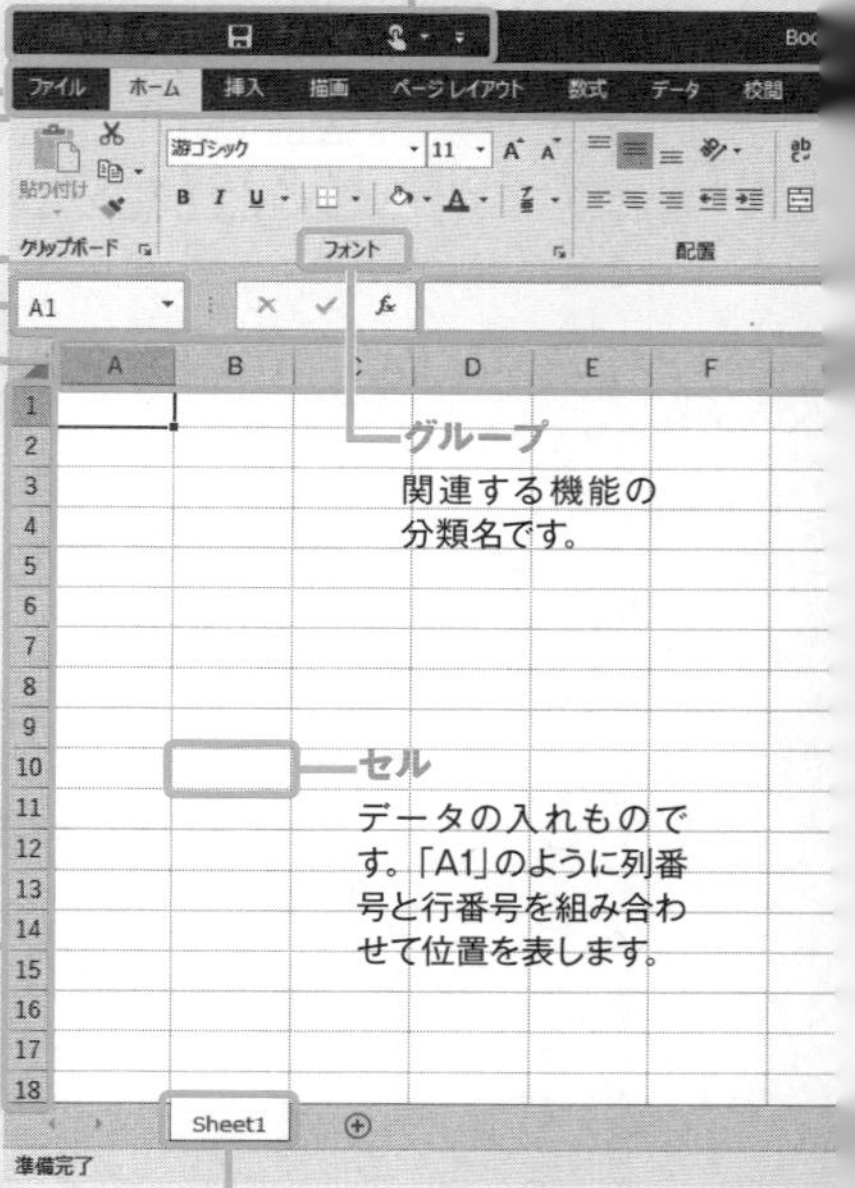

クイックアクセスツールバー

頻繁に使うボタンを配置する領域です。

タブ

クリックすると、そのタブに含まれる機能のボタンがリボンに表示されます。

リボン

機能ごとに分類されたボタンを表示する領域です。

名前ボックス

選択中のセルの位置を表示したり、セル範囲に付けた名前を表示する領域です。

列番号

セルの縦の並びを表す番号です。通常はアルファベットで表示されます。

行番号

セルの横の並びを表す番号です。

グループ

関連する機能の分類名です。

セル

データの入れものです。「A1」のように列番号と行番号を組み合わせて位置を表します。

シート見出し

シートの名前を表示する領域です。初期値では「Sheet1」のようになっています。ここをクリックして表示するシートを切り替えます。

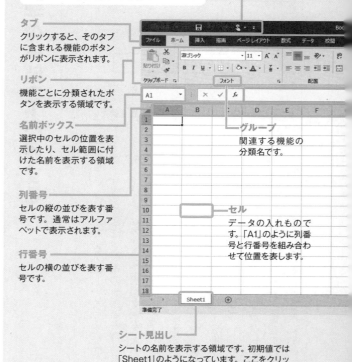

文字の一部を上書きする

基本のキホン

[F2]キーを押してから文字を選択する

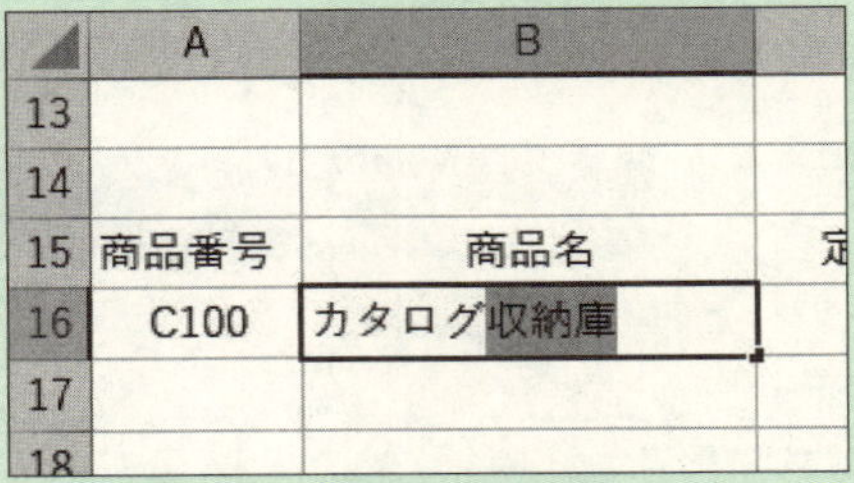

「カタログ収納庫」の「収納庫」の部分を書き換えようとしています。

セルに入力した文字を修正したいときに、対象のセルをクリックするだけでは、全部の文字を入力しなおさなければなりません。これでは効率がよくないので、修正する文字だけを選択しましょう。セルをクリックしてから「F2」キーを押すと、「編集」の状態になってカーソルが表示されます。次にドラッグして修正したい文字を選んで上書きすれば、最小限の入力で修正できます。

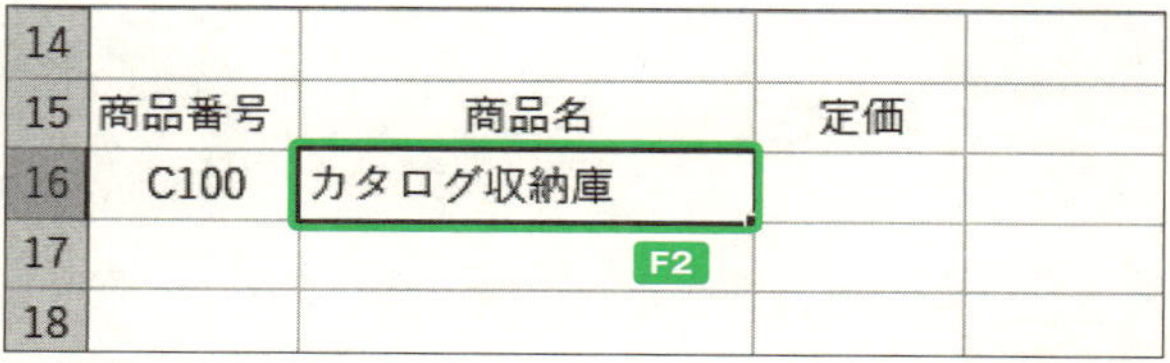

1 文字を修正するセルをクリックし、[F2]キーを押します。

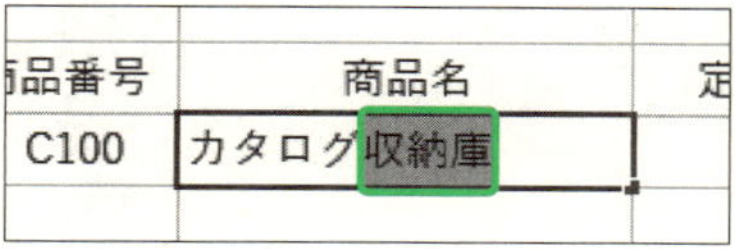

2 修正する文字を選択します。

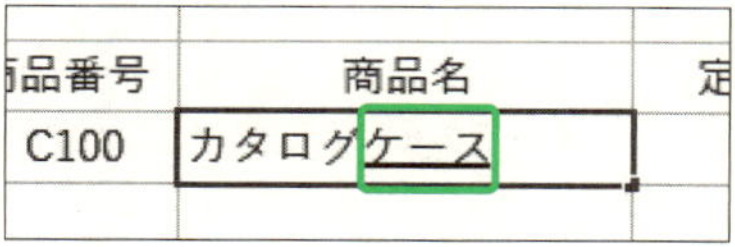

3 修正後の文字を上書き入力します。[Enter]キーを押して変換を確定します。

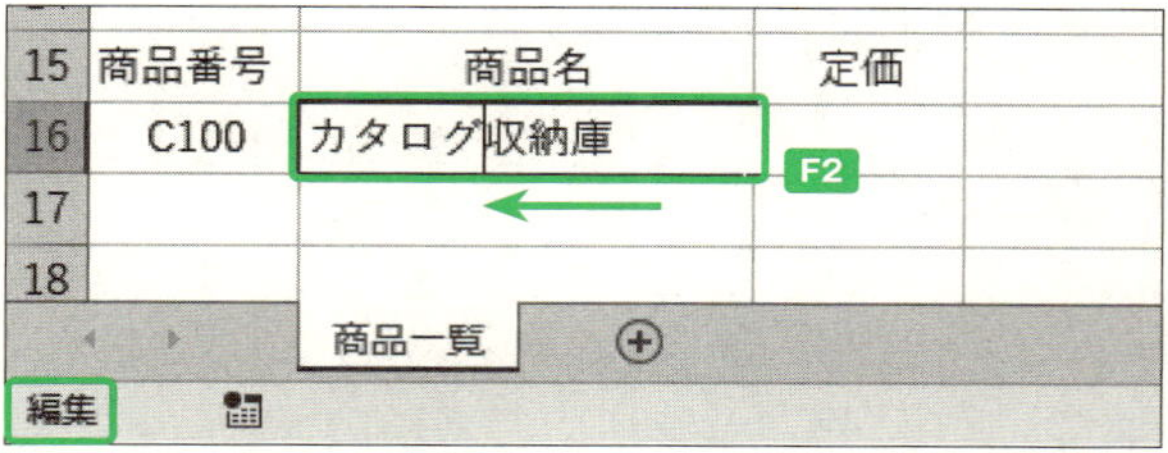

! 入力中に文字の修正をしたいときにも[F2]キーを押します。左右の矢印キーで修正したい文字の先頭に移動し、[Delete]キーで削除して入力しなおします。

エクセルの基本操作

入力候補が表示されて困る！

イライラ解消

入力中に入力候補の文字が表示されるのは、「オートコンプリート」が働いているからです。これは入力補助の機能で、入力中の列に同じ文字ではじまる言葉があると、すでに入力してある文字列を候補として表示するものです。候補が邪魔なら「Delete」キーで削除できます。候補を無視して続きを入力してもかまいません。候補どおりに入力したければ「Enter」キーを押します。

[Delete]キーで入力候補を削除する

	A	B
1	氏名	住所
2	加藤　聡	東京都港区高輪０－０－０
3	佐藤　佳津江	千葉県市川市国府台０－０－０
4	藤條　茉以	東京都文京区本郷０－０－０
5	木村　陽菜	東京都港区高輪０－０－０
6		
7		

入力中に入力候補が表示されると邪魔になることもあります。

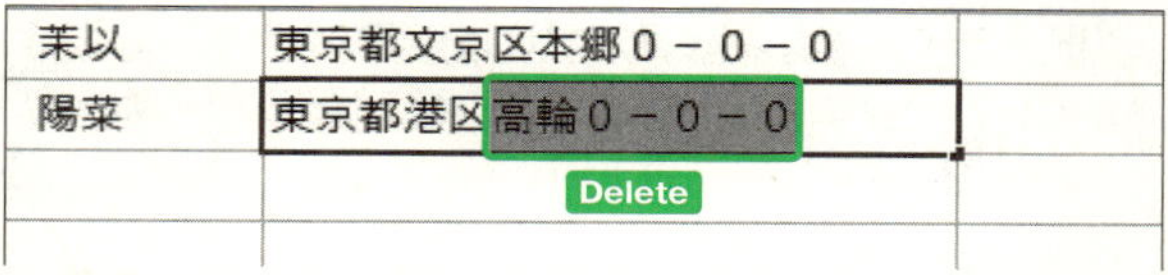

1 入力中に候補の文字が表示されました。[Delete] キーを押します。

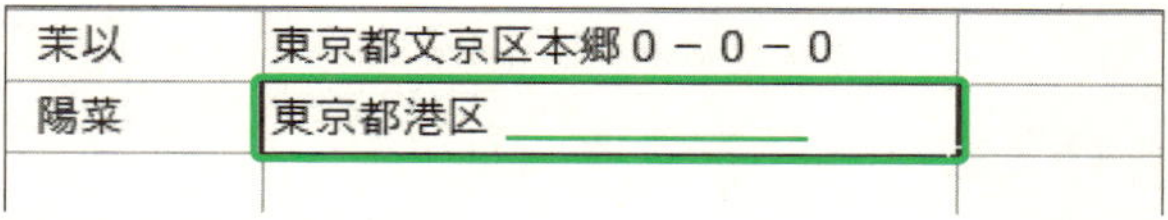

2 候補が削除されます。

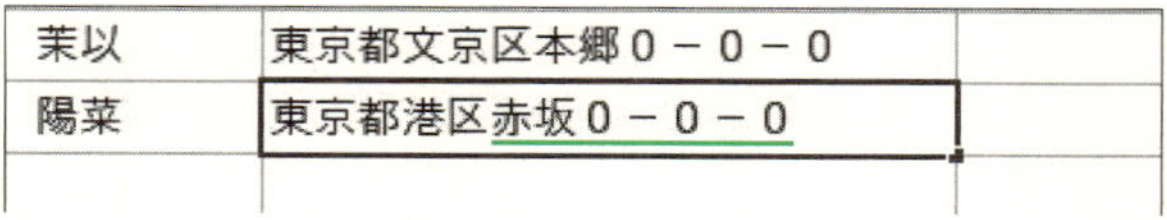

3 続きを入力して変換を確定します。

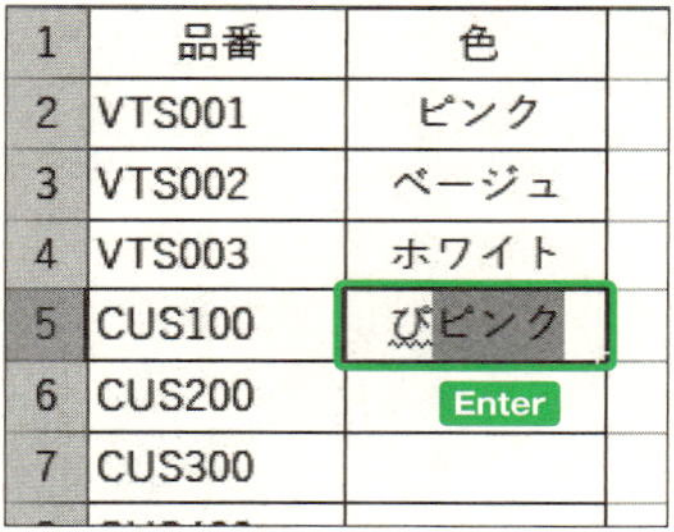

! 表示された候補が入力したい文字と同じなら、[Enter] キーを押せば入ります。

エクセルの基本操作

連続したデータを効率よく入力する

時間短縮 効率UP!

「1」「2」のように連続する数字は、規則性がわかるデータを複数入力し、その範囲を選択してドラッグすれば、続きを自動入力できます。「5」「10」のように入力してからドラッグすると、「15」「20」のように「5」ずつ増えるデータが入ります。

月名や曜日、干支などもドラッグで入力できます。この場合は先頭のデータだけ入力してドラッグすれば、続きが入ります。

規則性がわかるデータを入力してドラッグする

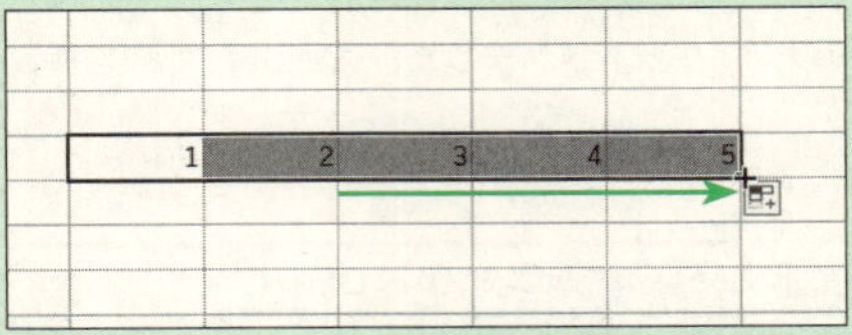

連続するデータは、規則性がわかるように入力してからドラッグすれば一気に入力できます。

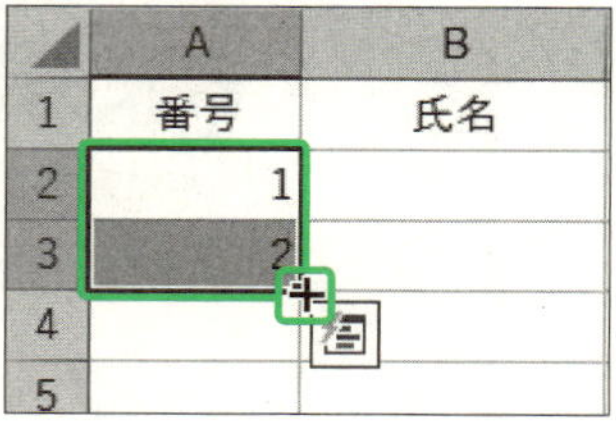

1 「1」「2」のようにデータの規則性がわかるように連続したセルに数字を入力します。入力した範囲を選択して右下にポインターを合わせ、＋になったことを確認します。

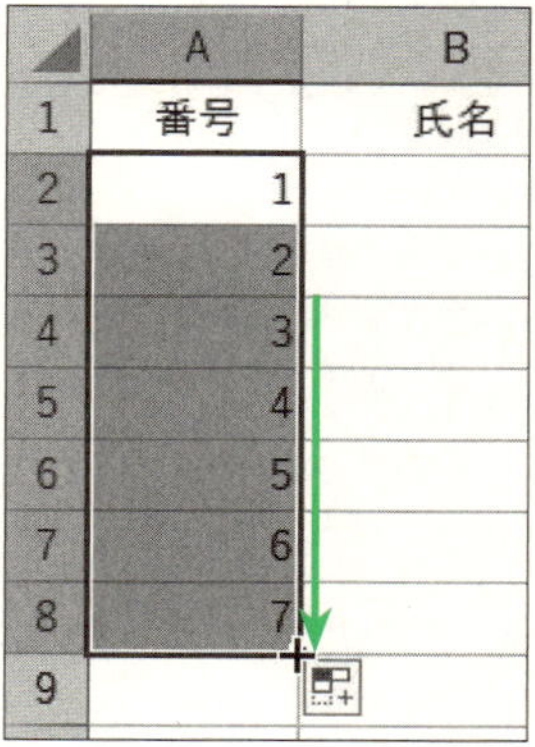

2 入力する範囲の最後までドラッグすると、「1」「2」「3」「4」……と続く連続データが入力できます。

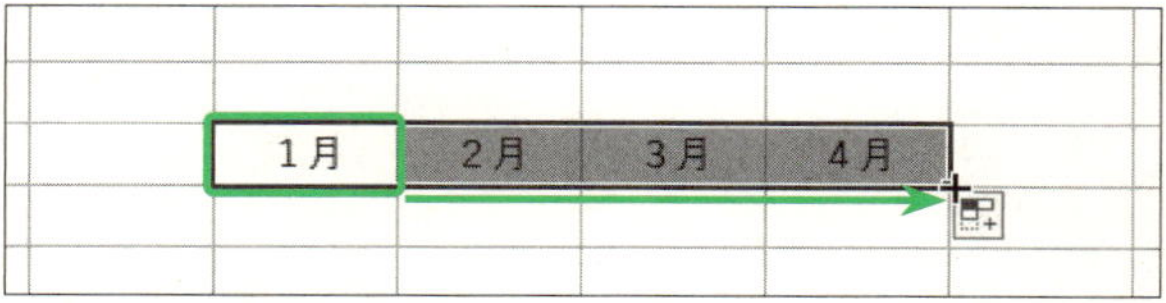

! 月名や曜日、干支は、最初の1つを入力して、そのセルを選択し、右下にポインターを合わせて＋になったらドラッグすれば連続入力できます。

エクセルの基本操作

1ヶ月分の日付を一気に入力する

時間短縮 効率UP!

連続データはドラッグで入力できますが（P40参照）、1ヶ月分の日付のようにデータが多いと、ドラッグしすぎたり足りなかったりして、うまくいかないことがあります。大量の連続データは［連続データの作成］で入力したほうが効率的です。

ここでは日ごとに入力する操作を紹介しますが、週日だけや毎月の同じ日付の入力、「5」ずつ増加する数値の入力のような指定もできます。

最初の日付を入力して［連続データの作成］を選ぶ

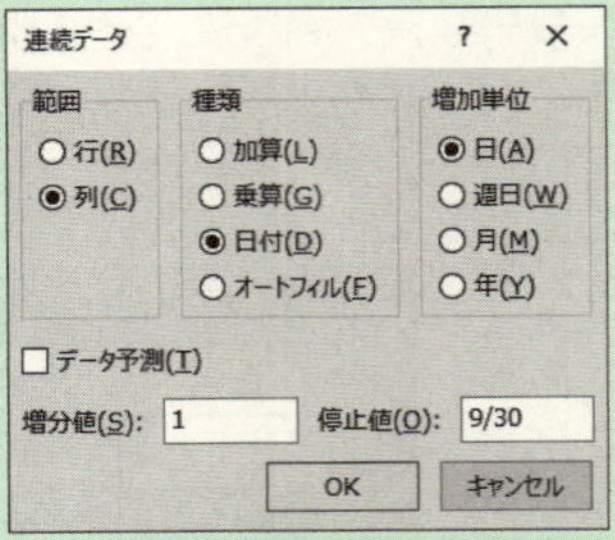

「9/30」までの連続した日付を入力するように指定しています。

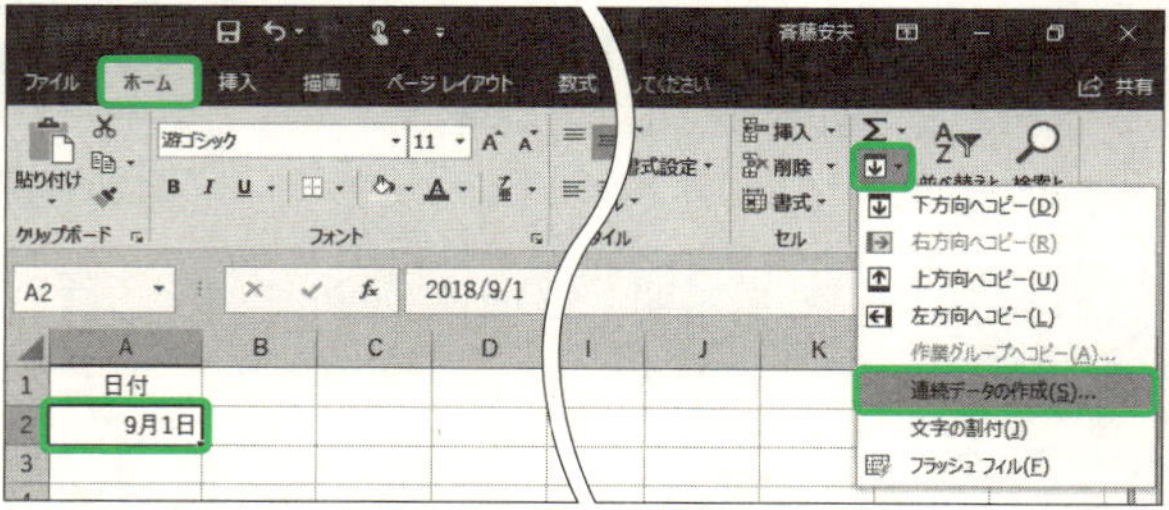

1 先頭のセルに最初の日付を入力して選択します。今年以外の日付は年から入力してください。[ホーム]タブを開き、[編集]グループ→[フィル]→[連続データの作成]を選びます。

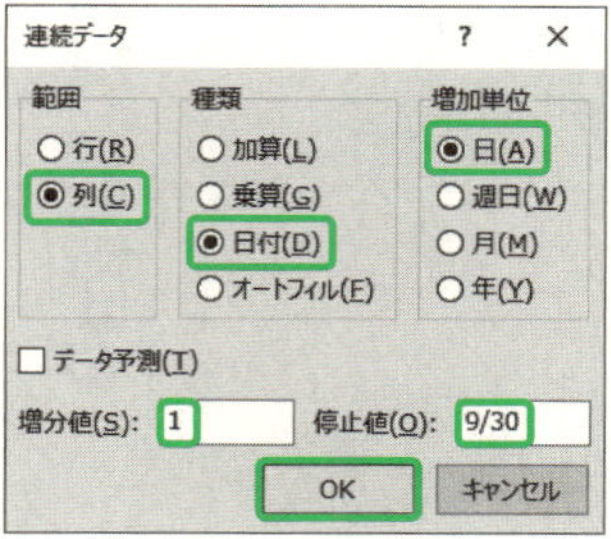

2 [範囲]で[列]を選び、[種類]で[日付]が選択されていることと[増加単位]が[日]になっていることを確認します。[増分値]が「1」になっていることを確認します。[停止値]に最後の日付を入力します。今年以外の日付は年も入力してください。[OK]をクリックします。

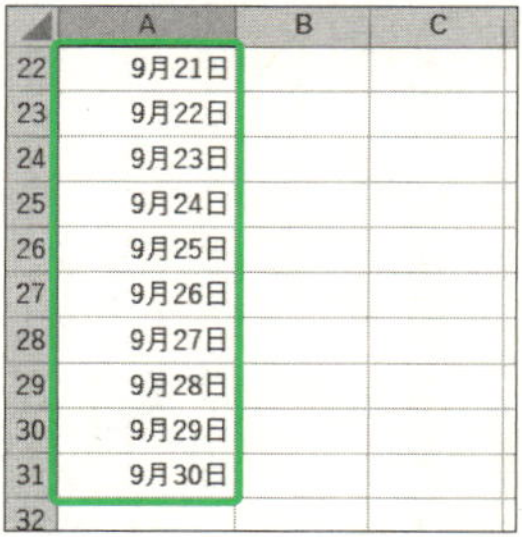

3 1ヶ月分の日付が自動的に入ります。

エクセルの基本操作

漢字に「ふりがな」を振る

［ふりがなの表示／非表示］で表示と非表示を切り替える

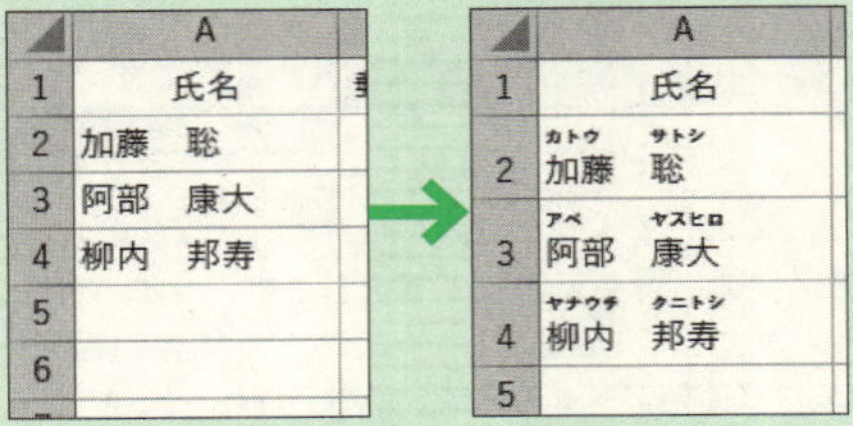

氏名にふりがなを振りました。

漢字は読みから変換して入力します。このときの読みの情報は漢字と一緒に保存されており、「ふりがな」として表示できます。正しい読みで入力していないと、ふりがなも違ってしまいますが、あとから修正可能です。また、ワードやパワポで入力してエクセルにコピーした文字は、ふりがなが表示されません。この場合は、ふりがなを編集する状態にすれば、表示できることもあります。

基本のキホン

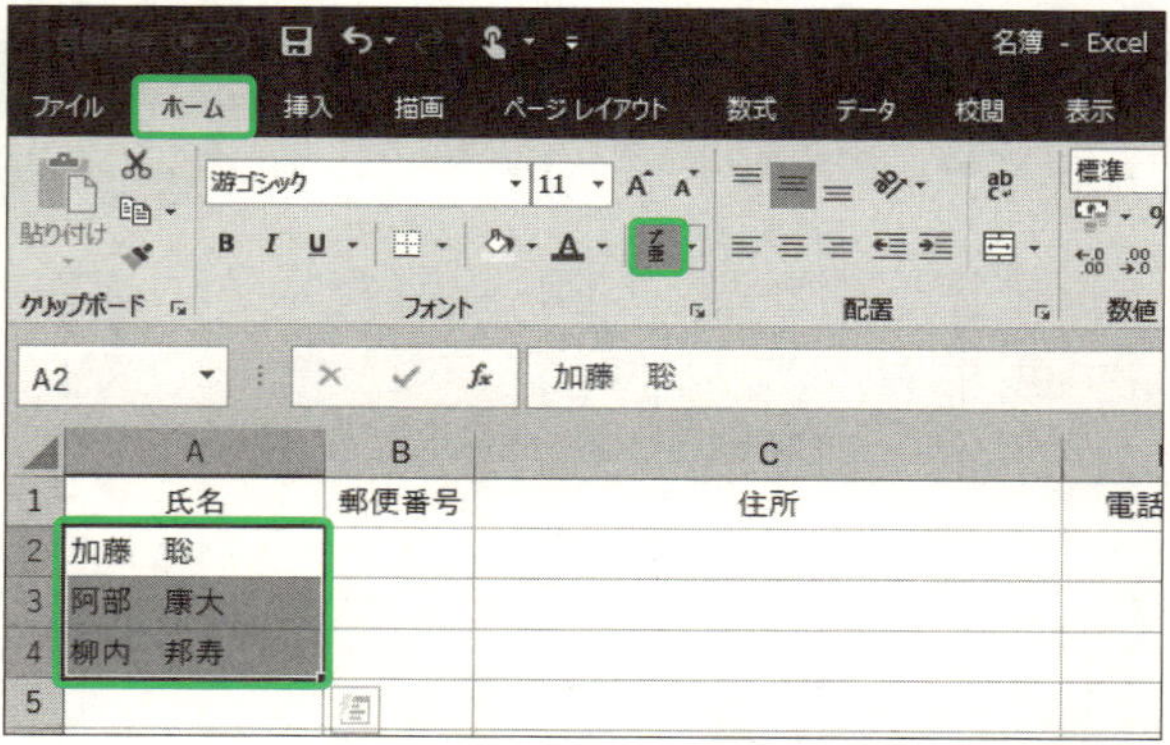

1 ふりがなを表示する範囲を選択します。[ホーム]タブを開き、[フォント]グループ→ をクリックします。

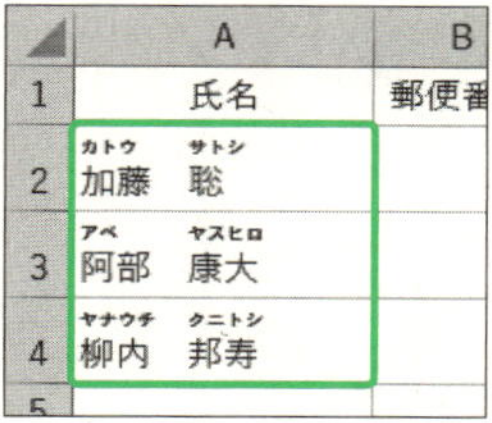

2 ふりがなが表示されます。**1**を繰り返すとふりがなが非表示になります。

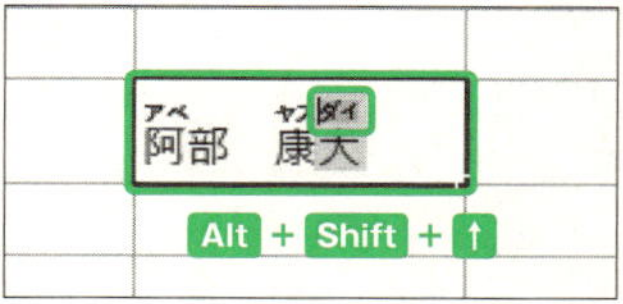

! ふりがなを表示したセルをクリックして[Alt]＋[Shift]キーを押したまま[↑]を押すと、ふりがなを編集する状態になります。ふりがなを修正したり、確認してから[Enter]キーを押すと確定できます。

行や列を挿入する

基本のキホン

行（列）番号を右クリック→［挿入］を選ぶ

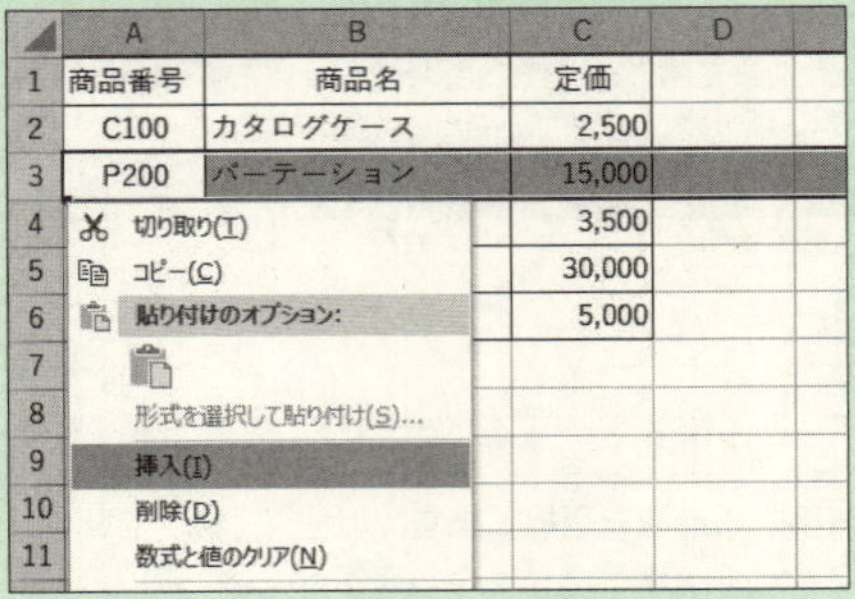

行番号を右クリックすると、行を挿入できます。

行や列は行（列）番号を右クリックして［挿入］を選ぶと増やせます。新しい行は、右クリックした行番号の上に入ります。挿入した行は、すぐ上の行と同じ高さ、同じ書式です。新しい列は、右クリックした列番号の左隣に入ります。挿入した列は左隣と同じ幅、同じ書式です。

　また、行や列を増やしすぎてしまったら、行（列）番号を右クリックして［削除］を選べば削除できます。

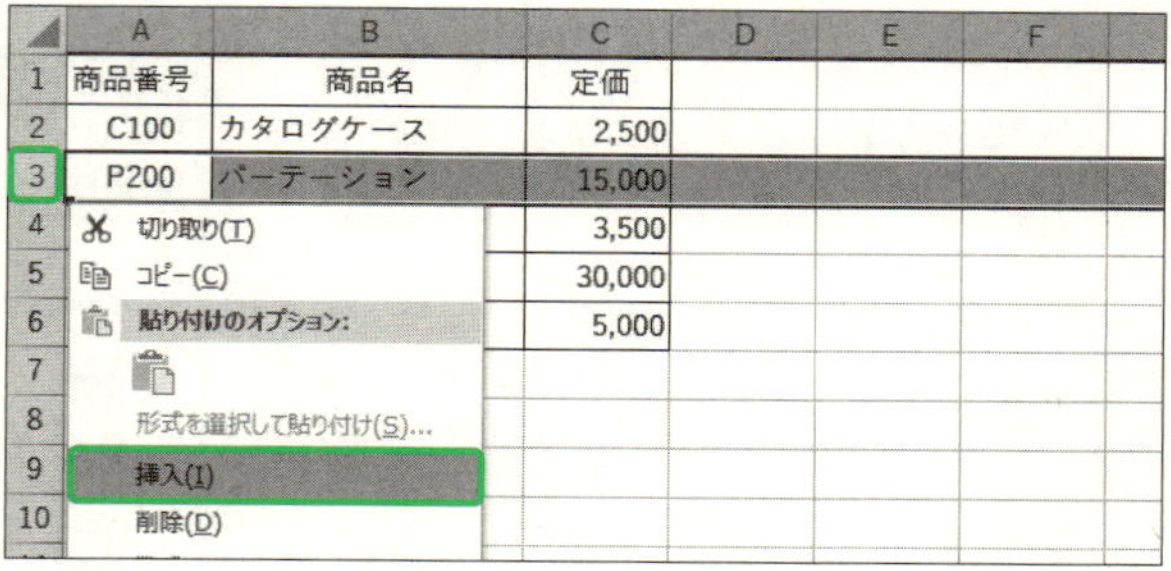

1 挿入する位置の行（列）番号を右クリックし、［挿入］を選びます。

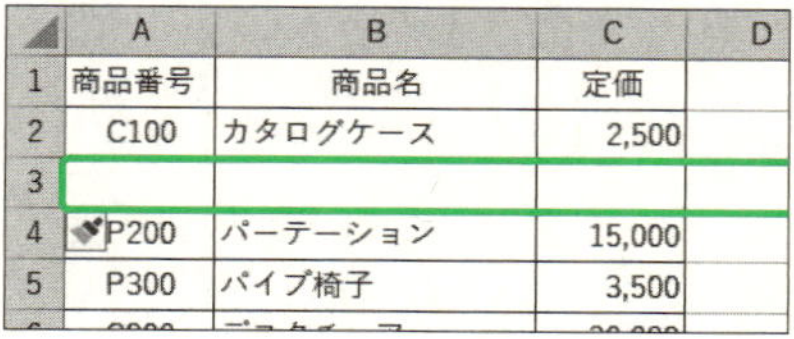

2 行（列）が挿入できます。

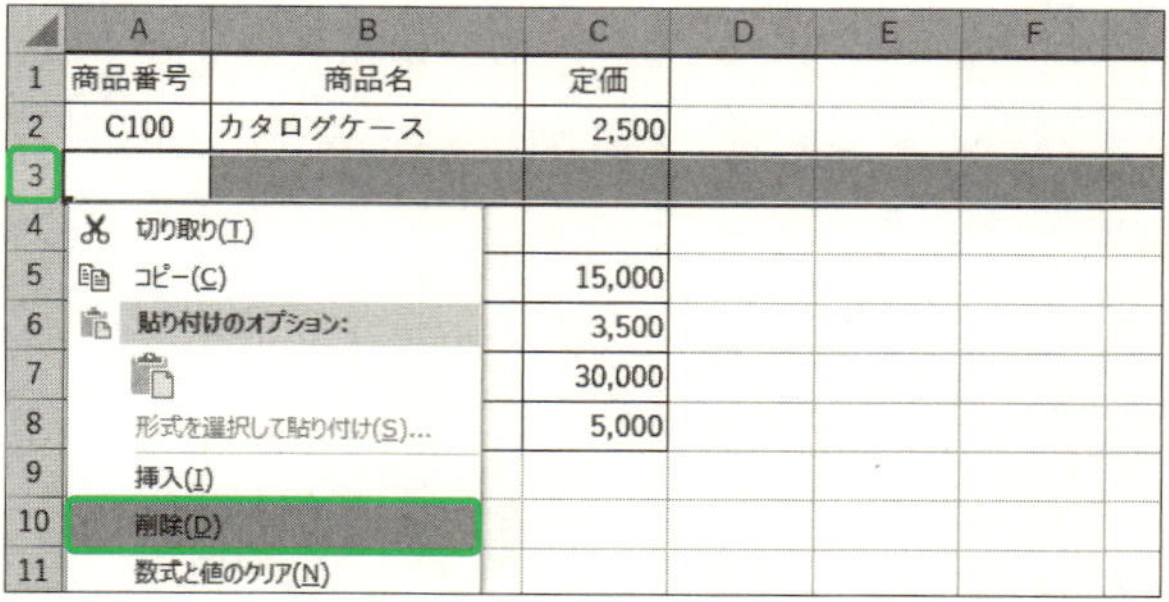

! 削除する行（列）番号を右クリックして［削除］を選ぶと、行（列）が削除されます。

一定間隔で行や列を挿入する

[Ctrl]キーを押したまま行(列)番号をクリックして選ぶ

	A	B	C	D
1		1月	2月	3月
2	札幌営業所	12,000	23,000	15,000
3				
4	仙台営業所	35,000	48,000	37,000
5				
6	新潟営業所	15,000	13,000	17,000
7				
8	東京営業所	78,000	85,000	65,000
9				

空白行を1行おきに一気に挿入します。

1行おきに行を10行挿入したいとしましょう。1行ごとに挿入を10回繰り返したら、かなり面倒です。この手間は、行の選択方法を変えるだけで省けます。行を挿入する位置で行番号を［Ctrl］キーを押したままクリックして選択してください。列の場合も同じです。

複数行(列)をまとめて挿入したければ、挿入するのと同数の行(列)番号をドラッグしてから挿入します。

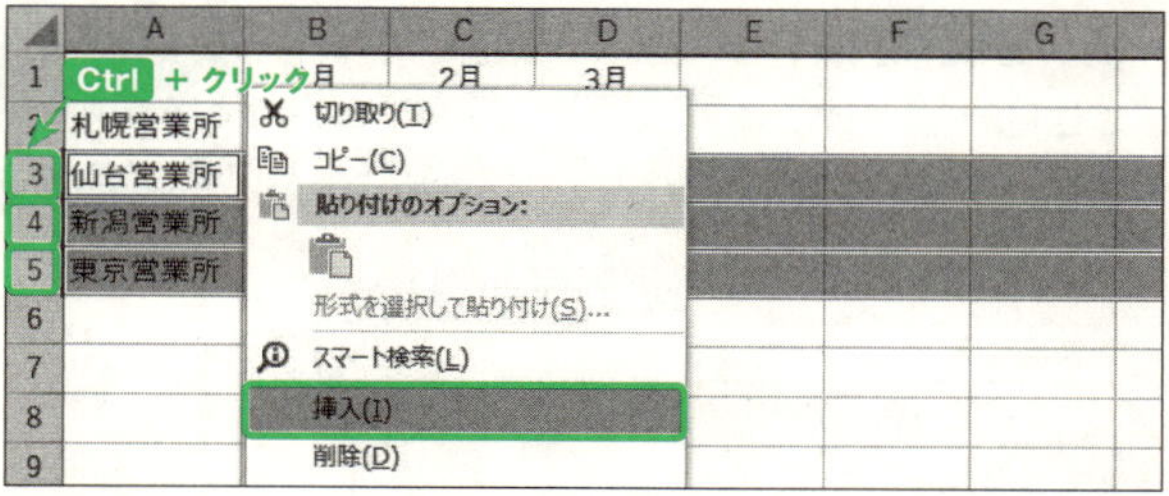

1 行（列）を挿入する位置の行（列）番号を［Ctrl］キーを押したままクリックして選択します。連続する行でもこの方法で選んでください。選択範囲で右クリックし、［挿入］を選びます。

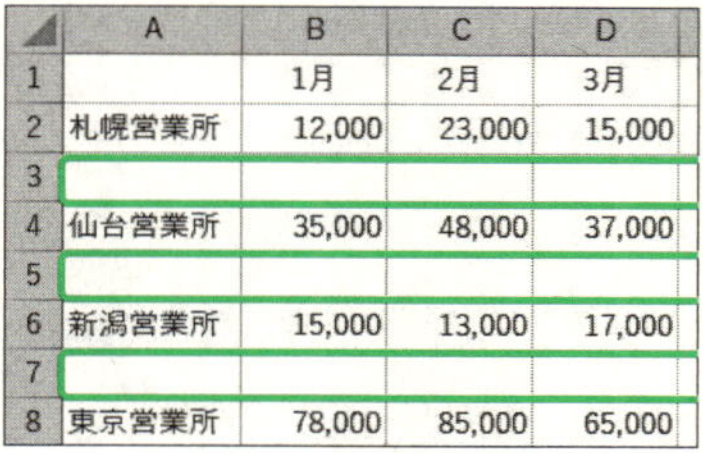

2 1で選択した行の上に新しい行が入ります。列の場合は左に入ります。書式はすぐ上の行（左の列）と同じになります。

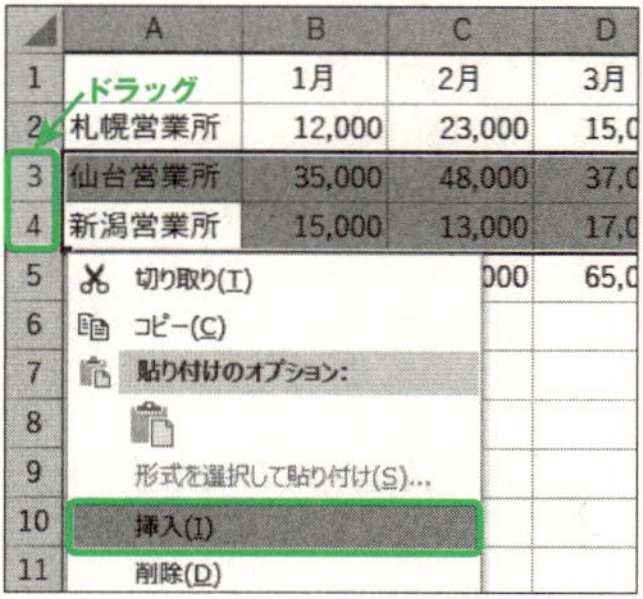

! 複数の行（列）をまとめて挿入するには、挿入する数と同じだけ行（列）番号をドラッグして選択し、右クリックして［挿入］を選びます。図では「仙台営業所」の上に2行挿入されます。

行や列をドラッグで移動・コピーする

[Shift]＋ドラッグで移動、[Ctrl]＋[Shift]＋ドラッグでコピー

	A	B	C
1	商品番号	商品名	定価
2	C100	カタログケース	2,500
3	P200	パーテーション	15,000
4	P300	パイプ椅子	3,500
5	C200	デスクチェア	30,000
6	W100	サイドワゴン	5,000
7			

2行目を4行目と5行目の間に移動しようとしています。

行・列の移動やコピーはドラッグでスピーディに行いましょう。操作のポイントはキーとの組み合わせです。「Shift」キーを押したままドラッグすれば移動、「Ctrl」キーと「Shift」キーを押したままならコピーになります。ドラッグ中は太線で挿入位置が表示されます。

この方法では、罫線も移動・コピーします。罫線が上書きされたら、移動・コピー後に整えてください。

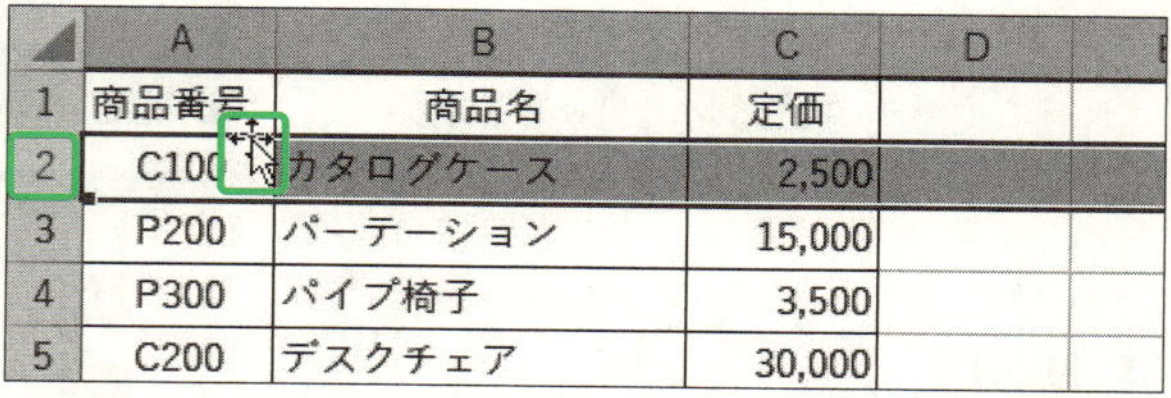

1 移動する行の行番号をクリックします。列の場合は列番号をクリックします。選択範囲の外枠（境界線）にポインターを合わせると になります。

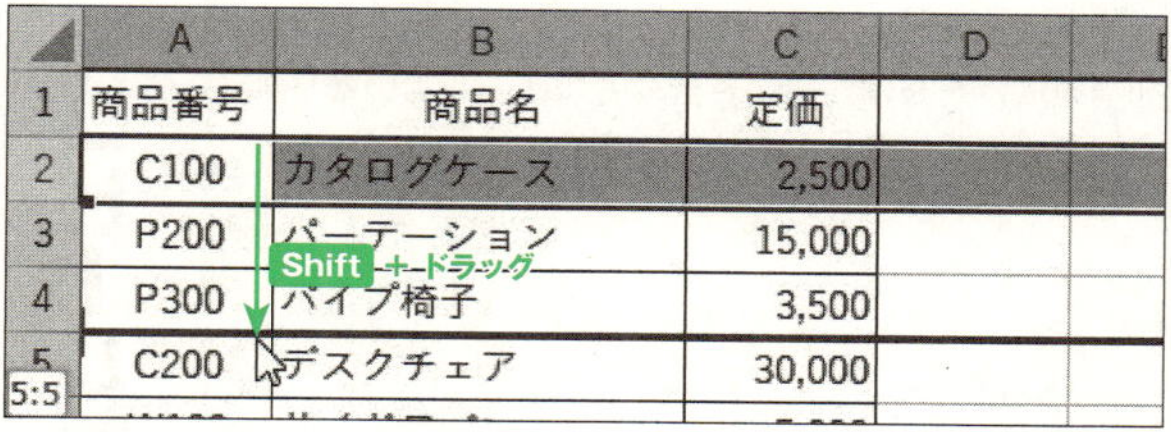

2 [Shift] キーを押したまま移動先にドラッグします。コピーするのなら [Ctrl] キーと [Shift] キーを押したままコピー先にドラッグします。

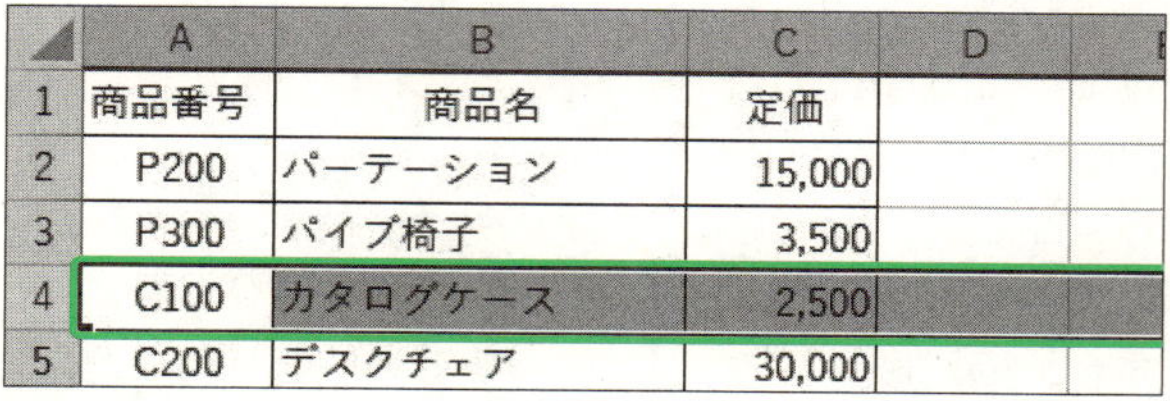

3 [Shift] キー（[Ctrl] キーと [Shift] キー）を押したままマウスのボタンを離すと行が移動（コピー）して挿入されます。

エクセルの基本操作

列幅も含めてコピーしたい

これは便利！

[元の列幅を保持]で データと列幅を貼り付ける

	A	B	C	D
1	商品番号	商品名	定価	
2	C100	カタログケ	2,500	
3	P200	パーテーシ	15,000	
4	P300	パイプ椅子	3,500	
5				(Ctrl)
6				

列幅を広げた表は、列幅も含めてコピーしないと文字が隠れてしまうことがあります。

列幅を変更した表をコピーして、単に[貼り付け]を行うと、上図のように列幅が戻って文字が隠れることがあります。列幅を設定した表をコピーしたら、[元の列幅を保持]で貼り付けます。これならデータと列幅の両方を貼り付けられます。

また、列番号をドラッグして列全体を選択してコピーし、1列目の任意のセルで[貼り付け]を行っても列幅を含めて貼り付けられます。

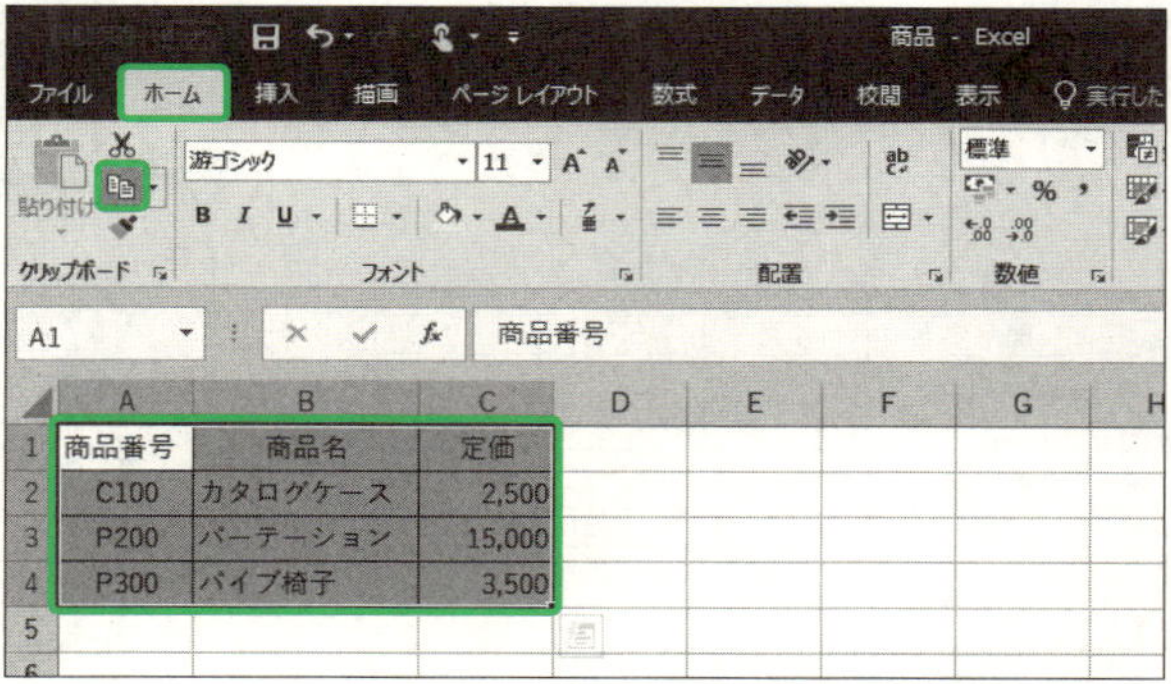

1 コピーする表を選択し、[ホーム]タブを開きます。[クリップボード]グループ→[コピー]をクリックします。

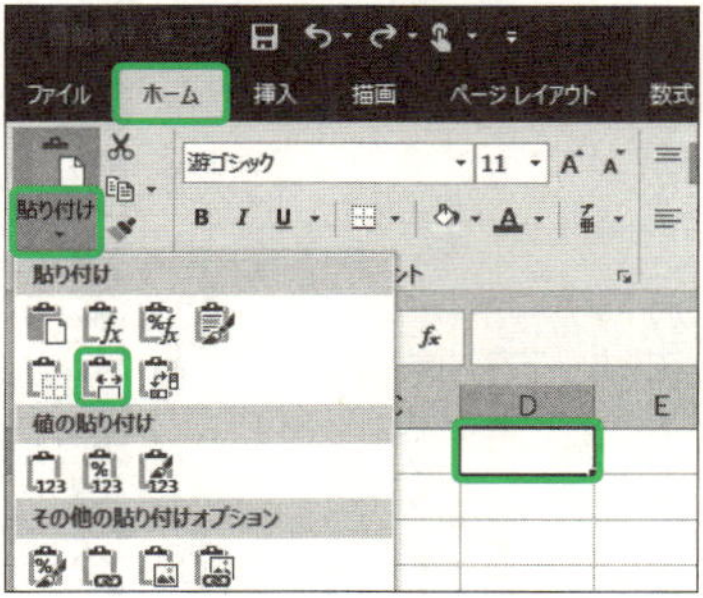

2 貼り付け先のセルをクリックします。[貼り付け]の→[元の列幅を保持]をクリックします。

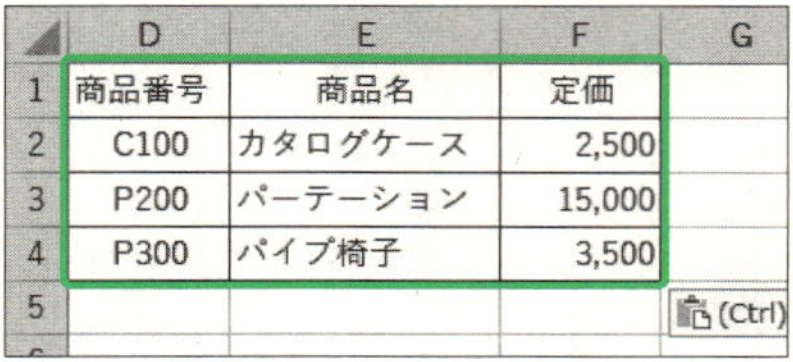

3 列幅も含めて表が貼り付けられます。

不揃いになった行の高さを揃える

行の高さは、行番号の下の境界線をドラッグすると変えられます。手軽でよいのですが、うっかりドラッグして高さが不揃いになることもあります。これを揃えるには、対象の行の行番号を選択してから、選択範囲のもっとも下の境界線をドラッグします。

このほか、［行の高さ］画面を表示し、行の高さをポイント数で指定して揃えることもできます。

高さを揃える行を選んで行番号の境界線をドラッグする

	A	B	C	D
1	商品名	4月	5月	6月
2	カタログケース	25	13	15
3	パーテーション	300	150	120
4	合計	325	163	135
5				
6				

行の高さが不揃いになってしまいました。これを揃えます。

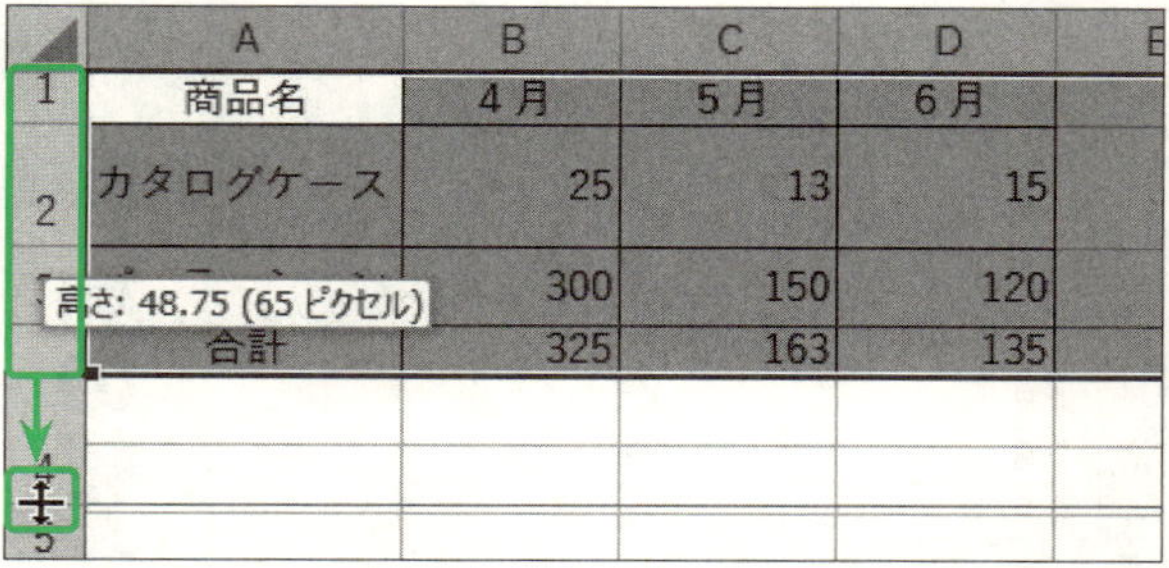

1 高さを揃える行の行番号を選択します。離れた行は [Ctrl] キーを押したままクリックして選べます。選択範囲のもっとも下の行番号の境界線にポインターを合わせ、‡になったらドラッグします。

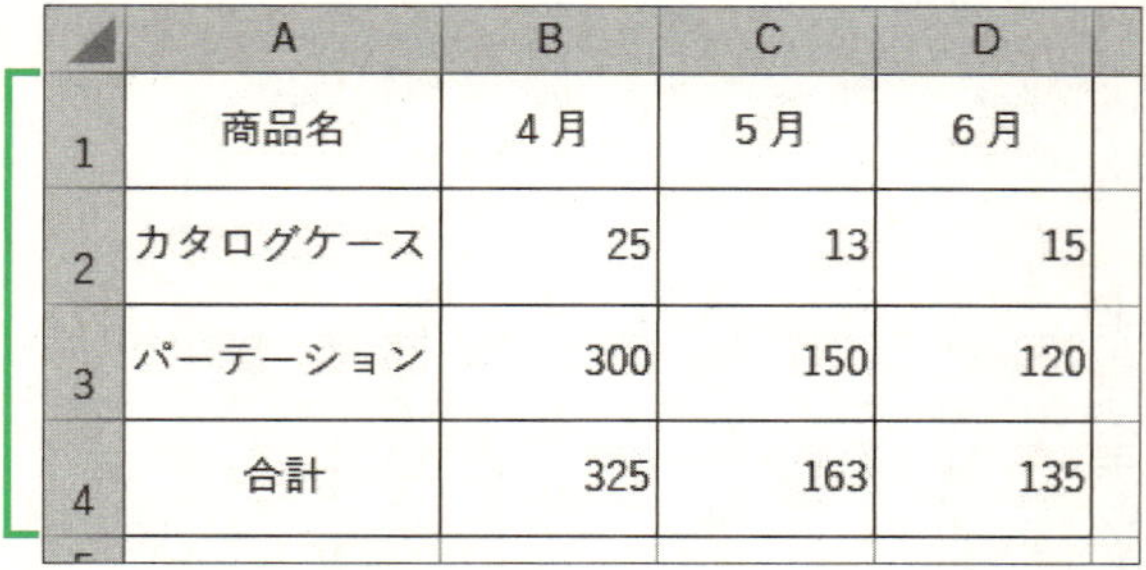

2 行の高さが揃います。

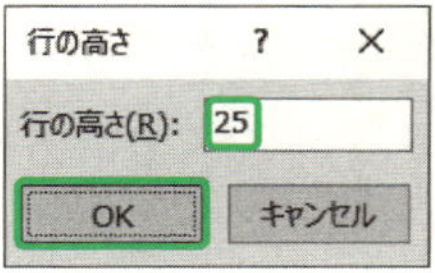

! 高さを揃える行の行番号を選択してから右クリックし、[行の高さ] を選ぶと図の画面になります。[行の高さ] にポイント数で高さを入力し、[OK] をクリックすると行の高さが揃います。

列の幅を揃えたい

幅を揃える列を選んで列番号の境界線をドラッグする

	A	B	C	D	E
1		書類ケース	間仕切り		
2	4月	25	300		
3	5月	13	150		
4	6月	15	120		
5					
6					

表の各列の幅がまちまちになってしまったので、揃えます。

入力した文字数に合わせて列幅を変えていたら、列ごとに幅が違ってしまったというときは、列の幅を揃えます。列の幅は列番号の右の境界線をドラッグすると変えられます。複数の列幅を同じにするには、対象の列の列番号を選択し、もっとも右の境界線をドラッグします。

このほか列幅を指定して揃えることもできます。列幅の規定の単位は半角文字の文字数です。

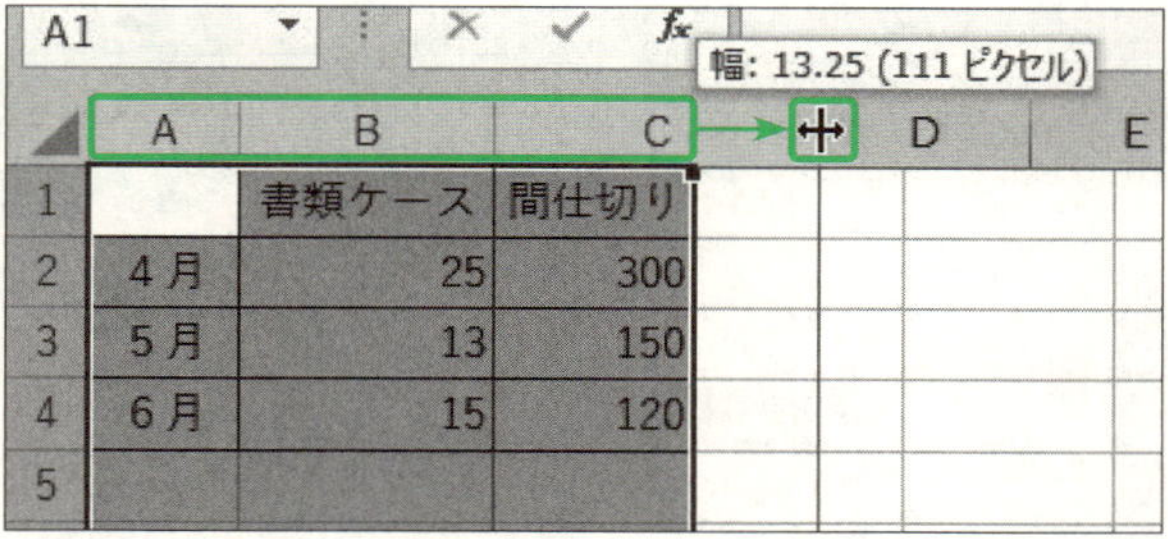

	A	B	C	D	E
1		書類ケース	間仕切り		
2	4月	25	300		
3	5月	13	150		
4	6月	15	120		
5					

幅: 13.25 (111 ピクセル)

1 幅を揃える列の列番号を選択します。離れた列は[Ctrl]キーを押したままクリックして選べます。選択範囲のもっとも右の境界線にポインターを合わせ、+になったらドラッグします。

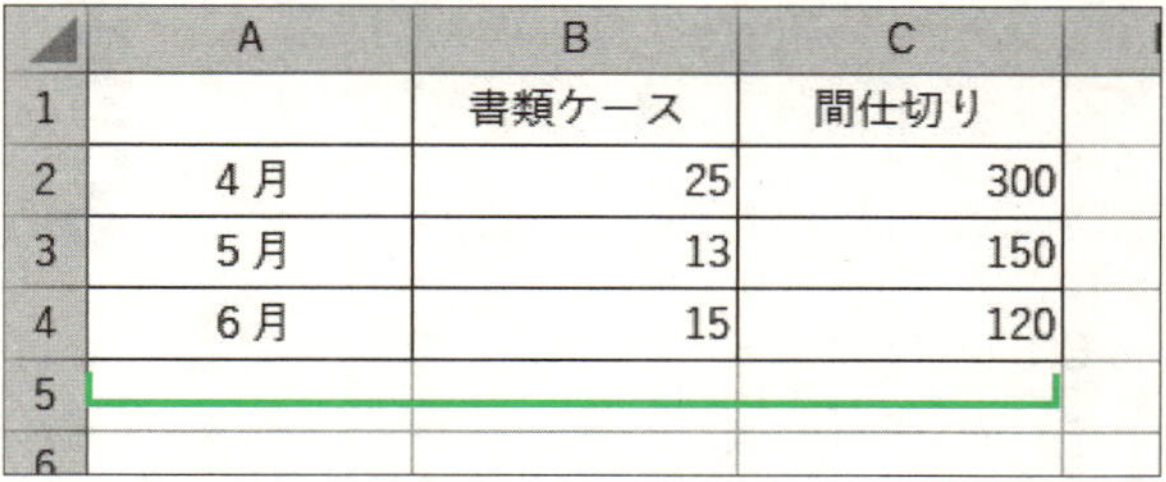

	A	B	C
1		書類ケース	間仕切り
2	4月	25	300
3	5月	13	150
4	6月	15	120
5			
6			

2 列の幅が揃います。

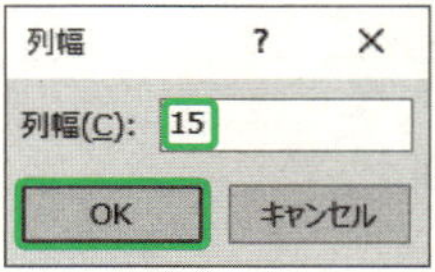

! 幅を揃える列の列番号を選択してから右クリックし、[列の幅]を選ぶと図の画面になります。[列幅]に標準フォント(2016では「游ゴシック」、2013以前は「MS P ゴシック」)の半角文字が何文字入る幅にするかを入力し、[OK]をクリックすると列の幅が揃います。

エクセルの基本操作

シートの名前を変える

シート見出しを右クリック→[名前の変更]を選ぶ

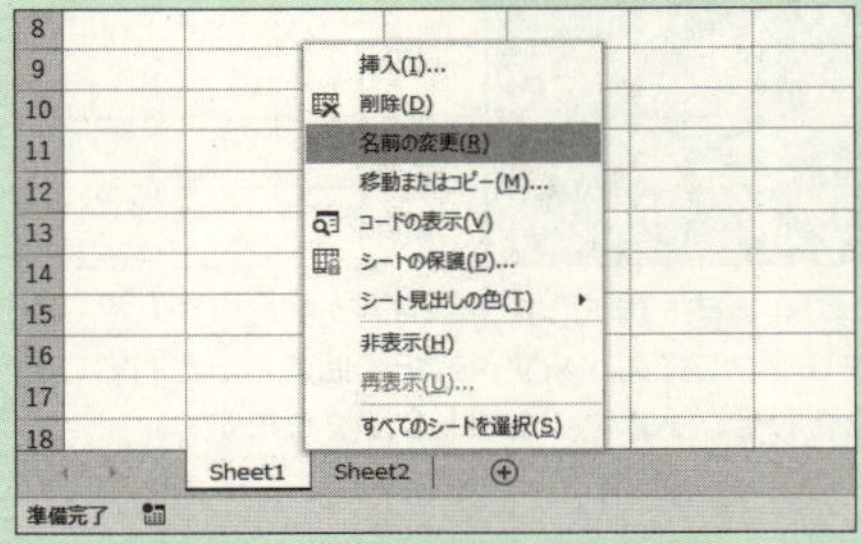

[名前の変更] を選んで「Sheet 1」の名前を変えます。

ワークシートには「Sheet1」のような名前が付いています。しかしブック(エクセルのファイル)に複数のシートがあるときは、この名前では区別がつけづらくて不便です。

内容に即したシート名に変更しておけば、使いたいシートを迷わず開けるようになります。同じブックのシートを並べて表示するのにも(P60参照)、名前が付いていたほうがシートを選びやすくなります。

基本のキホン

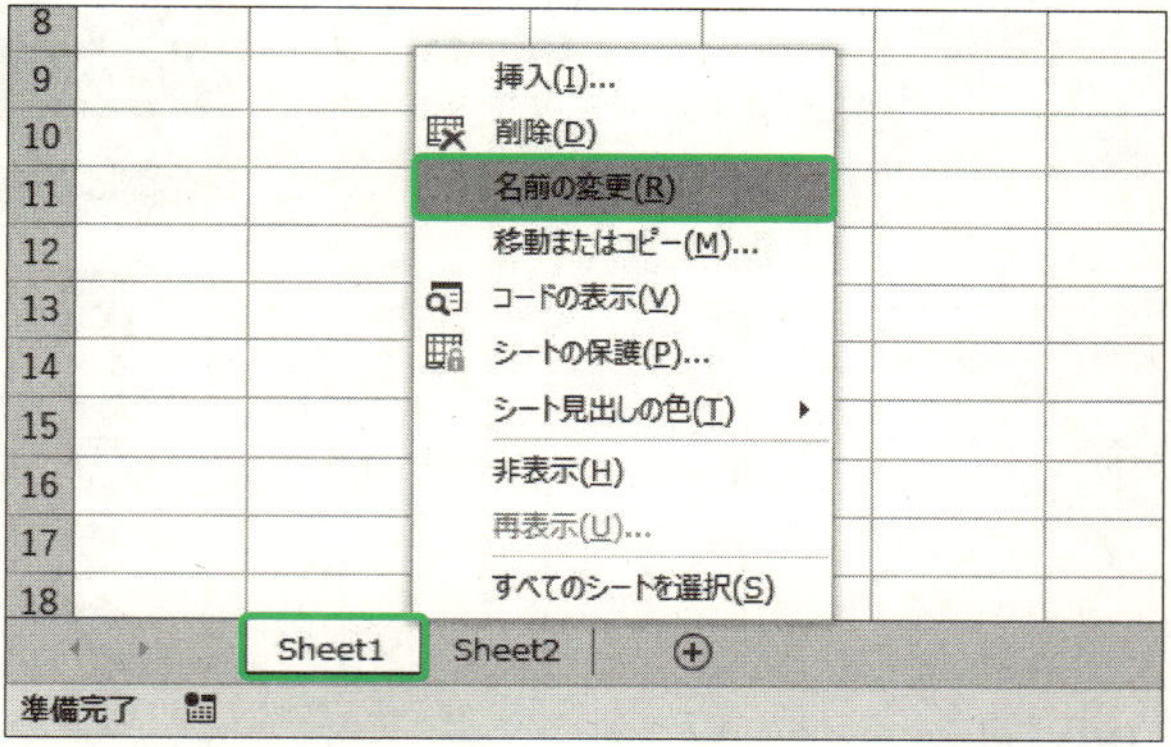

1 名前を変えるシートのシート見出しを右クリックし、［名前の変更］を選びます。

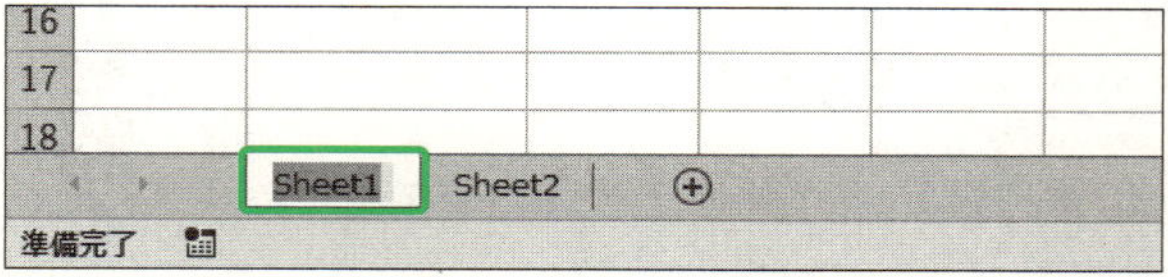

2 シート見出しが反転し、上書きできるようになります。

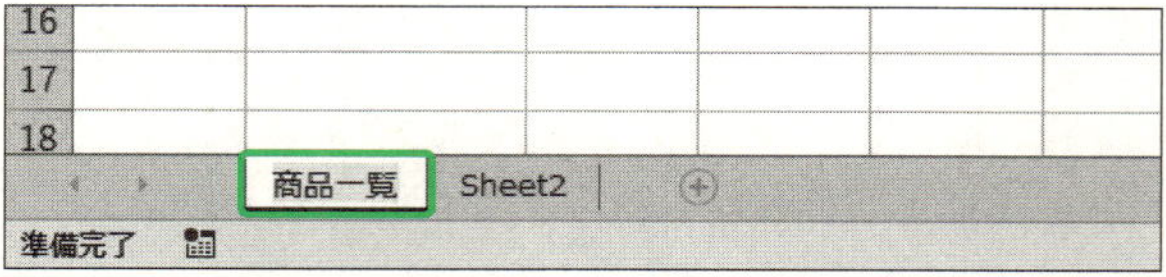

3 名前を入力して変換を確定します。なお、「：」「￥」「／」「＊」「？」「［」「］」は全角・半角ともに名前には使えません。［Enter］キーを押すと名前が確定します。

同じブックのシートを開く・並べる

これは便利!

[新しいウィンドウ]で開き[整列]で並べる

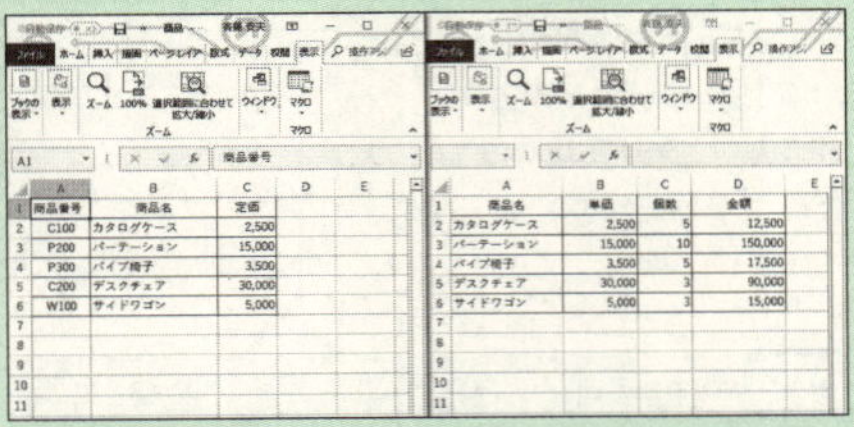

同じブックにあるシートを2つ開いて、並べて表示しています。

1つのブックは1つのウィンドウでしか表示できないと考えがちですが、1つのブックは複数のウィンドウで開けます。この機能を利用すると、同じブックのなかの別のシートを同時に開けます。

こうして開いたウィンドウを整列させれば、同じブックにあるシートを並べて表示できます。数値や文字をコピーしたり、参照するのに便利な表示方法です。

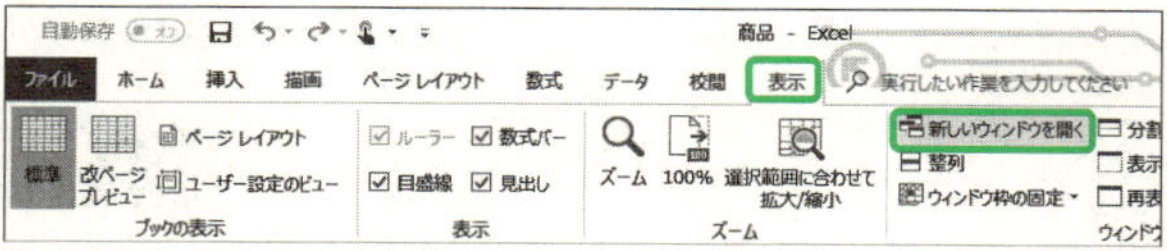

1 [表示]タブを開き、[ウィンドウ]グループ→[新しいウィンドウを開く]をクリックします。

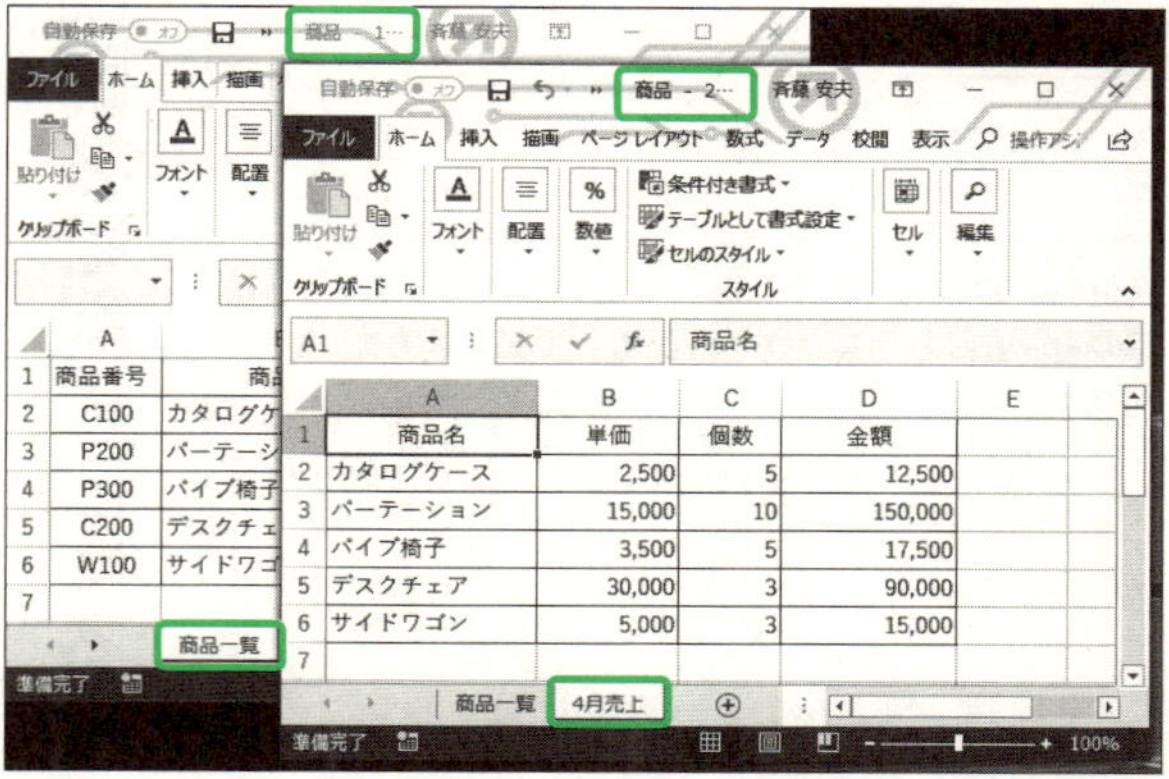

2 表示中のブックが新しいウィンドウとして開きます。ブック名に「1」「2」と数字が振られていて、同じブックが複数開いていることがわかります。片方のウィンドウでシート見出しをクリックすれば、同じブックの別のシートを表示できます。

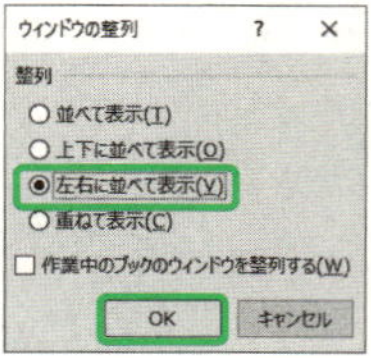

3 [表示]タブを開き、[ウィンドウ]グループ→[整列]をクリックします。[左右に並べて表示]をクリックして◉にし、[OK]をクリックするとウィンドウを左右に並べられます。

書式設定

表の項目名を斜めにする

これは便利！

表の項目名が長くなるのは、よくあることです。すべての文字が表示されるよう列幅を広げられればよいのですが、それでは横長になりすぎることもあります。

こんなときは項目名を回転させて斜めにすると、縦書きにするほどは行が高くならず、横書きより狭い列幅で文字を表示できます。さらに、回転した文字に合わせて列幅を調節すれば、見栄えよく整えられます。

[方向]→[左回りに回転]で文字を右上がりにする

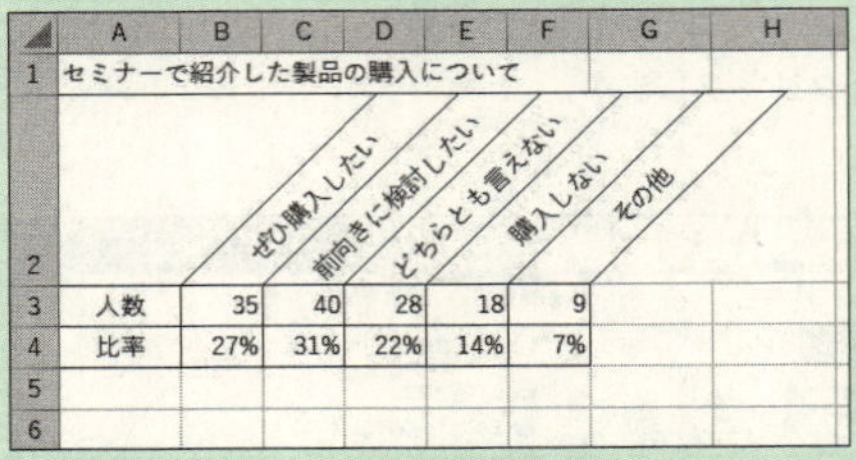

	A	B	C	D	E	F	G	H
1	セミナーで紹介した製品の購入について							
2		ぜひ購入したい	前向きに検討したい	どちらとも言えない	購入しない	その他		
3	人数	35	40	28	18	9		
4	比率	27%	31%	22%	14%	7%		
5								
6								

項目名に合わせて列幅を広げると横長になりすぎるので、項目名を右上がりに配置して整えました。

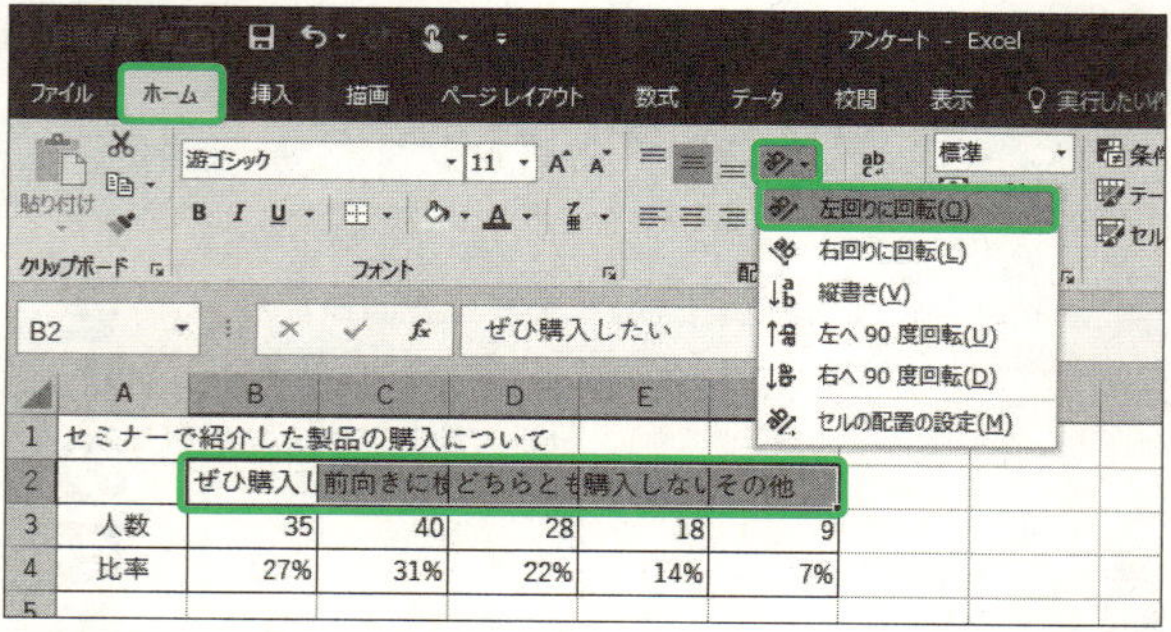

1 文字を回転させる範囲を選択します。[ホーム]タブを開き、[配置]グループ→ →[左回りに回転]を選びます。

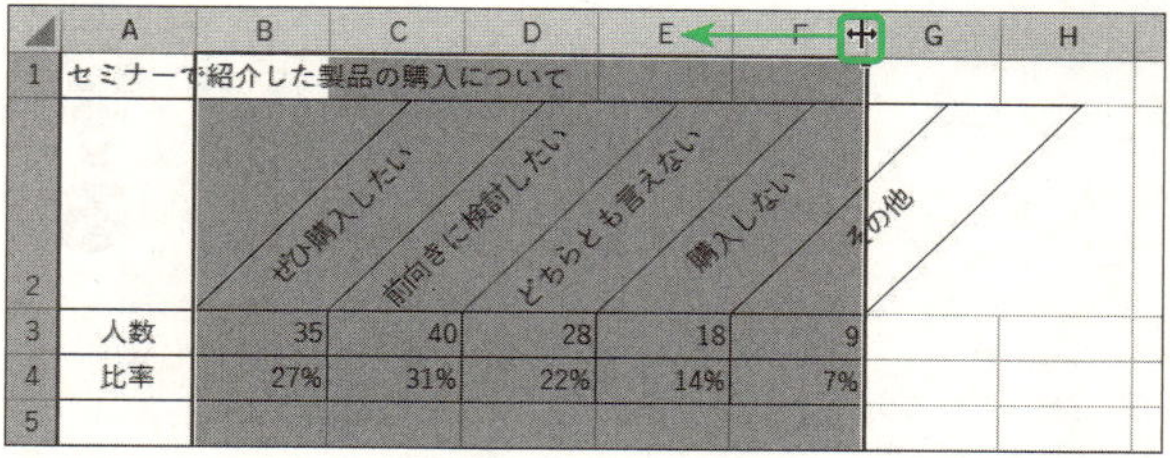

2 文字が右上がりに表示されます。文字を回転させた列の列番号をドラッグして列を選択します。選択範囲の右端の境界線にポインターを合わせ✛になったら、内側にドラッグして列幅を狭くします。

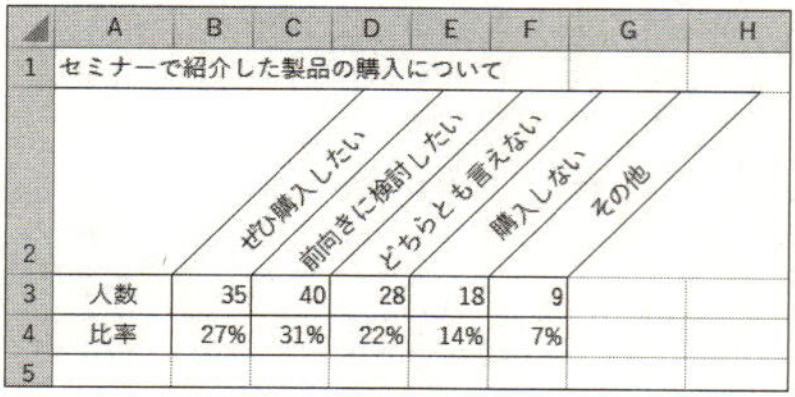

3 横書きにするより狭い列幅で、項目名が表示できます。

書式設定

セルのなかで改行する

基本のキホン

　セルのなかでは「Enter」キーを押しても改行できません。改行するには、「Alt」キーを押したまま「Enter」キーを押します。

　改行により行数が増えると、行の高さも自動的に広がります。ドラッグなどで行の高さを変えていると、この機能が働かずに文字が欠けることがありますが、行番号の下端（境界線）にポインターを合わせてダブルクリックすれば表示できます。

[Alt]＋[Enter]キーで改行できる

	A	B
1	ツアー名	内容
2	ジャングルツアー	自然保護区の散策。 原生林や野生の草花に触れられます。
3	ヘリコプター遊覧飛行	
4	ディナー＆夜景見物	
5		
6		

改行すると、セルのなかに複数行のデータを入れられます。

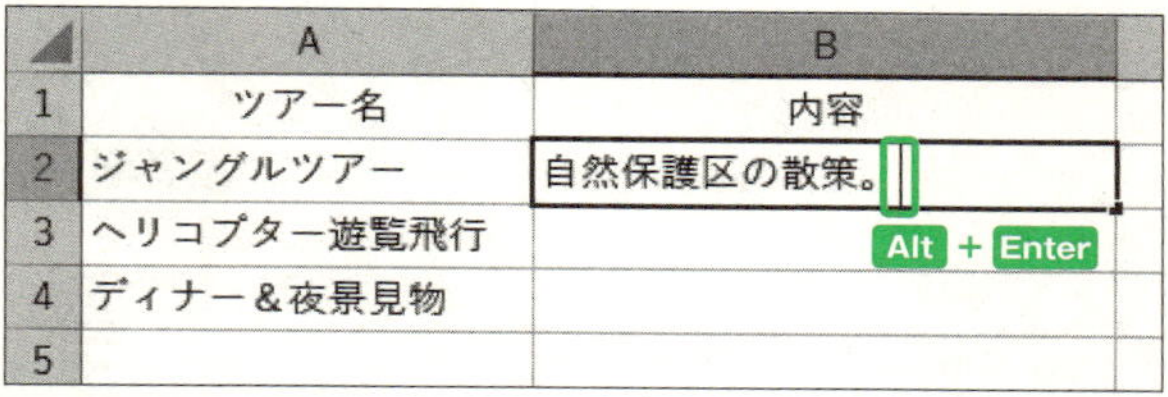

▲	A	B
1	ツアー名	内容
2	ジャングルツアー	自然保護区の散策。|
3	ヘリコプター遊覧飛行	Alt + Enter
4	ディナー＆夜景見物	
5		

1 改行する位置まで文字を入力し、[Alt] キーを押したまま[Enter]キーを押します。

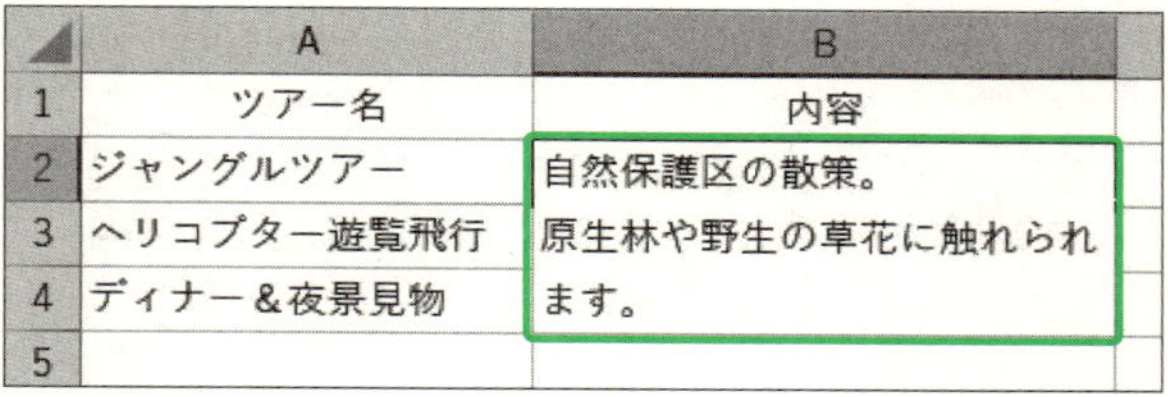

▲	A	B
1	ツアー名	内容
2	ジャングルツアー	自然保護区の散策。 原生林や野生の草花に触れられます。
3	ヘリコプター遊覧飛行	
4	ディナー＆夜景見物	
5		

2 次の行にカーソルが移動するので、続きの文字を入力します。[Enter]キーで確定すると、1つのセルに複数行を入力できます。

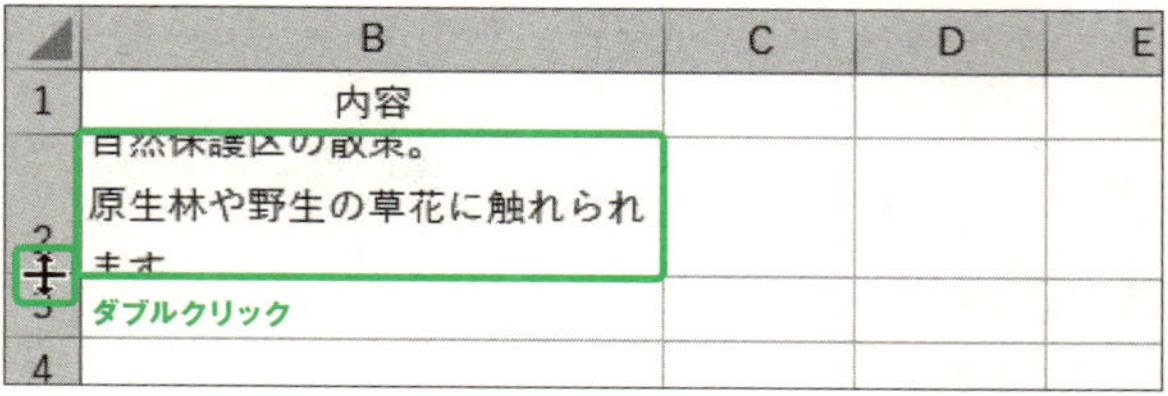

▲	B	C	D	E
1	内容			
2	自然保護区の散策。 原生林や野生の草花に触れられます。			
✢	ダブルクリック			
4				

! 行の高さを指定していると（P54参照）、改行に応じて行の高さが変わらずに文字が欠けることがあります。この場合は行番号の下の境界線にポインターを合わせ、✛になったらダブルクリックすれば、行の高さが広がります。

書式設定

書式だけコピーする

時間短縮
効率UP!

セルや文字の色、太字というように、複数の書式を組み合わせて設定すると、別のセルで同じ書式を再設定するのはかなり面倒です。

このような書式設定の手間を大幅に省いてくれるのが「書式のコピー／貼り付け」機能です。[書式のコピー／貼り付け]ボタンをクリックすると書式を1回だけ貼り付けられ、ダブルクリックすると、繰り返し貼り付けられます。

[書式のコピー／貼り付け]で書式を使い回す

	A	B	C	D
1	商品名	4月	5月	6月
2	カタログケース	25	13	15
3	パーテーション	300	150	120
4	パイプ椅子	105	35	53
5	デスクチェア	300	150	240
6	合計	730	348	428
7				
8				

ポインターがこの形のときにセルをクリックすると書式を貼り付けられます。

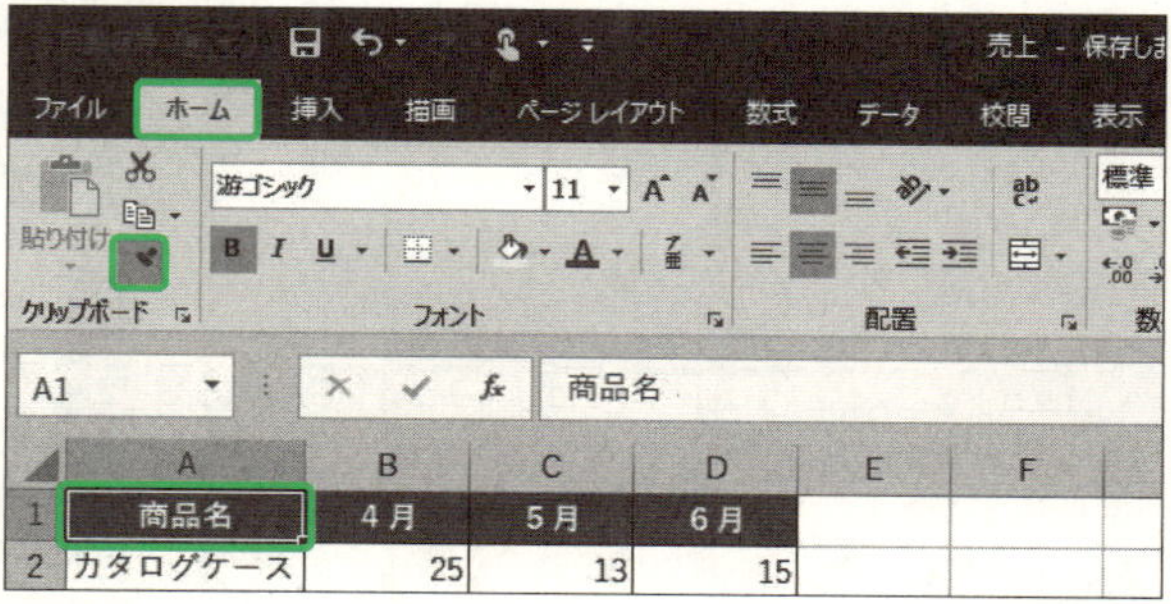

1 書式のコピー元のセルをクリックします。[ホーム]タブを開き、[クリップボード]グループ→[書式のコピー／貼り付け]をクリックします。繰り返し貼り付けたければ、ダブルクリックします。

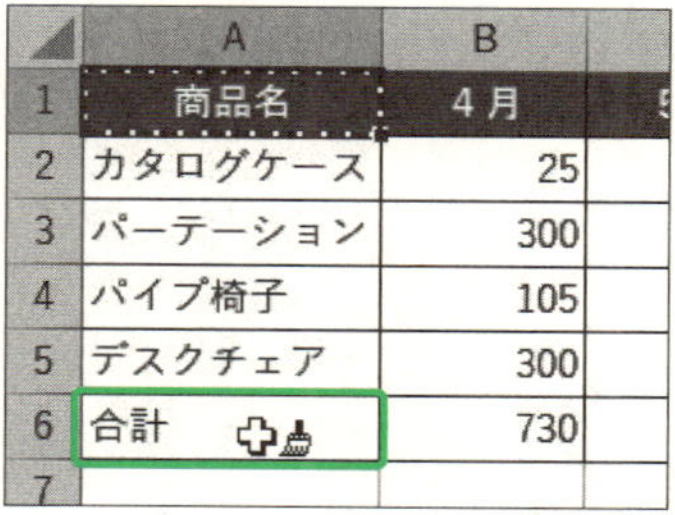

2 ポインターがになったら、貼り付け先をクリックします。

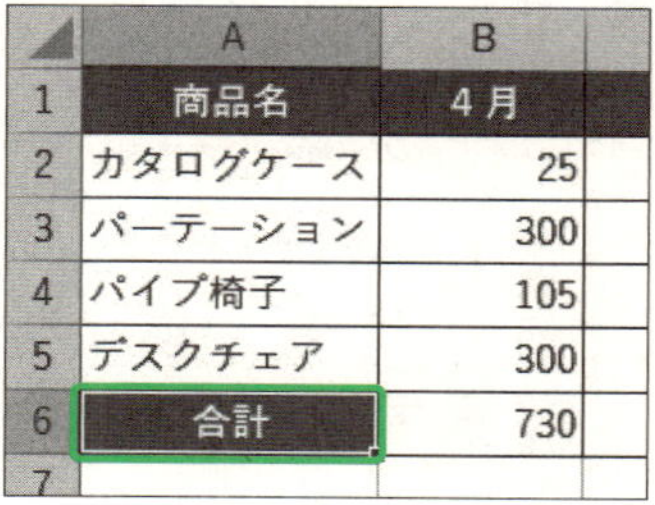

3 書式がコピーされます。[書式のコピー／貼り付け]をダブルクリックした場合は、続けて貼り付け先をクリックでき、[Esc]を押すと作業が終了します。

書式設定

書式を除いてコピーする

これは便利！

［貼り付け］で［値］を選ぶと書式を除ける

	D	E	F	G
1	商品名	4月	5月	6月
2	カタログケース	25	13	15
3	パーテーション	300	150	120
4	パイプ椅子	105	35	53
5	合計	430	198	188
6				
7				

データだけコピーしたかったのに、［貼り付け］を行ったらセルの色や罫線、太字などの書式も貼り付けられてしまいました。

セルをコピーして貼り付けると、データだけでなく書式も貼り付けられてしまいます。色を設定したセルをコピーして別の場所に貼り付けると、同じ色が設定されてしまうわけです。書式を除いて貼り付けたい場合は、貼り付ける際に［値］を選びます。これによってデータだけが貼り付けの対象になります。数式を除いて計算結果だけコピーしたいときも、［値］で貼り付けます。

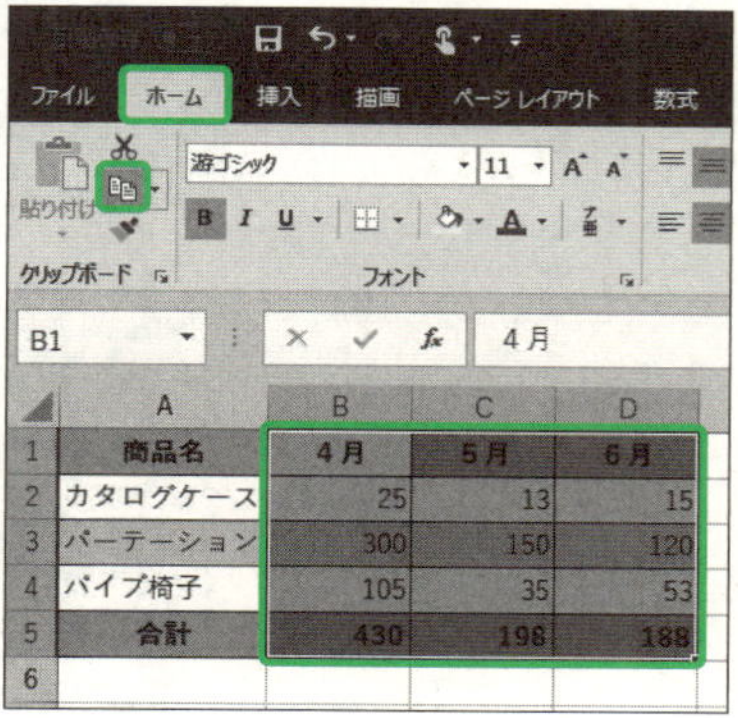

1 値だけをコピーしたい範囲を選択します。[ホーム] タブを開き、[クリップボード] グループ→[コピー]をクリックします。

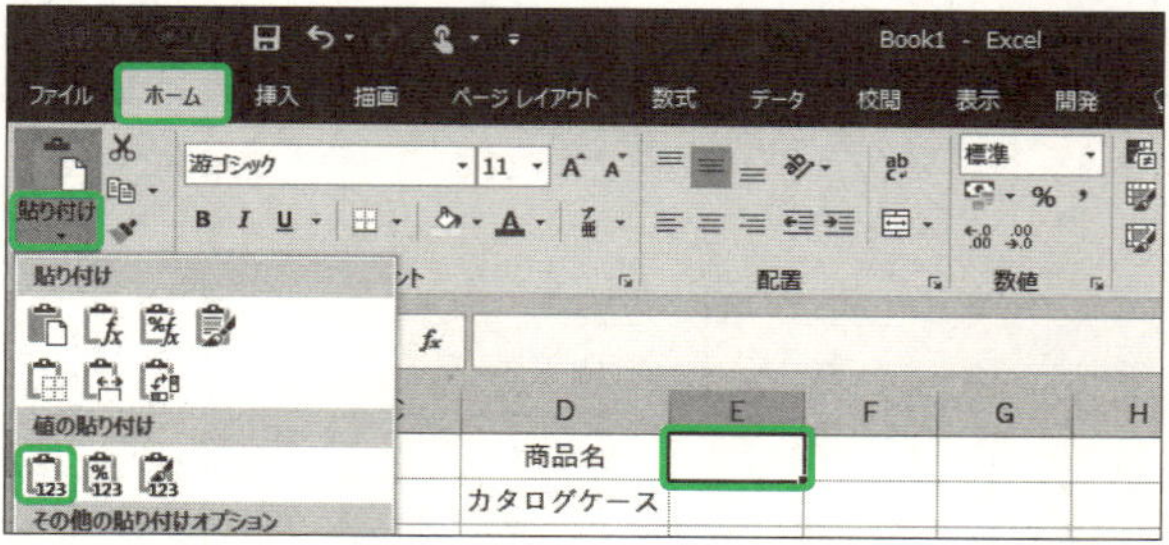

2 貼り付け先の左上隅のセルをクリックします。[貼り付け] の ▼→[値]をクリックします。

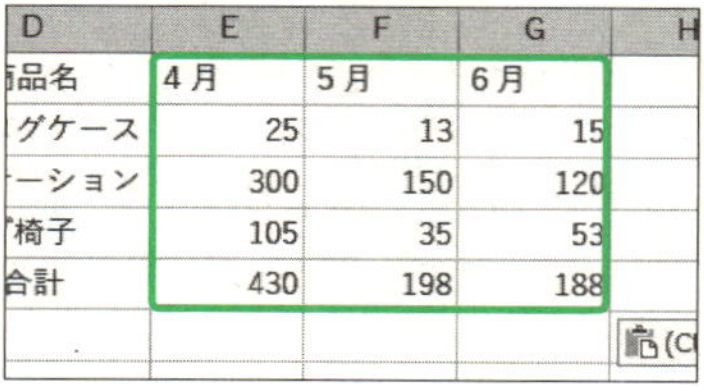

3 書式を除いてデータのみが貼り付けられます。図ではセルの色や罫線、太字などを除いて貼り付けられています。

書式設定

セルに斜線を引いて上下に文字を入れる

これは便利！

セルに斜線を引くには「セルの書式設定」の「罫線」タブの画面を使います。斜線を引く行を2行以上の高さにしておけば、斜線の上下に文字を入れられます。

「罫線」タブの画面では、各種の罫線を引いたり、解除したりできます。「外枠」と「内側」をクリックすれば、格子状に線が引けます。「なし」を選ぶと罫線を削除できます。罫線の種類は「スタイル」の欄で選びます。

斜線の上は右端、下は左端に文字を配置する

	A	B	C	D
1	月 品名	4月	5月	6月
2	カタログケース	25,000	12,500	15,000
3	パーテーション	300,000	150,000	120,000
4	パイプ椅子	105,000	35,000	52,500
5	デスクチェア	300,000	150,000	240,000
6				
7				

セルに斜線を引き、上下に文字を入れました。

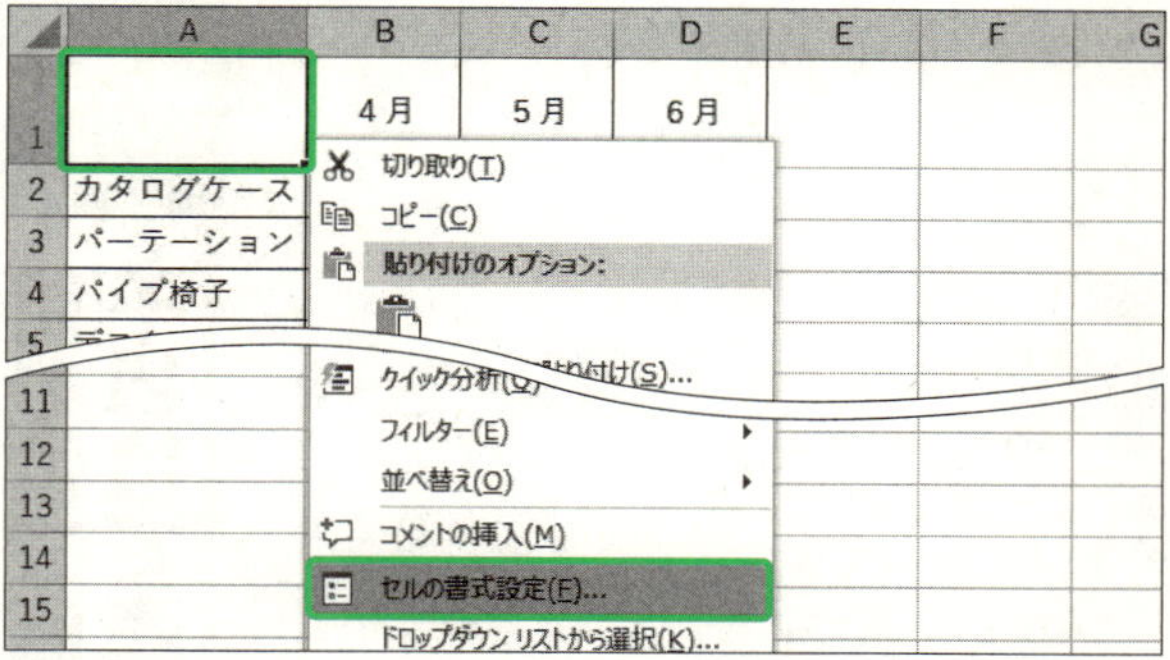

1 行の高さを2行分以上にしておきます（P54参照）。斜線を引くセルを右クリックし、［セルの書式設定］を選びます。

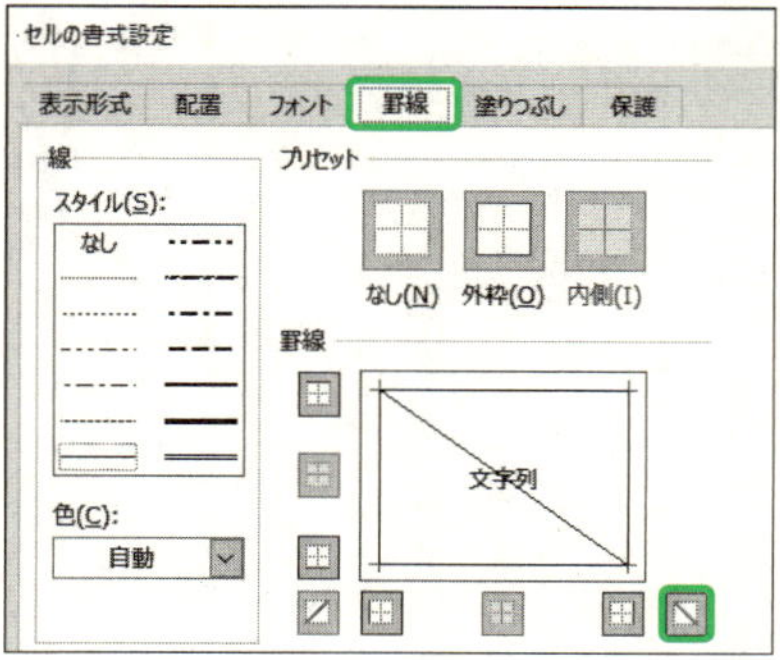

2 ［罫線］タブを開き、 をクリックします。［OK］をクリックします。

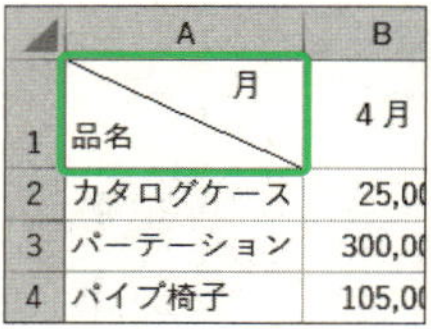

3 斜線が引けます。右上に入れる文字を入力します。文字の先頭をクリックしてから［スペース］を押して文字を右端に移動します。セルのなかで改行し（P64参照）、2行目に文字を入力すると、斜線の左下に文字が入ります。

書式設定

百の位で四捨五入して、千単位で表示する

これは便利！

数値の桁数が多い場合には、千単位や百万単位にすると見やすくなります。ビジネスではよく使われる表示方法です。

千や百万単位で表示するには、表示形式を「#，##0，」などにします。「0」のあとの「，」の数で単位を変えられます。カンマが1つなら千、2つなら百万単位になります。この方法は、表示を変えるだけで、元の数値は変わりません。

表示形式を「#,##0,」にする

	C	D	
1		(円)	
2	11月	12月	
3	970,000	1,120,000	
4	960,000	1,100,000	
5			

↓

	C	D	
1		(千円)	
2	11月	12月	
3	970	1,120	
4	960	1,100	
5			

百の位を四捨五入し、「千円」単位の表示にしました。

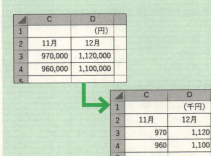

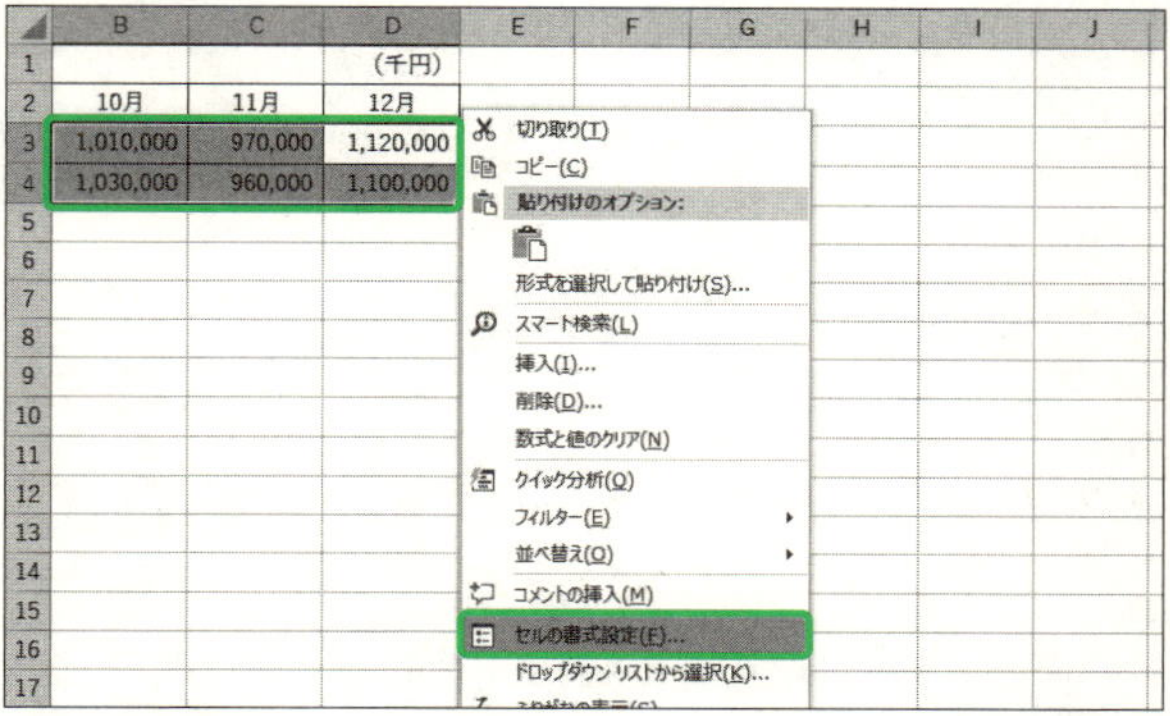

1 千単位で表示する範囲を選択して右クリックし、[セルの書式設定]を選びます。

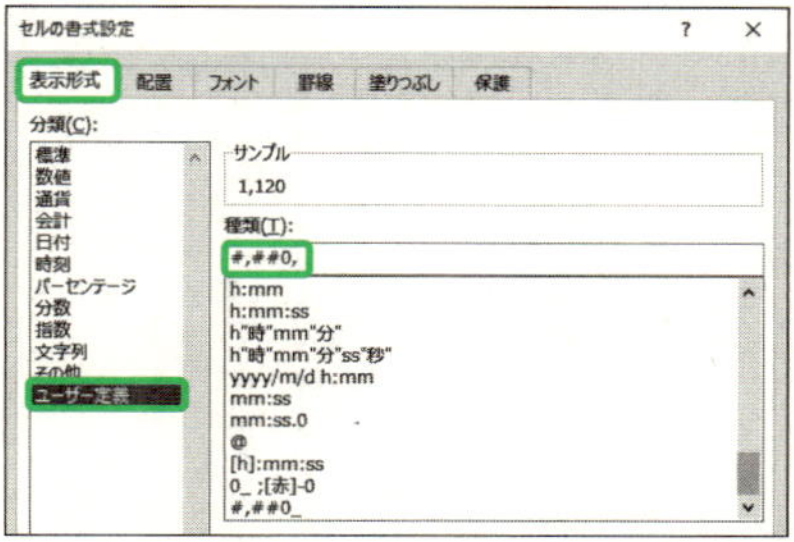

2 [表示形式]タブを開き、[分類]で[ユーザー定義]を選びます。[種類]に「#,##0,」と入力します。百万単位にするなら「#,##0,,」です。[OK]をクリックします。

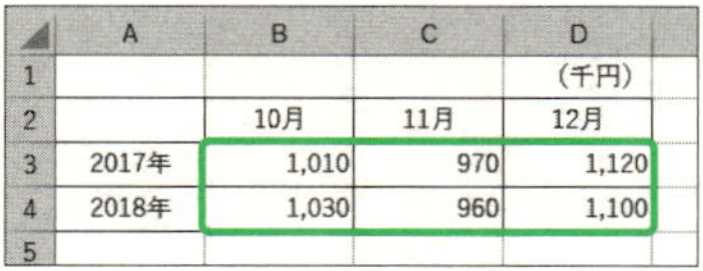

3 百の位で四捨五入され、千単位の表示になります。表示は変わりますがセルには元のデータが保存されています。

書式設定

「270」と入力すると「270㎜」と表示されるようにする

これは便利！

数字に「㎜」や「個」などの単位を付けて表示したいことがあります。ところが、単位を付けて入力するとデータが文字列として扱われるようになり、計算に使えなくなります。単位の入力も面倒です。

　数字を計算に使える状態にしたまま単位も付けるには、単位付きの表示形式を作ります。これなら、データが数値のままなので計算可能。しかも単位を入力する手間も省けます。

表示形式を「#,##0"mm"」にする

	A	B	C	D
1	品名	幅	奥行	高さ
2	カタログケース	270mm	200mm	400mm
3	パーティション	1,000mm	250mm	1,800mm
4	サイドワゴン	300mm	440mm	560mm
5				
6				

数字に「mm」が付くように設定すれば、単位を入力する手間をかけずにこんな表が作れます。

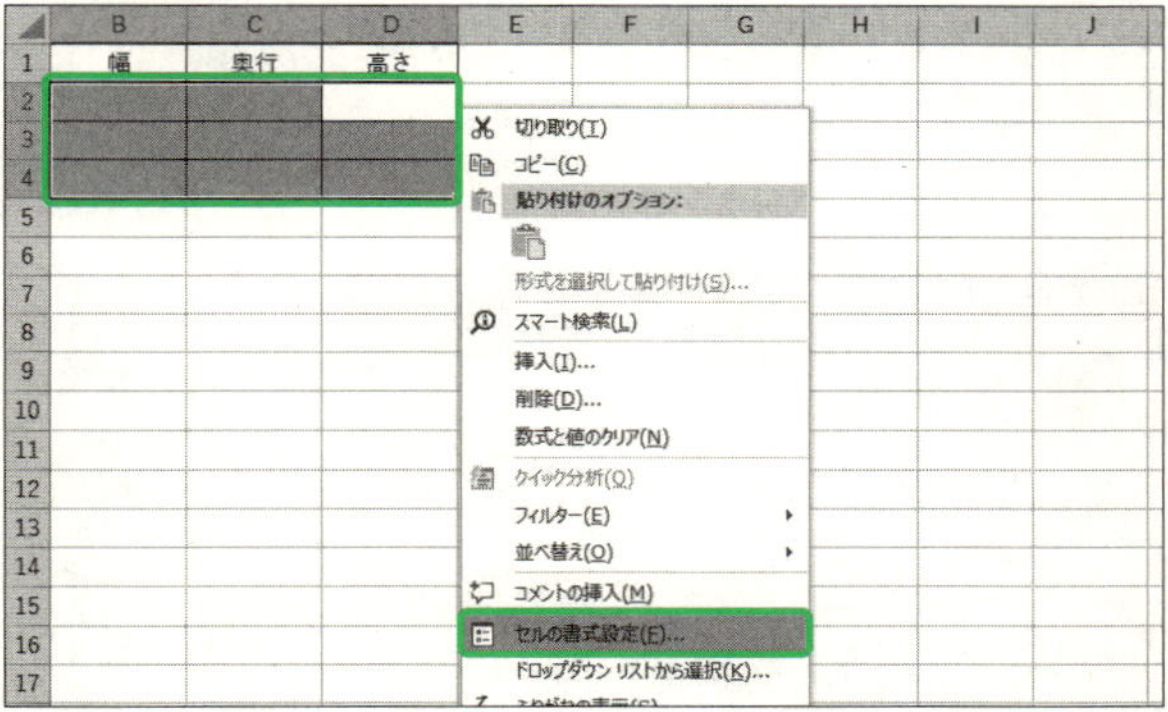

1 単位を付けて表示する範囲を選択します。選択範囲で右クリックし、［セルの書式設定］を選びます。

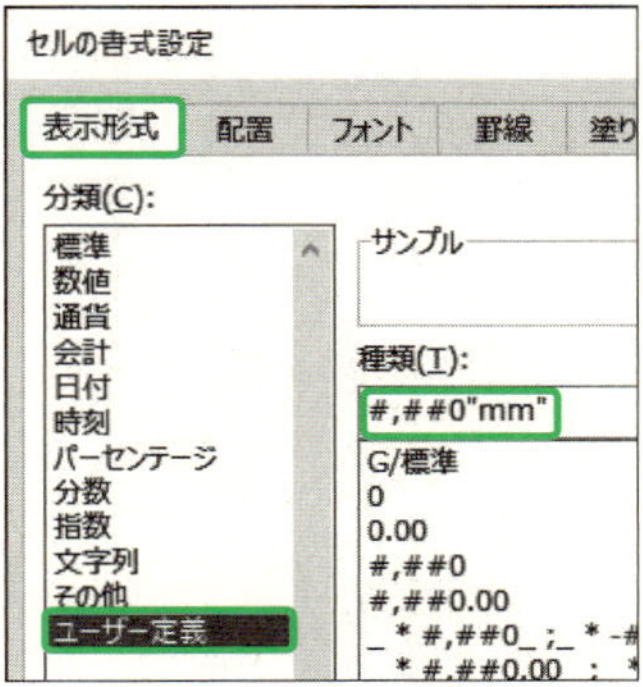

2 ［表示形式］タブを開き、［分類］で［ユーザー定義］を選びます。［種類］に「#,##0" mm"」と入力します。「"」で囲った部分が単位です。「"個"」「"円"」など自由に設定できます。［OK］をクリックします。

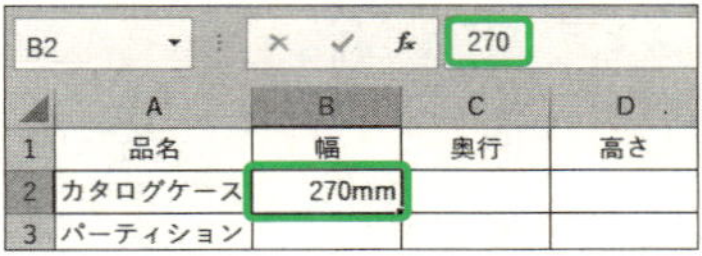

3 数字を入力すると、単位付きで表示されます。

縦横の合計を一気に計算する

基本のキホン

計算する範囲を選択して[オートSUM]をクリック

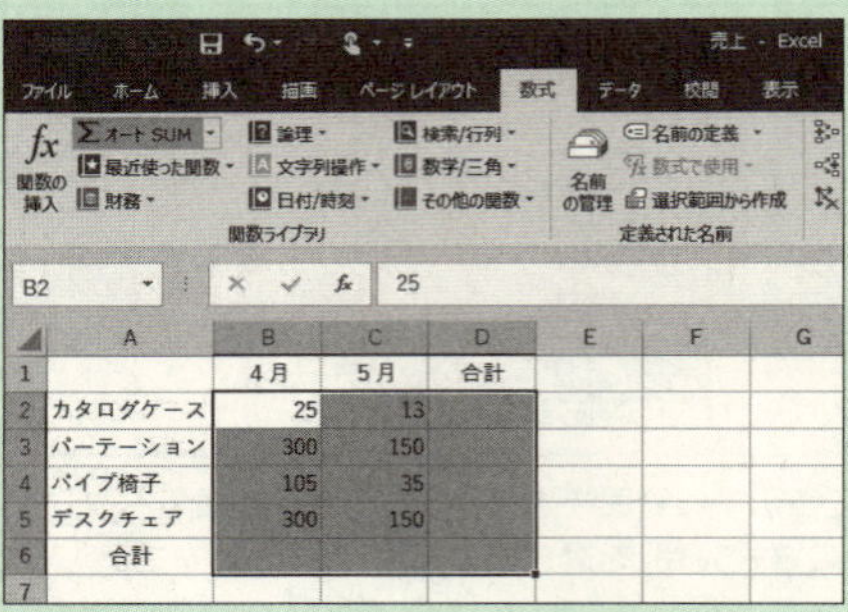

縦横の合計を一度に計算しようとしています。

縦横の集計は「オートSUM」で一気に行います。この操作を知っていれば、式を設定する手間が大幅に省け、短時間で計算ができます。「オートSUM」は合計や平均など、よく使う計算の式を自動的に作る機能です。関数を使った式になりますが、このボタンの操作さえ覚えておけば関数を知らなくても大丈夫です。計算結果は式を設定したセルに表示されます。

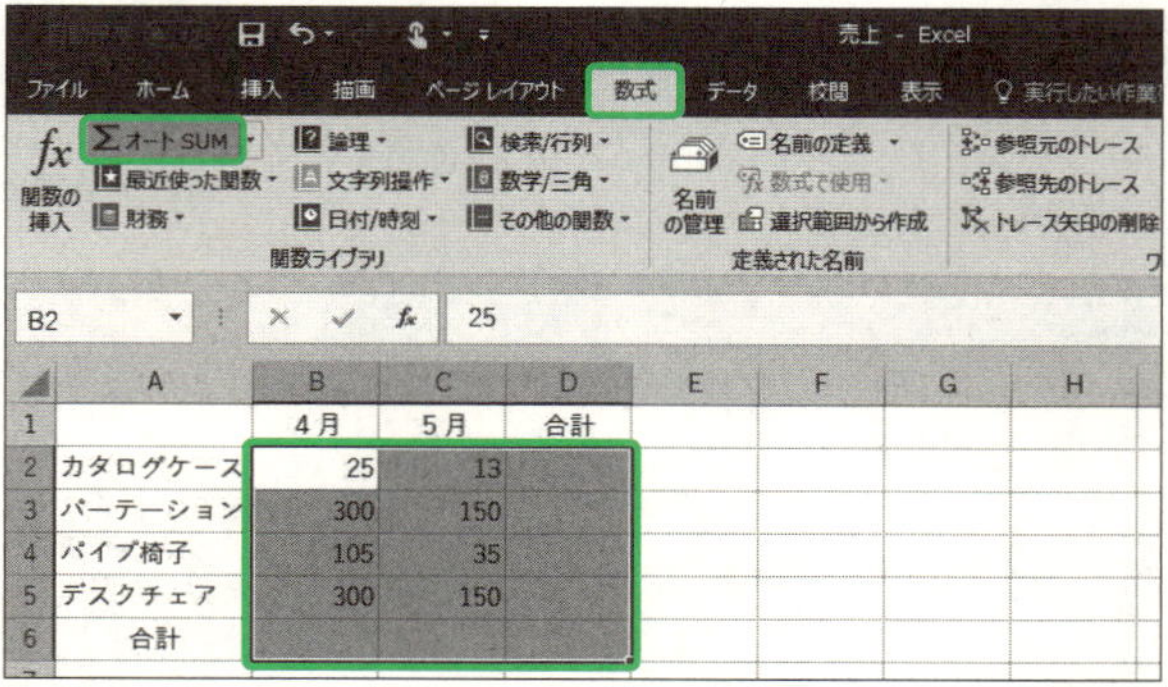

1 計算対象のセルと計算結果を表示するセルの両方を選択します。[数式]タブを開き、[関数ライブラリ]グループ→[オートSUM]をクリックします。

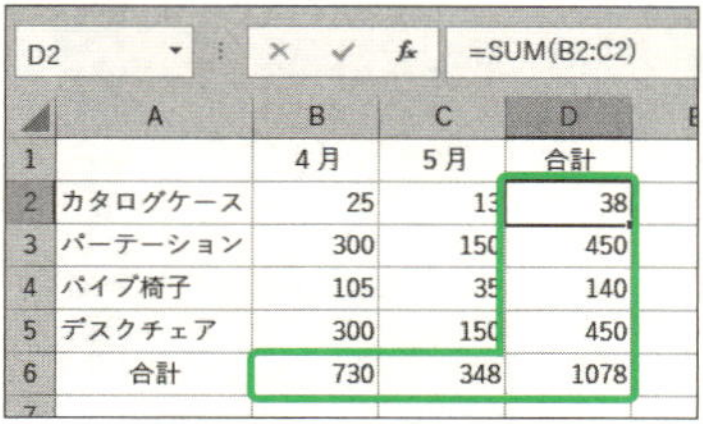

2 縦横の合計が出ます。計算に使っているのは合計を求めるSUM関数です。

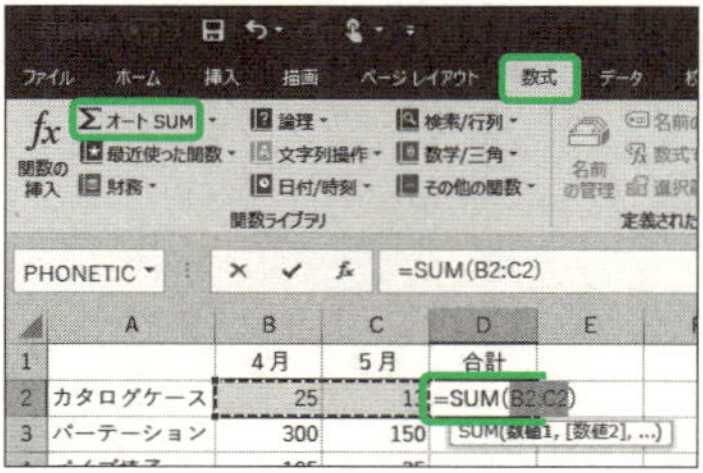

! 計算結果を表示するセルを選択して[オートSUM]をクリックすると、計算範囲が表示されます。図の状態でセルをドラッグすれば計算範囲を変えられます。[Enter]キーを押すと結果が表示されます。

計算とデータ活用

クリックだけで平均を求める

これは便利！

[オートSUM]の[平均]を選ぶ

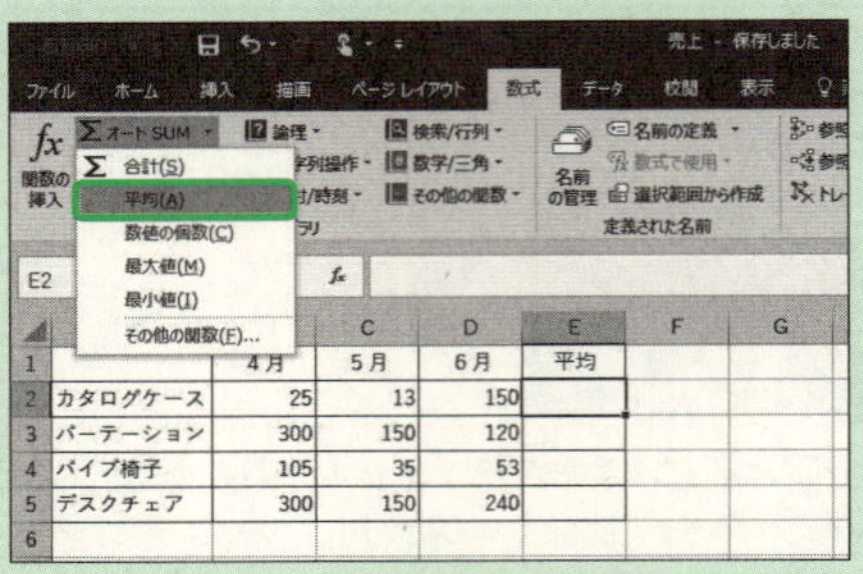

平均は[オートSUM]で計算できます。

「オートＳＵＭ」はそのままクリックすると合計を計算しますが、ほかにも平均や数値の個数、最大値、最小値を求められます。いずれも関数を使った式が作成されて、結果が表示されます。平均はＡＶＥＲＡＧＥ関数、数値の個数はＣＯＵＮＴ関数、最大値はＭＡＸ関数、最小値はＭＩＮ関数です。ここでは平均を求める手順を紹介しますが、ほかの計算も同様の操作で行えます。

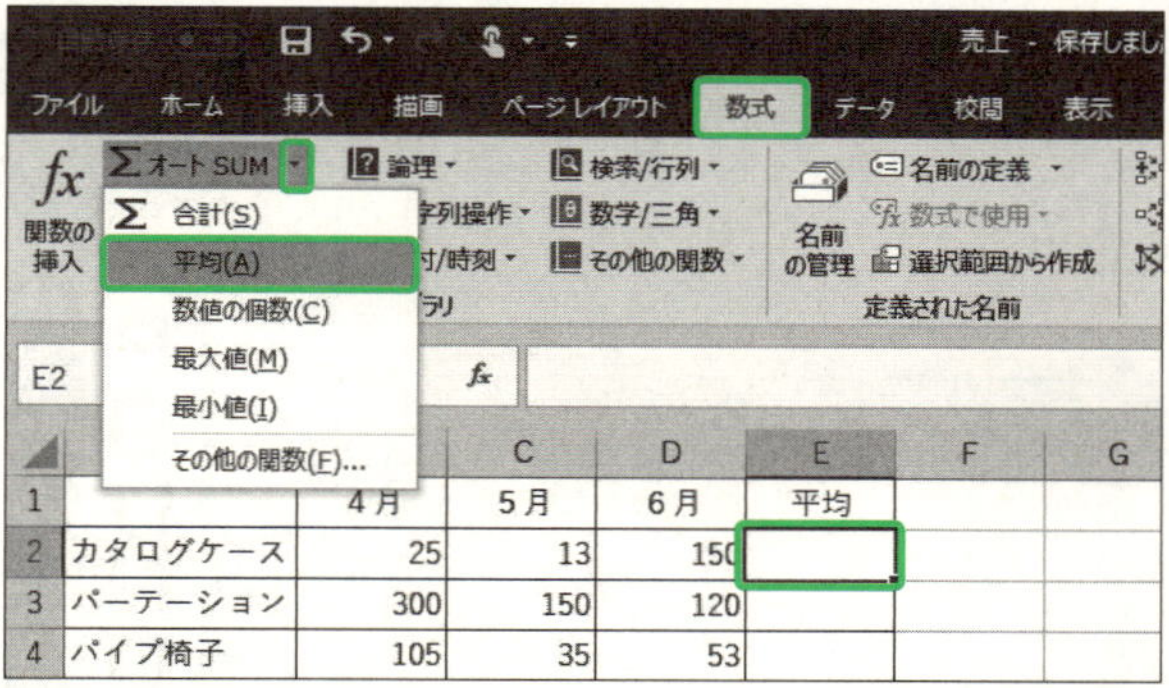

1 計算結果を表示するセルをクリックします。[数式]タブを開き、[関数ライブラリ]→[オートSUM]の▾をクリックし、[平均]を選びます。ここで[数値の個数]などを選ぶと、その計算になります。

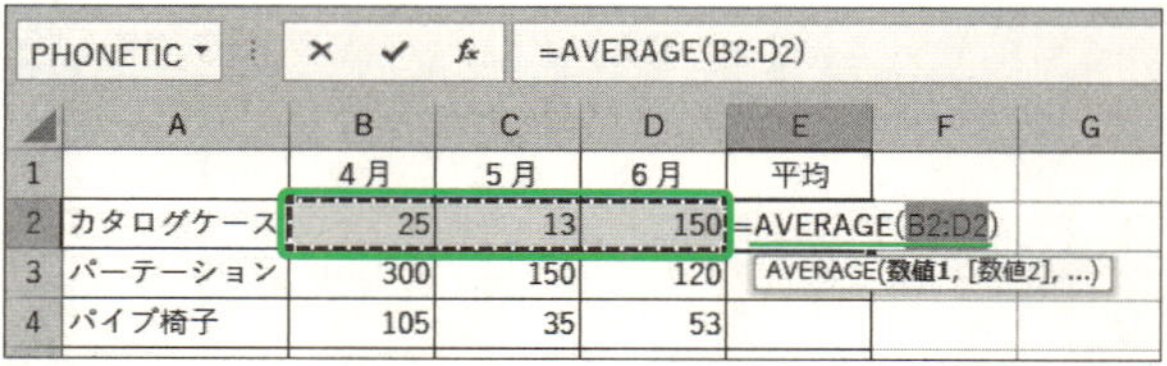

2 AVERAGE関数の式が表示されるので、計算範囲を確認します。図の状態でセルをドラッグすれば計算範囲を変えられます。[Enter]キーを押します。

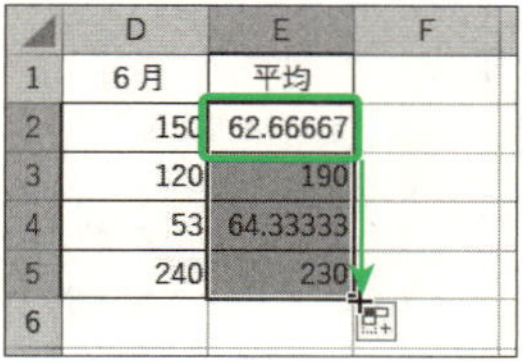

3 平均が求められます。計算結果が表示されたセルを選択して、右下にポインターを合わせ、＋になったらドラッグすると、ほかの商品の平均も求められます。

計算とデータ活用

小数点以下第3位を四捨五入する（ROUND関数）

これは便利！

ROUND関数で桁数を指定する

	A	B	C	D	
1		売上	比率	端数四捨五入	
2	カタログケース	45	0.141956	0.14	
3	パーテーション	195	0.615142	0.62	
4	パイプ椅子	77	0.242902	0.24	
5	合計	317	1	1	
6					
7					

比率を計算したところ、小数点以下の桁数が多すぎるので、小数点以下第3位を四捨五入して、第2位までの表示にしました。

四捨五入はROUND関数で行います。この関数を使うコツは「桁数」の設定にあります。「桁数」を正の数にすると、小数点以下の桁数の指定になります。桁数が「1」なら小数点以下第2位を四捨五入します。負の数にすると、整数部分の桁数の指定になります。「-1」とすると、1の位を四捨五入します。切り上げのROUNDUP、切り捨てのROUNDDOWN関数も同じです。

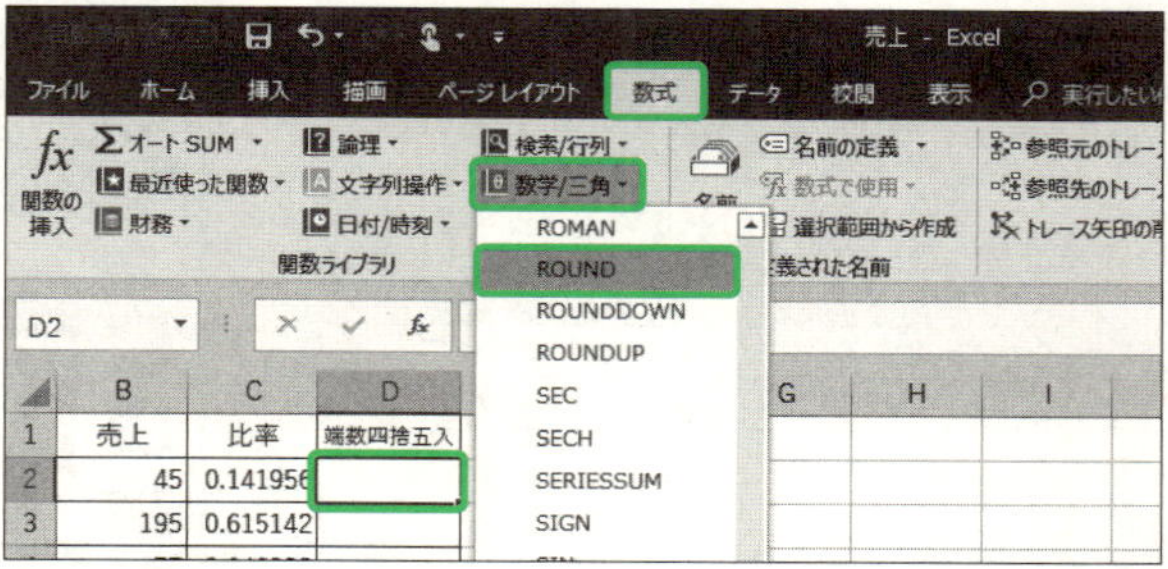

1 計算結果を表示するセルをクリックします。[数式] タブを開き、[関数ライブラリ] グループ→[数学／三角]→[ROUND]を選びます。ここで[ROUNDUP]を選べば切り上げ、[ROUNDDOWN]なら切り捨てができます。

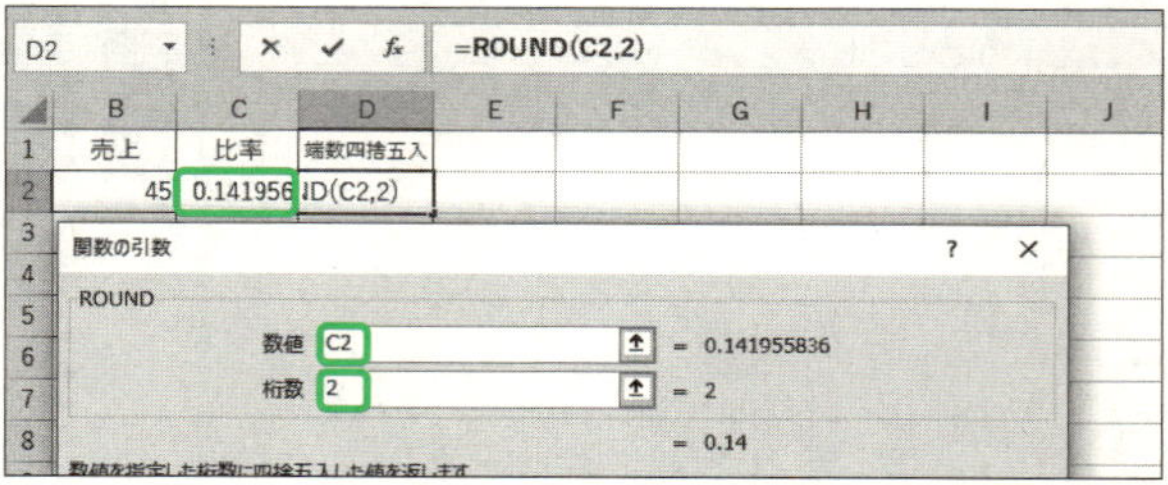

2 [数値] にカーソルがあることを確認して、四捨五入する数値が入ったセルをクリックします。[桁数] に四捨五入する桁数を入力します。図では小数点以下第2位までの表示にするために「2」としています。[OK]をクリックします。

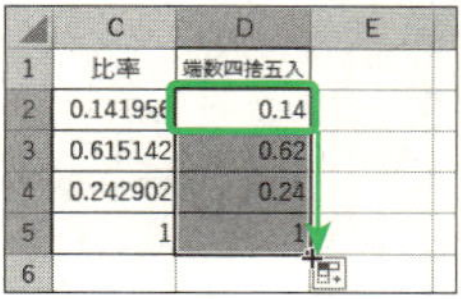

	C	D	E
1	比率	端数四捨五入	
2	0.141956	0.14	
3	0.615142	0.62	
4	0.242902	0.24	
5	1	1	
6			

3 四捨五入した数値が求められます。計算結果が表示されたセルを選択して、右下にポインターを合わせ、＋になったらドラッグすると、ほかの商品の比率も四捨五入できます。

条件に一致するセルを数える（COUNTIF関数）

COUNTIF関数で条件を指定する

	A	B	C	D	E	F
1	セミナー出席者アンケート（5段階評価）					
2	性別	年齢	テーマ	専門性	講師	
3	男	35	4	4	4	
4	男	28	3	3	4	
5	女	30	3	4	4	
6	男	42	5	3	4	
7	男	25	4	5	3	
9	テーマの評価「4」の人数					
10						

アンケートの集計で「テーマ」の評価が「4」の人数を数えようとしています。

条件に一致するデータを数えたいときはCOUNTIF関数を使います。これは「もし○○なら（IF）、セルの数を数える（COUNT）」という関数です。

条件は数値や式、文字列、セル参照で指定できます。たとえば、条件を「出席」とすると「出席なら」、「>=80」とすると「80以上なら」、「A1」とすると「セルA1と同じなら」というようになります。

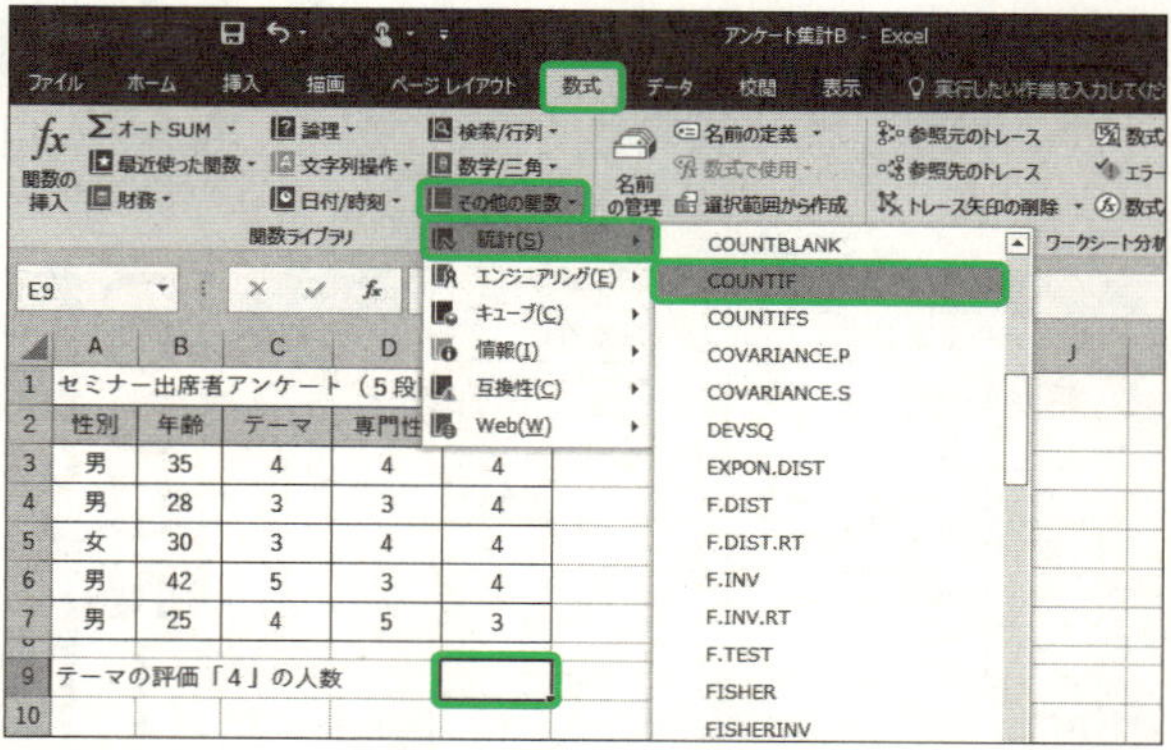

1 アンケートの集計で「テーマ」の評価が「4」の人数を数えます。結果を表示するセルをクリックします。[数式]タブを開き、[関数ライブラリ]グループ→[その他の関数]→[統計]→[COUNTIF]を選びます。

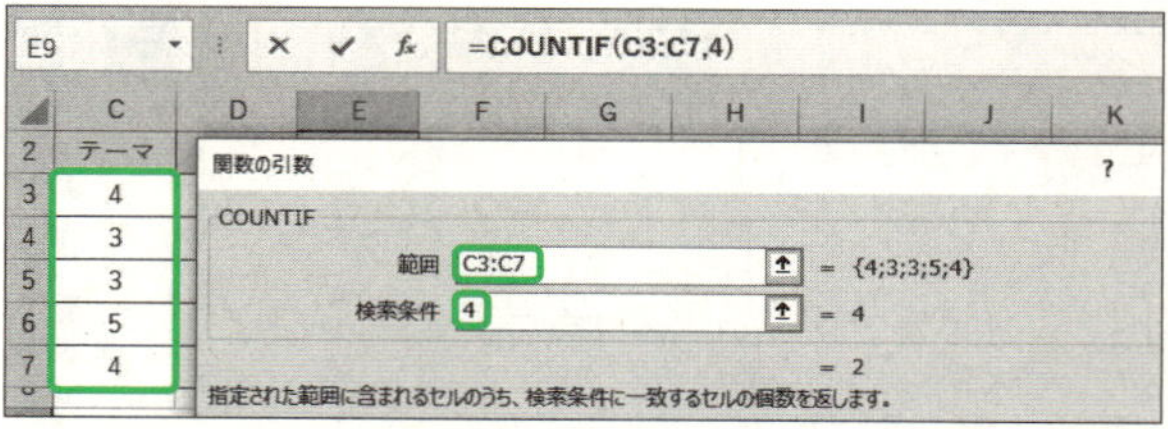

2 [範囲]にカーソルがあることを確認して、条件に一致するかどうかを調べる範囲をドラッグします。図では「テーマ」の列です。[検索条件]に検索条件を入力します。図では「4」です。[OK]をクリックします。

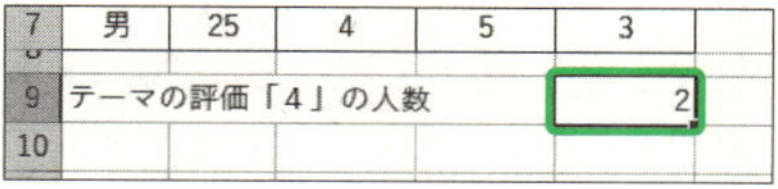

3 「テーマ」の評価が「4」の人数がわかります。

計算とデータ活用

複数の条件に一致するセルを数える（COUNTIFS関数）

COUNTIFS関数で複数の条件を指定する

	A	B	C	D	E	F
1	セミナー出席者アンケート（5段階評価）					
2	性別	年齢	テーマ	専門性	講師	
3	男	35	4	4	4	
4	男	28	3	3	4	
5	女	30	3	4	4	
6	男	42	5	3	4	
7	男	25	4	5	3	
9	専門性の評価「3」の男性の人数				2	
10						

アンケートの集計で「専門性」の評価が「3」の男性の人数を計算しました。

条件に一致するデータを数えるにはCOUNTIF関数を使いますが（P82参照）、データを数える条件は1つとは限りません。複数の条件でデータを数えたいときは、COUNTIFS関数を使います。検索範囲と条件を127個まで指定できるので、たいていのケースに対応できるでしょう。条件はCOUNTIF関数と同じように数値、式、文字列、セル参照などで指定します。

データを活かす

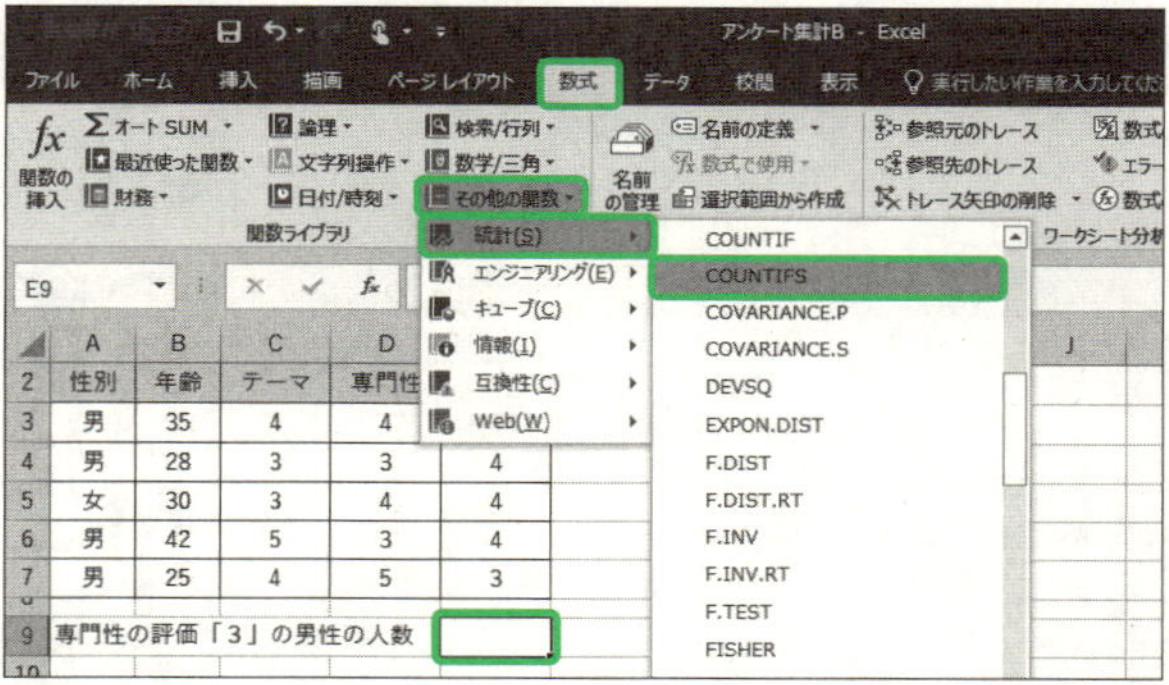

1 結果を表示するセルをクリックします。[数式]タブを開き、[関数ライブラリ]グループ→[その他の関数]→[統計]→[COUNTIFS]を選びます。

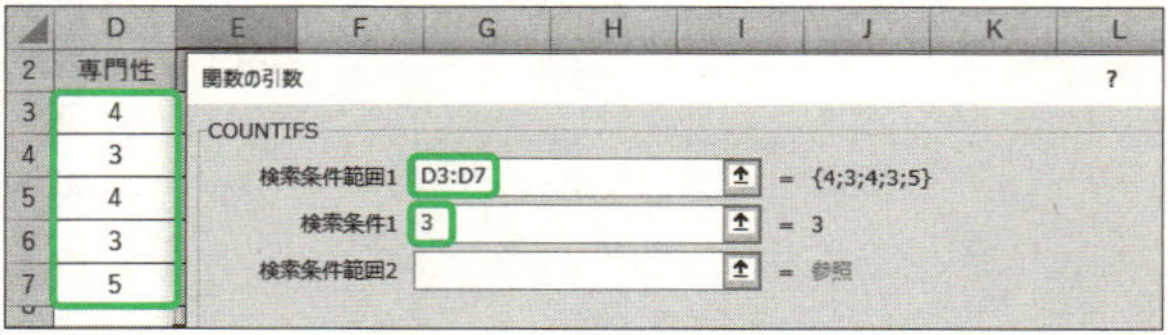

2 [検索条件範囲1]にカーソルがあることを確認して、1つ目の条件に一致するかを調べる範囲をドラッグします。図では「専門性」の列です。[検索条件1]に1つ目の検索条件を入力します。図では「3」です。

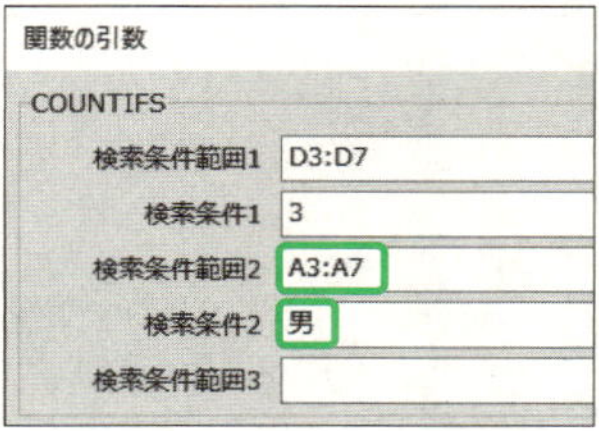

3 2と同様にして[検索条件範囲2]と[検索条件2]を指定します。図では、「性別」の列と「男」です。[OK]をクリックすると、複数の条件に一致したセルの数が表示されます。2つ目以降の検索条件範囲は1つ目と同じ数の行、列にしてください。

条件に一致する数値を合計する（ＳＵＭＩＦ関数）

SUMIF関数で条件と集計範囲を指定する

	A	B	C	D	E	F
1	日付	種類	金額		1日～2日の売上集計	
2	9月1日	イワシ	8,100		イワシ	17100
3	9月1日	マグロ	55,000		マグロ	
4	9月1日	カツオ	26,000		カツオ	
5	9月2日	イワシ	9,000			
6	9月2日	マグロ	45,000			
7	9月2日	カツオ	25,000			
8						

売り上げ一覧から「イワシ」の売り上げを集計しました。

日々の売り上げ内容を列挙した表から「イワシ」の売上金額を集計する、というように条件に一致したセルに対応する数値を合計したいときは、ＳＵＭＩＦ関数を使います。「もし○○なら（ＩＦ）、数値を合計する（ＳＵＭ）」という働きをする関数です。条件は数値や式、文字列、セル参照で指定できます。文字列は半角と全角の区別があるので、条件を入力する際に注意してください。

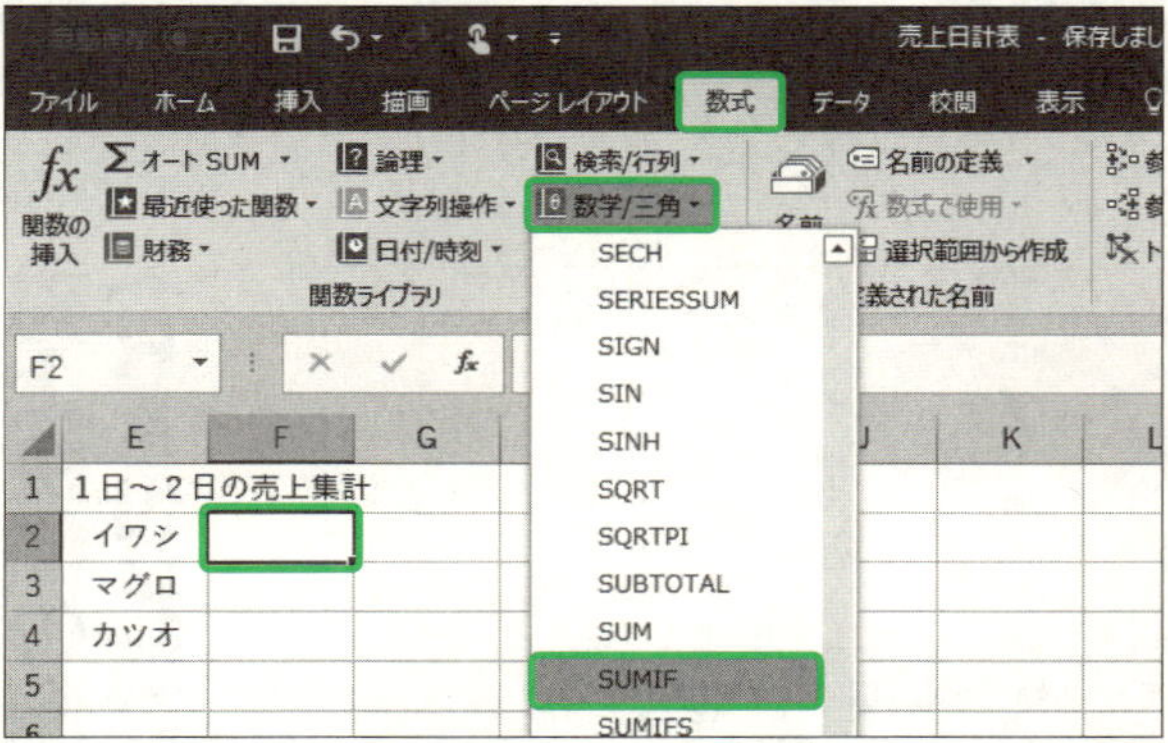

1 結果を表示するセルを選択し、[数式]タブを開きます。[関数ライブラリ]グループ→[数学／三角]→[SUMIF]を選びます。

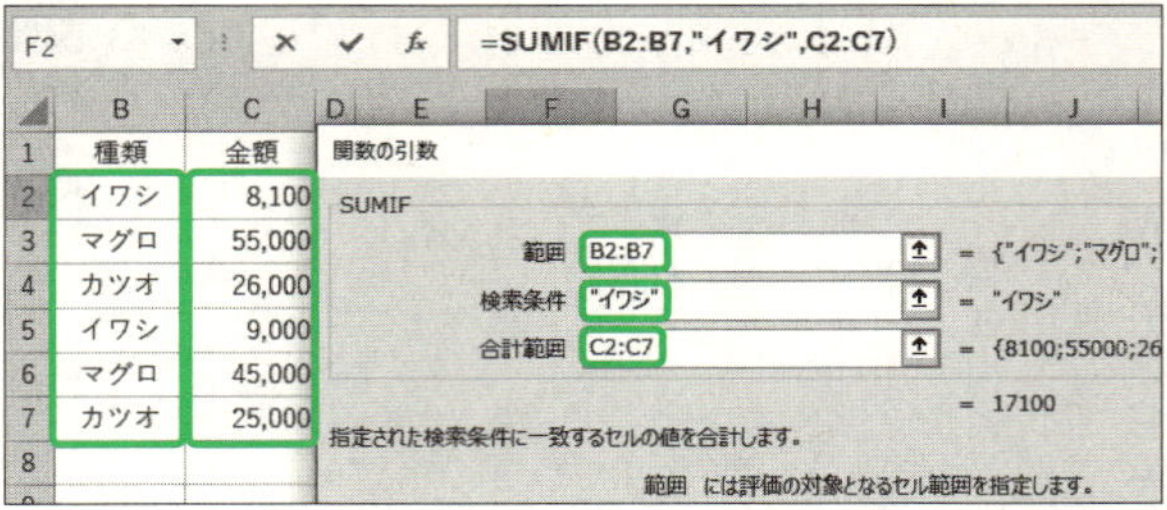

2 [範囲]にカーソルがあることを確認して、条件に一致するかを調べる範囲をドラッグします。図では「種類」の列です。[検索条件]に検索条件を入力します。図では「イワシ」です。文字を入力すると「"」が付きます。[合計範囲]をクリックして、計算する数値が入った範囲をドラッグします。図では「金額」の列です。[範囲]と[合計範囲]は同じ行数にしてください。[OK]をクリックすると、条件に一致したセルに対応する数値の合計が表示されます。図では「イワシ」に対応する「金額」の合計が表示されます。

売上金額の順位を調べる（RANK関数）

RANK.EQ関数で順位を表示する

	A	B	C	D	E
1	店名	売上	順位		
2	上野	480	2		
3	新宿	380	4		
4	渋谷	550	1		
5	池袋	420	3		
6					

売上金額の多い順に順位を表示すると、どの店が売上１位か一目でわかります。

ある数値が全体の何番目かを調べるにはＲＡＮＫ関数を使います。大きい順、小さい順のどちらでも指定できます。この方法では順位が表示されるだけで、データは並び替わりません。この点が並べ替え（Ｐ94参照）とは異なります。

ＲＡＮＫ関数にはＲＡＮＫ．ＥＱとＲＡＮＫ．ＡＶＧがあります。ここでは、同じ数値があったら同じ順位になるＲＡＮＫ．ＥＱを使います。

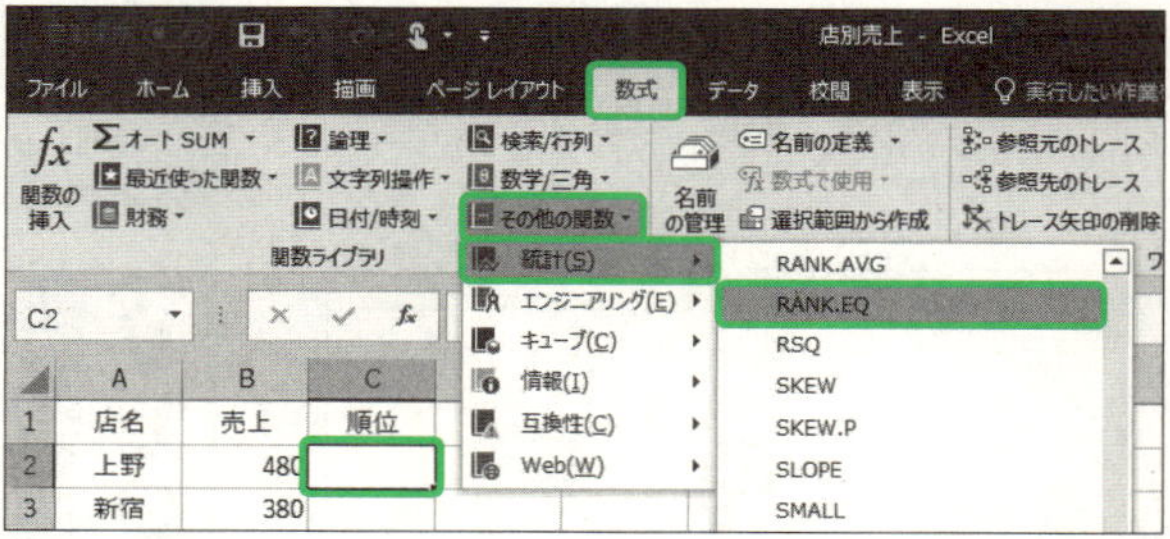

1 順位を表示するセルを選び、[数式] タブを開きます。[関数ライブラリ] グループ→[その他の関数]→[統計]→[RANK.EQ] を選びます。[RANK.AVG] を選ぶと同じ数値はその平均の順位（2位が2つあったら2.5位）になります。

2 [数値] にカーソルがあることを確認して、順位を調べる数値のセルをクリックします。図では「B2」です。[参照] をクリックして、順位を調べる範囲をドラッグします。図では「売上」の列です。続いて [F4] キーを押します。これにより式をコピーしても同じ範囲を参照できます。[OK] をクリックします。小さい順の順位を調べたければ [順序] に「0」以外の数値を入力してください。

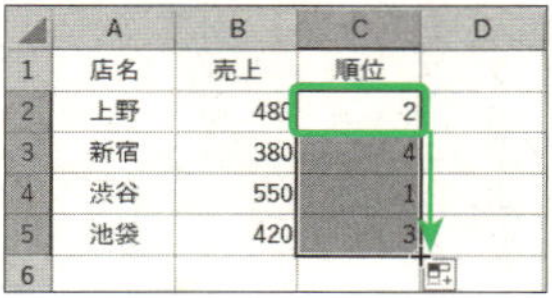

	A	B	C	D
1	店名	売上	順位	
2	上野	480	2	
3	新宿	380	4	
4	渋谷	550	1	
5	池袋	420	3	
6				

3 順位が表示されます。式を設定したセルを選択して右下にポインターを合わせ、＋になったらドラッグすると、ほかの店の順位もわかります。

商品番号から商品名を取り出す（VLOOKUP関数）

VLOOKUP関数で商品名を取り出す

	A	B	C	D	E	F
1	商品番号	商品名	定価		商品番号	商品名
2	C100	カタログケース	2,500		P300	パイプ椅子
3	P200	パーテーション	15,000			
4	P300	パイプ椅子	3,500			
5	C200	デスクチェア	30,000			
6	W100	サイドワゴン	5,000			
7						
8						

商品番号に対応する商品名を取り出しました。

商品番号を入力すると、自動的に商品名や価格が表示される表を作りたいときはVLOOKUP関数を使います。これは、指定した値を検索対象の列で探し、それに対応する値を取り出す関数です。検索方法を「FALSE」とすれば、指定した値と完全に一致する値のみを探せます。

この関数では、［範囲］で指定した左端の列で検索します。対象の列が左端になる表を用意してください。

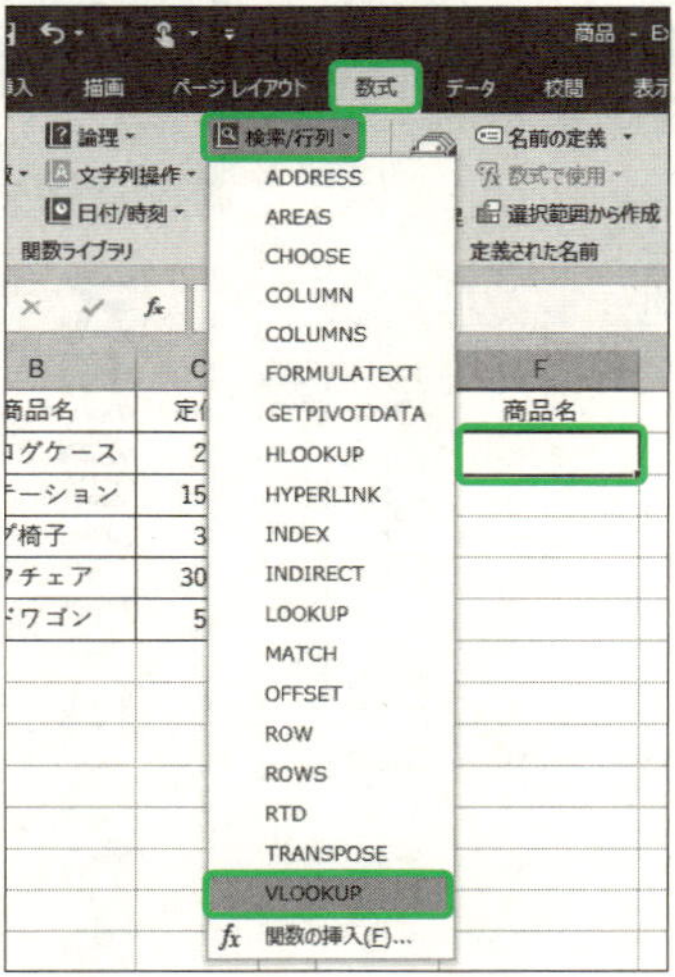

1 商品名を取り出したい商品番号を入力します。商品名を表示するセルをクリックし、［数式］タブを開きます。［関数ライブラリ］グループ→［検索/行列］→［VLOOKUP］を選びます。

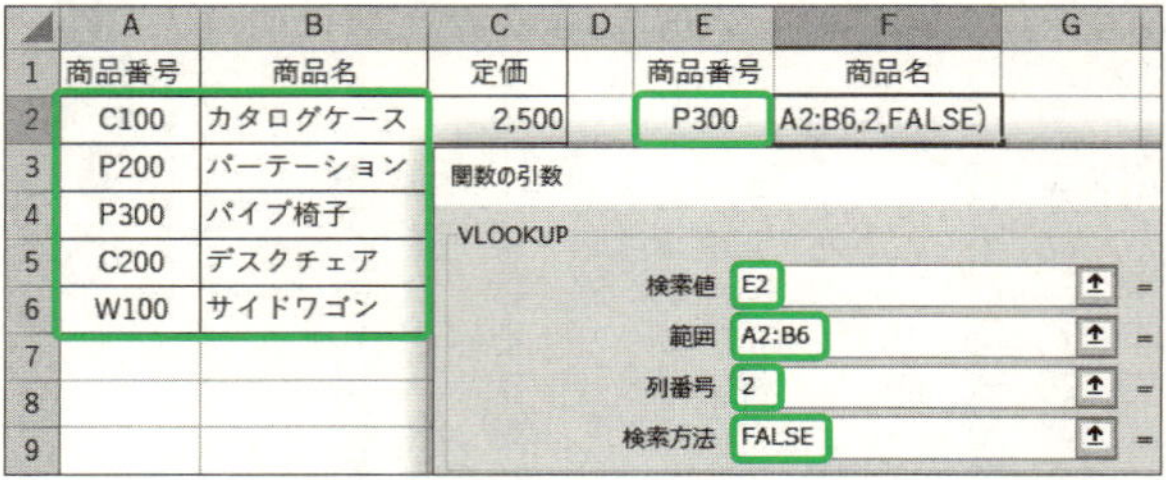

2 ［検索値］にカーソルがあることを確認して、商品番号を入力したセルをクリックします。［範囲］をクリックして、検索対象の列と取り出す値の列を含めた範囲をドラッグします。図では「商品番号」と「商品名」の範囲です。［列番号］に［範囲］の左端から何列目のデータを取り出すのかを入力します。図では「2」です。［検索方法］に「FALSE」と入力します。［OK］をクリックすると、商品番号に対応した商品名が表示されます。

計算と
データ活用

式が合っているかを確認する

これは便利！

エクセルは計算が得意ですが、式が間違っていたら元も子もありません。算数で検算をしたようにエクセルでも式が正しいか確認する習慣をつけましょう。

数式を設定したセルには、結果が表示されていますが、[F2]キーを押すと式が表示されます。セル参照をしている式では、参照先のセルが色分けして強調され、参照のミスも気付きやすくなります。

[F2]キーを押して式と参照先を表示する

	A	B	C	D
1		4月	5月	6月
2	カタログケース	25	13	15
3	パーテーション	300	150	120
4	パイプ椅子	105	35	53
5	合計	=B2+B3+B4		188
6				
7				

[F2]キーを押すと数式が表示され、参照先もわかります。

	A	B	C	D	E
1		4月	5月	6月	
2	カタログケース	25	13	15	
3	パーテーション	300	150	120	
4	パイプ椅子	105	35	53	
5	合計	430	163	188	
6					

F2

1 数式を設定したセルを選択し、[F2]キーを押します。

	C	D	E
1	5月	6月	
2	13	15	
3	150	120	
4	35	53	
5	=C2+C3	188	
6			

2 数式が表示され、参照先のセルも強調表示になります。式が正しければ[Esc]を押して終了します。

	C	D	E	
1	5月	6月		
2	13	15		
3	150	120		
4	35	53		
5	=C2+C3+C4			
6				

3 式が間違っていたら、修正したい部分を削除して入力しなおしたり、式を追加したりします。図では「C4」のセルが計算に入っていなかったので「+C4」を追加しています。変更後は[Enter]キーを押して確定します。

「売上」が大きい順に並べ替える

売り上げが大きい順にデータを並べたいときは、「並べ替え」を行います。並べ替えは小さい順にすることもできます。いずれもクリックだけで瞬時に並び替わります。

ただし、並べ替えたあとにブックを保存して閉じると、元の並びに戻せません。元の並び順も残しておきたければ、ブックのコピーを開いてから(P12参照)並べ替えを行ってください。

[降順]をクリックして大きい順に並べ替える

	A	B
1	店名	売上
2	上野	480
3	新宿	380
4	渋谷	550
5	池袋	420
6		
7		

→

	A	B
1	店名	売上
2	渋谷	550
3	上野	480
4	池袋	420
5	新宿	380
6		
7		

店ごとの売り上げを入力した表を「売上」が大きい順に並べ替えました。

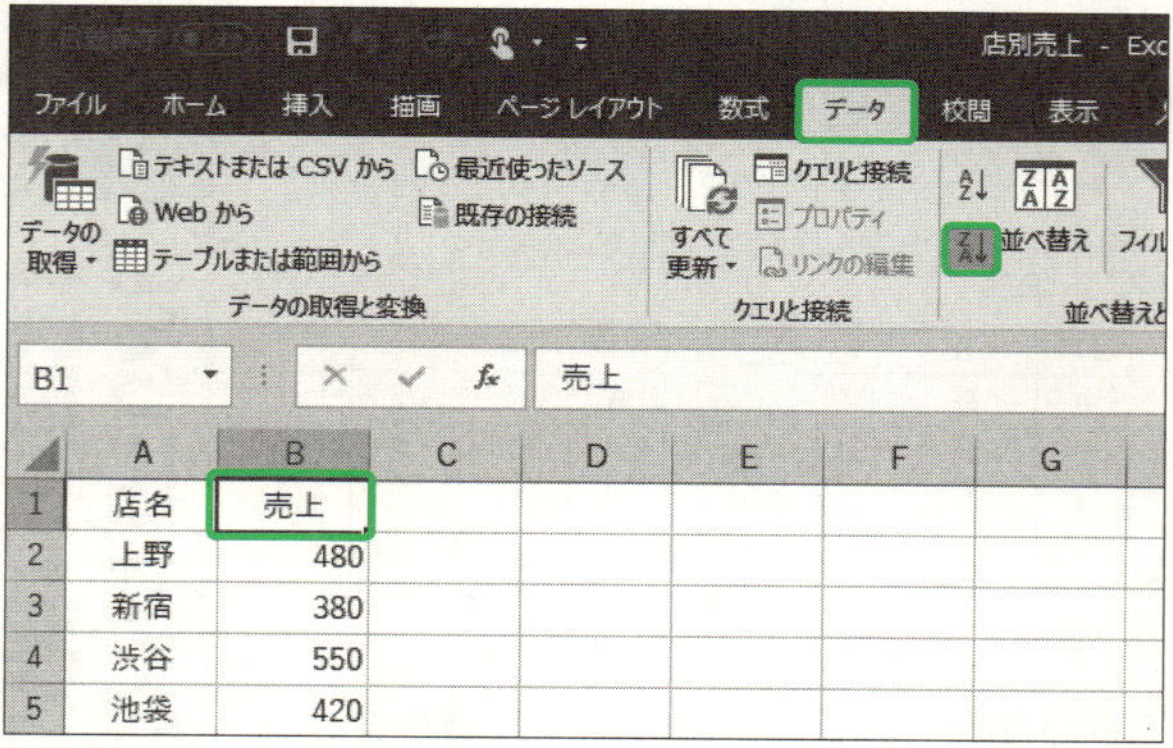

1 「売上」の数値が大きい順に並べ替えます。並べ替えの基準とする列（図では「売上」の列）の任意のセルをクリックします。[データ]タブを開き、[並べ替えとフィルター]グループ→をクリックします。

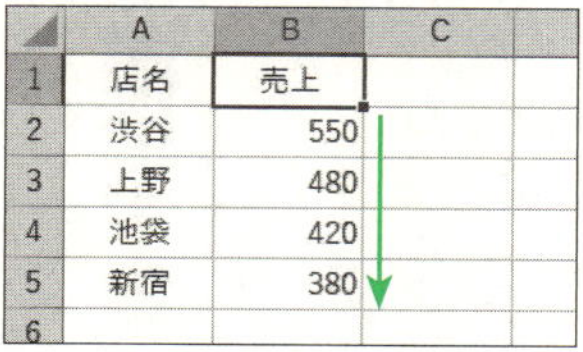

2 「売上」の大きい順＝降順になります。表に空白セルがあるとうまく並び替わらないことがあります。この場合はP96の方法で並べ替えてください。

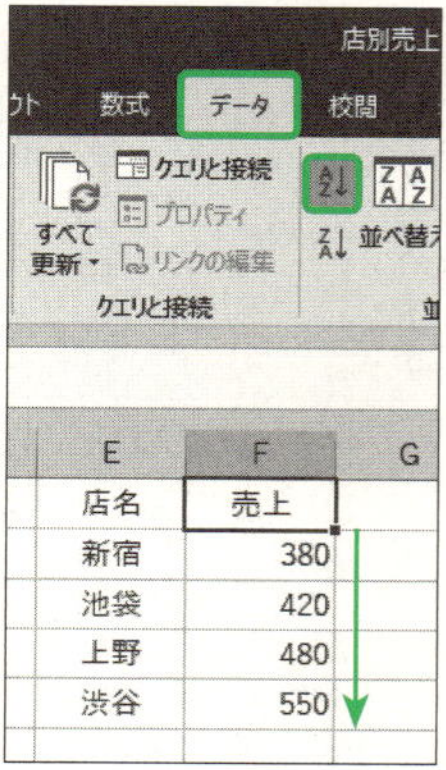

! **1**でをクリックすると、小さい順＝昇順になります。

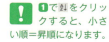

計算とデータ活用

「区域」で並べ替え、さらに「売上」の大きい順にする

データを並べ替える条件が1つなら［データ］タブの ZA↓ や AZ↓ をクリックするだけで並べ替えられます（P94参照）。

条件が複数になったら、［並べ替え］画面を開いてください。条件ごとに大きい順（降順）にするか、小さい順（昇順）にするかを決められます。条件は表の列の見出しごとに設定でき、［並べ替え］画面の上にあるほど優先されます。

［並べ替え］画面で複数の条件を設定する

区域	店名	売上
A	上野	480
B	新宿	380
A	渋谷	550
B	池袋	420

→

区域	店名	売上
A	渋谷	550
A	上野	480
B	池袋	420
B	新宿	380

「区域」ごとに「売上」の大きい順に並べ替えました。

データを活かす

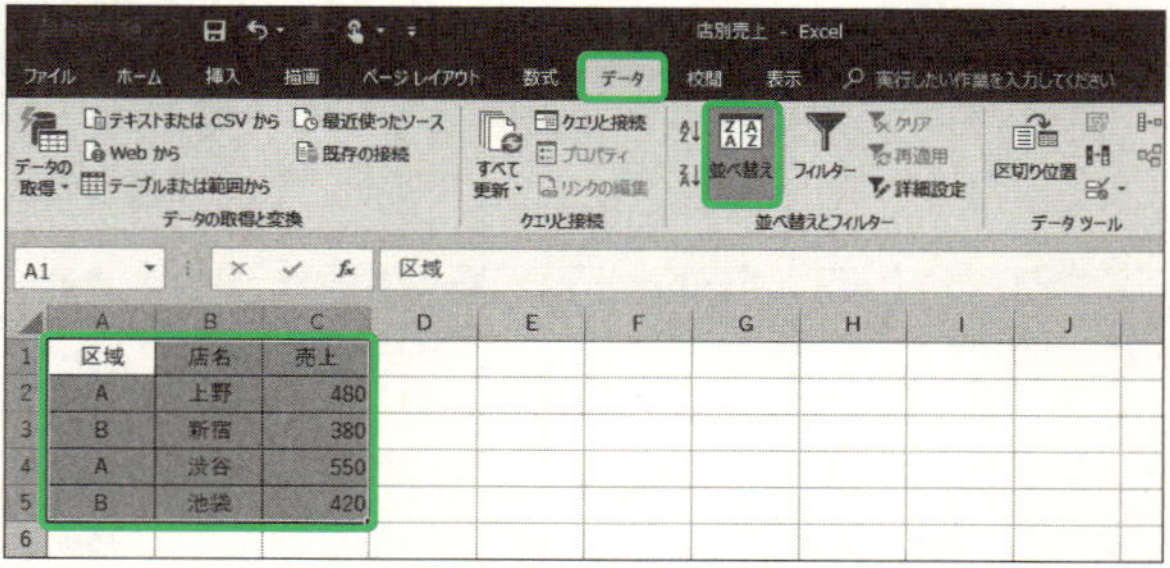

1 データを並べ替える範囲を選択し、[データ]タブを開きます。[並べ替えとフィルター]グループ→[並べ替え]をクリックします。

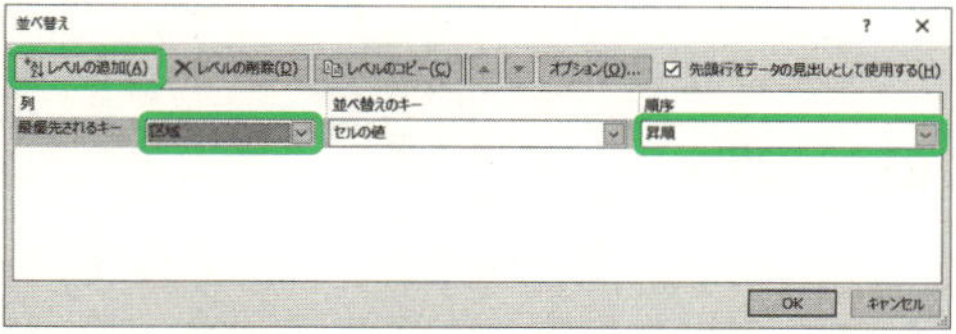

2 [最優先されるキー]の をクリックして、並べ替えの1つ目の基準を選びます。図では「区域」を選んでいます。[順序]の をクリックして並べ替えの基準を選びます。図では「昇順」を選んでいます。並べ替えの条件を追加するために[レベルの追加]をクリックします。

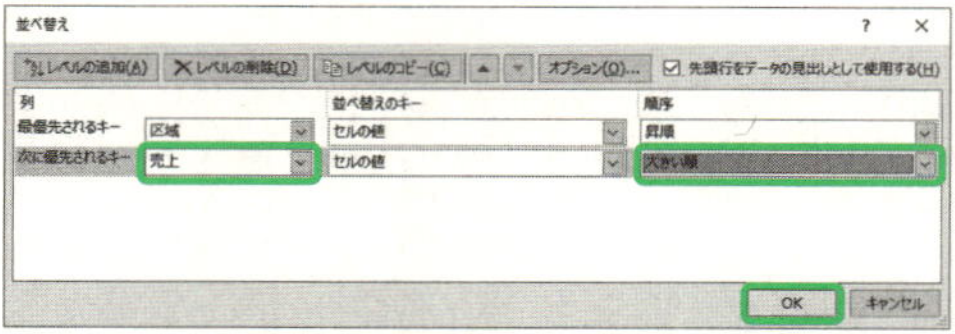

3 **2**と同様に、[次に優先されるキー]で並べ替えの次の条件を設定します。「売上」を「大きい順」(「降順」)にします。[OK]をクリックするとデータが並び替わります。図では「区域」がアルファベット順(昇順)になり、同じ区域なら「売上」が大きい順になります。

グラフ

グラフを作る

基本のキホン

データを選択して グラフの種類を選ぶ

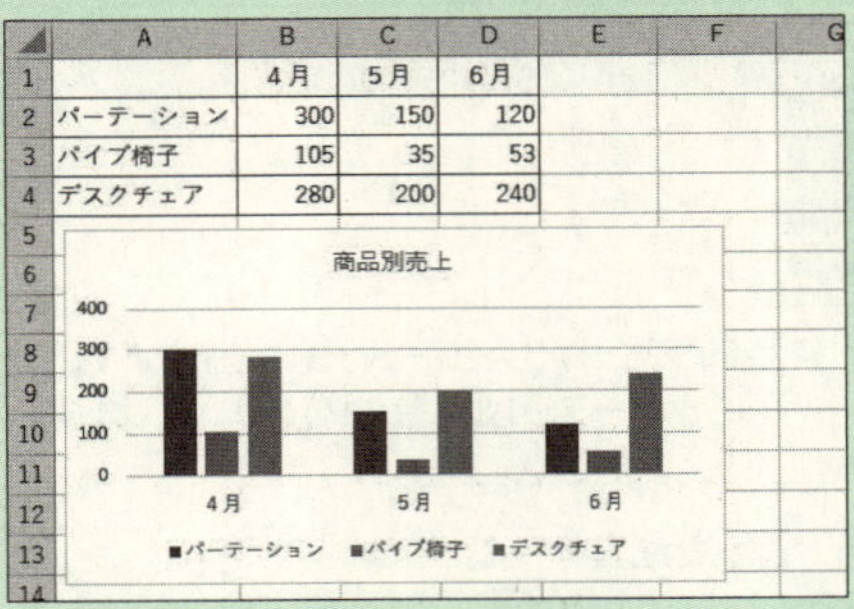

	A	B	C	D	E	F	G
1		4月	5月	6月			
2	パーテーション	300	150	120			
3	パイプ椅子	105	35	53			
4	デスクチェア	280	200	240			

表のデータを棒グラフにしました。

グラフは元になるデータの範囲を選択してグラフの種類を選ぶだけで作れます。グラフの種類はあとから変えられるので、いったん棒グラフなどを作ってから、各種のグラフを試して、見せたいデータを強調できるものを選ぶとよいでしょう。

２０１３以降には、元データに適したグラフの種類を提案してくれる「おすすめグラフ」の機能があり、さらに手軽にグラフを作れます。

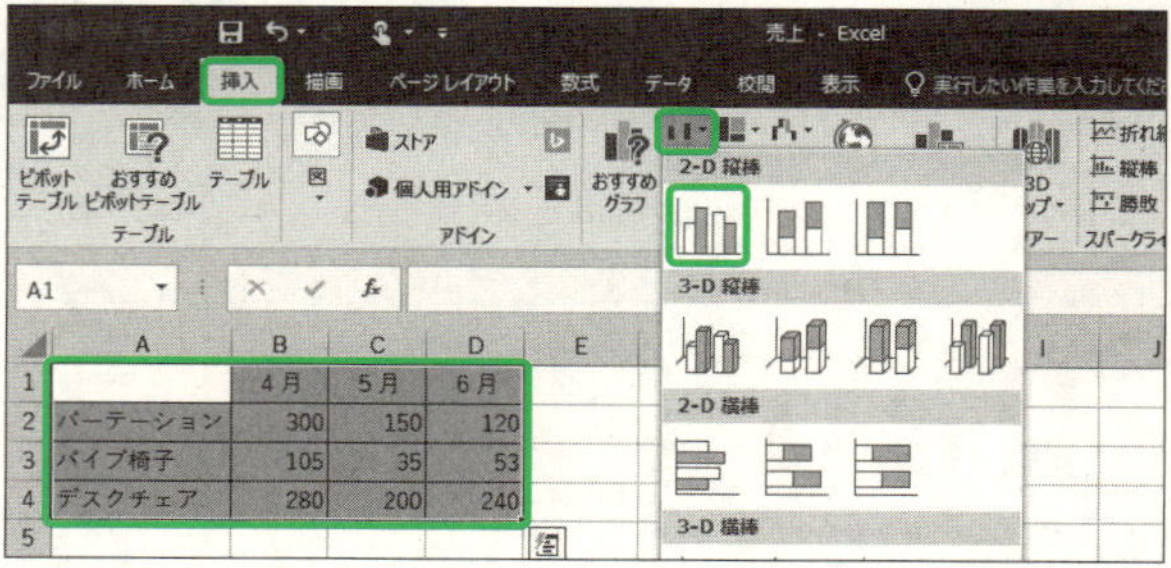

1 グラフにするデータを選び、[挿入]タブを開きます。[グラフ]グループ→グラフの種類→グラフの形式を選びます。図では[縦棒／横棒グラフの挿入]→[集合縦棒]を選んでいます。

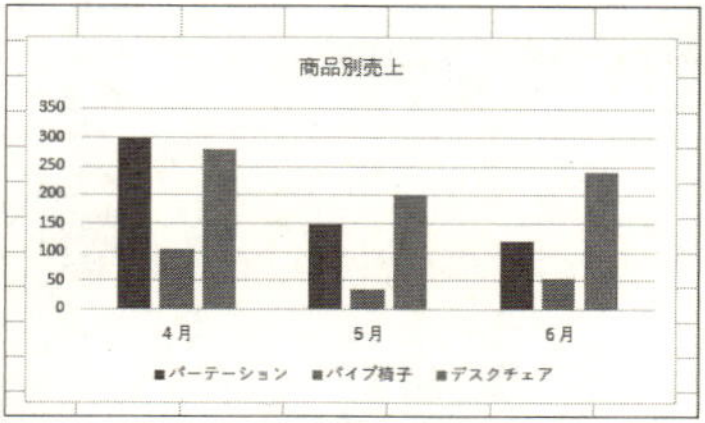

2 グラフができます。グラフの種類を変える方法はP100にあります。

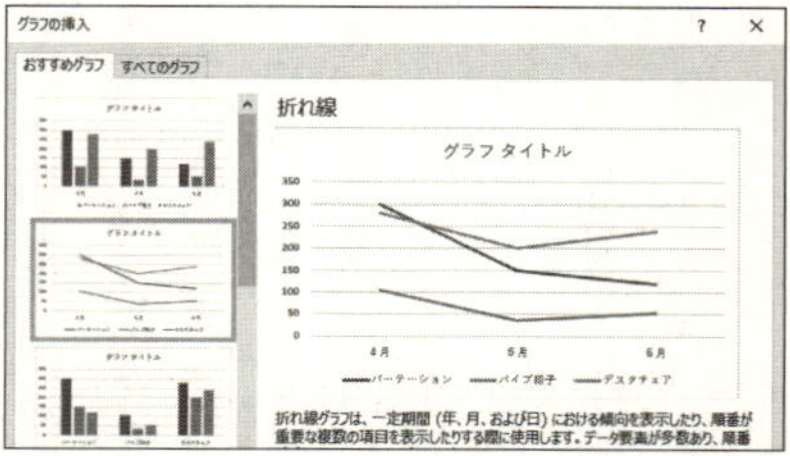

! 2016と2013では、データの範囲を選択して[挿入]タブを開き、[グラフ]グループ→[おすすめグラフ]をクリックすると、この画面になります。ここでグラフの種類を選んで[OK]をクリックするとグラフを作れます。

グラフ

グラフの種類を変える

基本のキホン

[グラフの種類の変更]で
積み上げや3Dグラフに変えられる

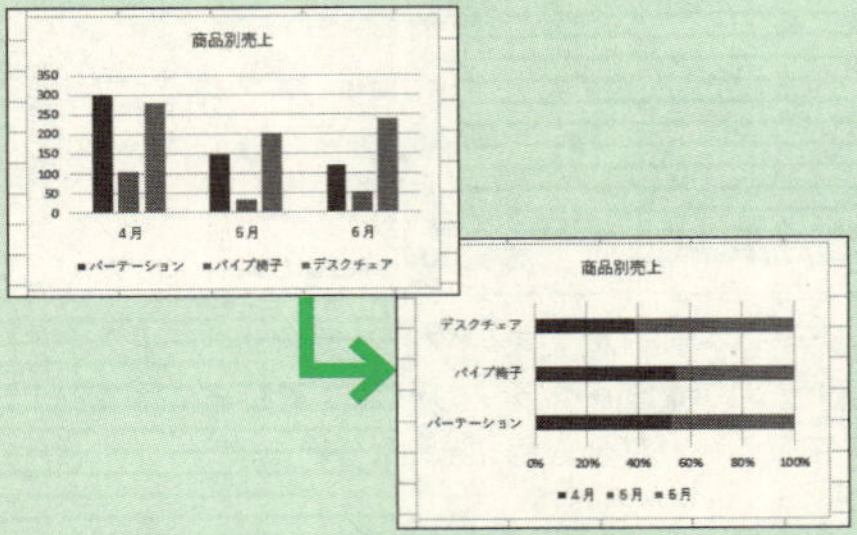

集合縦棒グラフを100%積み上げ横棒グラフに変えました。

作成したグラフはいつでも別の種類に変えられます。凡例や項目の見出しも連動して変わります。

グラフは種類によってデータの見え方が異なります。グラフを変えるだけでデータの切り口が変わるので、別の角度からの分析ができます。

たとえば、量の大小をつかみやすい棒グラフを100%積み上げ横棒グラフにすると、構成比がわかるようになるという具合です。

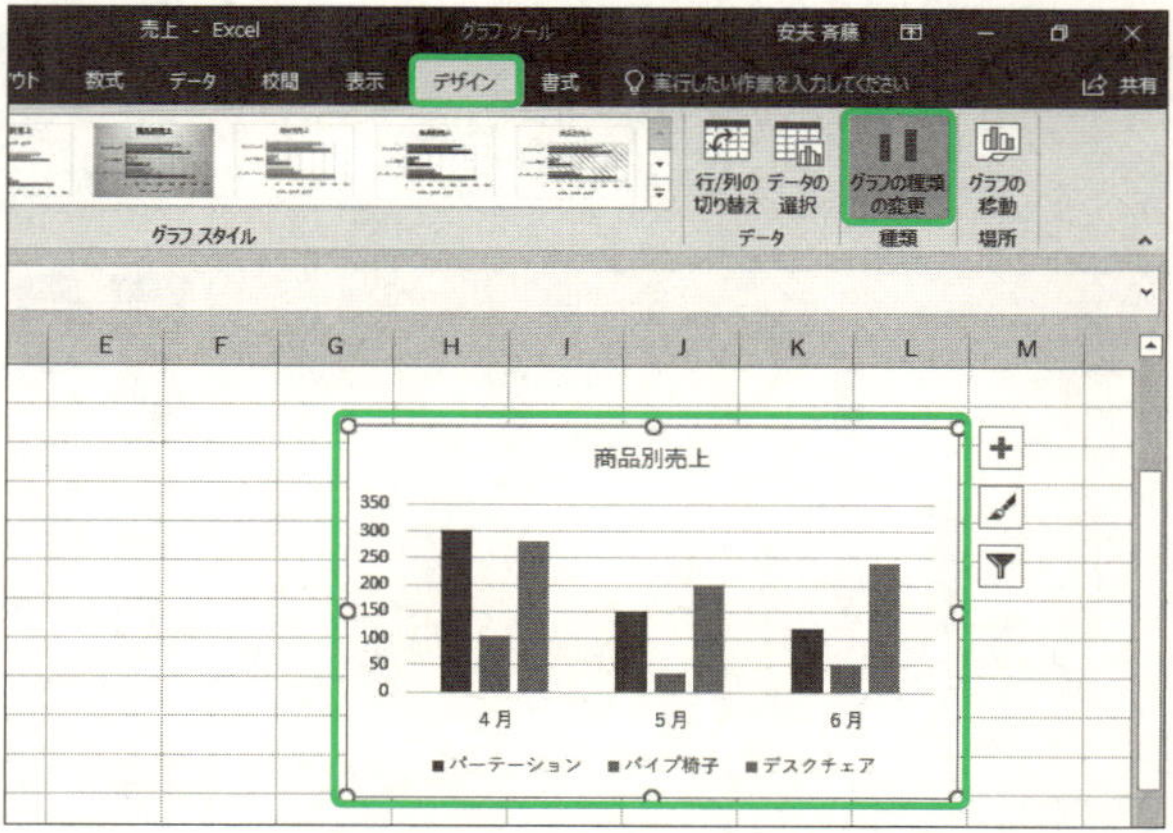

1 グラフをクリックし、[グラフツール]の[デザイン]タブを開きます。[種類]グループ→[グラフの種類の変更]をクリックします。

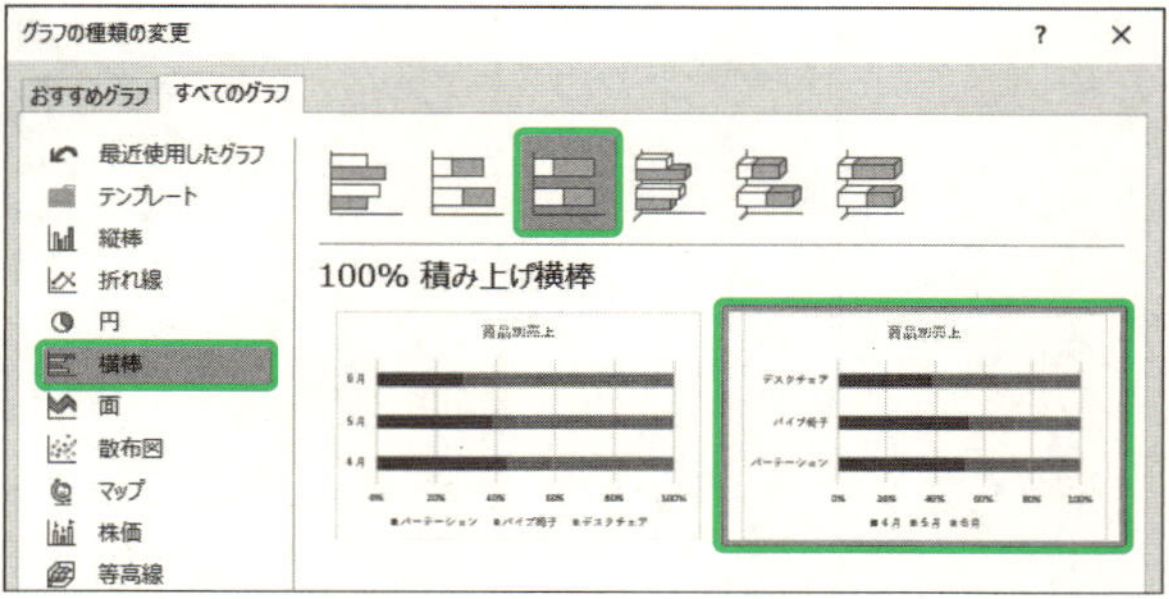

2 変更後のグラフの種類と形式を選び、[OK]をクリックすると、グラフの種類が変わります。図では月ごとの商品の売り上げを比較する集合縦棒グラフから、商品ごとに各月の売り上げの割合を見る100%積み上げ横棒グラフに変えています。

グラフ

月ごとのグラフにしたいのに、商品ごとのグラフになった！

イライラ解消

［行／列の切り替え］をクリックする

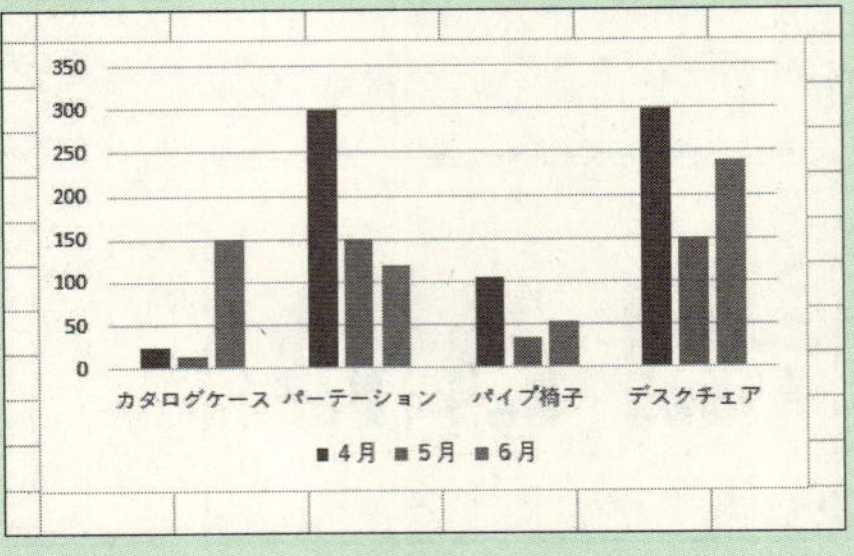

月名が横軸になるグラフを作りたかったのに、商品名が横軸に並んでしまいました。

「月ごと」に商品の売り上げを比較したいのに、「商品ごと」に月々の売り上げを比較するグラフができてしまうことがあります。これは、エクセルが元データの行数や列数によって横軸の項目を決めるためです。

　横軸の項目は「行／列の切り替え」をクリックして変えられます。これは、横軸の項目を元データの行の見出しにするか列の見出しにするかを切り替える機能です。

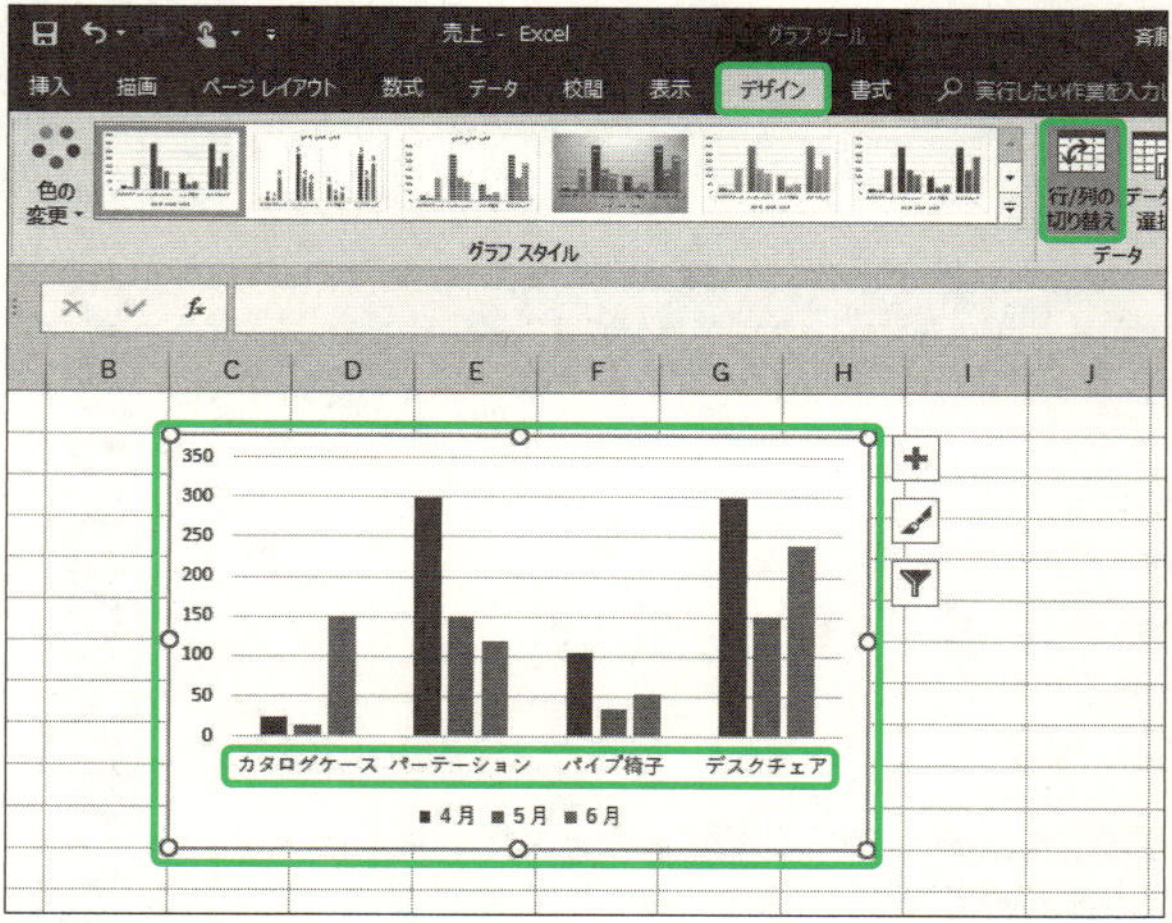

1 横軸が商品名になっているので月名に変えます。グラフをクリックし、[グラフツール]の[デザイン]タブを開きます。[データ]グループ→[行／列の切り替え]をクリックします。

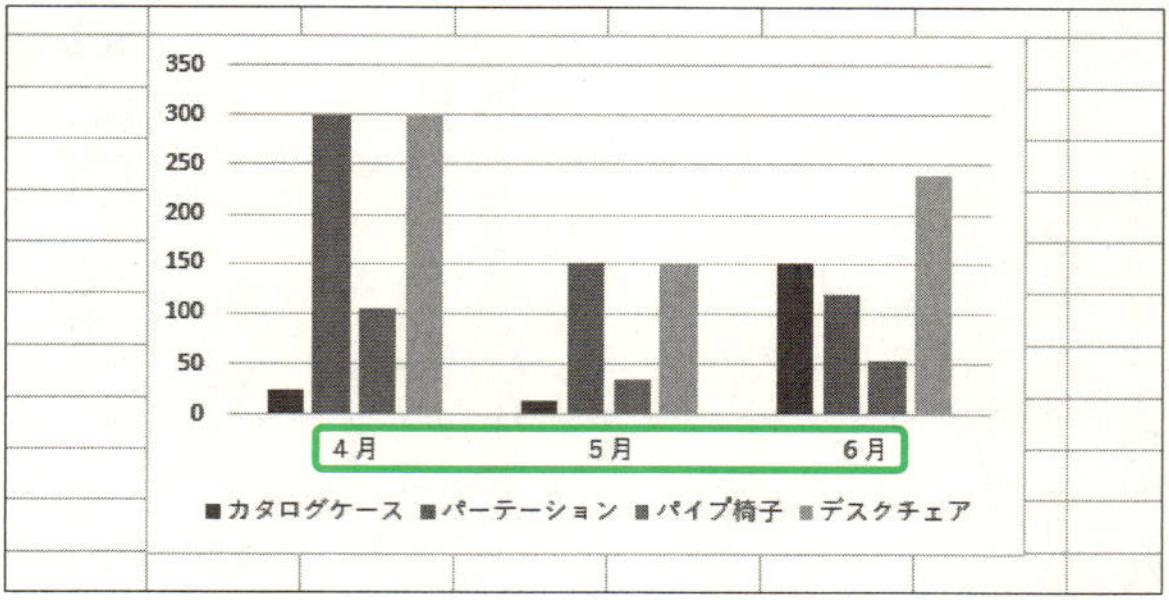

2 グラフの横軸の項目が入れ替わります。図では月ごとに商品の売り上げの大小がわかるグラフになりました。

グラフ

グラフの文字サイズを一気に変える

仕上がり
キレイ

グラフ全体を選んで文字サイズを指定する

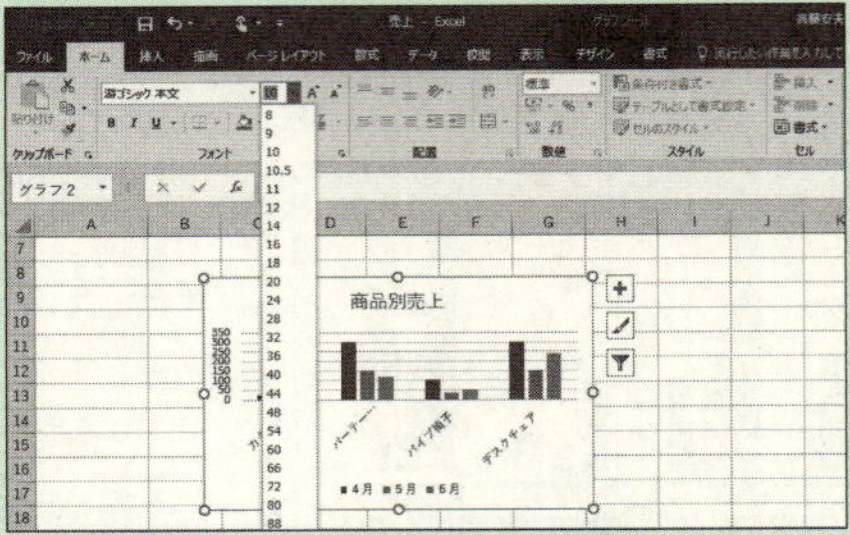

グラフを選択すると、縦横の軸などの文字のサイズをまとめて変えられます。

グラフはクリックしてから、四隅または四辺のハンドルをドラッグすればサイズを変えられます。しかし、グラフ全体のサイズと文字のサイズは連動しません。グラフを小さくすると文字が大きすぎて見づらくなることもあります。

グラフの軸や凡例の文字サイズは、それぞれを選択して変えられますが、グラフ全体を選んでサイズを指定すれば、一度の操作で変えられます。

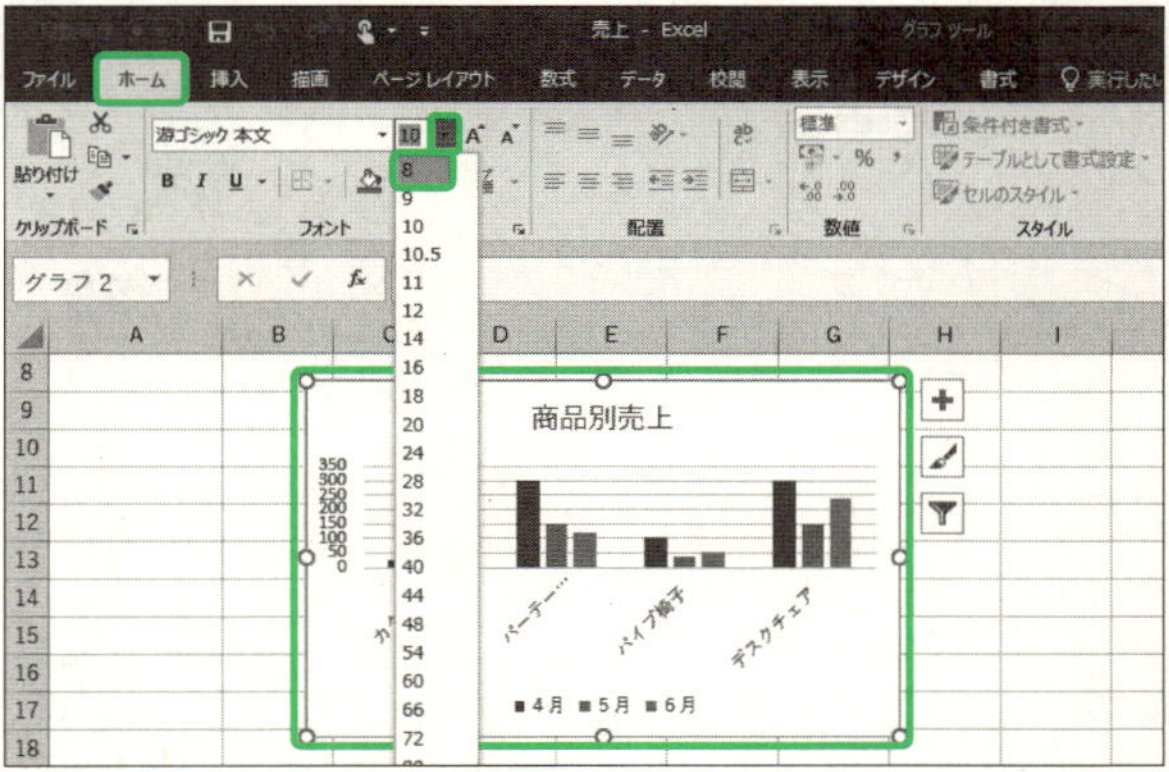

1 グラフエリア(グラフの台紙の部分)をクリックし、[ホーム]タブを開きます。[フォント]グループ→[フォントサイズ]の▼をクリックして、サイズを選びます。

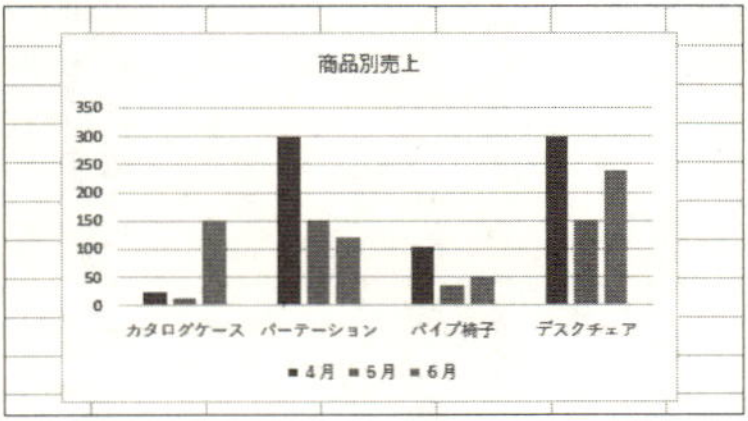

2 軸や凡例の文字のサイズが変わります。

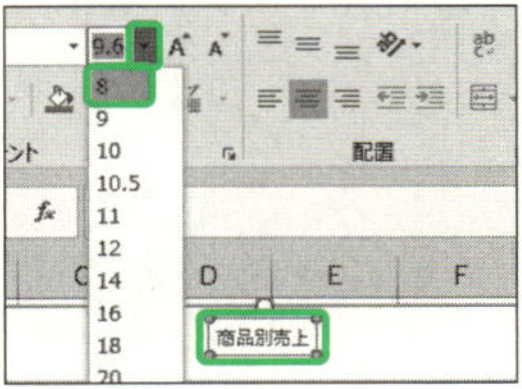

! グラフタイトルの文字サイズは、上記の操作を行っても軸などと同じにはなりません。グラフタイトルは文字をクリックしてから**1**のようにサイズを選んで変えてください。

グラフ

目盛を変えてグラフを見やすくする

仕上がりキレイ

数値軸の最小値と最大値を変える

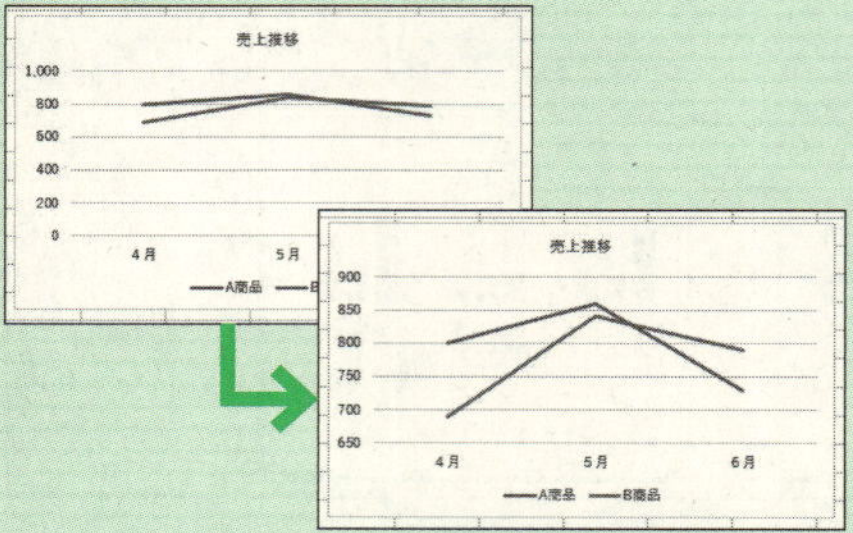

同じグラフでも、数値軸の設定によって見え方が変わります。

変化の範囲が小さい値をグラフにすると、棒の高さが同じに見えたり、折れ線が接近していたりして、値の大小や推移をとらえにくくなります。値の動きが見づらいグラフになってしまったら、数値軸の最小値と最大値を変えてみましょう。値の変化が強調されるようになります。

２０１３以降は、最小値を変えると、最大値や目盛の間隔が自動で変わるので簡単に設定できます。

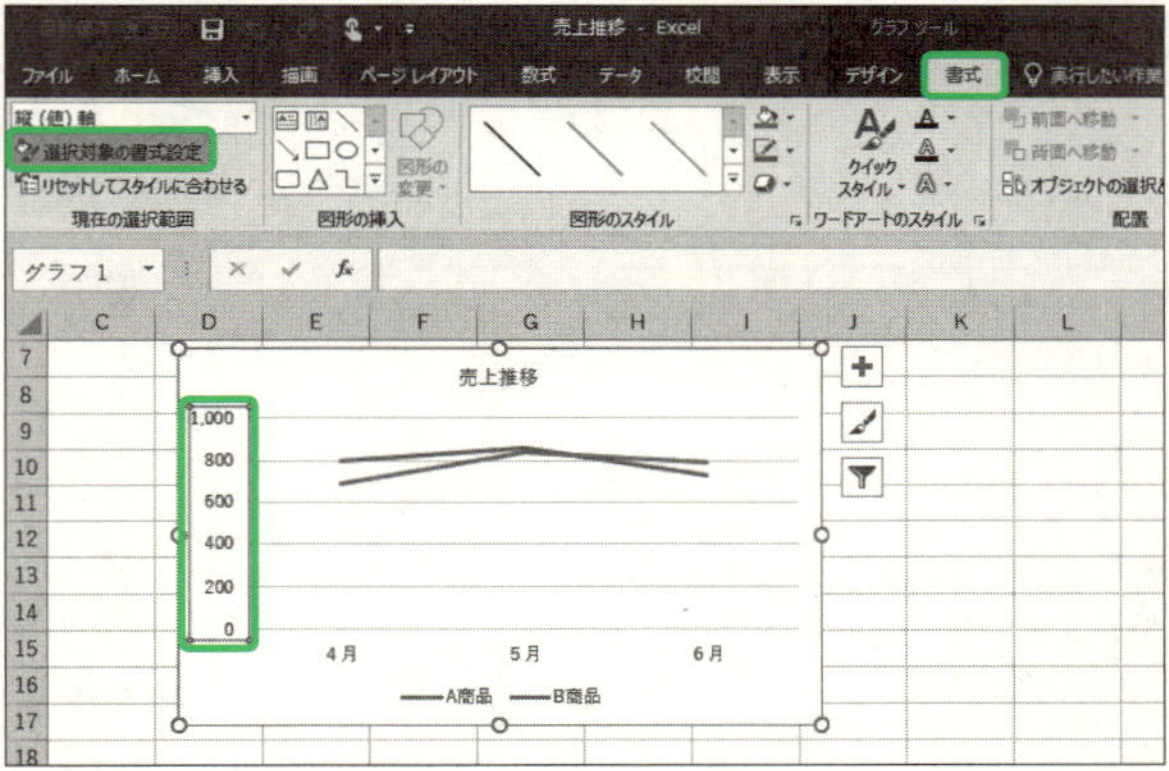

1 目盛を変える軸をクリックします。[グラフツール]の[書式]タブを開き、[現在の選択範囲]グループ→[選択対象の書式設定]をクリックします。

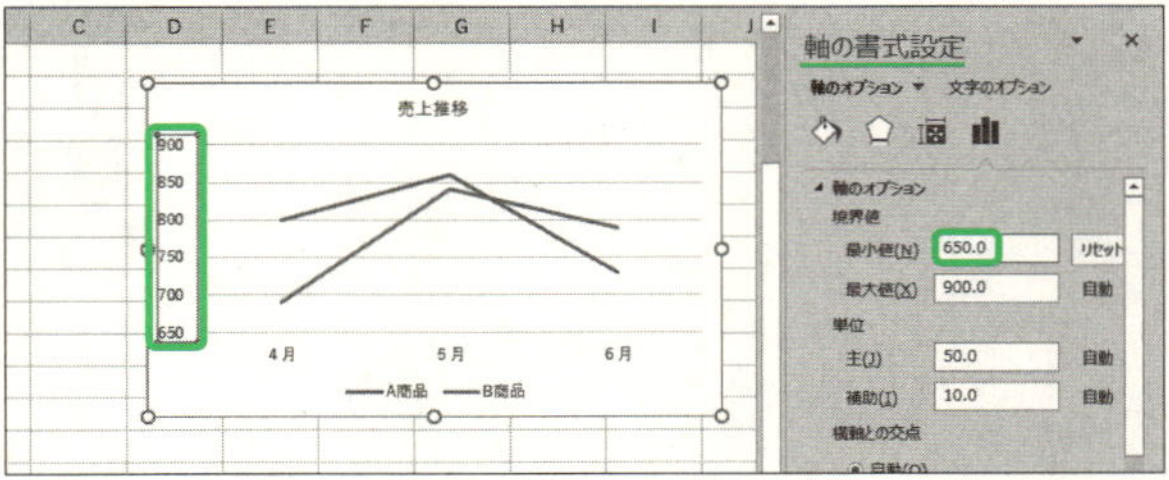

2 [軸の書式設定]ウィンドウが表示されるので、[最小値]に軸の最小値にする値を入力し、[Enter]キーを押します。[最大値]や目盛の間隔が自動で変わります。目盛が変更され、グラフの見え方も変わります。

2010では[軸の書式設定]画面になるので、左の一覧で[軸のオプション]を選び、[最小値][最大値][目盛間隔]で[固定]を選んでから値を入力します。

トラブル解決

同じ名前のブックが開けない

一方のブックの名前を変えて開く

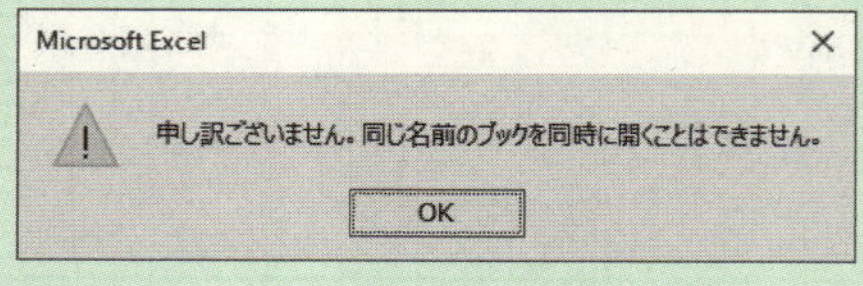

Microsoft Excel
申し訳ございません。同じ名前のブックを同時に開くことはできません。
OK

同じファイル名のブックを開こうとしたら、こんなメッセージが現れて困りました。

エクセルは、開いているブックの管理をブック名（ファイル名）だけで行っています。このため保存場所が違っていても、名前が同じブックは同一のブックと判断されて開けません。ブックを開こうとして「同じ名前のブックを同時に開くことはできません。」というメッセージが表示されたら、ブック名を変更して開きなおしてください。ブック名はエクスプローラーで変えられます。

トラブル退治

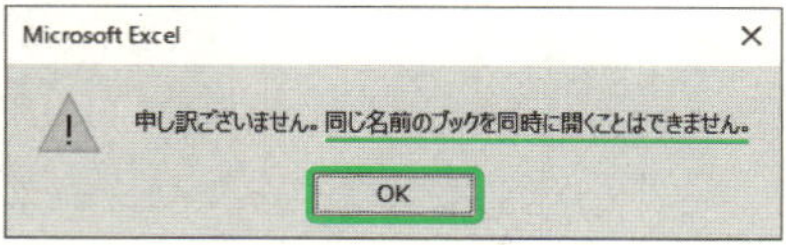

1 エクセルを使っている最中に、別のブックを開こうとして図のような画面が表示されたら（2010ではメッセージが異なります）、[OK]をクリックして閉じます。

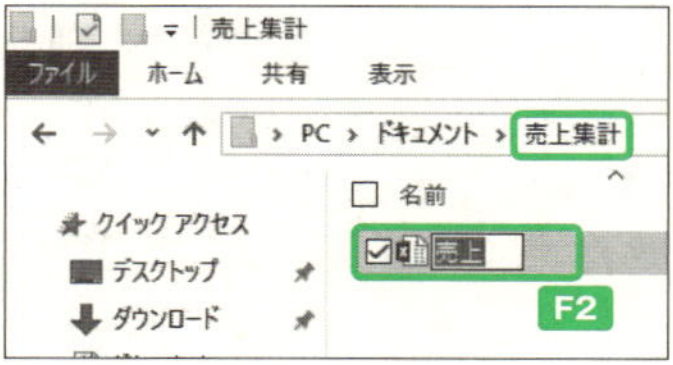

2 エクスプローラーで、開こうとしたブックを保存したフォルダーを開きます。ブックを選択して[F2]キーを押すと、名前が変更できるようになります。

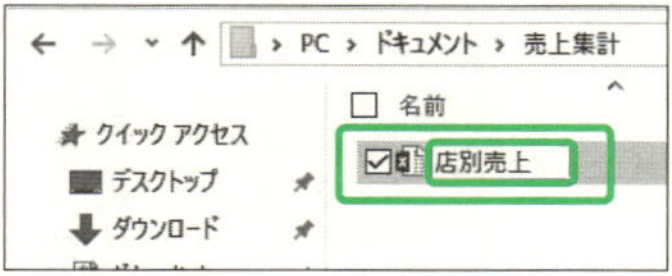

3 新しい名前を入力します。[Enter]キーを押すと名前が確定します。図では「売上」を「店別売上」に変えました。

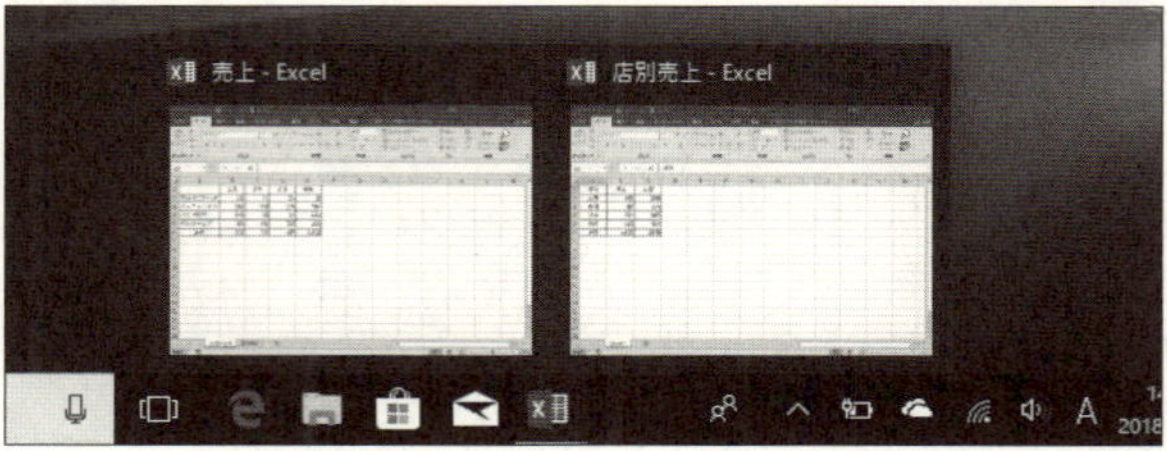

4 名前を変えたブックをダブルクリックすれば開けます。図では先に開いていた「売上」と名前を変更した「店別売上」の両方が開いています。

トラブル解決

数値が「＃＃＃」と表示される

列の幅を広げれば解決！

	A	B	C	D
1		4月	5月	6月
2	キッチン収納	#####	601,000	610,000
3	リビング家具	#####	1,200,300	1,451,600
4	ベッド・ソファ	#####	1,905,000	2,505,000
5				
6				

数値の表示が「####」になってしまいました。

数値が「＃＃＃」になる主な原因は列幅が足りないことです。これは列幅を広げれば解消できます。

もう1つの原因として、時刻の計算結果がマイナスになっていることがあります。この場合は数式そのものを変更してください。

列幅が足りないと「2E＋06」のようになることもあります。これは列幅を広げるか表示形式を「数値」にすれば通常の表示になります。

トラブル退治

	A	B	C	D	E
1		4月	5月	6月	
2	キッチン収納	#####	601,000	610,000	
3	リビング家具	#####	1,200,300	1,451,600	
4	ベッド・ソファ	#####	1,905,000	2,505,000	
5					

ダブルクリック

1 表示をなおす列番号の右の境界線にポインターを合わせ、✛になったらダブルクリックします。

	A	B	C	D	E
1		4月	5月	6月	
2	キッチン収納	660,100	601,000	610,000	
3	リビング家具	1,660,000	1,200,300	1,451,600	
4	ベッド・ソファ	2,150,400	1,905,000	2,505,000	
5					

2 正しく表示されます。

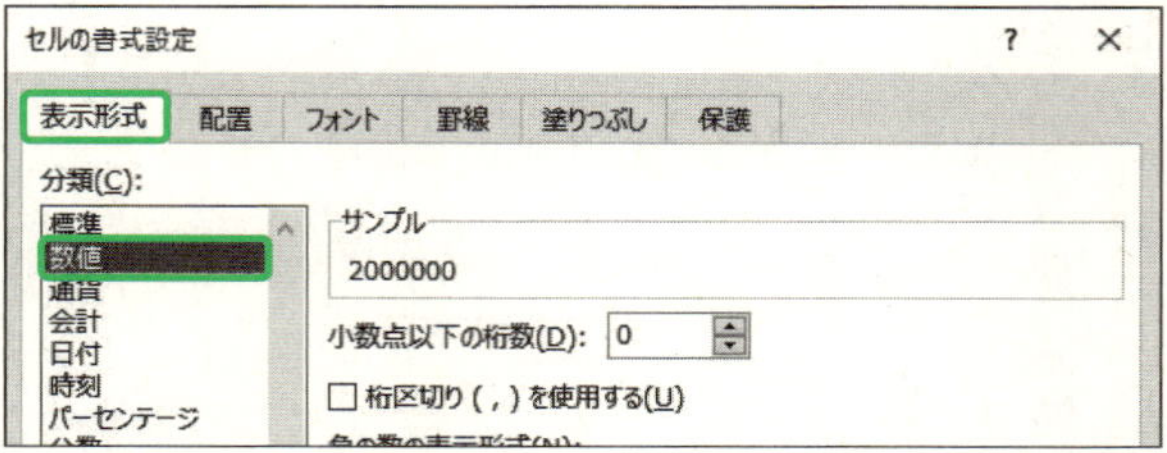

! 「2E+06」のような表示を変えるには、セルを右クリックして、[セルの書式設定]を選びます。[表示形式]タブを開き、[分類]で[数値]を選んで[OK]をクリックします。次に表示が「####」になることもありますが、列幅を広げればなおせます。

トラブル解決

数式の答えが「#DIV/0!」になった

割り算の分母を「0」や空白以外にする

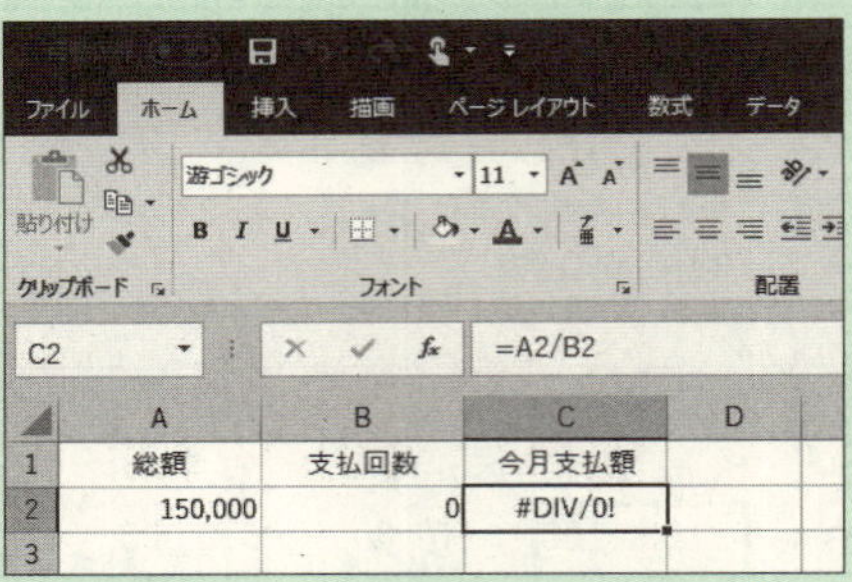

数式の答えが「#DIV/0!」になってしまいました。

数式の答えが「＃ＤＩＶ／０！」になるのは、割り算の分母が「０」だったり、分母として参照しているセルが「０」や空白だからです。これは分母を「０」以外にするか、数値のセルを参照するようにすれば解消できます。また、比率計算の式をコピーすると「＃ＤＩＶ／０！」になるのは、コピー先に応じて分母の参照先が変わるためです。分母を絶対参照にしてコピーすればエラーになりません。

トラブル退治

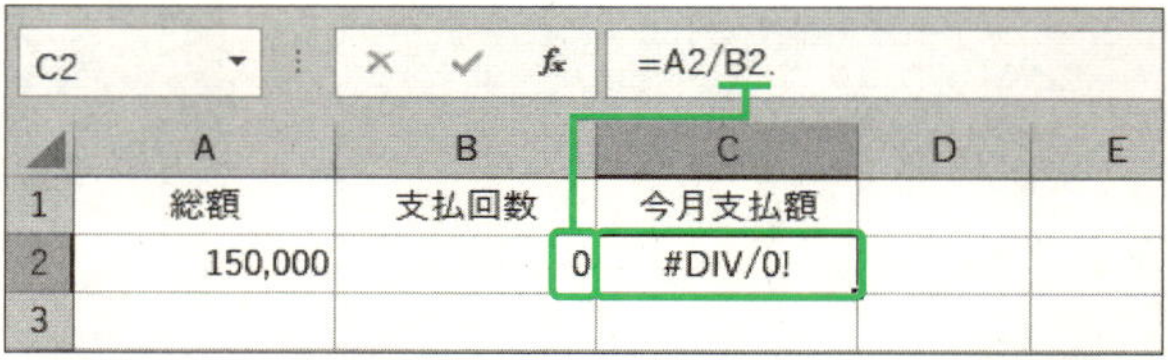

1 「#DIV/0!」と表示されているセルをクリックし、数式バーで式を確認します。分母として参照しているセルが「0」になっていることがわかります。

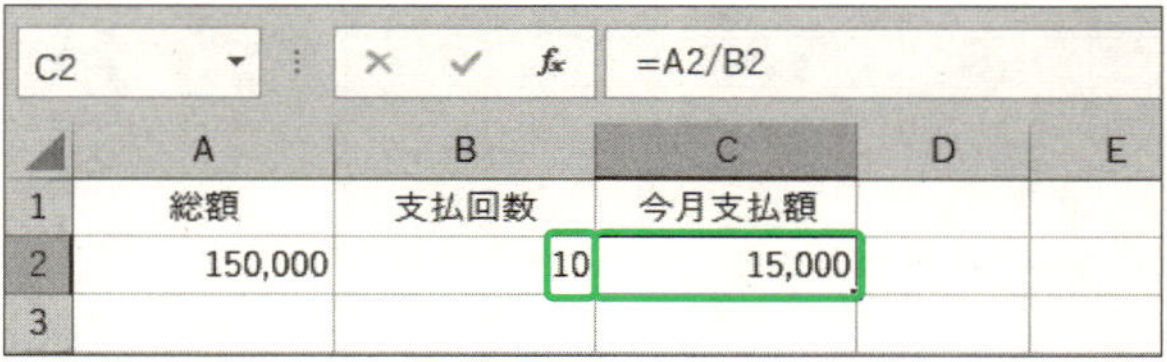

2 分母として参照しているセルを「0」や空白以外にして[Enter]キーを押すと、エラーが解消されます。

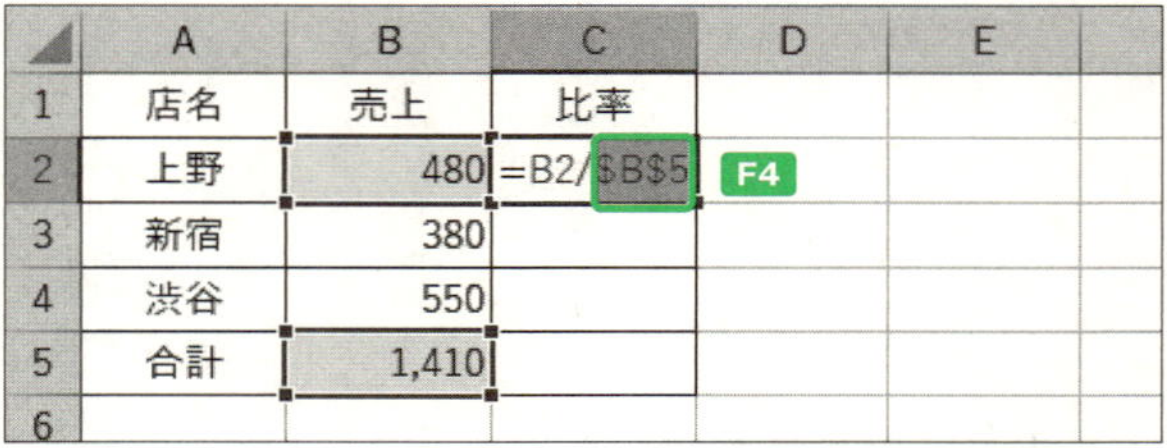

! 比率計算の式はコピー前に、分母のセル番号を選択して[F4]キーを押します。分母が絶対参照となり、「B5」のように列と行の番号の前に「$」が付きます。この式をコピーしても分母は常に「B5」を参照するので「#DIV/0!」になりません。

トラブル解決

数式の答えが「#VALUE!」になった

トラブル退治

参照先を数値のセルにする

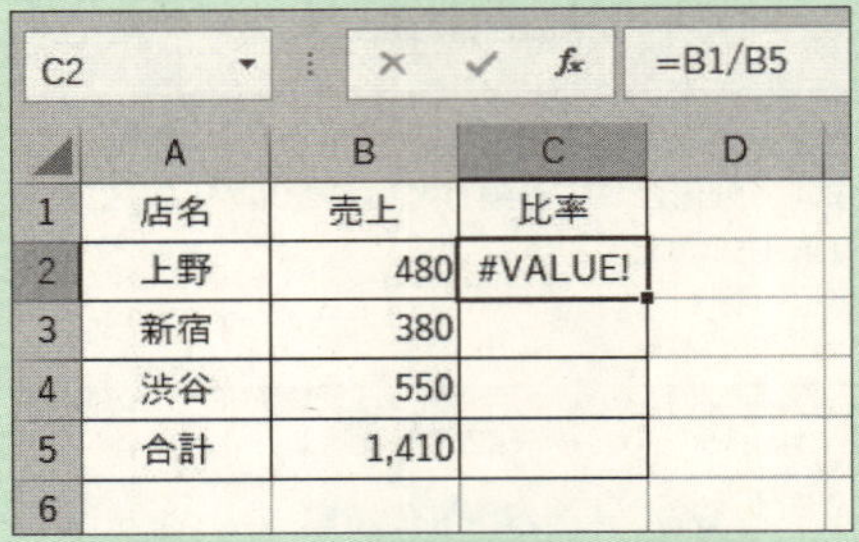

	A	B	C	D
			C2　=B1/B5	
1	店名	売上	比率	
2	上野	480	#VALUE!	
3	新宿	380		
4	渋谷	550		
5	合計	1,410		
6				

数式を作ったら、答えが「#VALUE!」になってしまいました。

数式の答えが「#VALUE!」と表示される原因の1つは、参照先が文字列になっていることです。式を作ったときに参照先のセルを間違ってクリックしたために起こります。これは、参照先を数値のセルにすれば、解消できます。

ほかの原因として、値を1つだけ使う演算子や関数でセル範囲を指定したことが考えられます。この場合は式を修正します。

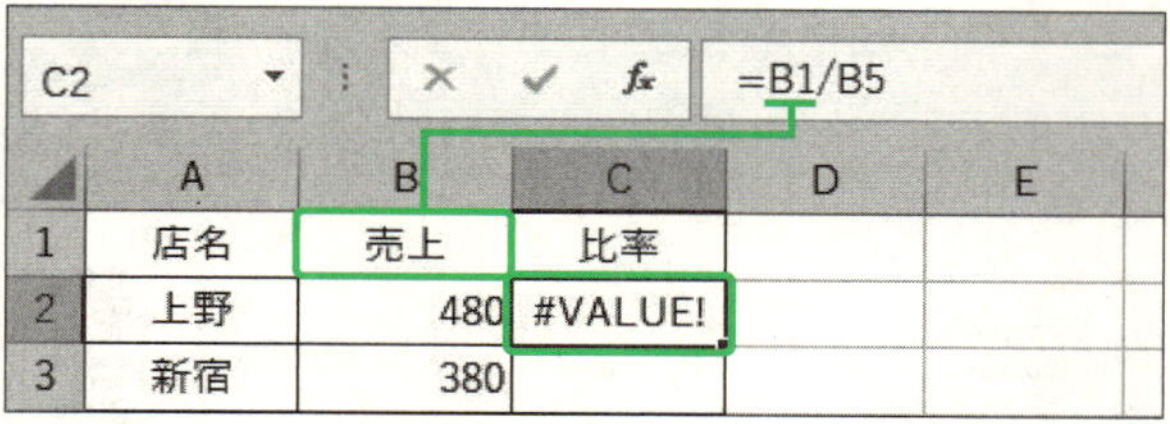

1 「#VALUE!」と表示されているセルをクリックし、数式バーで式を確認します。比率の計算で文字列のセルを参照していることがわかります。

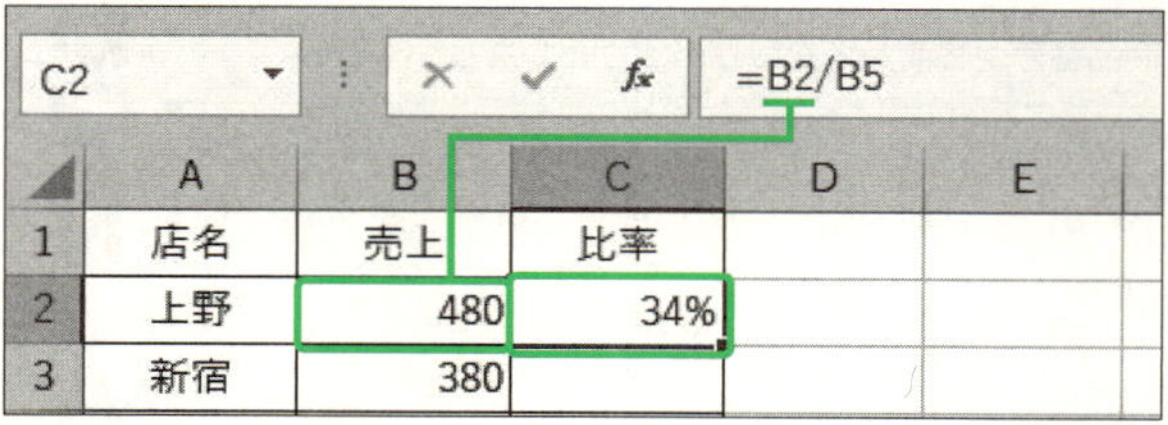

2 参照先を数値のセルに変えて、[Enter] キーを押すと計算結果が表示されます。

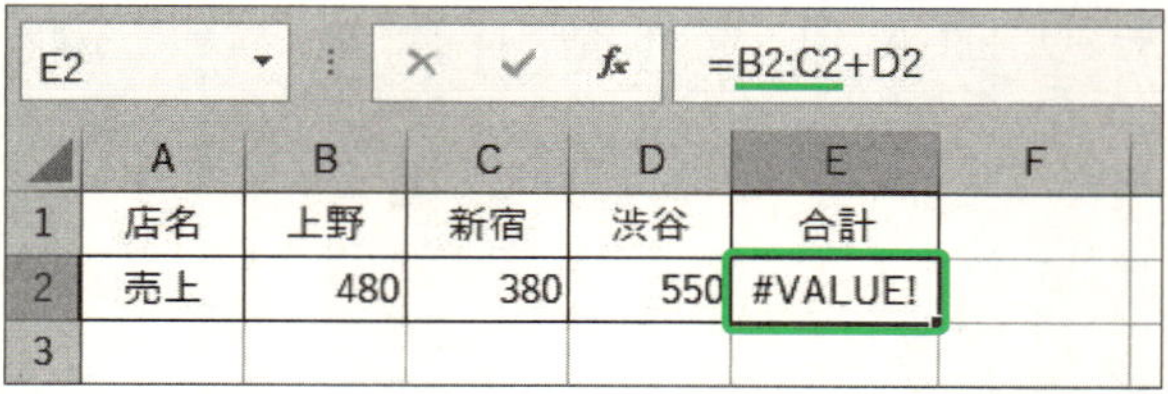

! 値を1つしか使えない足し算で、セル範囲を指定すると「#VALUE!」エラーになってしまいます。セル範囲ではなく、セルを1つずつ加算するように式を変更すれば解消できます。

トラブル解決

数式の答えが「#N/A」になった

検索する値を正しく入力する

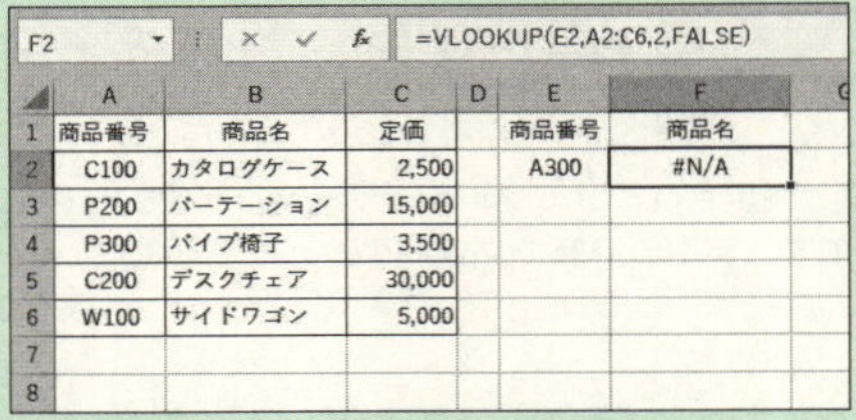
F2 =VLOOKUP(E2,A2:C6,2,FALSE)

	A	B	C	D	E	F
1	商品番号	商品名	定価		商品番号	商品名
2	C100	カタログケース	2,500		A300	#N/A
3	P200	パーテーション	15,000			
4	P300	パイプ椅子	3,500			
5	C200	デスクチェア	30,000			
6	W100	サイドワゴン	5,000			
7						
8						

商品番号から商品名を取り出そうとしたら、「#N/A」になってしまいました。

数式の答えが「#N/A」になるのは、計算に必要な値がないからです。このエラーはVLOOKUPのような検索関数(P90参照)で不適切な値が指定されていると起こります。必要な値を入力したり、参照先を変更すればエラーを解消できます。「#N/A」または「N/A」は「値がない」という意味で入力されていることもあります。計算結果以外のセルでは、そのままにしましょう。

トラブル退治

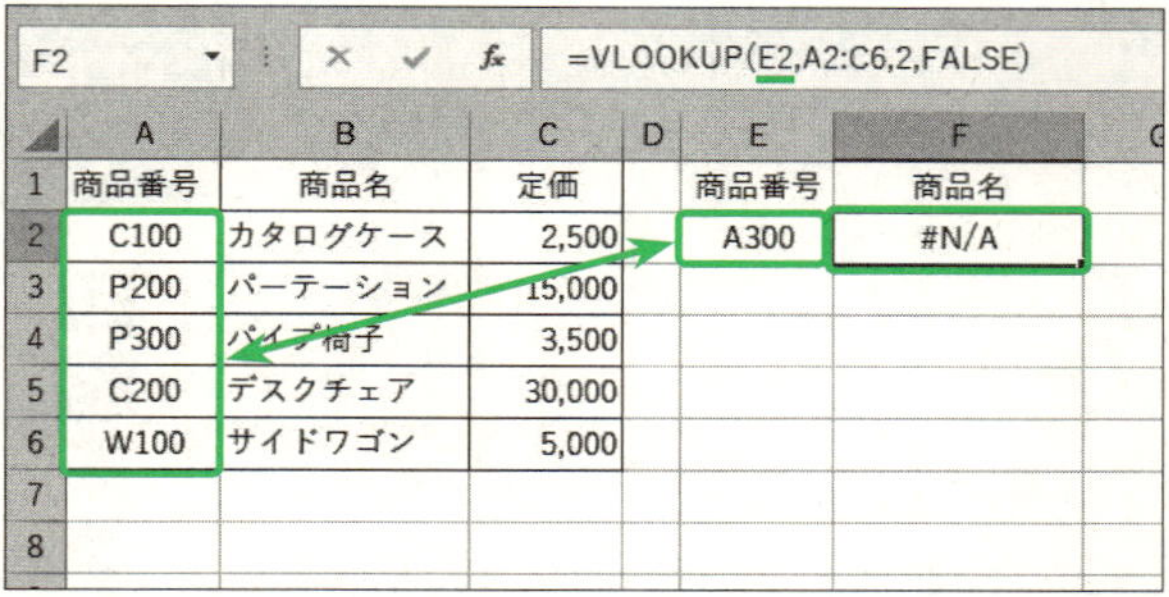

1 「#N/A」と表示されているセルをクリックし、数式バーで式を確認します。図では「E2」に入力されている商品番号「A300」が、検索対象となっている表にありません。

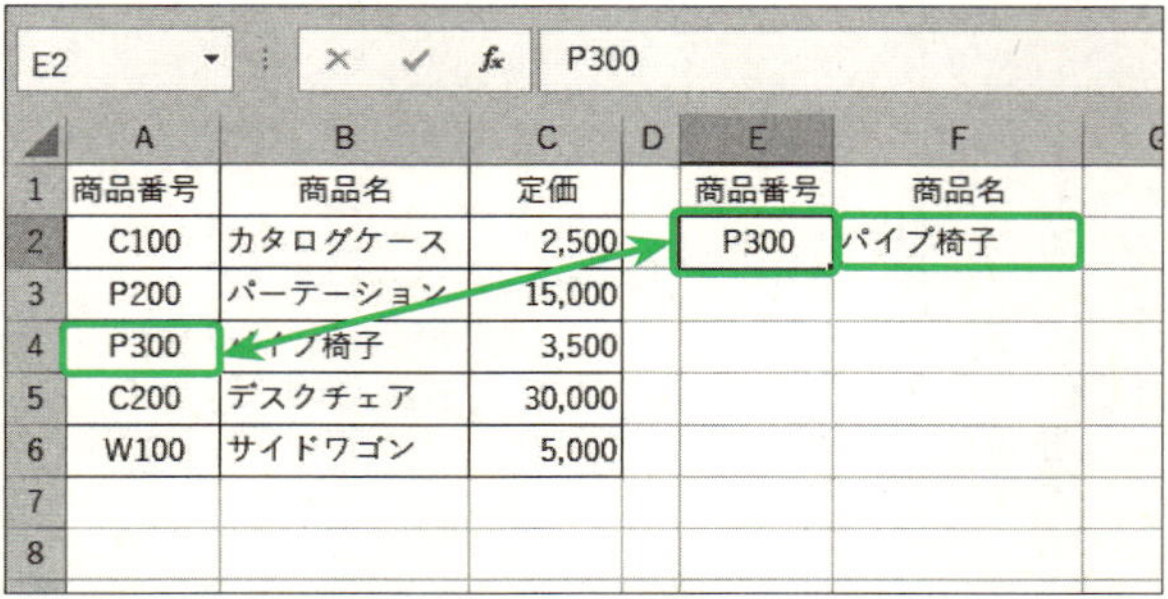

2 検索対象に含まれる商品番号「P300」を入力して、[Enter]キーを押します。結果が表示されます。図では商品名が表示されます。

印刷する

印刷状態を確認して［印刷］をクリック

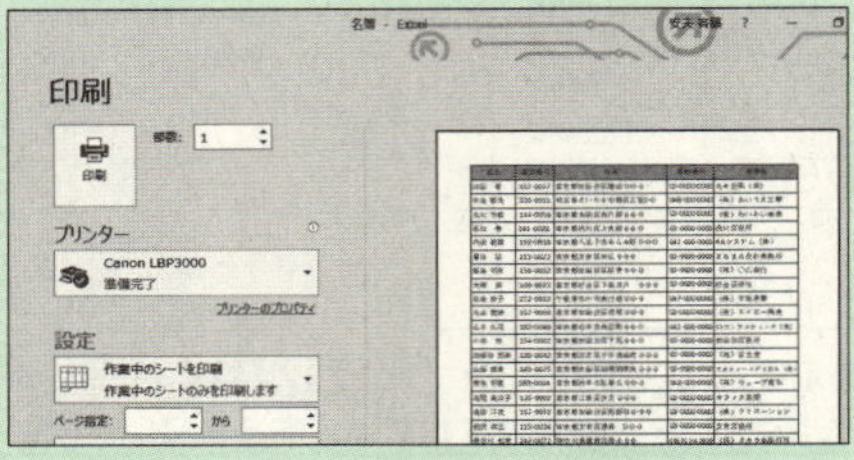

［印刷］の画面では、印刷状態が確認できます。

「ファイル」タブの［印刷］画面を開くと、余白や用紙の向きなど、印刷に関する設定を行えます。設定は即座にプレビューに反映されるので、状態を確認して印刷しましょう。

　また、表の一部だけ印刷したい場合は、印刷する範囲を選択してから［印刷］画面を開いて、［選択した部分を印刷］の指定をします。毎回、印刷する範囲を選びたいときに便利な方法です。

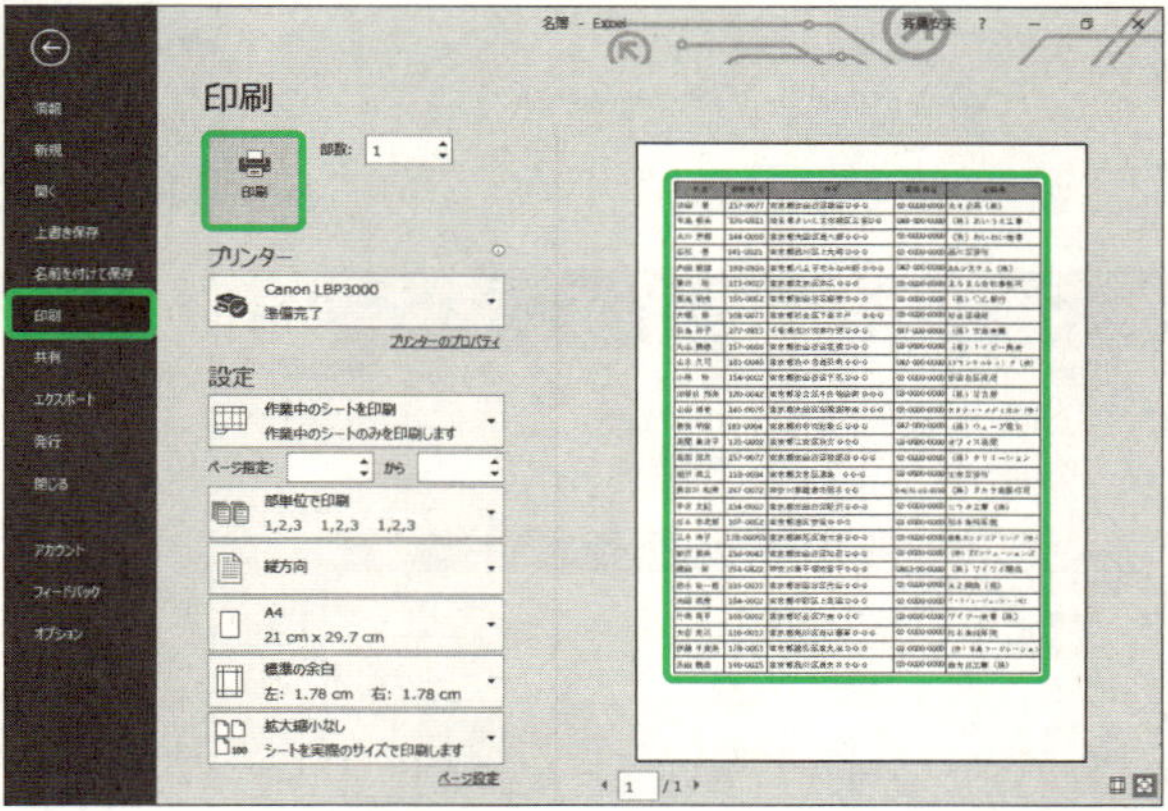

1 [ファイル] タブを開き、左の一覧で [印刷] を選びます。印刷プレビューで印刷した状態を確認します。[印刷] をクリックして印刷します。

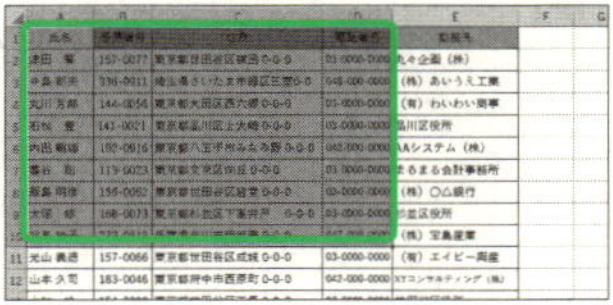

! 表の一部だけ印刷するには、印刷したい範囲を選択します。[ファイル] タブを開き、左の一覧で [印刷] を選びます。

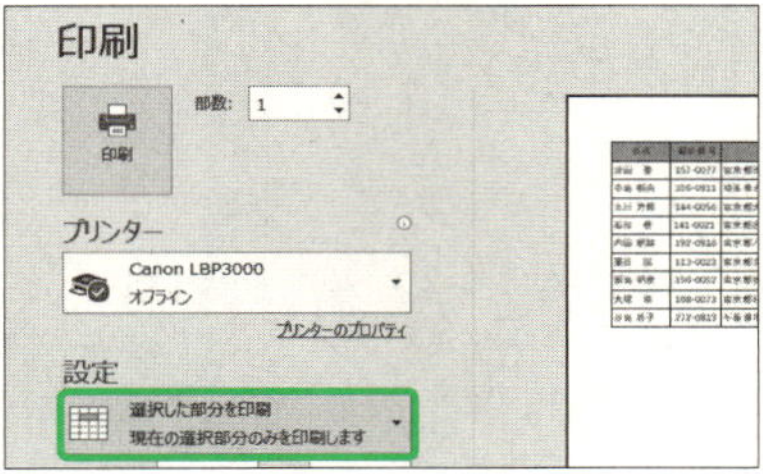

[作業中のシートを印刷] をクリックして [選択した部分を印刷] を選びます。[印刷] をクリックすると選択した範囲だけが印刷されます。

印刷

印刷する範囲を設定する

基本のキホン

範囲を選択して［印刷範囲の設定］を選ぶ

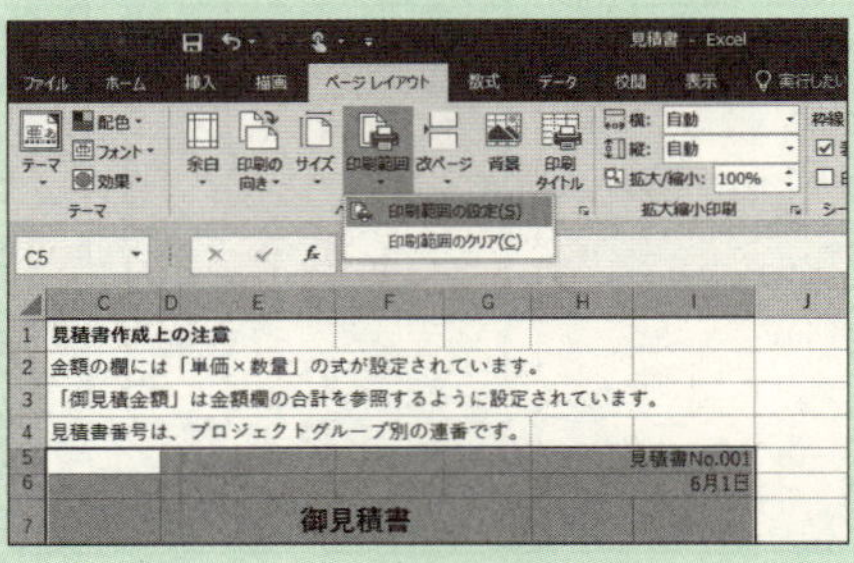

「見積書作成上の注意」は印刷しないように印刷範囲を設定します。

印刷したい表と同じワークシートに、入力方法の説明があったり、参考資料の表があったりすることがあります。このようなシートの印刷では、印刷範囲を設定すれば、不要な部分が印刷されません。

　この設定をしてからブックを保存すると、いつも同じ範囲だけが印刷できるようになります。この点が、印刷するたびに範囲を指定する方法（P118参照）との違いです。

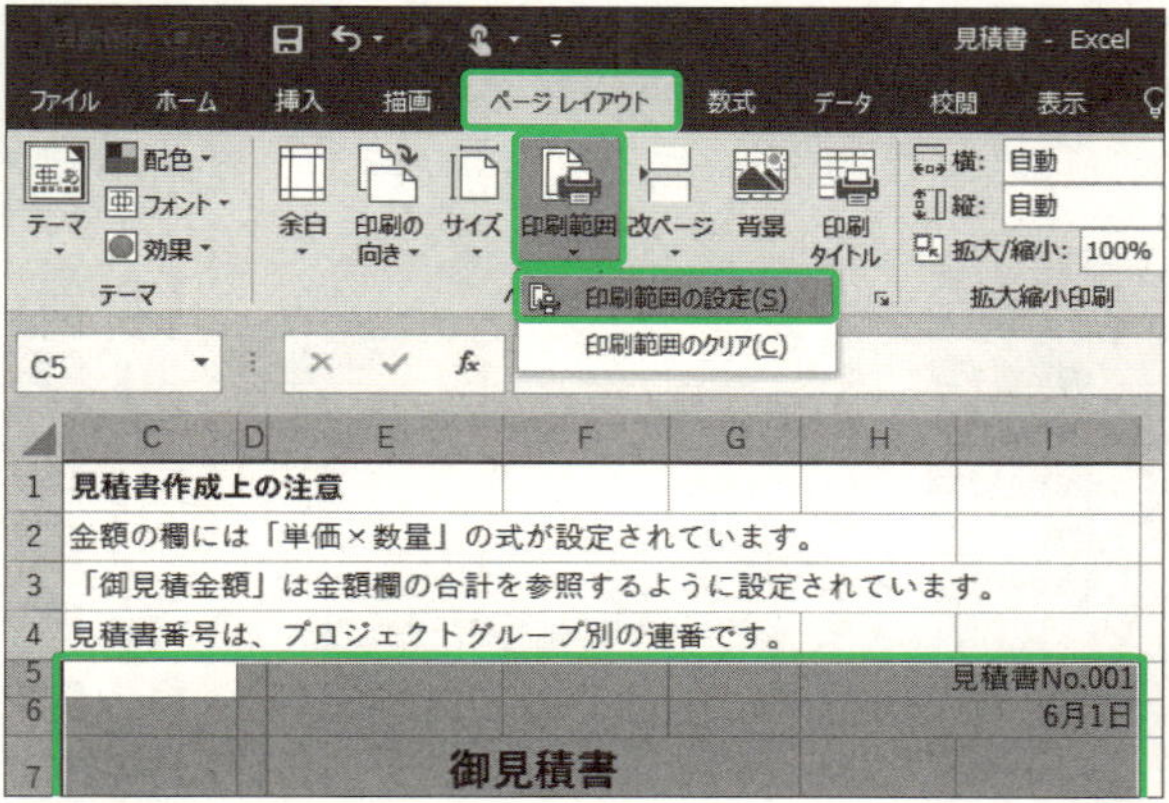

1 印刷する範囲を選択し、[ページレイアウト] タブを開きます。[ページ設定] グループ→[印刷範囲]→[印刷範囲の設定] を選びます。ここで[印刷範囲のクリア]を選ぶと設定を解除できます。

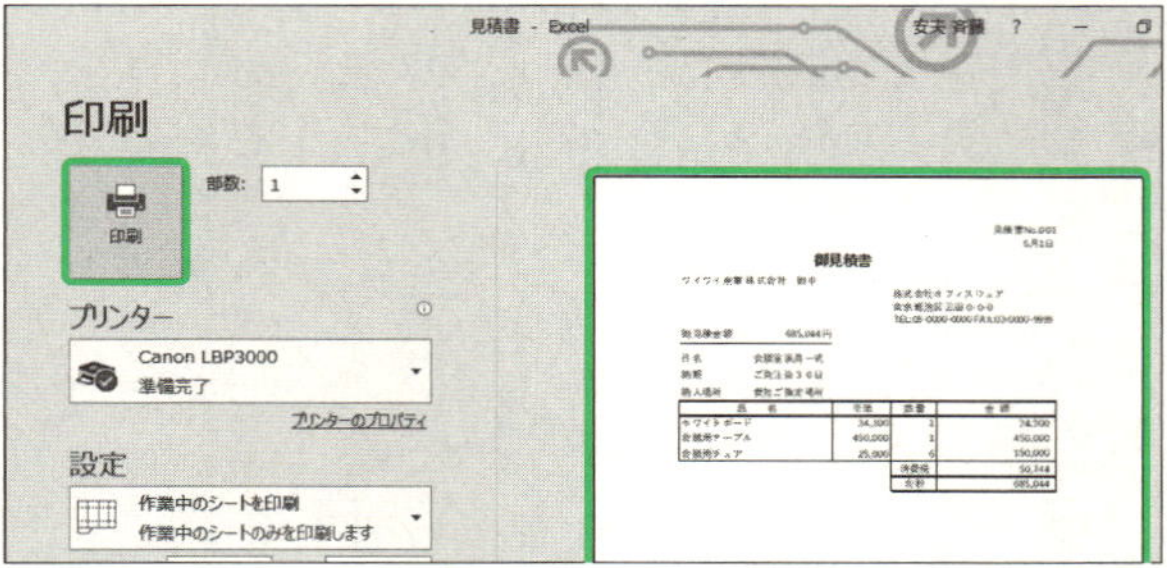

2 [ファイル] タブを開き、左の一覧で [印刷] を選びます。印刷プレビューで設定どおりに印刷されることを確認します。[印刷] をクリックして印刷します。

印刷

用紙の向きを変えてはみ出しを解消する

仕上がりキレイ

ワークシートを印刷すると、列がはみ出して用紙に収まらないことがあります。これをもっとも手軽に解決する方法は、用紙の向きを横に変えることです。用紙の横幅が広くなるので、縦向きでは、はみ出した列を収められます。

それでも収まらなければ、余白を狭くするという手もあります。余白の選択肢から［狭い］を選ぶだけなので、簡単に試せます。

用紙の向きを［横方向］にする

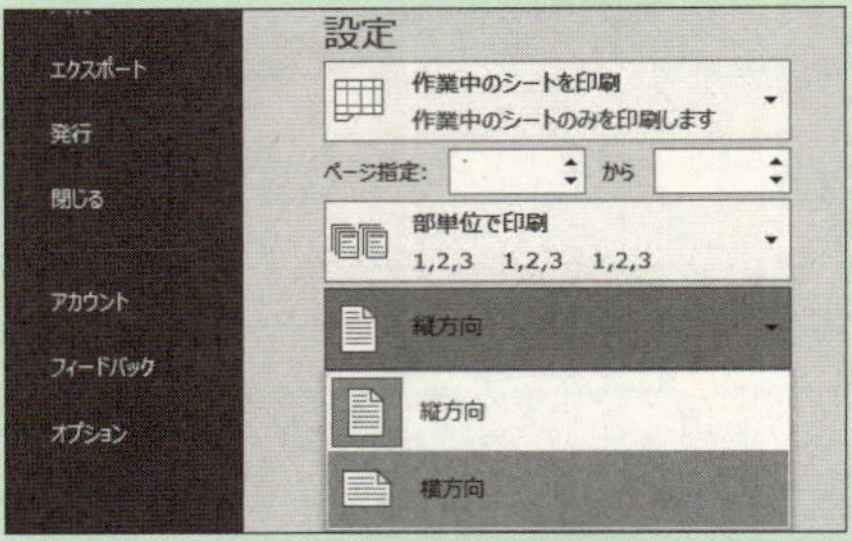

［横方向］を選ぶと用紙を横向きにして印刷するので、列のはみ出しを収められます。

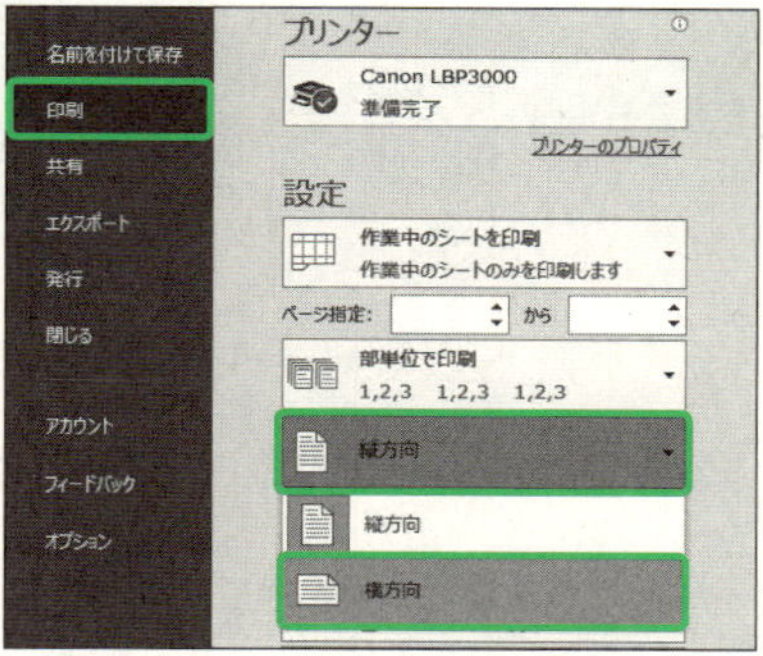

1 [ファイル]タブを開き、左の一覧で[印刷]を選びます。[縦方向]をクリックして[横方向]を選びます。

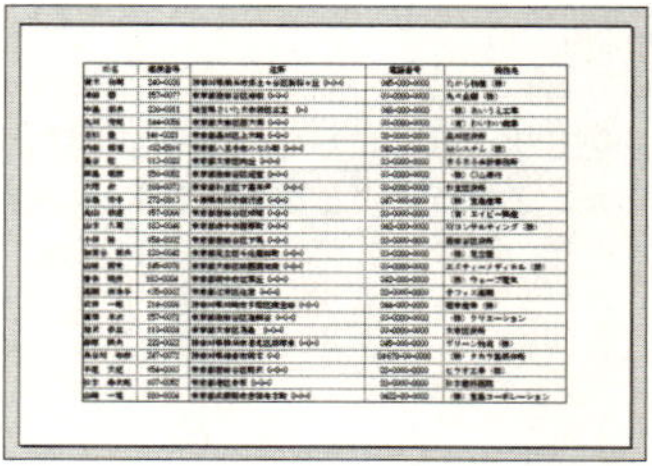

2 用紙を横向きにして印刷できます。

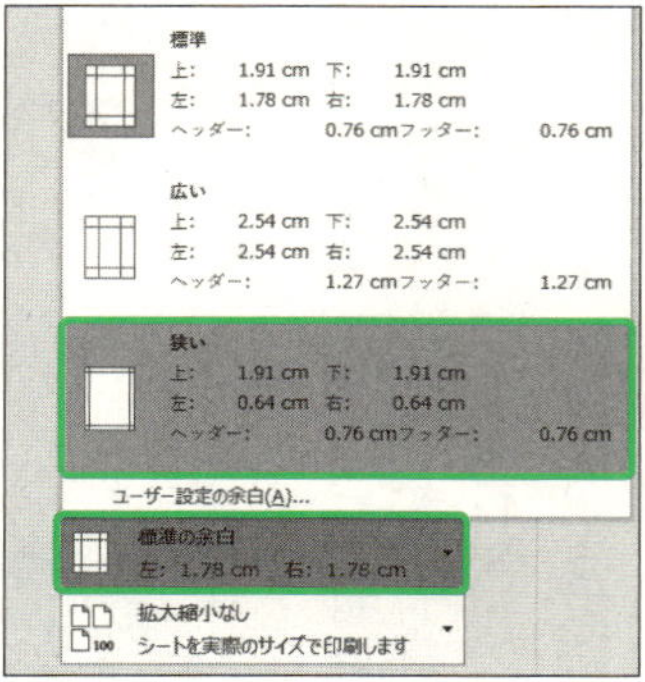

! 余白を狭くするには、[印刷]画面で[標準の余白]をクリックし、[狭い]を選びます。余白を変更するとプレビューに反映されるので、印刷する前に確認しましょう。

印刷

列がはみ出ないように印刷する

仕上がりキレイ

列が1ページに収まるよう縮小して印刷する

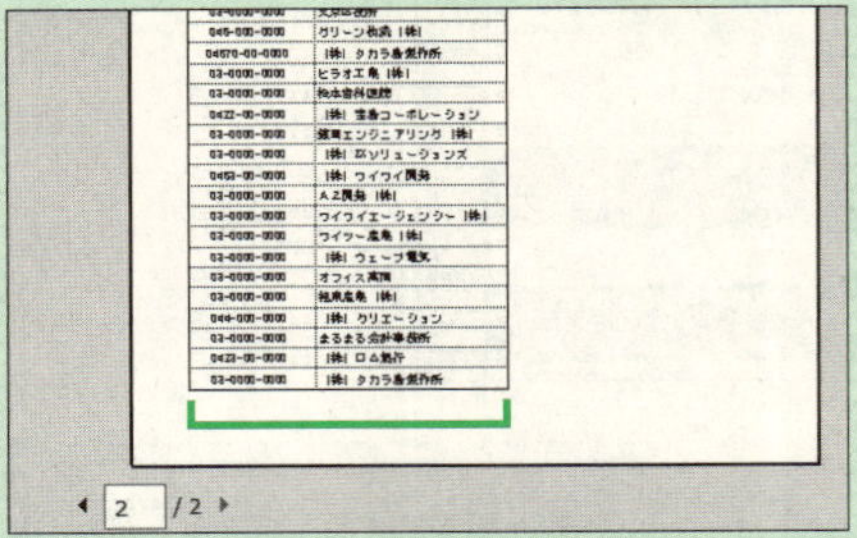

印刷しようとしたら2列はみ出すことがわかりました。このはみ出しを収めます。

列方向のはみ出しは、用紙を横向きにして収めることもできますが（P122参照）、列方向が1ページに収まるよう縮小して印刷する方法もあります。これなら用紙を縦向きのまま使えます。列方向を1ページに収める設定は2ヶ所で行えます。「印刷」画面で行うものと「ページ設定」タブで行うものです。すぐに印刷するなら前者、設定するだけなら後者、というように使い分けます。

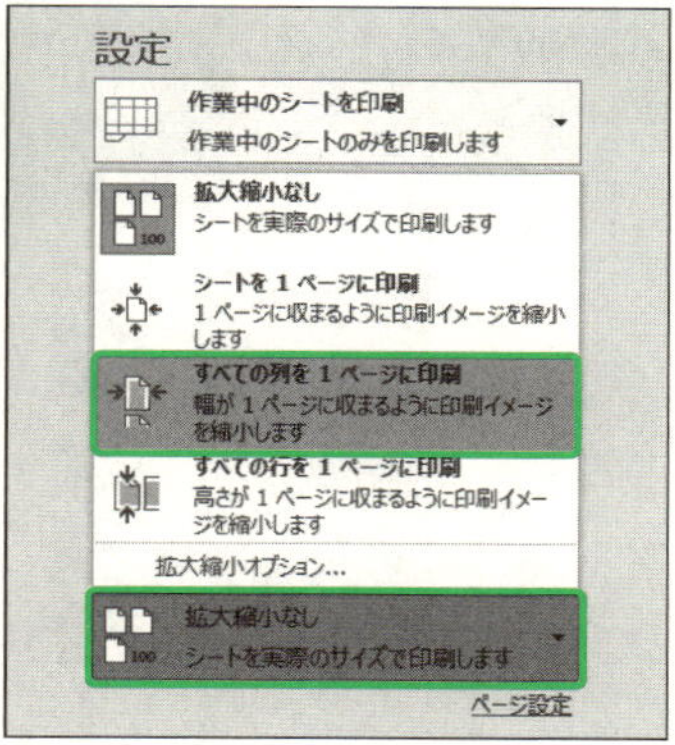

1 ［ファイル］タブを開き、左の一覧で［印刷］を選びます。［拡大縮小なし］をクリックして［すべての列を1ページに印刷］を選びます。

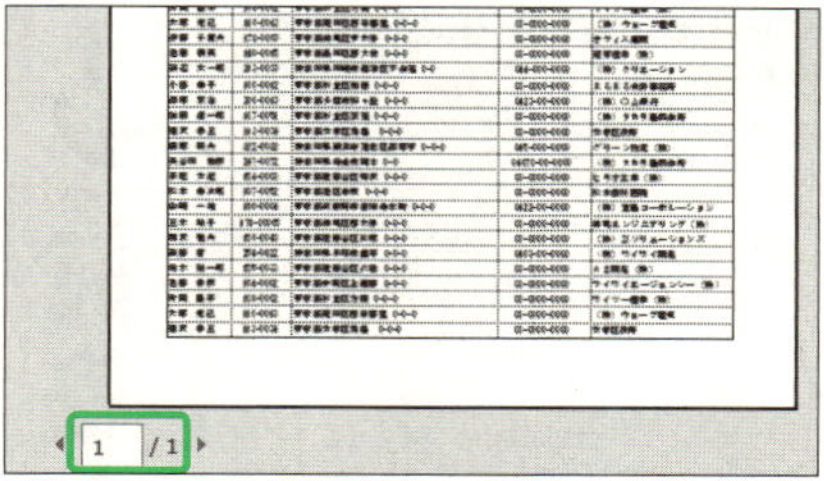

2 列方向のはみ出しがなくなります。

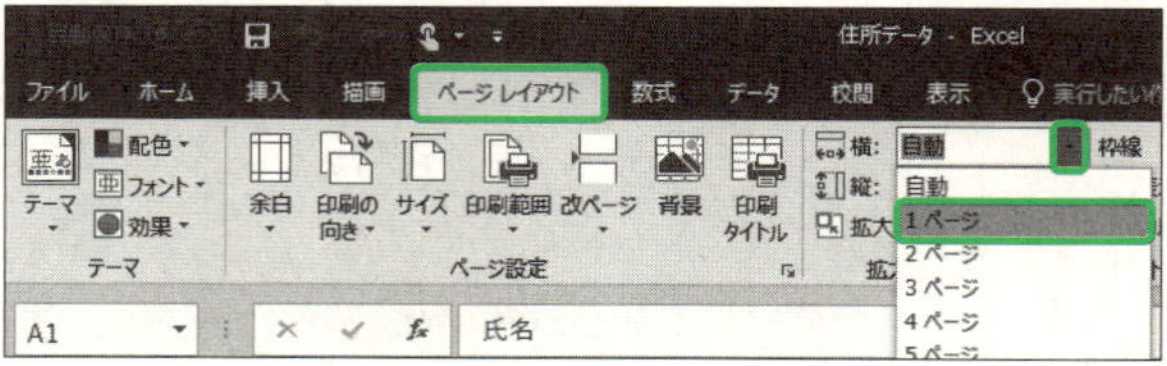

! ［ページレイアウト］タブを開きます。［拡大縮小印刷］グループ→［横］の▾をクリックして［1ページ］を選ぶと、列が1ページに収まる設定になります。

印刷

大きな表を1ページに収めて印刷する

仕上がりキレイ

［シートを1ページに印刷］の設定にする

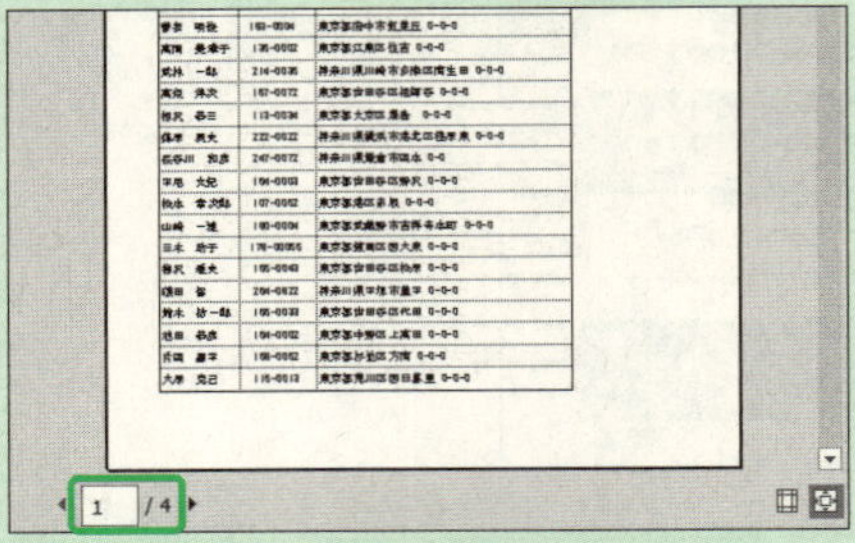

行・列とも用紙からはみ出して4ページになってしまいました。これを1ページに収めます。

1枚の用紙に印刷するつもりだった表が、行・列ともにはみ出して4ページになってしまうことがあります。これを1ページに収めるには、［シートを1ページに印刷］の設定にします。列方向だけを1ページに収める設定（P124参照）では、行方向はデータ量に応じたページ数になりますが、［シートを1ページに印刷］は、列と行の両方が1ページに収まるよう縮小して印刷します。

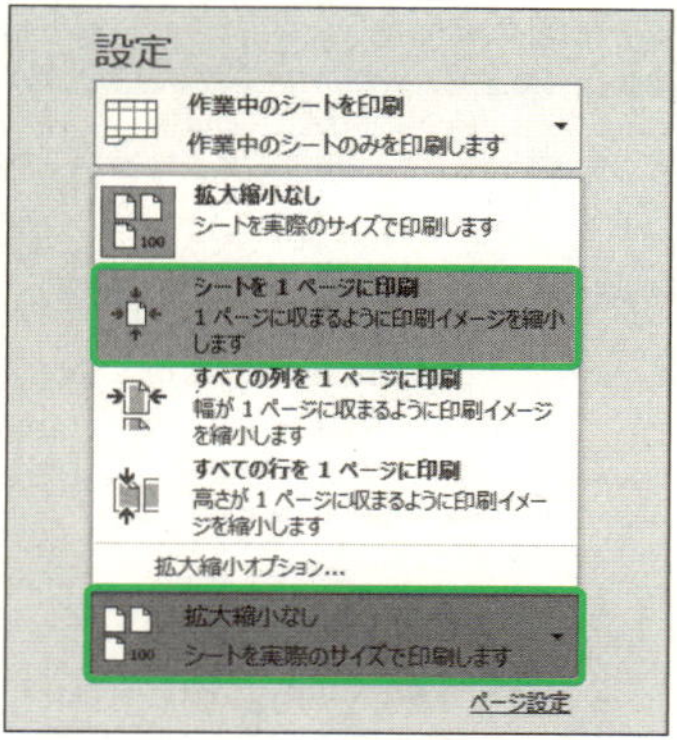

1 [ファイル]タブを開き、左の一覧で[印刷]を選びます。[拡大縮小なし]をクリックして[シートを1ページに印刷]を選びます。

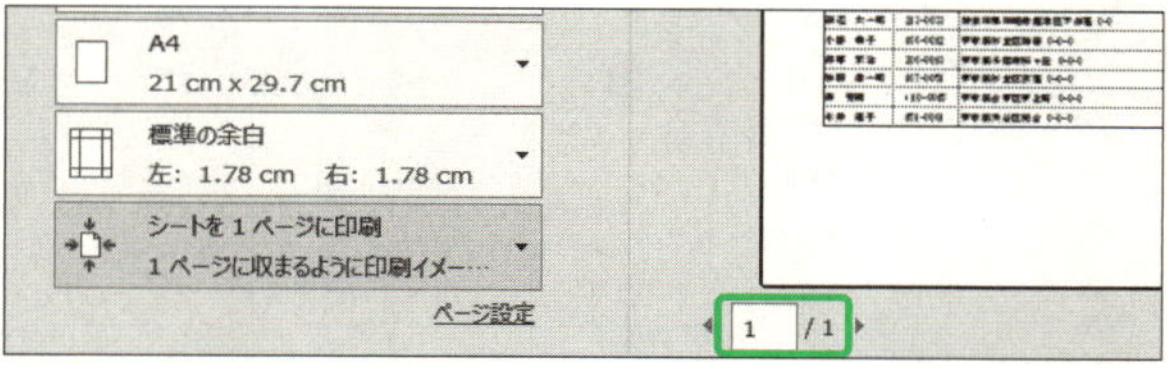

2 行と列の両方のはみ出しがなくなり、1ページに印刷できます。

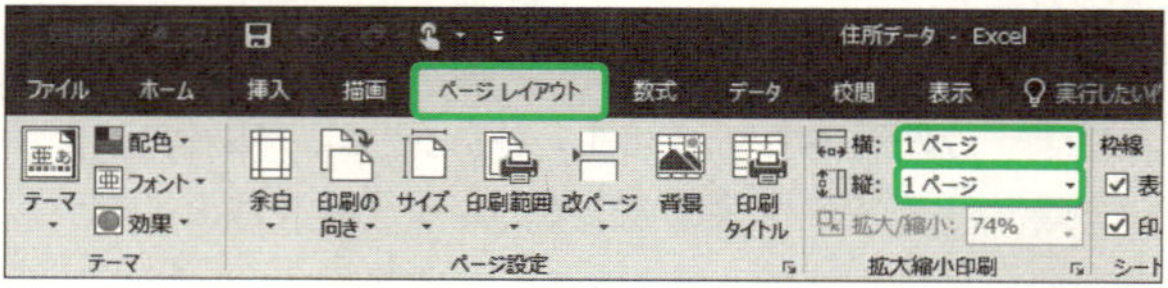

! [ページレイアウト]タブでも同じ設定ができます。[拡大縮小印刷]グループ→[横]の▾をクリックして[1ページ]を選びます。同じように[縦]も[1ページ]にすると、横幅と長さの両方が1ページに収まります。

COLUMN

エクセルやワード、パワポのバージョンを調べる

エクセルなどの[ファイル]タブを開き、左の一覧で[アカウント]または[ヘルプ]をクリックします。
2010では、「ライセンス認証された製品」としてオフィスのバージョンが表示されます。

2016または2013では、次に[Excelのバージョン情報]などをクリックします。

バージョンがわかります。図は2016の例です。2013も同様です。

エクセルやワード、パワポはバージョンによって機能や使い方が異なるので、サポート窓口などに操作を尋ねるときは、どのバージョンを使っているかという情報が必要になります。使用中のバージョンがわかれば、知り合いに使い方を教わるのにも役立ちます。バージョンは、エクセルなどの[ファイル]タブから調べられます。

エクセルやワード、パワポは一般に「オフィス」というパッケージ製品の一部なので、1つのアプリでバージョンを調べれば、ほかも同じバージョンです。

Part 3
ワードの超基本ワザ！

ワードの基本操作

書式とレイアウト

位置揃え

表

印刷

水平ルーラー
[表示] タブの[ルーラー] をオンにすると表示されます。インデントの位置を確認したり、タブの設定に使います。グレーと白の境界線をドラッグして左右の余白を変えられます。

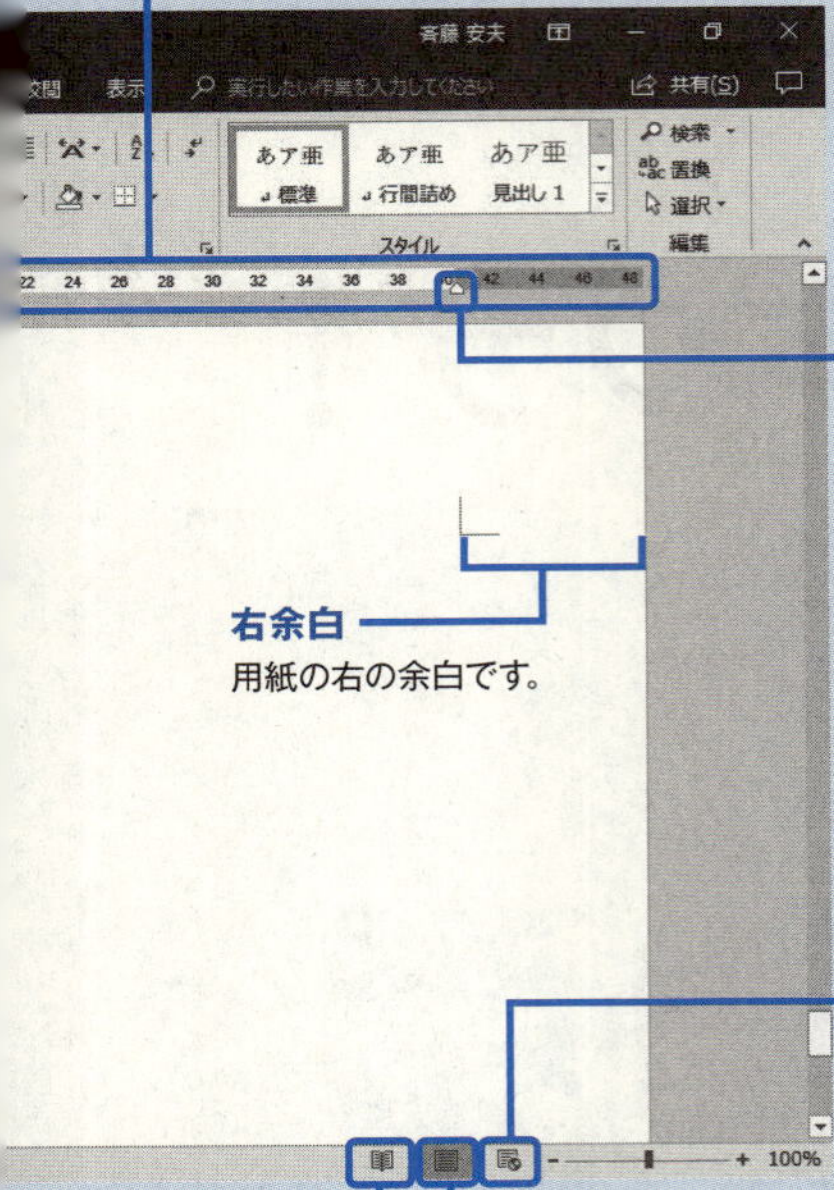

右インデントマーカー
「右インデント」の設定位置を示すマーカーです。ドラッグして設定位置を変えられます。

右余白
用紙の右の余白です。

Webレイアウト
クリックすると、文書をブラウザーで表示した状態を確認できます。

閲覧モード
クリックすると、文書が電子書籍のように表示されます。複数ページの文書を画面上で読むのに適しています。

印刷レイアウト
ワードの標準の表示です。上下や左右の余白、ヘッダーやフッターも含めて、印刷した状態に近い表示になります。

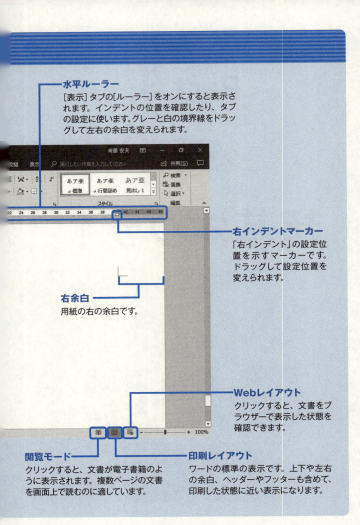

ワード画面解説

ワード2016の各部の名称と機能です。2013、2010でもほぼ同じです。エクセル、ワード、パワーポイントに共通する部分の名称と機能はP34にあります。

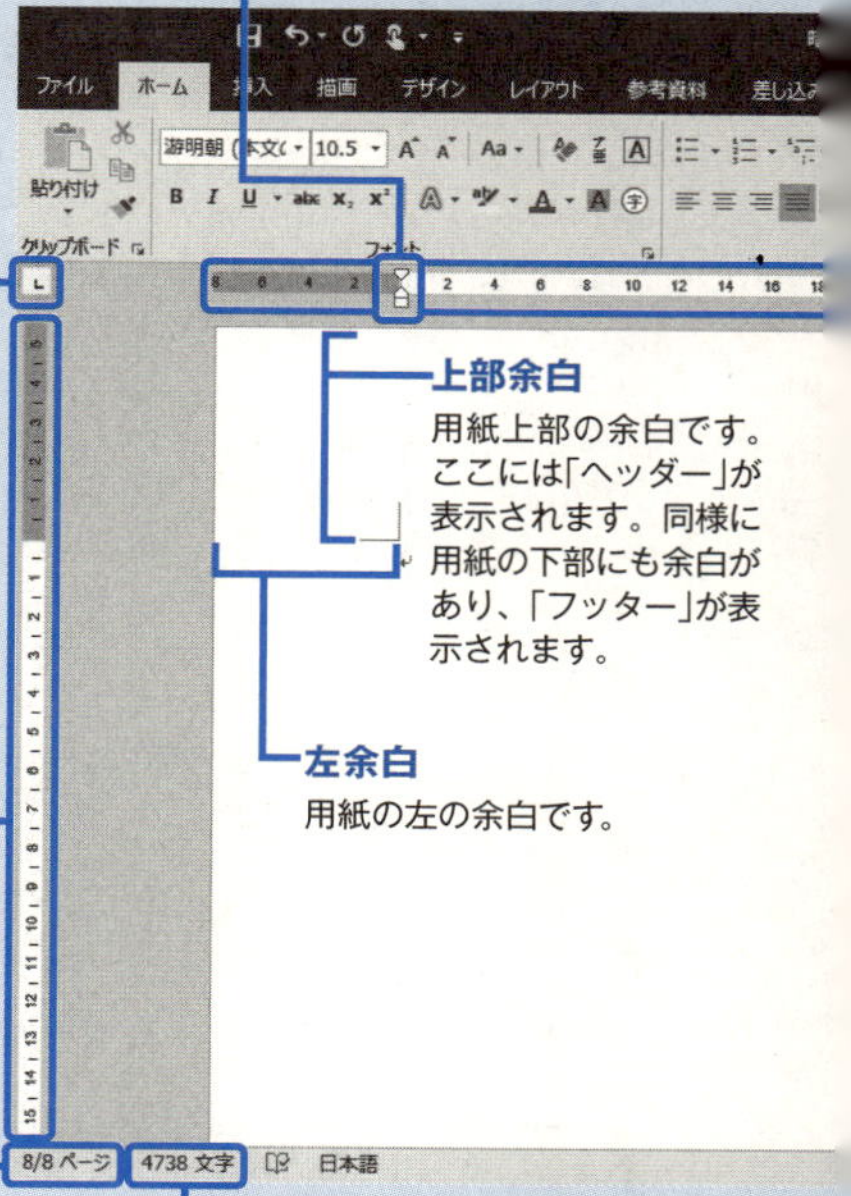

インデントマーカー

「1行目のインデント」「ぶら下げインデント」「左インデント」の位置を示すマーカーです。それぞれをドラッグして設定位置を変えられます。

左揃えタブ

クリックして、設定するタブやインデントの種類を選びます。初期値は[左揃えタブ]でクリックするごとに[中央揃えタブ]→[右揃えタブ]→[小数点揃えタブ]→[縦棒タブ]→[1行目のインデント]→[ぶら下げインデント]の順に変わります。

上部余白

用紙上部の余白です。ここには「ヘッダー」が表示されます。同様に用紙の下部にも余白があり、「フッター」が表示されます。

左余白

用紙の左の余白です。

垂直ルーラー

[表示]タブの[ルーラー]をオンにすると表示されます。グレーと白の境界線をドラッグして上下の余白を変えられます。

ページ番号

文書の総ページ数と現在表示中のページ番号を示します。

文字数

文書内の文字数を表示します。クリックすると[文字カウント]画面が表示されます。

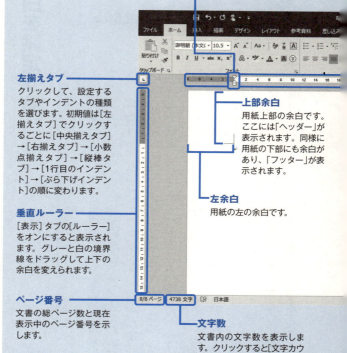

ワードの基本操作

余白を設定する

基本のキホン

[余白]で[狭い]や[広い]を選ぶ

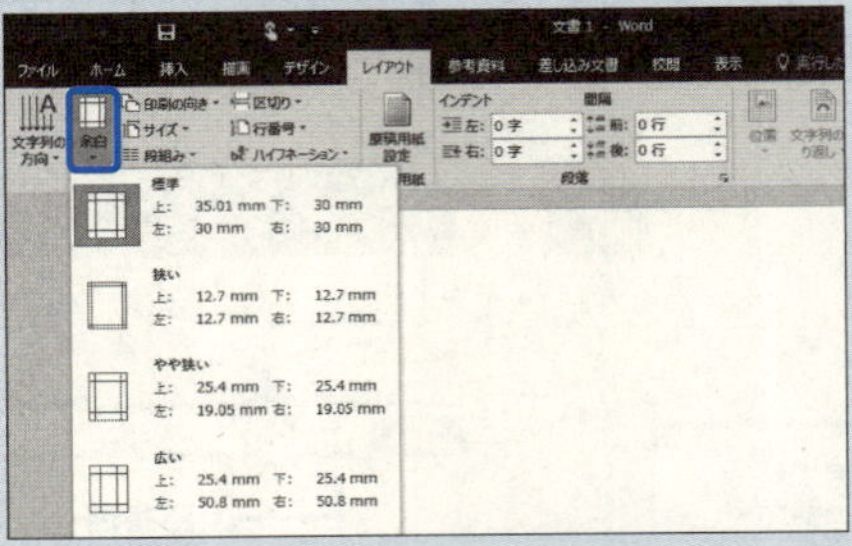

[レイアウト]タブの[余白]をクリックすれば、[狭い][広い]などの余白のサイズを選べます。

余白は、本文を入力できない用紙の周囲の部分です。余白が広ければ本文の領域は狭く、余白が狭ければ、本文の領域は広くなります。1ページに収める文字数を増やしたければ、余白を狭くします。逆に、文字数の少ない文書では余白を広くします。

余白は「レイアウト」タブの「余白」をクリックして選ぶほか、「ページ設定」画面で上下左右の余白を数値で指定することもできます。

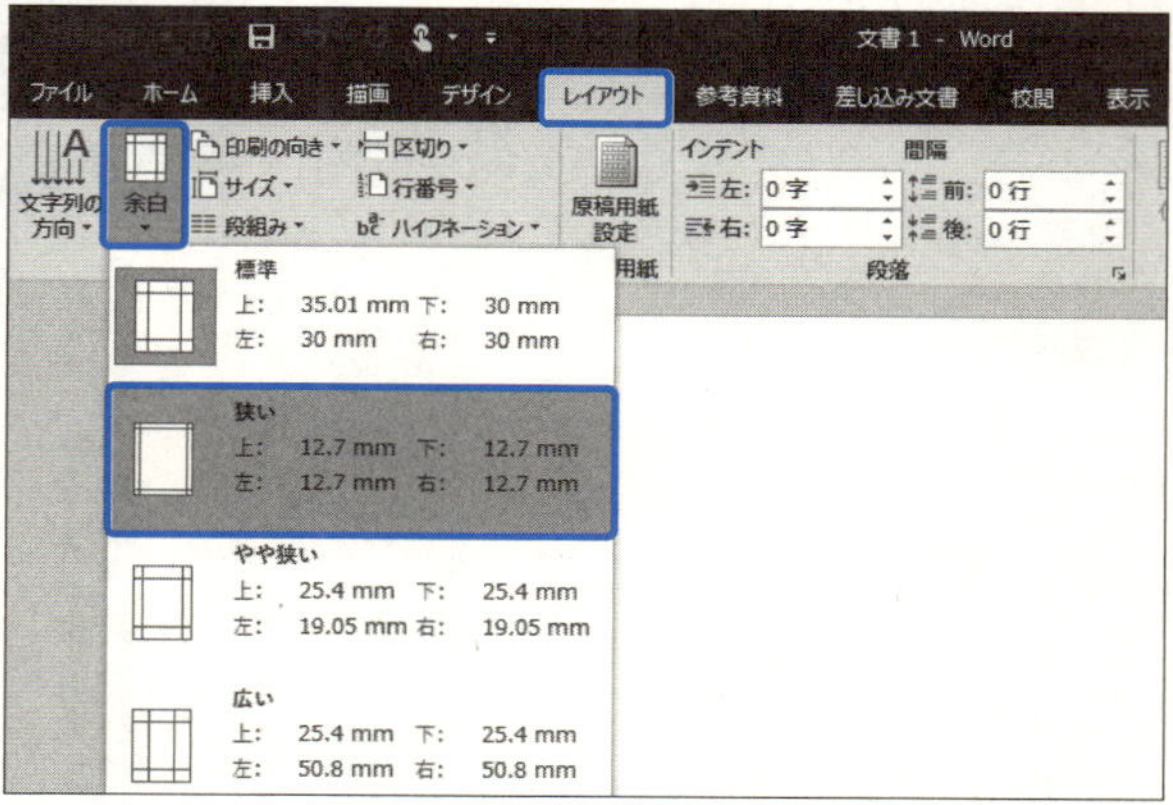

1 [レイアウト](または[ページレイアウト])タブを開き、[ページ設定]グループ→[余白]→[狭い]を選ぶと余白が狭くなります。

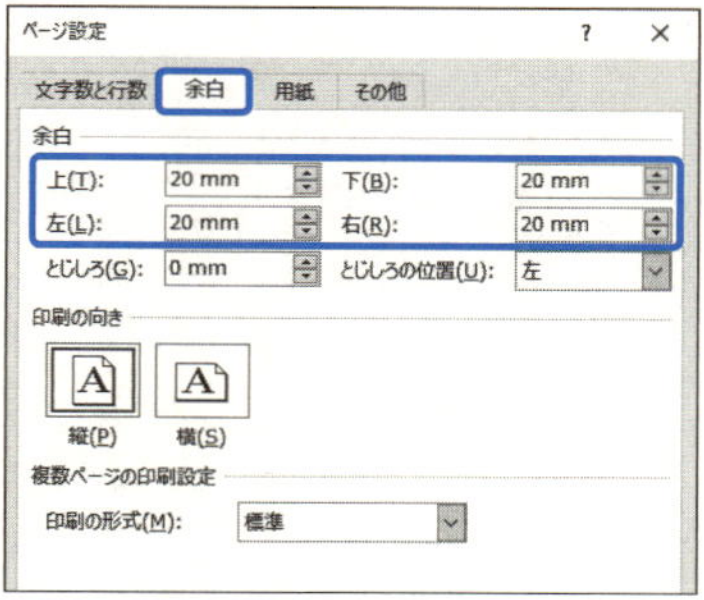

! 自分で余白のサイズを指定したい場合は、[レイアウト](または[ページレイアウト])タブを開き、[余白]→[ユーザー設定の余白]を選びます。
[ページ設定]の[余白]タブの画面が開くので、上下左右の余白の幅を指定して[OK]をクリックすると余白のサイズが変わります。

ワードの基本操作

文字数や行数を指定して入力する

これは便利！

1ページに入る文字数と行数を指定するには、「ページ設定」画面で「原稿用紙の設定にする」を選びます。この設定にすると原稿用紙のマス目に文字を入れるようにして文字が等幅配置されます。ただしマス目は表示・印刷されません。

この設定にすると、「中央揃え」「右揃え」などができません。また、半角文字が入ると指定の文字数と異なることもあるので注意してください。

[ページ設定]画面で文字数・行数を指定する

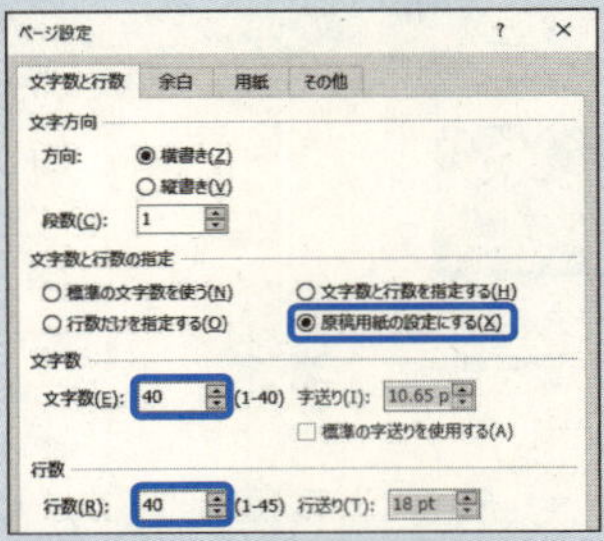

[原稿用紙の設定にする]で文字数と行数を指定します。

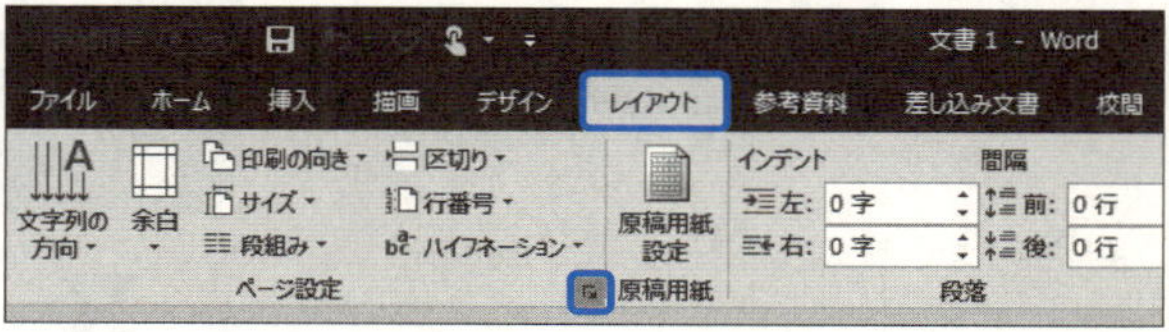

1 2016では事前に文書のフォントを「MS明朝」にしてください。「游明朝」では文字数と行数の指定が正しく行えません。[レイアウト](または[ページレイアウト])タブを開き、[ページ設定]をクリックします。

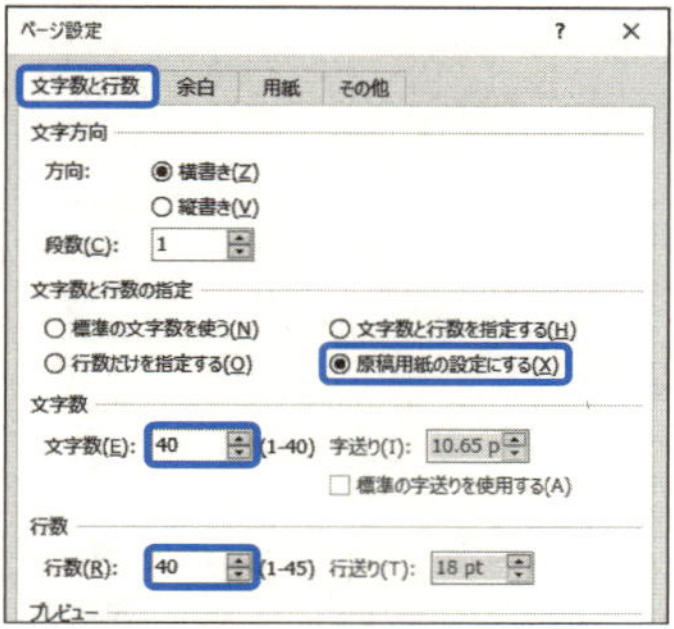

2 [文字数と行数]タブを開きます。[原稿用紙の設定にする]をクリックして◉にします。1行の文字数と1ページの行数を指定して[OK]をクリックします。各欄の右の数字は指定できる範囲を示しています。

! 原稿用紙のマス目を表示・印刷したい場合は、[レイアウト](または[ページレイアウト])タブを開き、[原稿用紙]グループ→[原稿用紙設定]をクリックし、図の画面の[スタイル]で[マス目付き原稿用紙]を選んでください。

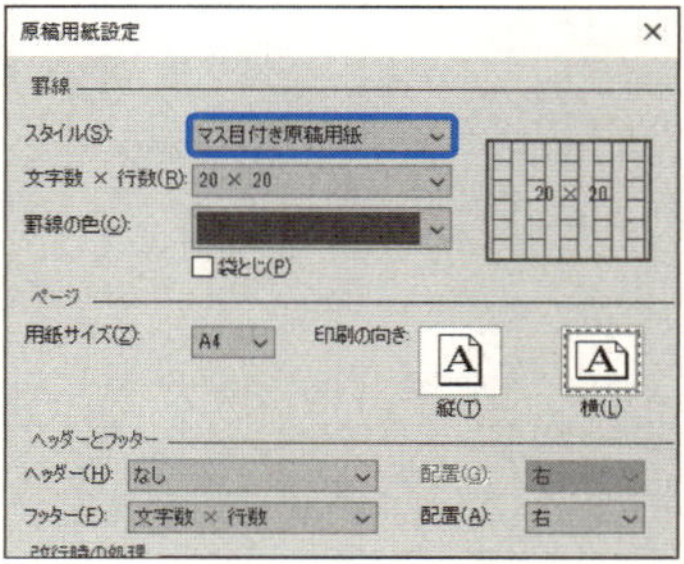

ワードの基本操作

文字をドラッグでコピー・移動する

時間短縮 効率UP!

[Ctrl]＋ドラッグでコピー、ドラッグで移動する

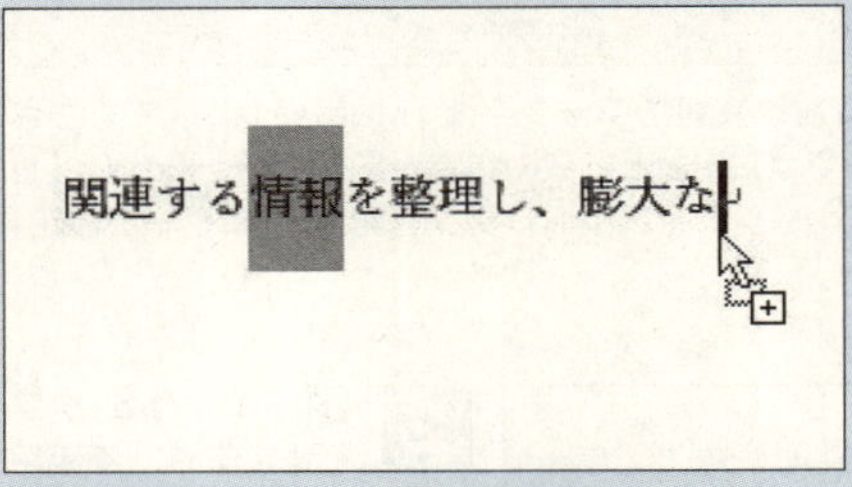

関連する情報を整理し、膨大な

[Ctrl] キーを押しながら文字をドラッグするとコピーできます。

文字のコピーや移動は、「ホーム」タブの「コピー」や「切り取り」のボタンに「貼り付け」を組み合わせて行うのが基本です。「Ctrl」＋「C」キーでコピー、「Ctrl」＋「X」キーで切り取りを行い、「Ctrl」＋「V」キーで貼り付ける方法もあります。しかし、もっとも手早く行えるのがドラッグを使う方法です。文字を選択して「Ctrl」＋ドラッグでコピー、ドラッグで移動できます。

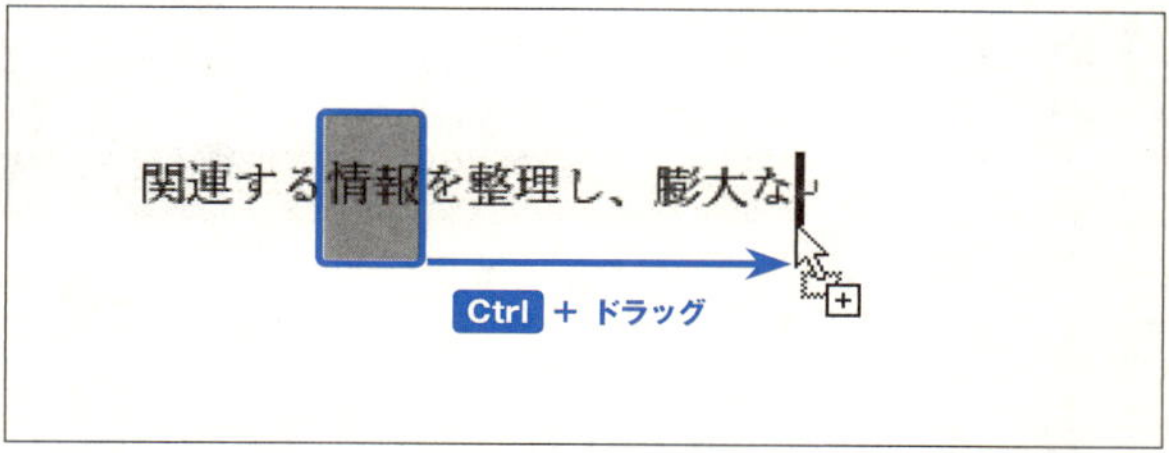

1 文字をコピーします。対象の文字を選択し、[Ctrl] キーを押したままコピー先までドラッグします。

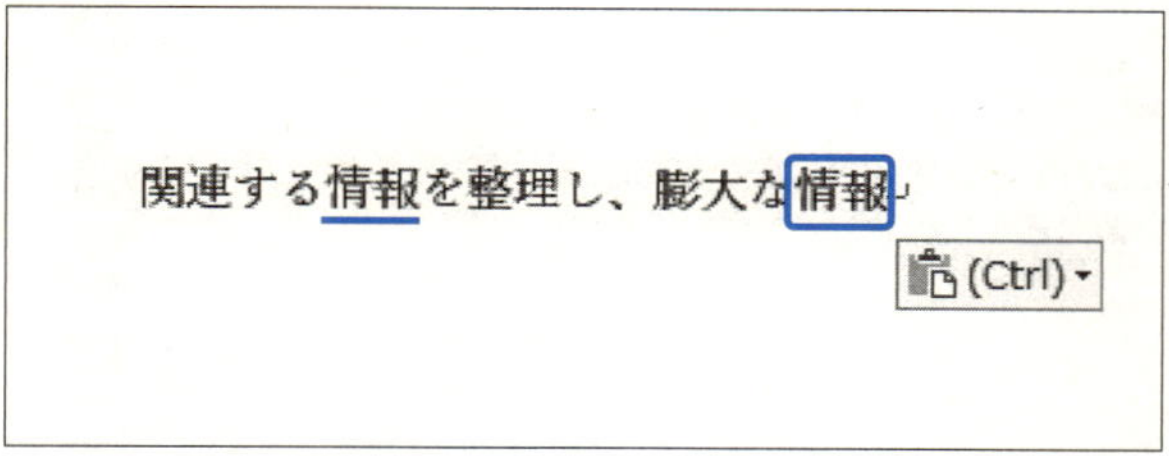

2 マウスのボタンを離すと、文字がコピーされます。

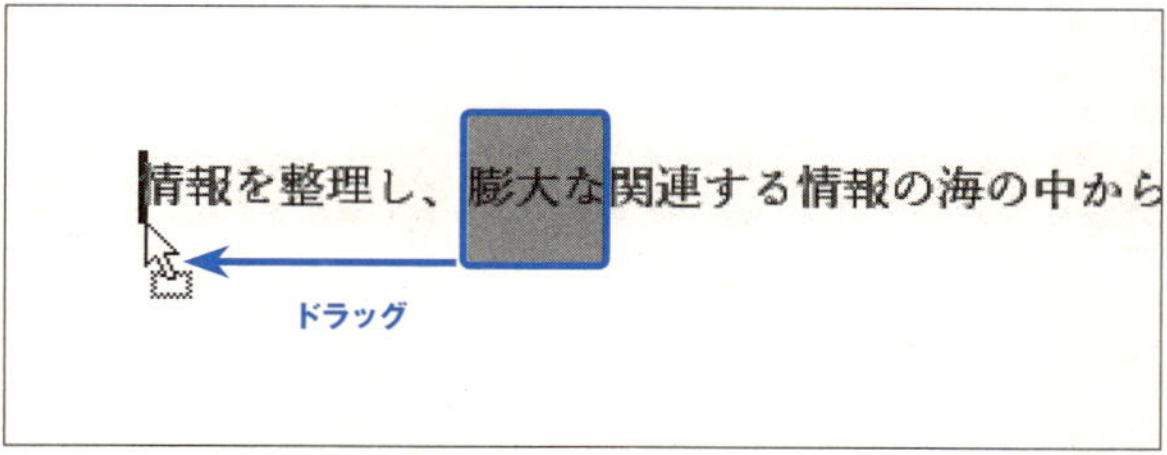

! 文字を選択してドラッグすると移動できます。コピーと移動ではドラッグ中のマウスポインターが少し異なります。「+」が表示されていなければ移動です。

改行したら箇条書きになった！

行頭に「(1)」や「a.」のように入力し、続けて文字を入力して改行すると箇条書きになります。行頭に「●」のような記号を入力し、次に空白を入れても同じです。

箇条書きの書式は、文字の近くに表示される［オートコレクトのオプション］ボタンから解除できます。ここで［オートフォーマット オプションの設定］を選べば、自動で箇条書きになる設定をオフにもできます。

［オートコレクトのオプション］をクリックして自動設定を戻す

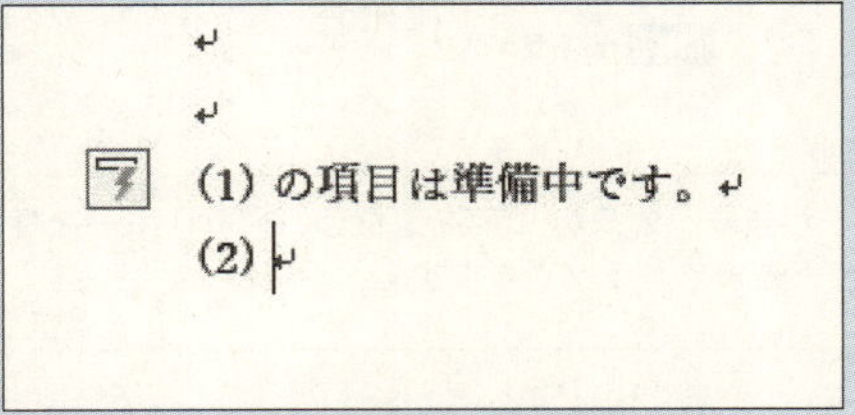
(1) の項目は準備中です。
(2)

行頭に「(1)」と入力し、続きの文字を入力してから改行したら箇条書きになってしまいました。この箇条書きを解除します。

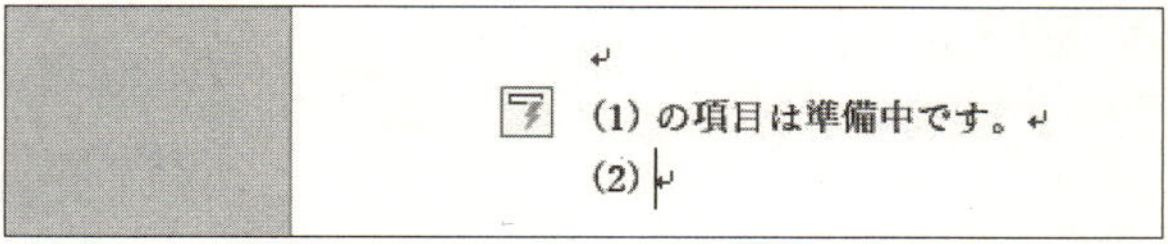

1 行頭に「(1)」と入力して文章を入力後、改行したら箇条書きになってしまいました。

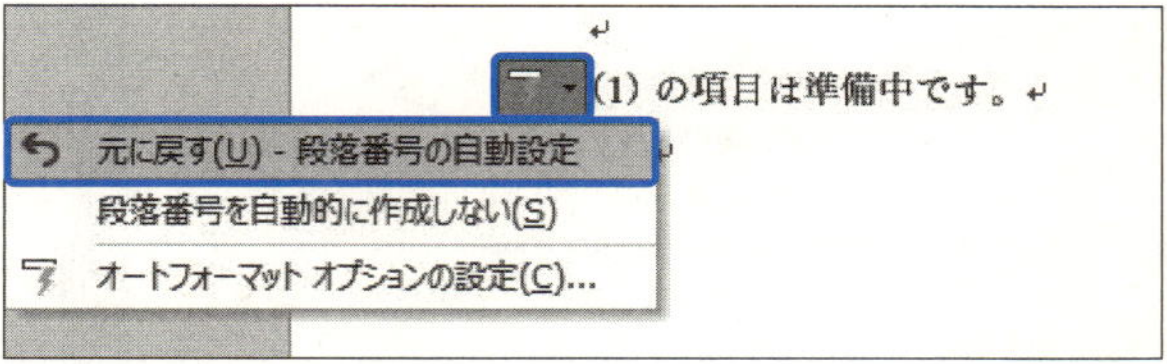

2 箇条書きを解除するために→[元に戻す－段落番号の自動設定]を選びます。行頭が「●」のような記号の場合は[元に戻す－箇条書きの自動設定]を選んでください。箇条書きが解除され、次の行の行頭の番号などが削除されます。

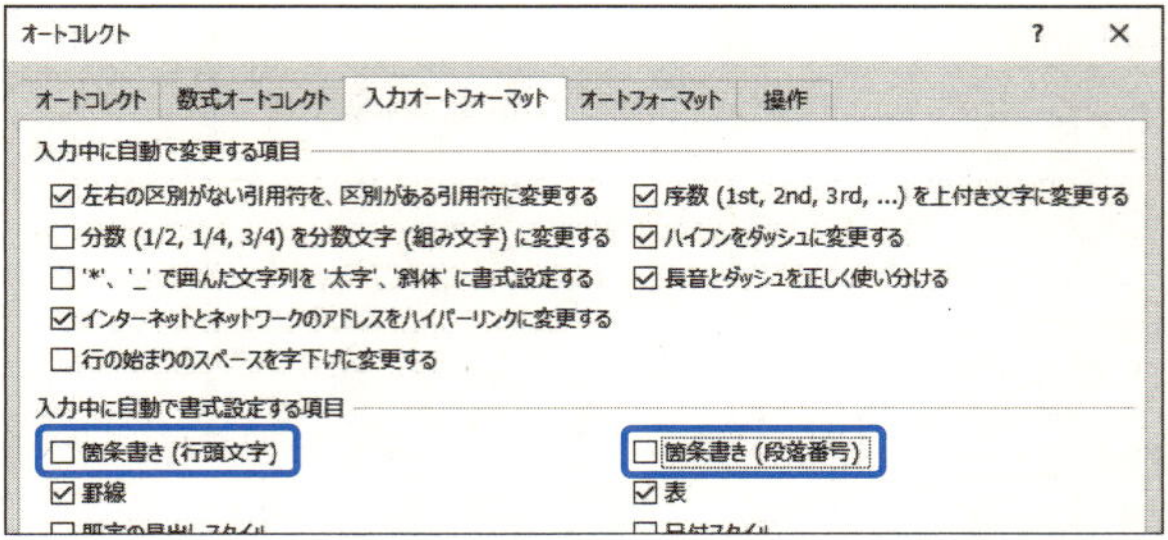

! 自動で箇条書きになる設定をオフにしたければ、**2**で[オートフォーマット オプションの設定]を選びます。図の画面になるので、[箇条書き(行頭文字)]、[箇条書き(段落番号)]をクリックして□にし、[OK]をクリックします。

箇条書きを簡単に作る

箇条書きの項目を入力して［箇条書き］をクリックする

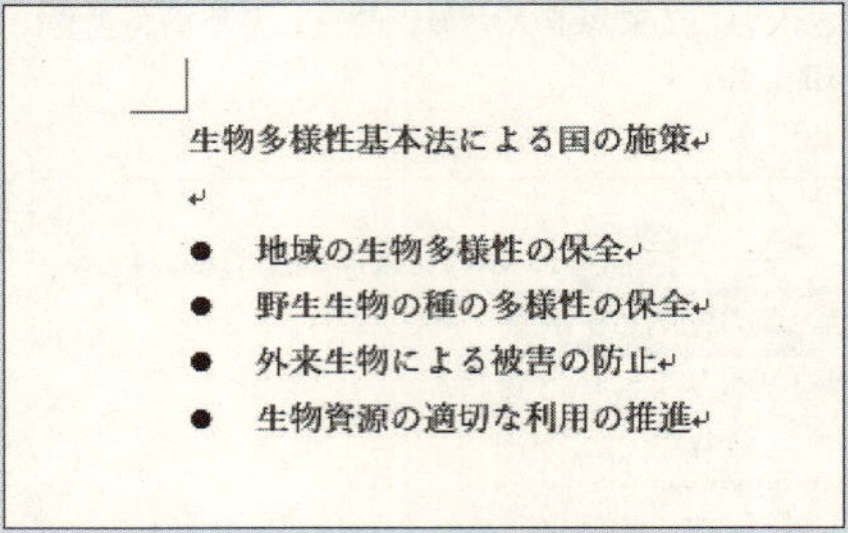
生物多様性基本法による国の施策

- 地域の生物多様性の保全
- 野生生物の種の多様性の保全
- 外来生物による被害の防止
- 生物資源の適切な利用の推進

行頭に「●」記号が付いた箇条書きを作りました。同様に番号が付いた箇条書きも作れます。

箇条書きは文書のなかでも頻繁に使うレイアウトです。箇条書きを作るおすすめの方法は、先に項目をいくつか入力してから箇条書きの設定をすることです。こうして箇条書きのレイアウトを作ったら、あとは［Enter］キーで改行すれば、続きを入力できます。

箇条書きは［箇条書き］または［行頭番号］のボタンで作ります。このボタンで箇条書きの解除もできます。

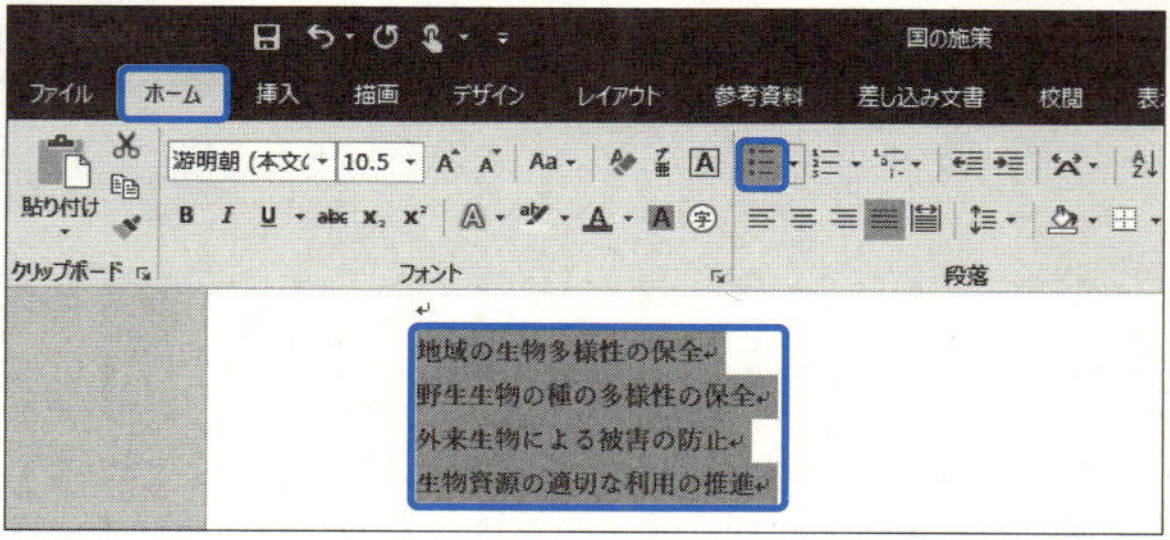

1 [Enter] キーで段落を改めながら、箇条書きにする項目を入力し、入力した文字を選択します。[ホーム] タブを開き、[段落] グループ→をクリックします。行頭が数字の箇条書きにしたければをクリックしてください。それぞれのボタンの右にあるをクリックすると記号や番号の種類を選べます。

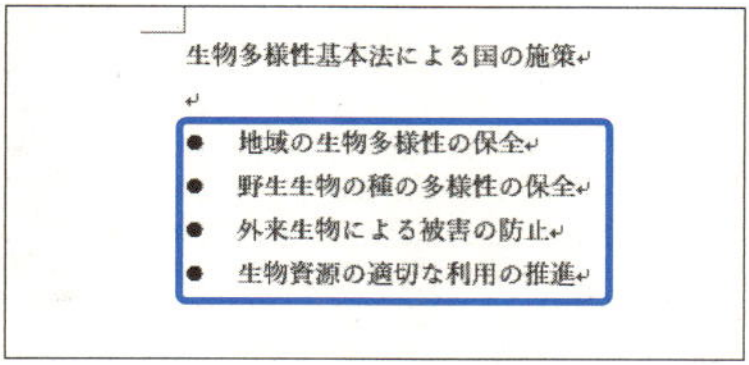

2 箇条書きになります。

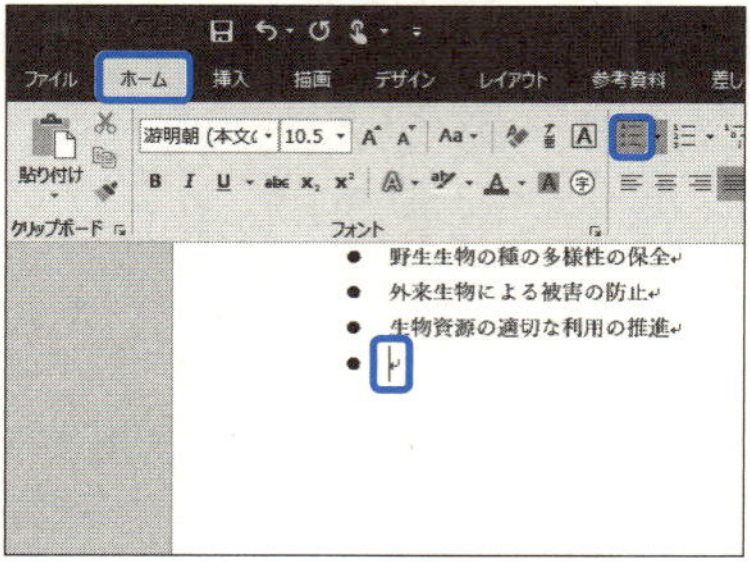

! 余分に設定されてしまった箇条書きの書式を解除するには、記号または番号のすぐ後ろにカーソルを置き、[段落] グループ→またはをクリックします。記号や番号が削除されてカーソルが先頭に戻ります。

縦書きのなかの半角英数字を縦向きにする

仕上がりキレイ

［拡張書式］で［縦中横］を選ぶ

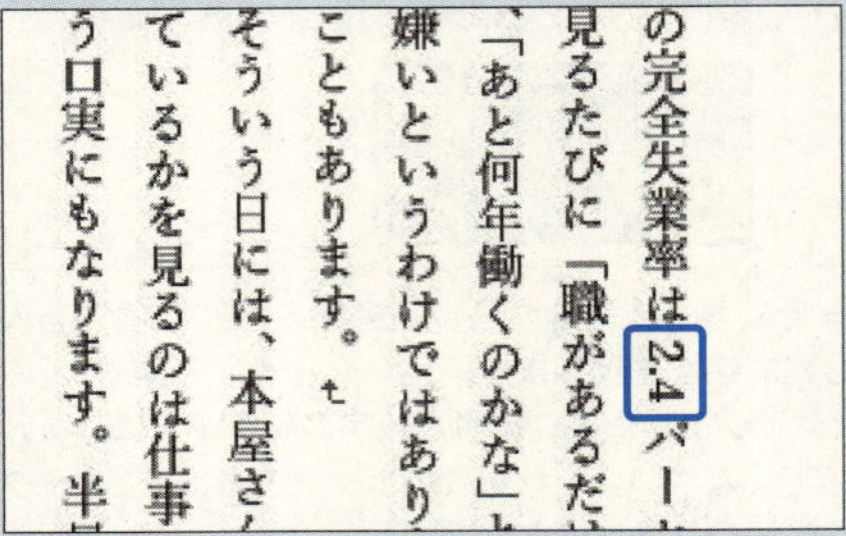
の完全失業率は2.4パー
見るたびに「職があるだ
、「あと何年働くのかな」
嫌いというわけではあり
こともあります。
そういう日には、本屋さ
ているかを見るのは仕事
う口実にもなります。半

縦書きのなかの半角英数字は横向きになってしまうので、これをなおします。

文章を縦書きにすると半角文字は横を向いてしまいます。これを縦書きにするには［縦中横《たてちゅうよこ》］の設定をします。行の幅に合わせるように指定すれば、文字を縮小して行に合うように縦向きの表示にしてくれます。

全角の英数字を縦書きにすると、1文字ごとに縦に表示されます。縦に並んだ全角の英数字を選択して、［縦中横］を行うと、半角文字を縦にしたのと類似の結果になります。

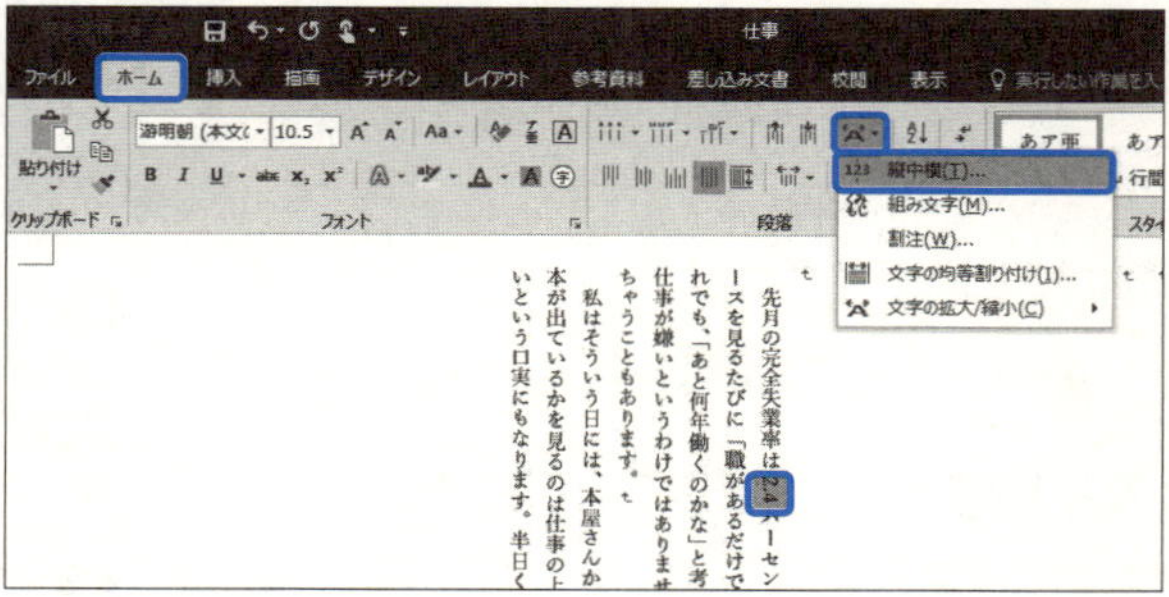

1 横向きの文字を選択します。[ホーム] タブを開き、[段落] グループ→→[縦中横] を選びます。

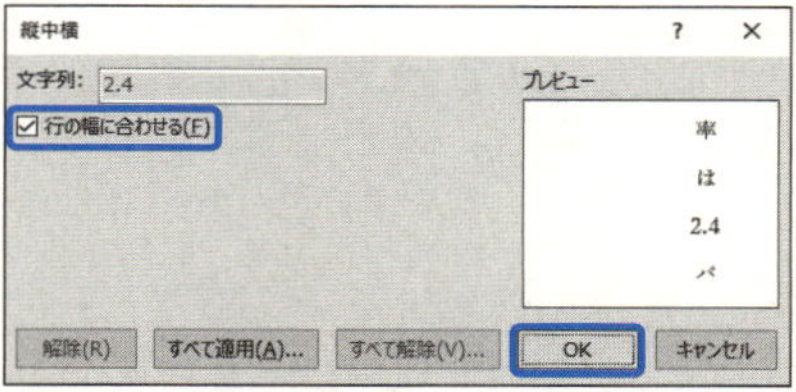

2 [行の幅に合わせる] が選択されていることを確認します。[OK]をクリックします。

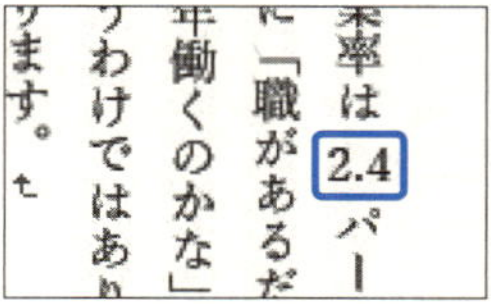

3 半角文字が縦向きになります。

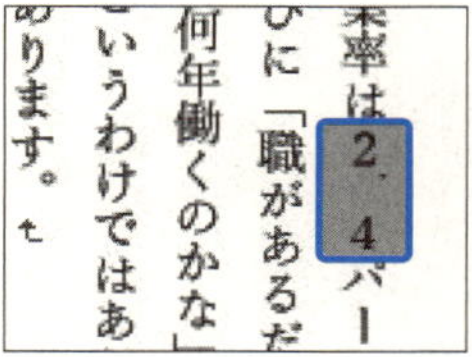

図のように縦に並んだ全角数字を選択して [縦中横] を行うと、**3**のように横に並びます。

ワードの基本操作

ルビ(ふりがな)を振る

これは便利!

文字を選択して
[ルビ]をクリックする

百日紅↵

↓

百日紅《さるすべり》↵

ルビ(ふりがな)は、入力しなくても表示できます。

文字にふりがなを振るには「ルビ」機能を使います。入力したときの読みがルビとして表示されるので、そのままでよければ［OK］をクリックするだけでふりがなが付きます。

ルビとして表示する文字は自由に変更できるため、英字に読みを表示したり、名前に呼び名を付けるといったこともできます。ふりがなだけでなく、文字のいろいろな読み方を表示するのに役立つ機能です。

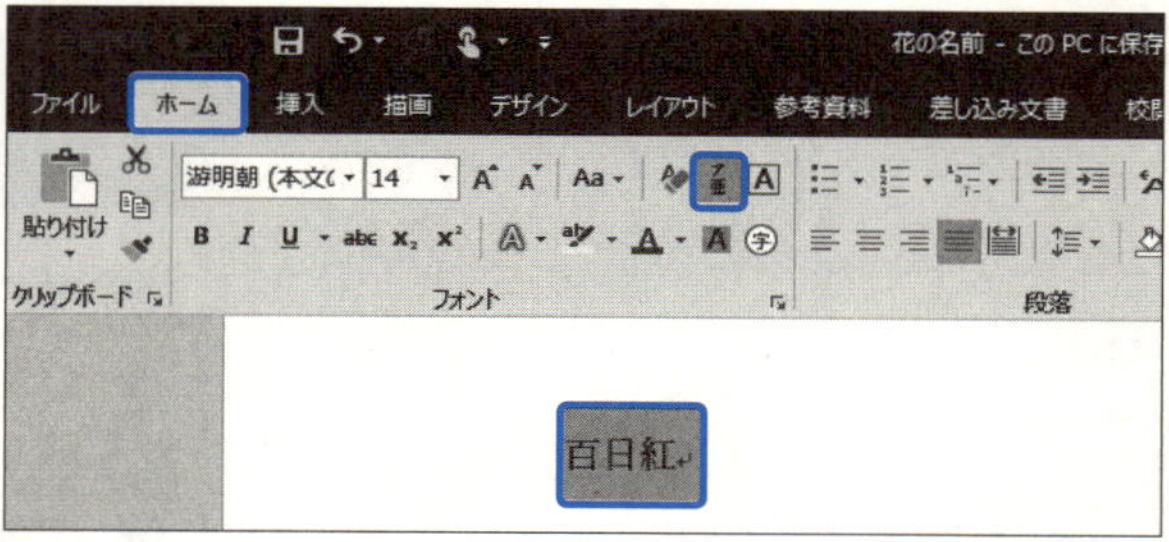

1 ルビを振る文字を選択します。[ホーム]タブを開き、[フォント]グループ→をクリックします。

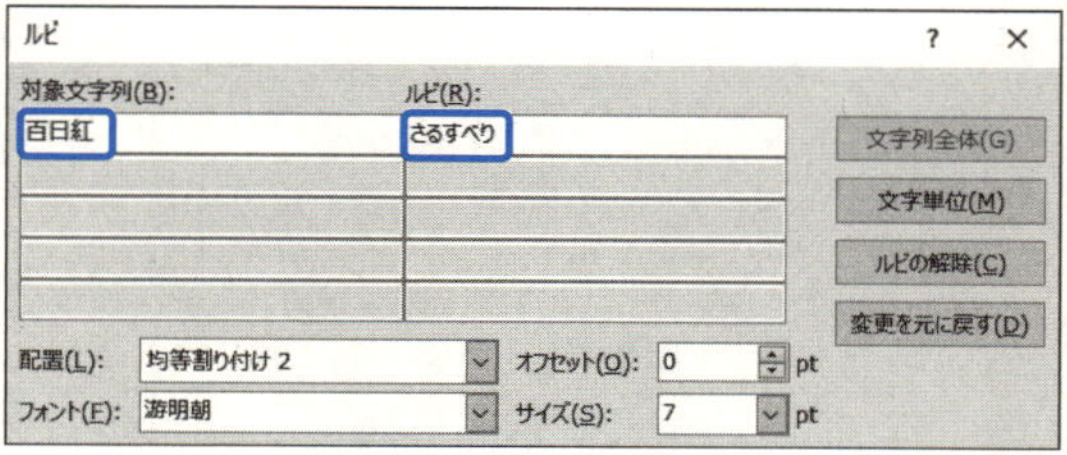

2 対象となる文字とルビが表示されるので確認します。この画面でルビを書き換えられます。ルビの設定ができたら[OK]をクリックします。

3 文字にルビが付きます。

! ❶で「Windows」を選択し、❷の[ルビ]の欄に「ウィンドウズ」と入力すれば、英字に読みを付けられます。

ワードの基本操作

文中の「ソフト」を「アプリ」に置き換える

これは便利！

文中の「ソフト」を「アプリ」に置き換えるというように、すでに入力されている文字を別の文字に置き換えたいときに使うのが「置換」機能です。対象の文字を１ヶ所ずつ自分の目で探し、上書きして置き換えることもできますが、これなら見落としなく瞬時に文字を置き換えられます。ここではカタカナの文字を置き換えますが、英字をカタカナに、仮名を漢字に置き換えたりもできます。

[検索する文字列]と[置換後の文字列]を指定する

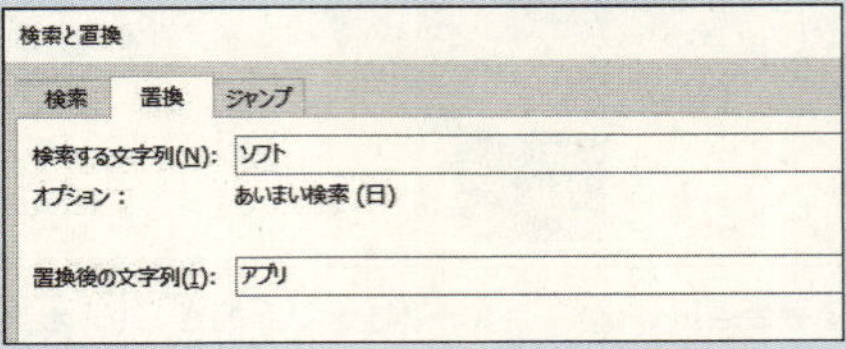

[検索する文字列] で現在入っている文字、[置換後の文字列] で変更後の文字を指定して置き換えます。

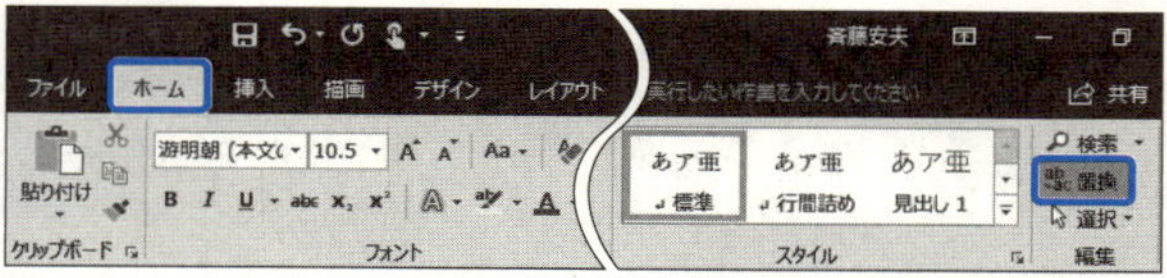

1 ［ホーム］タブを開き、［編集］グループ→［置換］をクリックします。

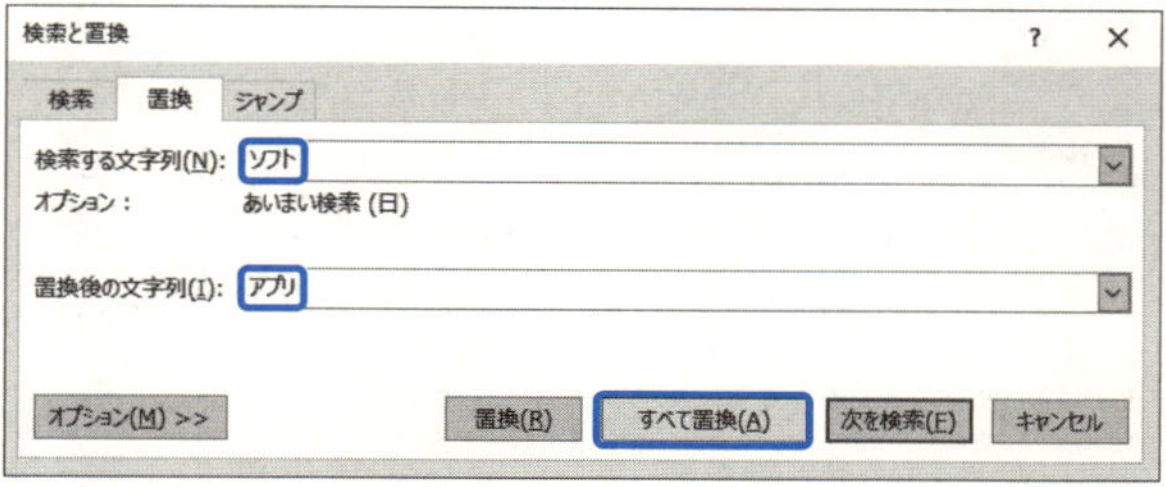

2 ［検索する文字列］に現在入っている文字を入力します。［置換後の文字列］に変更後の文字を入力します。［すべて置換］をクリックします。1ヶ所ずつ確認しながら置き換えたければ、最初は［次を検索］、以降は［置換］をクリックして置き換えていきます。

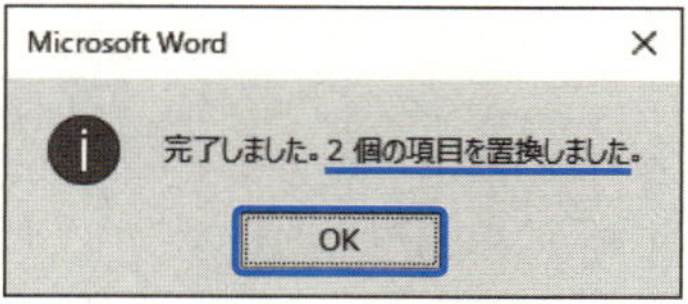

3 置換されたことを確認して［OK］をクリックします。**2**の図に戻るので［閉じる］をクリックします。

ワードの基本操作

わからない文字が含まれる言葉を探す

これは便利！

うろ覚えの言葉を探すときは「ワイルドカード」を使います。これは文字の代わりになる記号で、半角で入力します。「*」は任意の数文字の代わりです。検索する文字を「新井*美」とすると、「新井」ではじまり「美」で終わる言葉および「*」の部分に何もない言葉を探せます。「?」は任意の1文字の代わりです。「新井?美」とすると「新井」ではじまり「美」で終わる4文字の言葉を探せます。

わからない文字の代わりに半角の「*」や「?」を使う

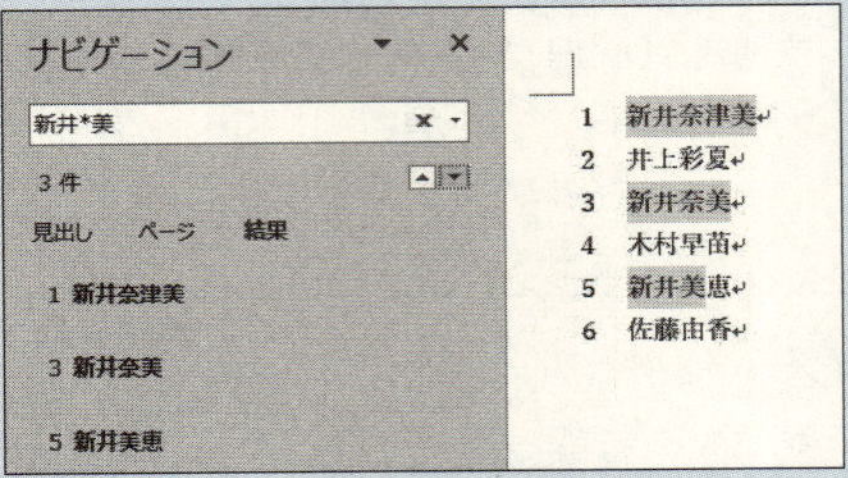

「新井」と「美」の間に、わからない文字が何文字かある単語を探しました。

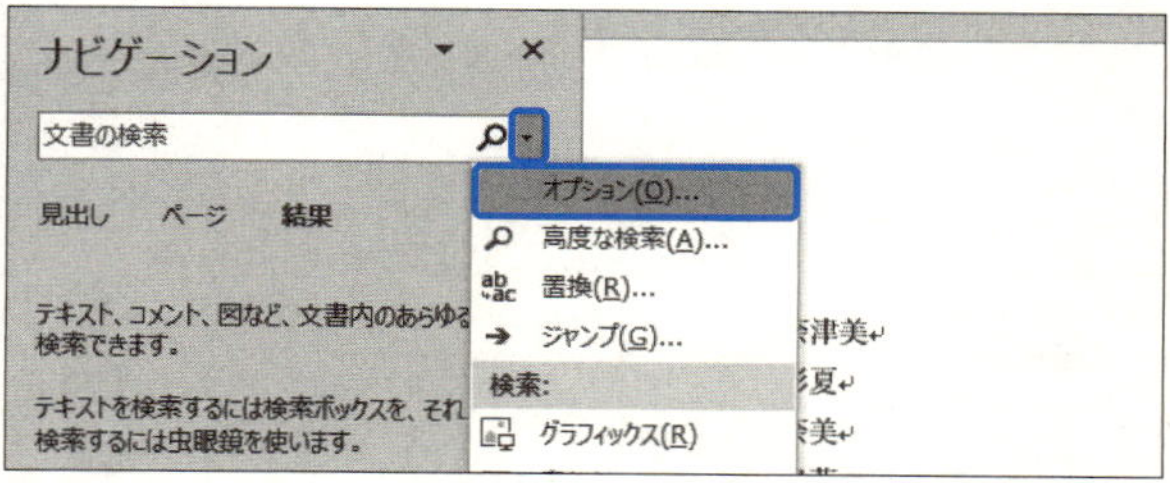

1 [ホーム]タブを開き、[編集]グループ→[検索]をクリックします。[ナビゲーション]の▾をクリックして[オプション]を選びます。

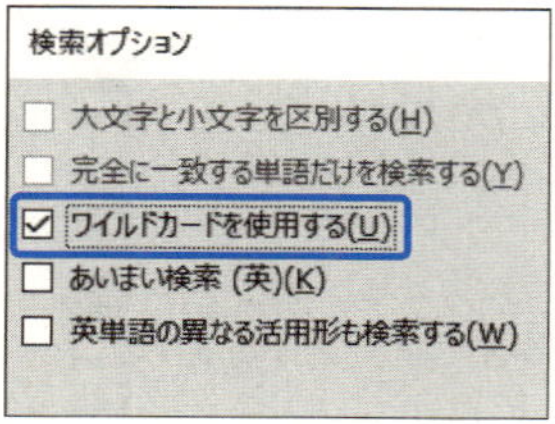

2 [ワイルドカードを使用する]をクリックして☑にします。[OK]をクリックします。

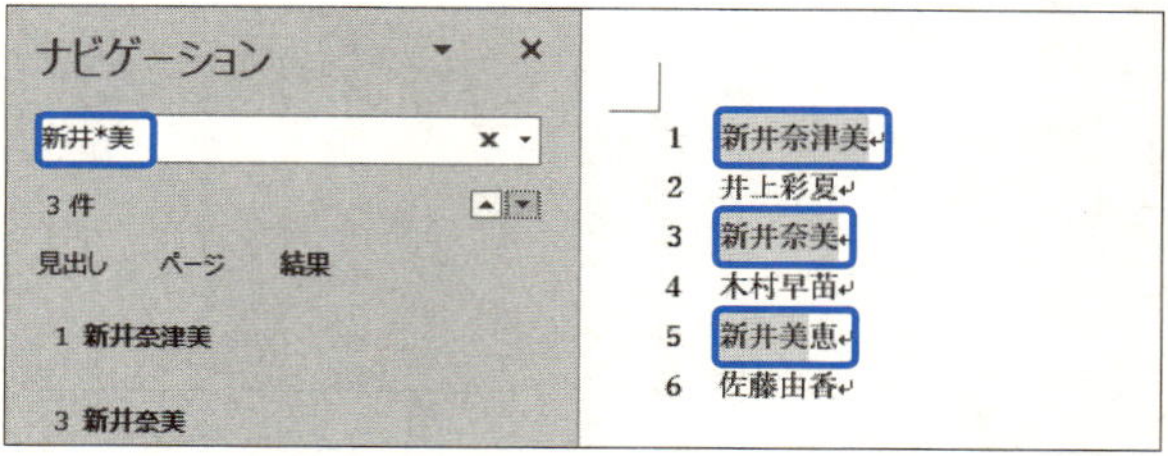

3 検索する文字を入力します。わからない部分に「*」を半角で入れます。ここでは「新井*美」としました。[Enter]キーを押すと、「新井」ではじまり「美」で終わる言葉が見つかります。わからないのが1文字なら検索する文字を「新井?美」にしてください。

ワードの基本操作

半角文字を一気に全角に変える

時間短縮
効率UP!

文書を作っていると、英字やカタカナ、記号の半角と全角が混在してしまうことがあります。そんなときに頼りになるのが「文字種の変換」機能です。指定した範囲の半角文字を全角に揃えたり、全角の文字を半角に揃えたりできます。これを使えば、半角と全角を統一するために、入力しなおす手間が省けます。また、この機能は英字を大文字や小文字に揃えるのにも使えます。

[文字種の変換]で[全角]を選ぶ

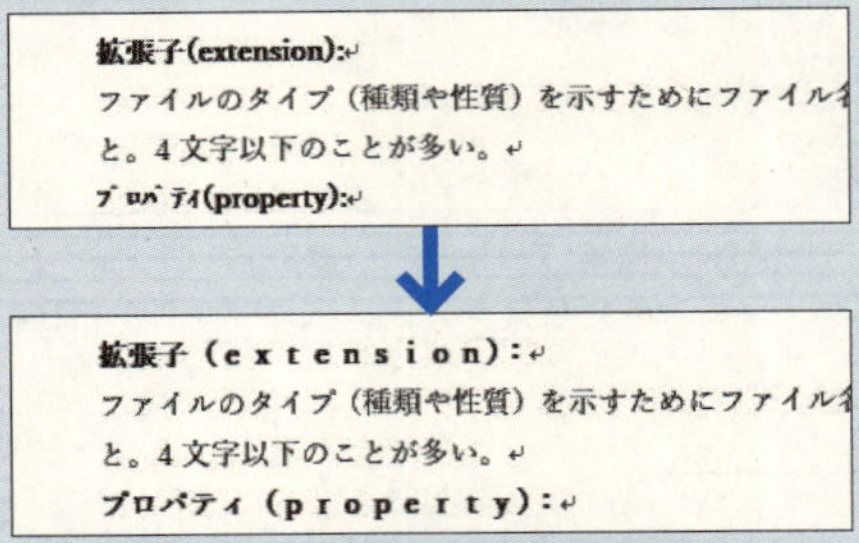
拡張子(extension):↵
ファイルのタイプ（種類や性質）を示すためにファイル名
と。4文字以下のことが多い。↵
プロパティ(property):↵

拡張子（ｅｘｔｅｎｓｉｏｎ）：↵
ファイルのタイプ（種類や性質）を示すためにファイル名
と。4文字以下のことが多い。↵
プロパティ（ｐｒｏｐｅｒｔｙ）：↵

半角の英数字、カタカナ、記号を一気に全角に変えます。再入力の必要はありません。

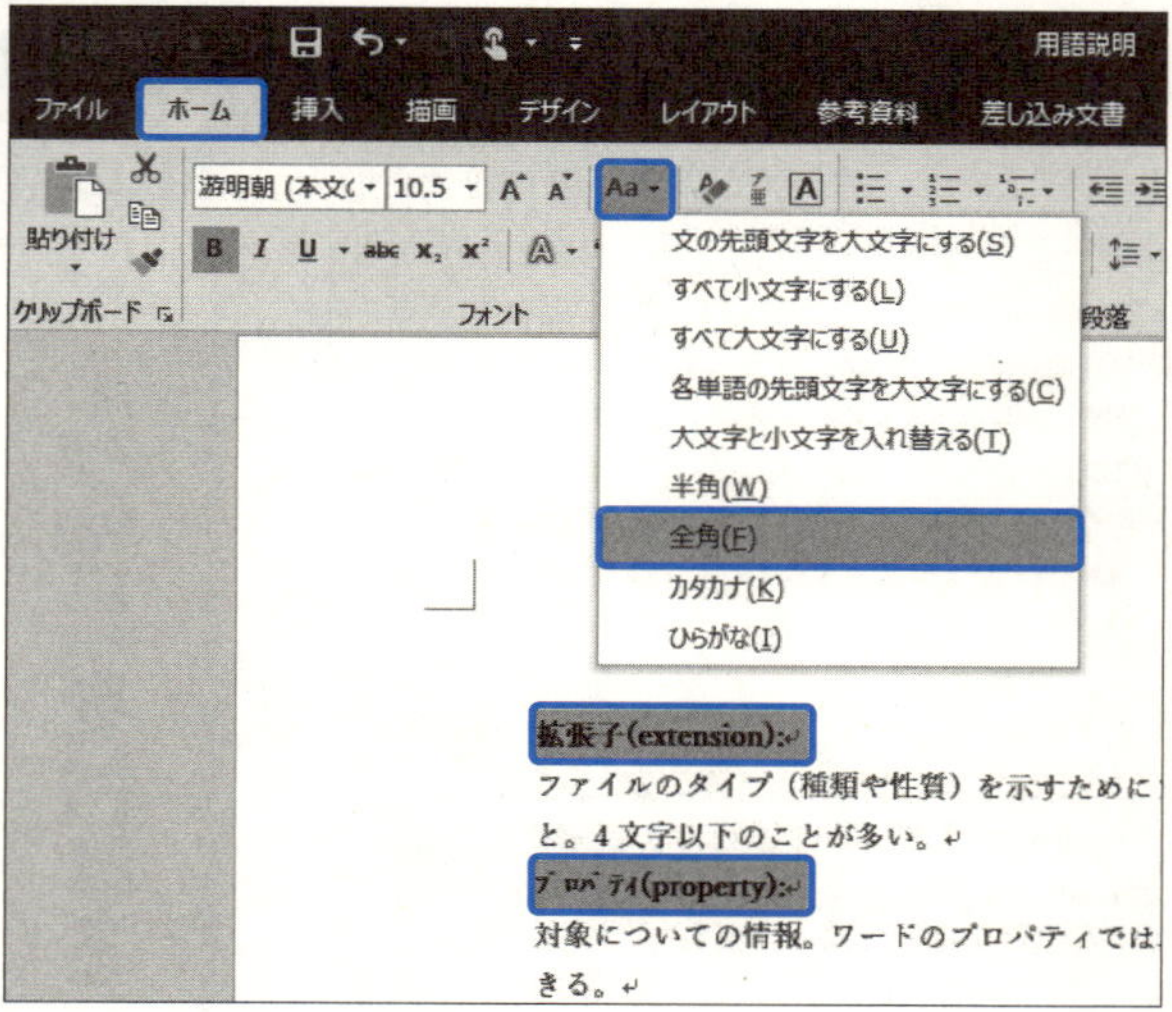

1 半角から全角に変換する範囲を選択します。図のように離れた文字を選択するには、[Ctrl] キーを押しながらドラッグします。[ホーム] タブを開き、[フォント] グループ→Aa→ [全角] を選びます。

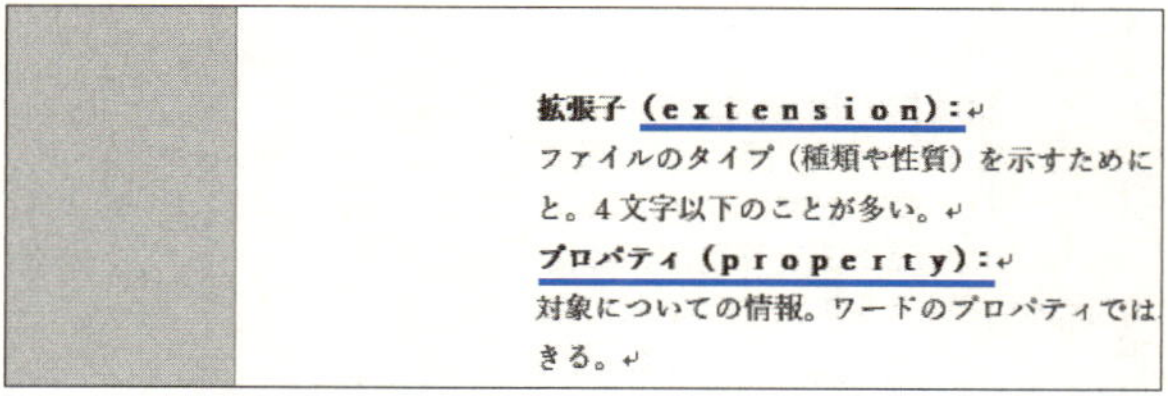

2 英数字、カタカナ、記号の半角文字が全角になります。

ページ番号を付ける

仕上がりキレイ

[挿入]→[ページ番号]で位置とデザインを選ぶ

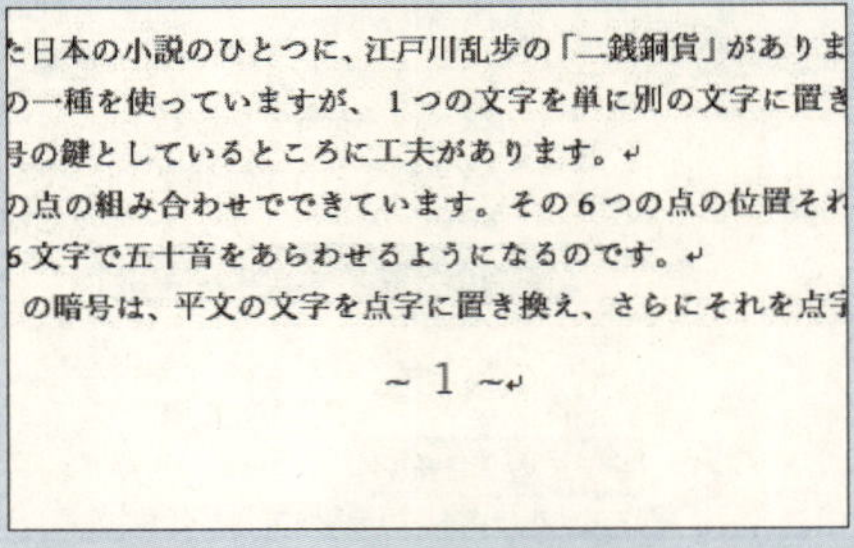
た日本の小説のひとつに、江戸川乱歩の「二銭銅貨」がありま
の一種を使っていますが、１つの文字を単に別の文字に置き
号の鍵としているところに工夫があります。↵
の点の組み合わせでできています。その６つの点の位置それ
６文字で五十音をあらわせるようになるのです。↵
の暗号は、平文の文字を点字に置き換え、さらにそれを点字

~ 1 ~↵

ページの下部にページ番号を入れました。番号のデザインはこれ以外にもあります。

複数ページの文書には、ページの順序がわかるようにページ番号を付けます。ページ番号は、ページの上や下、ページの左や右に付けられます。上下のページ番号はヘッダー(上部欄外)またはフッター(下部欄外)、左右のページ番号は余白に入ります。また、ページ番号には、さまざまなデザインが用意されているので、文書の内容やレイアウトに応じて凝ったページ番号にすることもできます。

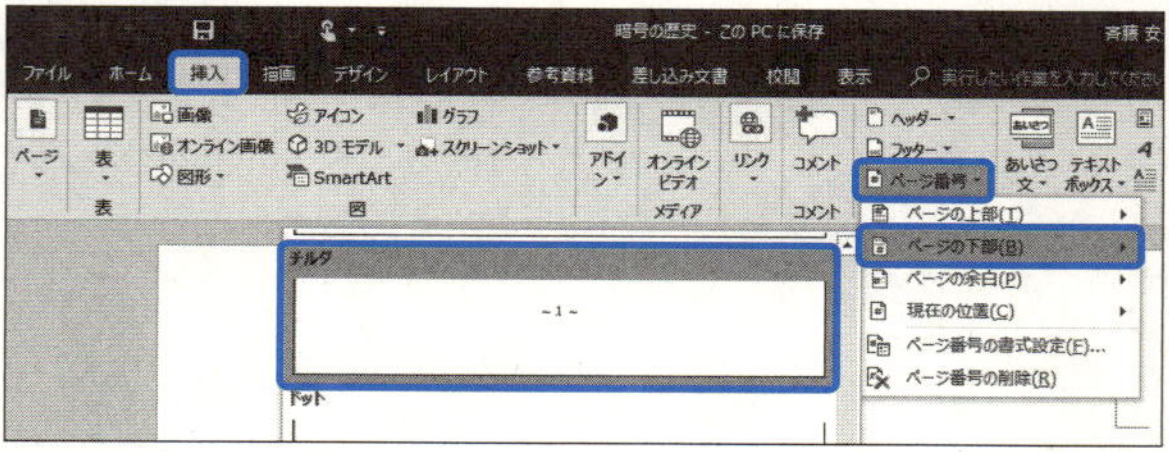

1 [挿入]タブを開き、[ヘッダーとフッター]グループ→[ページ番号]→ページ番号を入れる位置→デザインを選びます。ここで[ページ番号の削除]を選ぶと、ページ番号を削除できます。

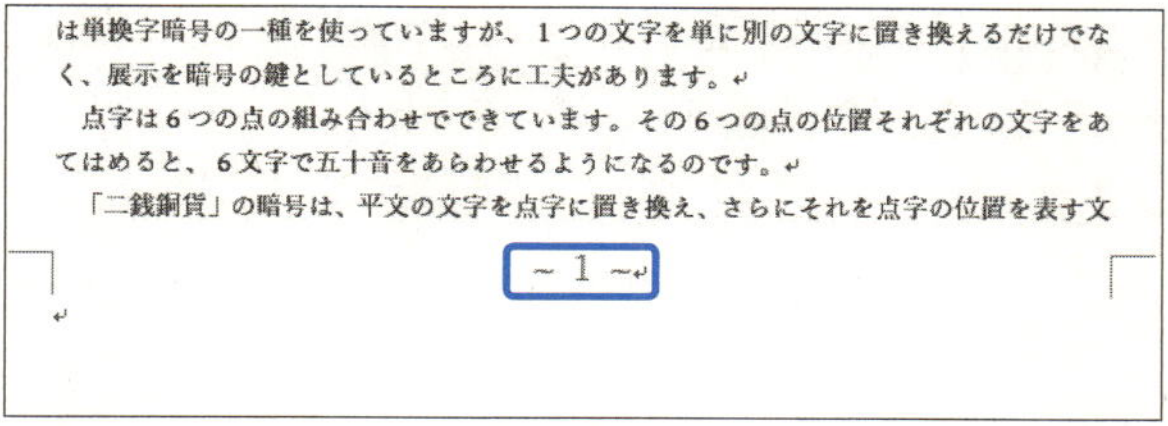
は単換字暗号の一種を使っていますが、1つの文字を単に別の文字に置き換えるだけでなく、展示を暗号の鍵としているところに工夫があります。

点字は6つの点の組み合わせでできています。その6つの点の位置それぞれの文字をあてはめると、6文字で五十音をあらわせるようになるのです。

「二銭銅貨」の暗号は、平文の文字を点字に置き換え、さらにそれを点字の位置を表す文

~ 1 ~

2 指定した位置にページ番号が表示されます。

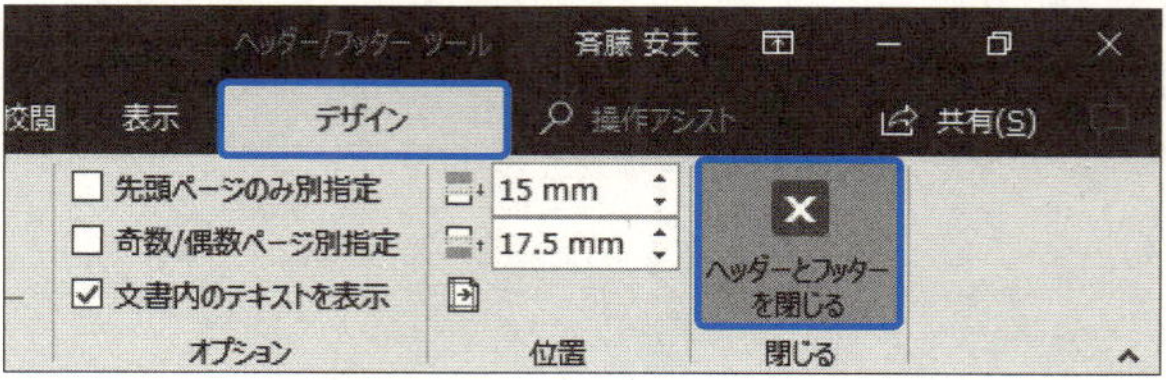

3 [ヘッダー/フッターツール]の[デザイン]タブを開き、[ヘッダーとフッターを閉じる]をクリックすると、元の表示に戻ります。

ワードの基本操作

用紙の上部欄外に文書名を入れる

これは便利！

[挿入]→[ヘッダーの編集]でファイル名を入れる

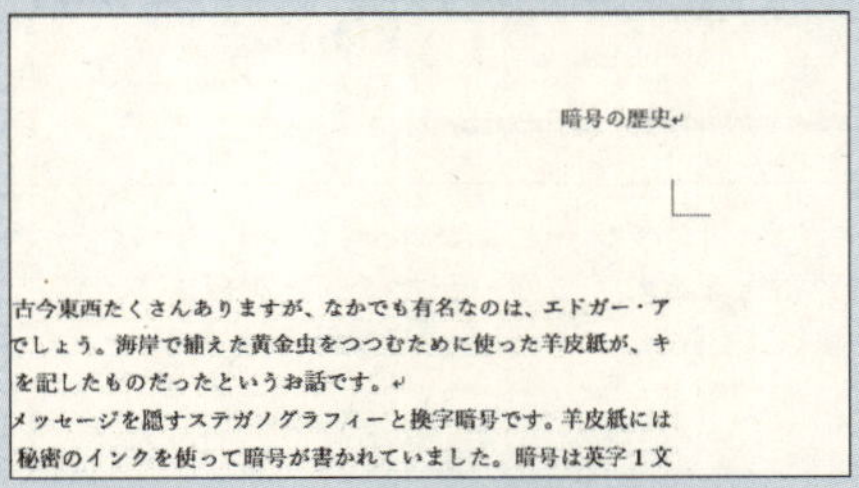
暗号の歴史↵

古今東西たくさんありますが、なかでも有名なのは、エドガー・ア
でしょう。海岸で捕えた黄金虫をつつむために使った羊皮紙が、キ
を記したものだったというお話です。↵
メッセージを隠すステガノグラフィーと換字暗号です。羊皮紙には
秘密のインクを使って暗号が書かれていました。暗号は英字１文

上部の欄外（ヘッダー）に右揃えで文書名を入れました。ヘッダーは中央揃えや左揃えにもできます。

用紙の上部欄外を「ヘッダー」といいます。ヘッダーの文字は、すべてのページの上部に印刷されます。下部欄外は「フッター」です。フッターはページ番号（Ｐ１５２参照）を入れるのによく使われます。

ヘッダーやフッターを編集できる状態にすると「ヘッダー／フッターツール」の［デザイン］タブが表示され、ヘッダーやフッターに挿入する要素を選びやすくなります。

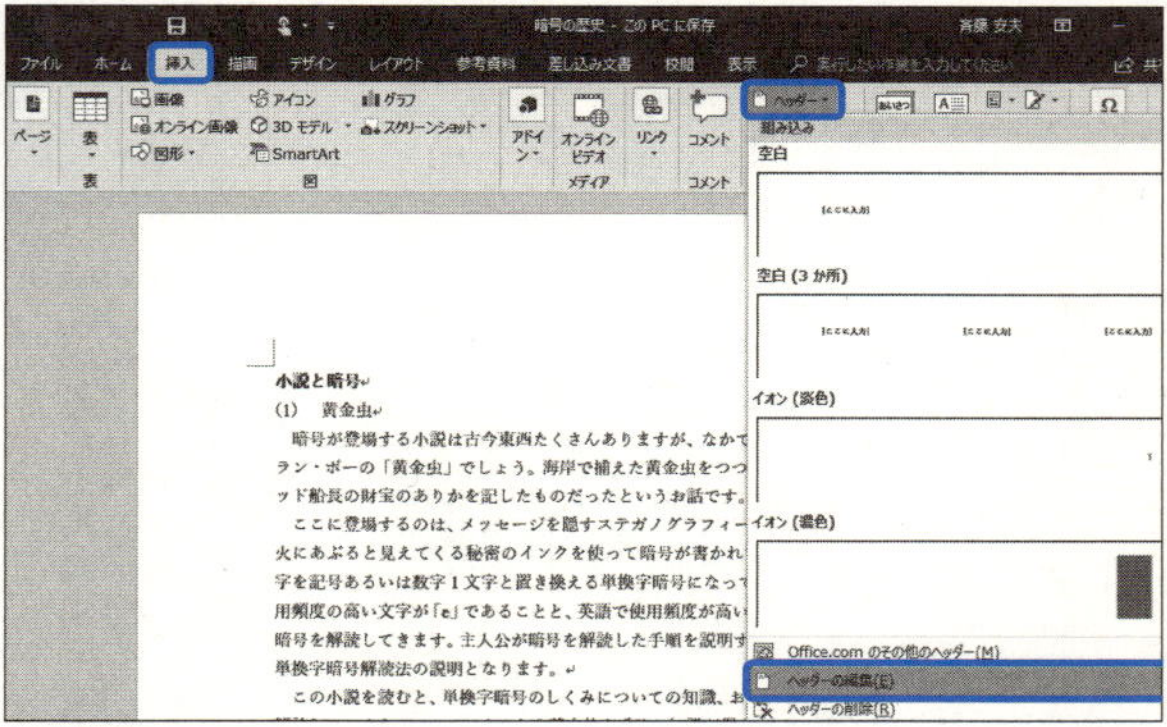

1 ［挿入］タブを開き、［ヘッダーとフッター］グループ→［ヘッダー］→［ヘッダーの編集］を選びます。

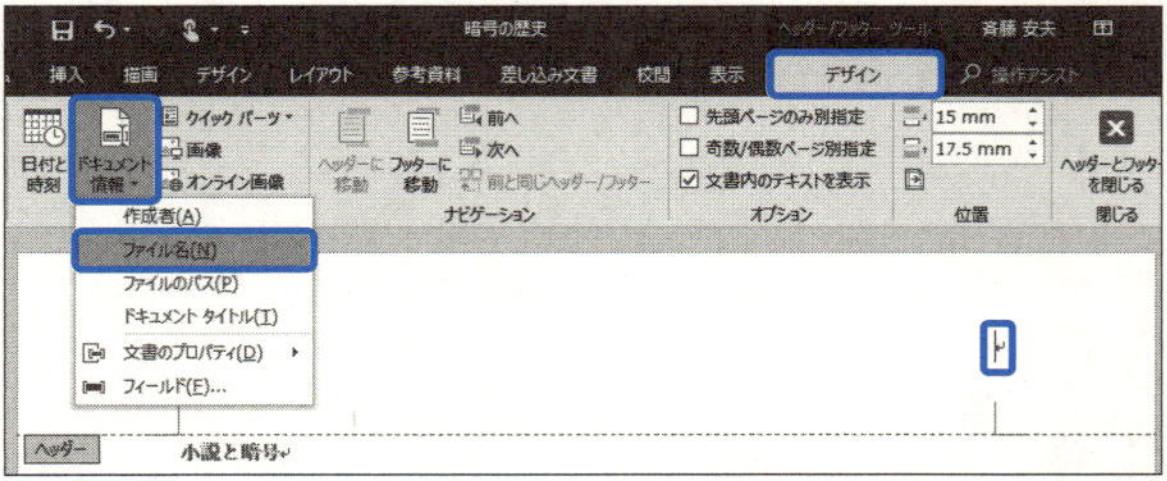

2 ヘッダーが表示されるので、文書名を入力する位置をダブルクリックします。［ヘッダー／フッターツール］の［デザイン］タブを開き、［挿入］グループ→［ドキュメント情報］→［ファイル名］を選びます。2010では文書名を入力してください。

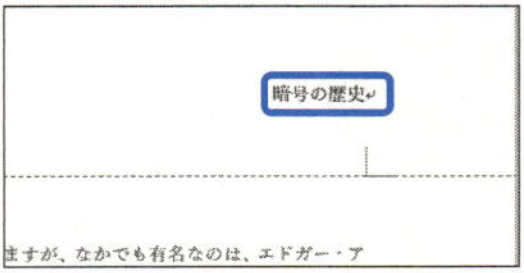

3 ヘッダーに文書名が入ります。［ヘッダー／フッターツール］の［デザイン］タブを開き、［ヘッダーとフッターを閉じる］をクリックすると、元の表示に戻ります。

書式とレイアウト

文書を段組みにする

[段組み]で段数を指定する

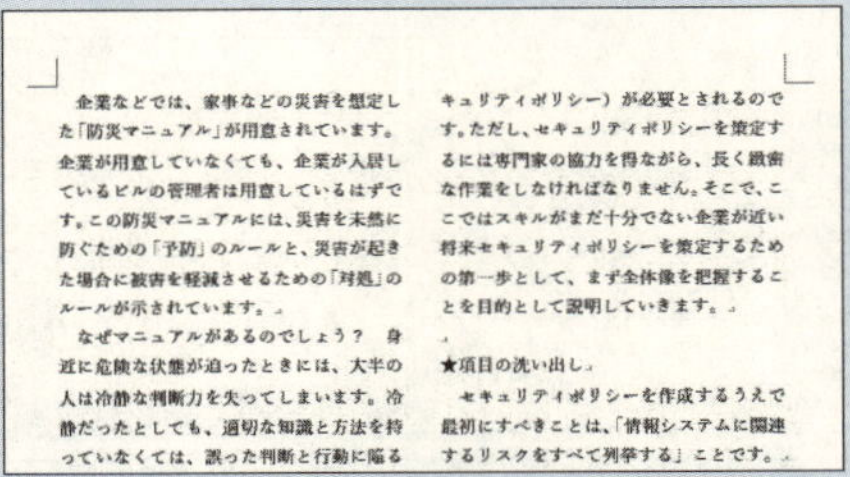
企業などでは、家事などの災害を想定した「防災マニュアル」が用意されています。企業が用意していなくても、企業が入居しているビルの管理者は用意しているはずです。この防災マニュアルには、災害を未然に防ぐための「予防」のルールと、災害が起きた場合に被害を軽減させるための「対処」のルールが示されています。

なぜマニュアルがあるのでしょう？　身近に危険な状態が迫ったときには、大半の人は冷静な判断力を失ってしまいます。冷静だったとしても、適切な知識と方法を持っていなくては、誤った判断と行動に陥る

キュリティポリシー）が必要とされるのです。ただし、セキュリティポリシーを策定するには専門家の協力を得ながら、長く緻密な作業をしなければなりません。そこで、ここではスキルがまだ十分でない企業が近い将来セキュリティポリシーを策定するための第一歩として、まず全体像を把握することを目的として説明していきます。

★項目の洗い出し

セキュリティポリシーを作成するうえで最初にすべきことは、「情報システムに関連するリスクをすべて列挙する」ことです。

文書全体を２段組みにしたところです。３段までは段数の指定だけで設定できます。

段組みは紙面を複数の領域に区切ってレイアウトする方法です。段組みの特色は1行の文字数が減って、長い文章が読みやすくなることです。段組みの身近な例として新聞があります。新聞は縦書きの段組みです。

3段までの段組みは、段数を指定するだけで作れます。また、先に範囲を選択しておけば、その部分だけ段組みにできます。レイアウトに変化を付けるのに役立つ方法です。

仕上がりキレイ

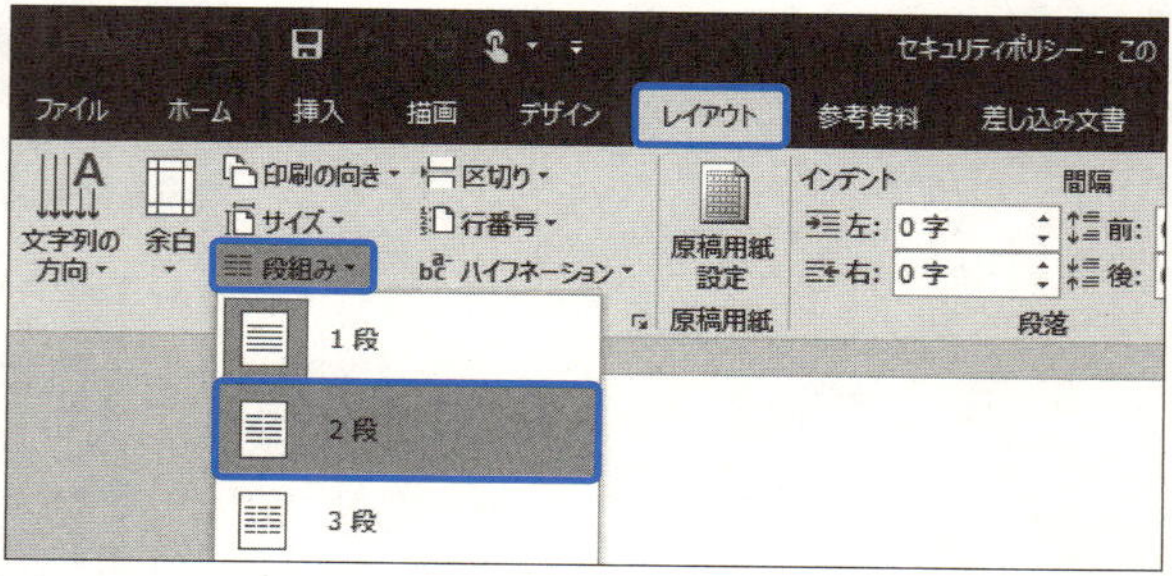

1 [レイアウト](または[ページレイアウト])タブを開き、[ページ設定]グループ→[段組み]→段数を選びます。段組みを解除するには、ここで[1段]を選びます。

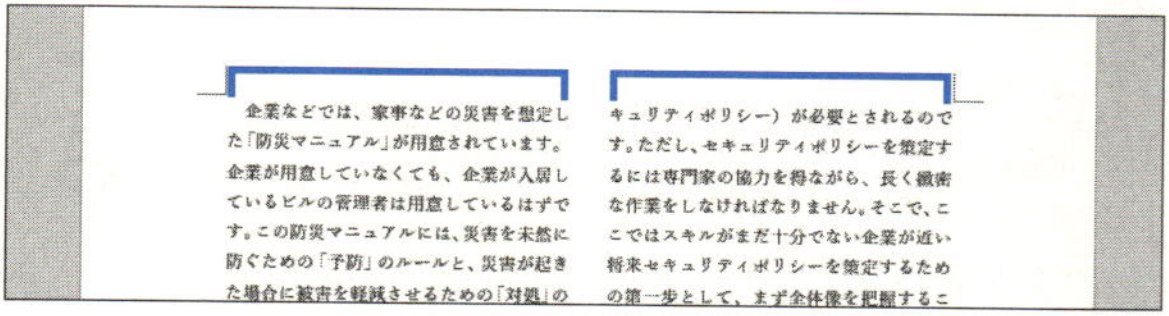

2 指定した段組みになります。

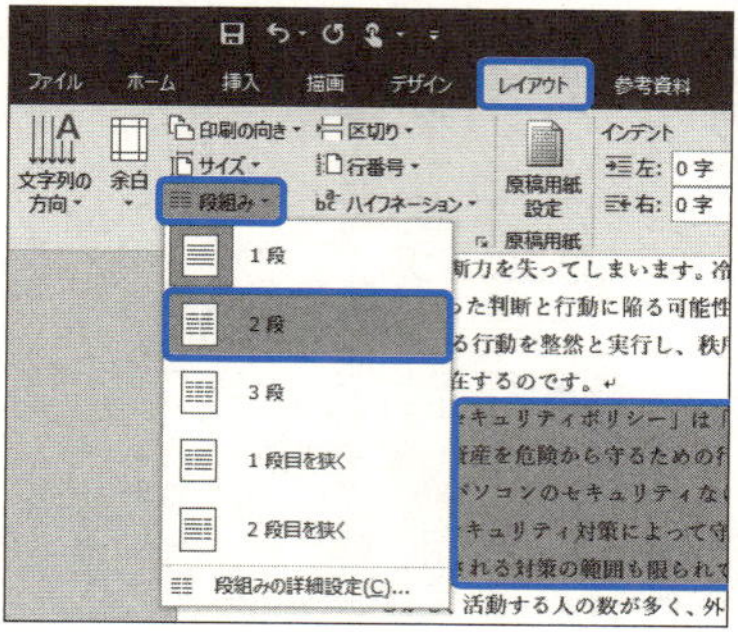

! 文書の一部を選択して段数を指定すると、その部分だけが段組みになります。

書式とレイアウト

書式だけコピーする

基本のキホン

文字の色やサイズなど複数の書式を組み合わせて使う場合は、個別に設定するより、書式をコピーしたほうが効率的です。書式は別の文書にもコピーできるので、既存の文書の書式だけを利用するのにも、この方法は役に立ちます。書式のコピーと貼り付けには「書式のコピー／貼り付け」を使います。このボタンは、ダブルクリックすると複数箇所に連続して書式を貼り付けられます。

[書式のコピー／貼り付け]で書式だけコピーして貼り付ける

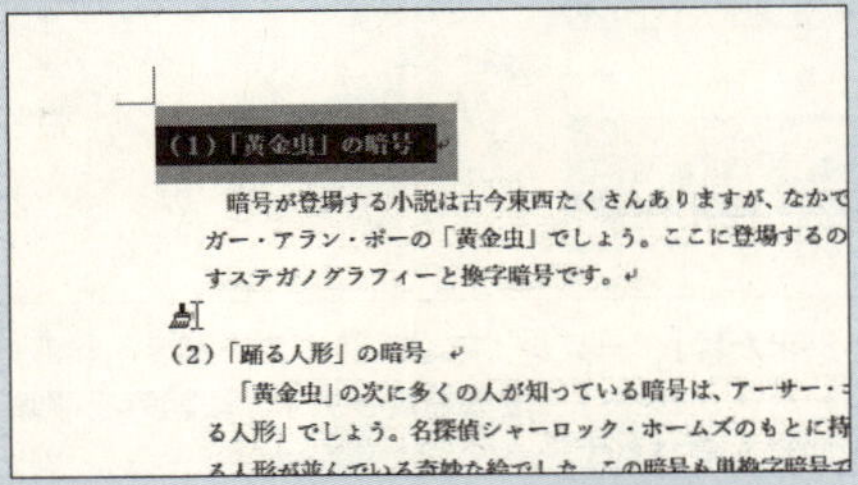
（1）「黄金虫」の暗号

暗号が登場する小説は古今東西たくさんありますが、なかで
ガー・アラン・ポーの「黄金虫」でしょう。ここに登場するの
すステガノグラフィーと換字暗号です。

（2）「踊る人形」の暗号

「黄金虫」の次に多くの人が知っている暗号は、アーサー・
る人形」でしょう。名探偵シャーロック・ホームズのもとに持

書式をコピーするとポインターの形が変わります。

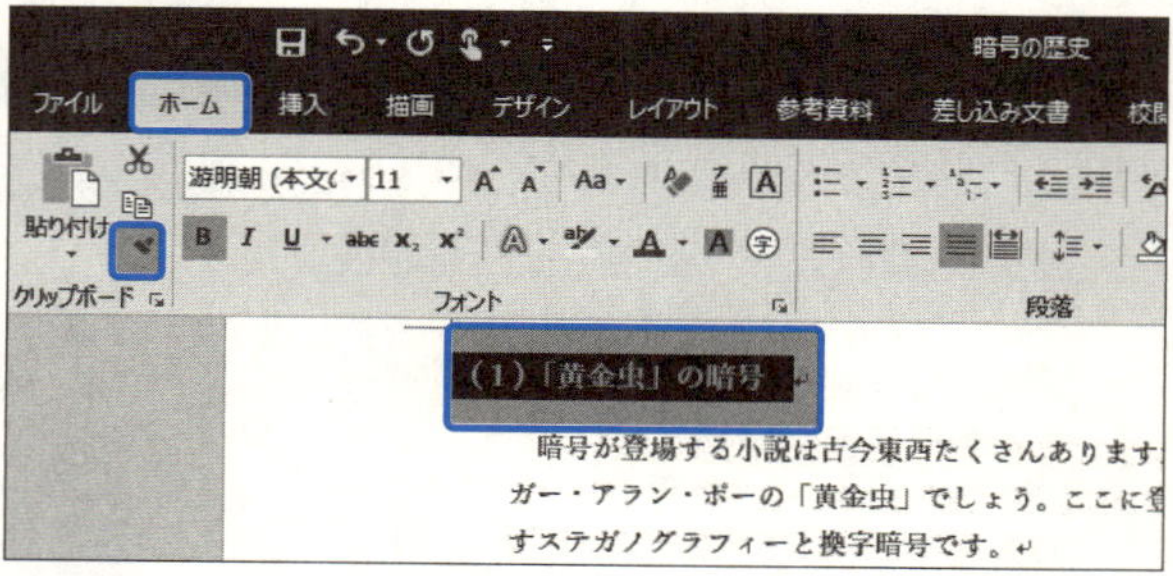
暗号の歴史
ファイル
ホーム
挿入
描画
デザイン
レイアウト
参考資料
差し込み文書
貼り付け
クリップボード
游明朝 (本文(
11
フォント
段落
（1）「黄金虫」の暗号
暗号が登場する小説は古今東西たくさんあります
ガー・アラン・ポーの「黄金虫」でしょう。ここに
すステガノグラフィーと換字暗号です。

1 コピーする書式が設定されている文字を段落記号も含めて選択します。[ホーム] タブを開き、[クリップボード] グループ→[書式のコピー／貼り付け] をクリックします。複数箇所に貼り付けたければダブルクリックします。

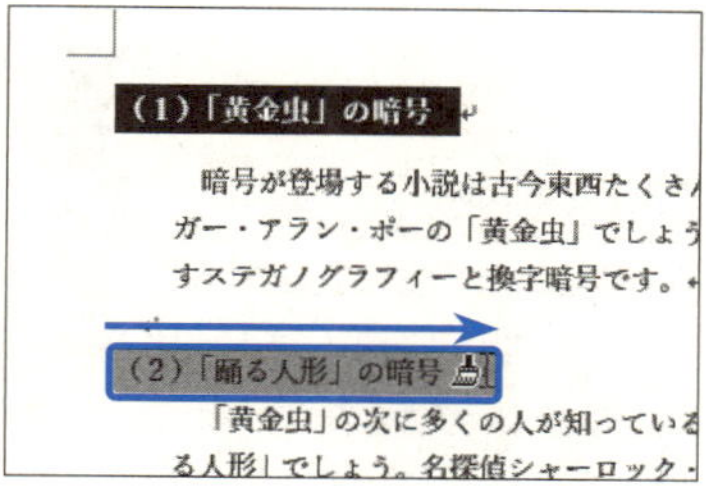
（1）「黄金虫」の暗号
暗号が登場する小説は古今東西たくさ
ガー・アラン・ポーの「黄金虫」でしょ
すステガノグラフィーと換字暗号です。
（2）「踊る人形」の暗号
「黄金虫」の次に多くの人が知ってい

2 ポインターがになったのを確認して、書式を貼り付ける範囲をドラッグします。

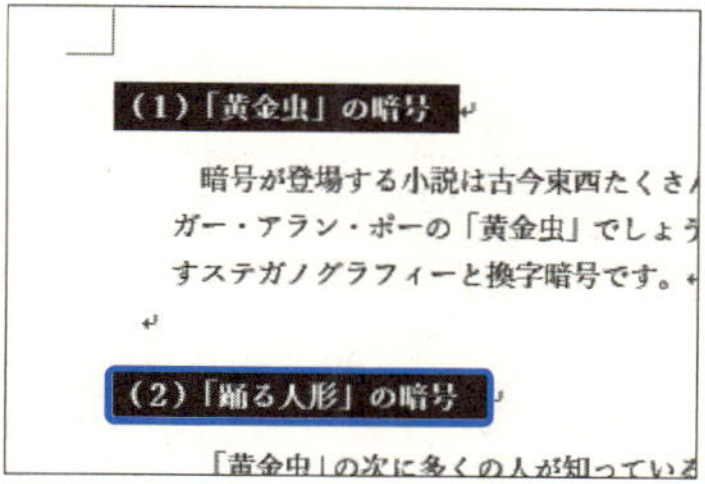
（1）「黄金虫」の暗号
暗号が登場する小説は古今東西たくさ
ガー・アラン・ポーの「黄金虫」でしょ
すステガノグラフィーと換字暗号です。
（2）「踊る人形」の暗号

3 最初に選択した文字の書式および段落書式がコピーできます。ポインターがの間は**2**を繰り返して貼り付けられ、[Esc] キーで終了します。

書式とレイアウト

行・段落・ページを区切る

これは便利！

ワードには改行、改段落、改ページなど、さまざまな区切りがあり、区切り方によって引き継がれる書式も異なります。たとえば、箇条書きのなかで改行すると、行頭の記号を引き継がずに次の行に移動できます。一方、改段落をすると、次の行に行頭記号が付きます。

　各区切りの違い、区切り方を覚えれば、手際よく文書を作れるようになります。

[Shift]＋[Enter]で改行、[Enter]だけなら改段落

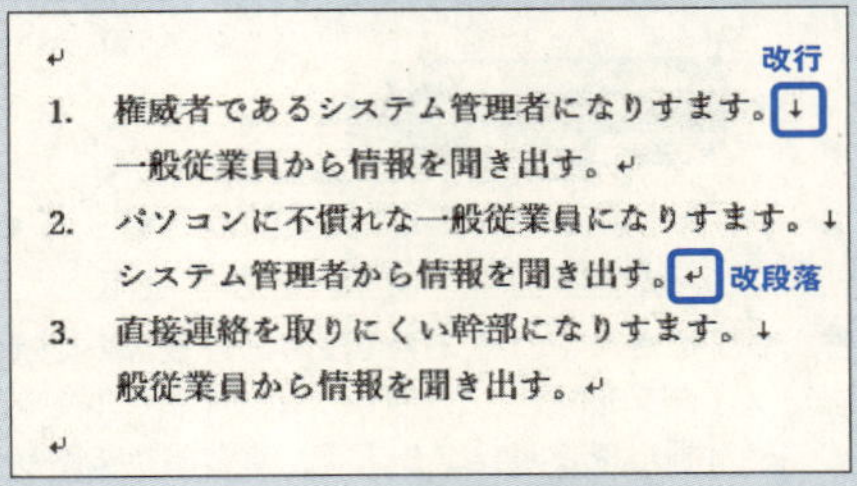

↵
1. 権威者であるシステム管理者になります。↓
一般従業員から情報を聞き出す。↵
2. パソコンに不慣れな一般従業員になります。↓
システム管理者から情報を聞き出す。↵
3. 直接連絡を取りにくい幹部になります。↓
般従業員から情報を聞き出す。↵
↵
改行
改段落

[Shift]＋[Enter]キーを押すと改行、[Enter]キーなら改段落です。表示される記号で見分けられます。

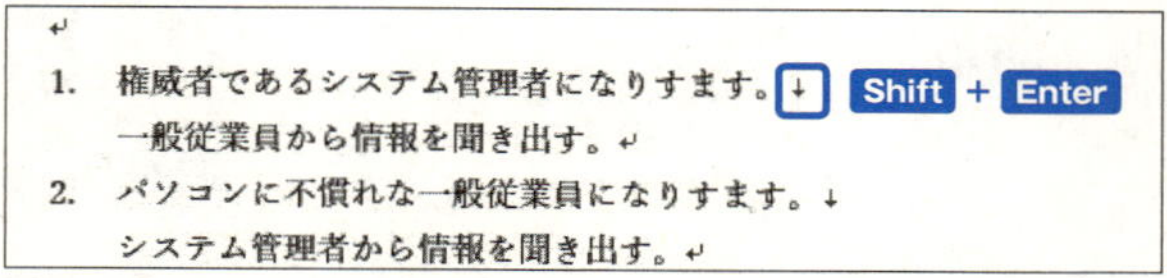
1. 権威者であるシステム管理者になりすます。
Shift + Enter
一般従業員から情報を聞き出す。
2. パソコンに不慣れな一般従業員になりすます。
システム管理者から情報を聞き出す。

1 行を改めるには[Shift]キーを押したまま[Enter]を押します。箇条書きのなかでの改行は、このキーを使います。

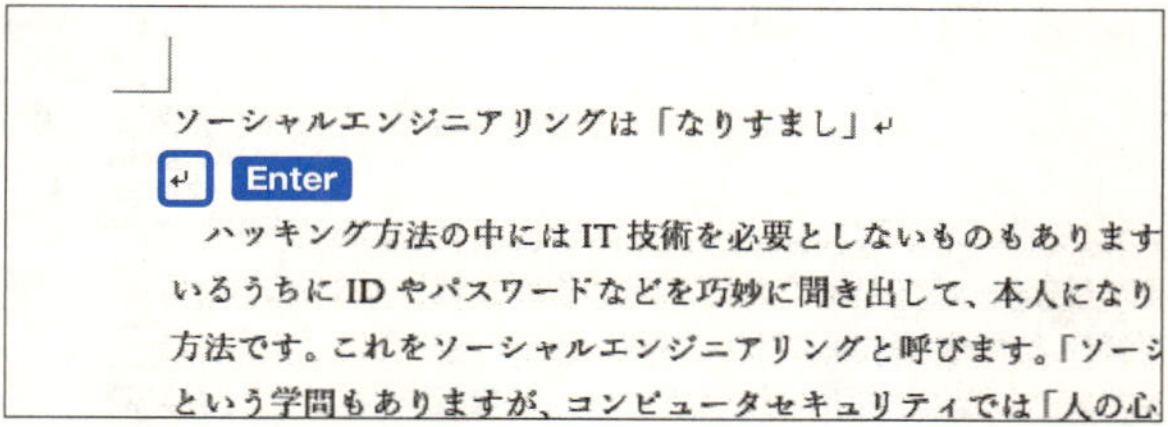
ソーシャルエンジニアリングは「なりすまし」
Enter
ハッキング方法の中にはIT技術を必要としないものもあります
いるうちにIDやパスワードなどを巧妙に聞き出して、本人になり
方法です。これをソーシャルエンジニアリングと呼びます。「ソーシ
という学問もありますが、コンピュータセキュリティでは「人の心

2 段落を改めるには[Enter]キーを押します。段落ごとに設定した書式を引き継いで次の行に移動できます。普段は[Enter]キーを改行にも使い、段落を変えたくない場合にだけ[Shift]＋[Enter]キーを使うと楽です。

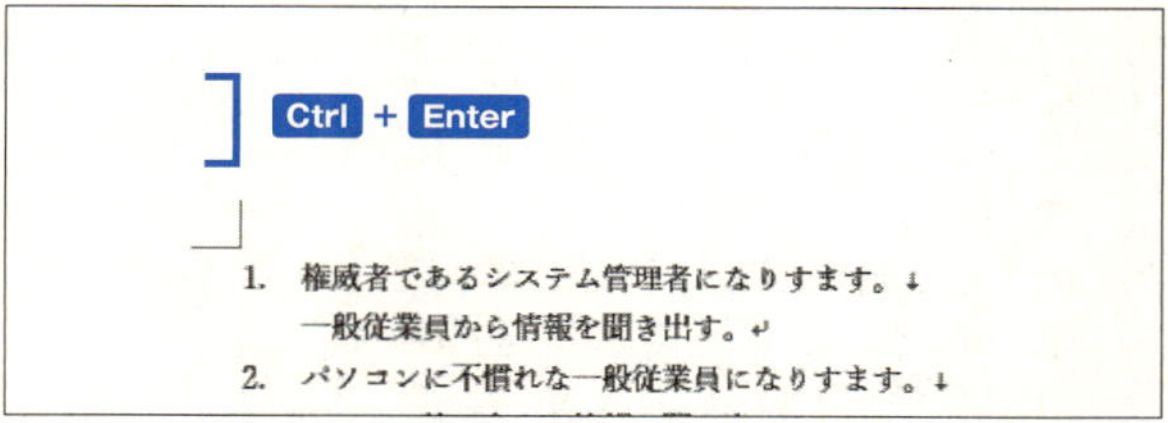
Ctrl + Enter
1. 権威者であるシステム管理者になりすます。
一般従業員から情報を聞き出す。
2. パソコンに不慣れな一般従業員になりすます。

3 改ページするには[Ctrl]キーを押したまま[Enter]キーを押します。カーソルがある位置から次のページに移動します。

書式と
レイアウト

ワードアートでタイトル文字を目立たせる

仕上がり
キレイ

ポスターやパンフレットなどのタイトル部分には印象的な文字を使いたいものです。このようなときに便利なのが「ワードアート」です。

ワードアートはデザインが施された文字です。使い方はとても簡単。スタイルを選択して文字を入力するだけです。これで装飾された文字が入ります。なお、２００７以前と２０１０以降では、ワードアートのスタイルが大きく異なります。

[挿入]→[ワードアート]でスタイルを選択する

ワードアートを利用すると、デザインを施した文字を手軽に作れます。

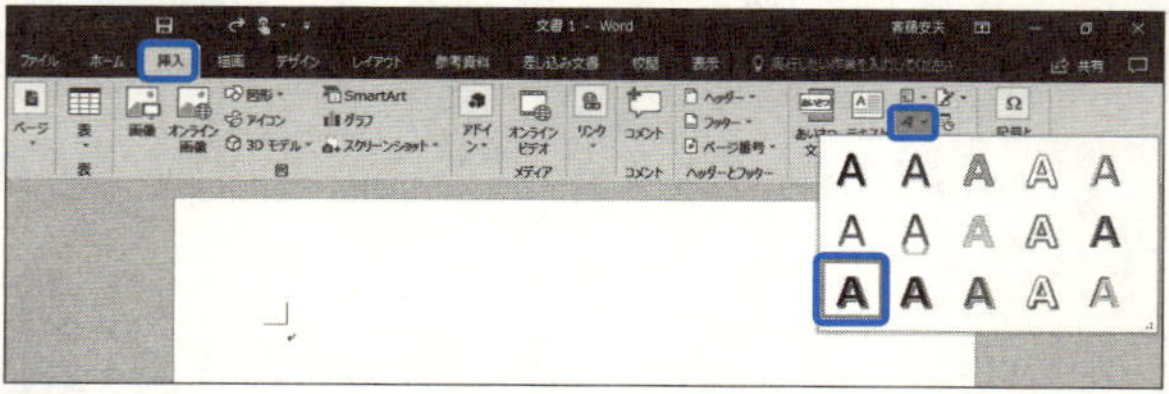

1 [挿入]タブを開きます。[テキスト]グループ→[ワードアート]→文字のスタイルを選びます。2010では選べるスタイルの数が異なります。

2 ワードアートの領域が挿入されるので、「ここに文字を入力」が選択された状態で、文字を上書き入力します。ワードアートの枠の外をクリックすると、入力が終了します。

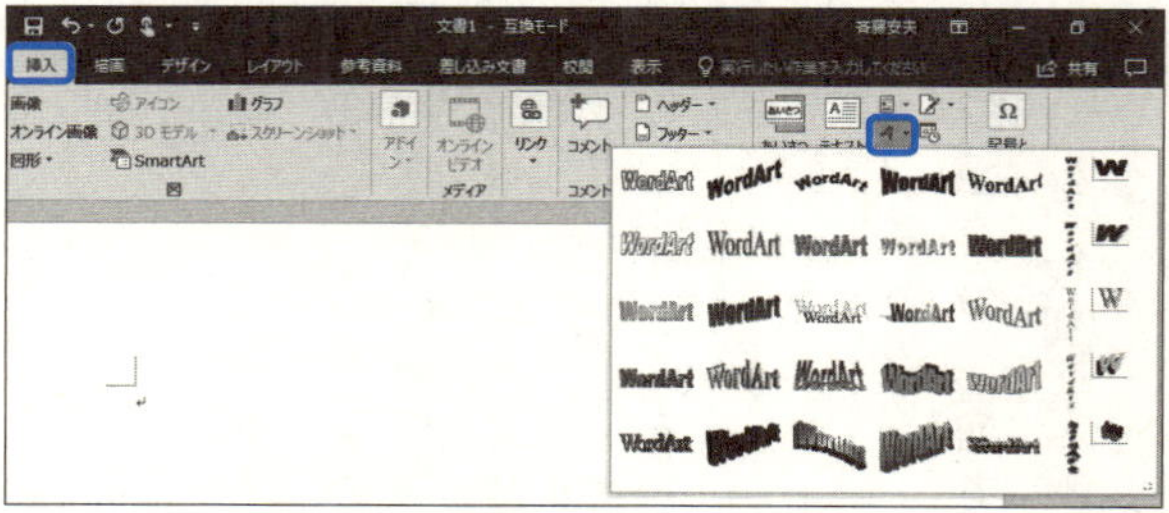

! 2010以降で2007以前のワードアートを使いたい場合は、まず文書を以前のバージョンで保存してください(P22参照)。その後1を行うと以前のスタイルが表示されます。

罫線や網かけを設定して見出しを強調する

[線種とページ罫線と網かけの設定]で罫線と色を選ぶ

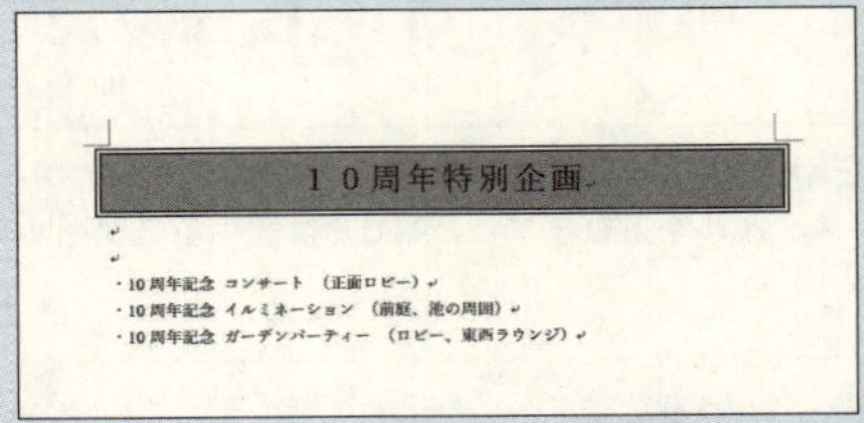

１０周年特別企画

・10周年記念 コンサート （正面ロビー）
・10周年記念 イルミネーション （前庭、池の周囲）
・10周年記念 ガーデンパーティー （ロビー、東西ラウンジ）

見出しの段落を罫線で囲み、色を付けました。

文書の見出しや注意書きなど目立たせたい箇所は、罫線で囲ったり、背景に色を付けたりすると効果的です。ここでは段落を対象とした設定方法を説明しますが、文字を対象にして罫線で囲ったり、色を付けたりすることもできます。

このような装飾方法は、特定の部分だけ強調するのに便利です。目を留めてほしい文書で役に立つテクニックです。

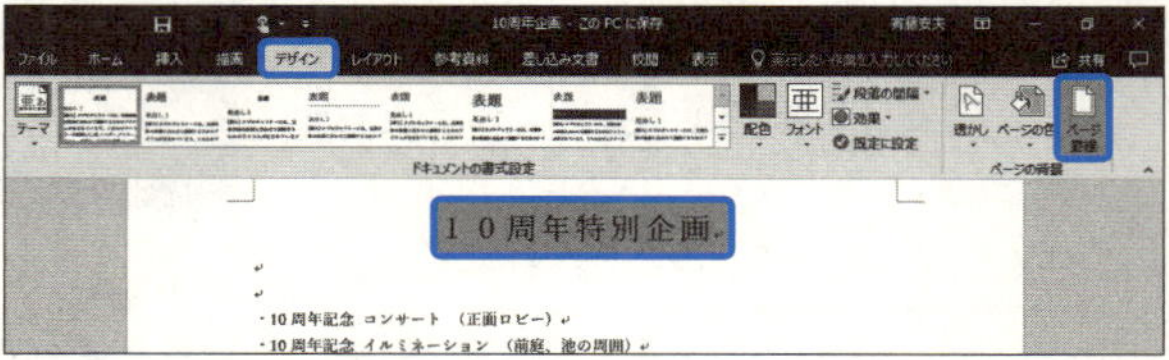

1 対象とする見出し部分を段落記号も含めて選択します。[デザイン](2010では[ページレイアウト])タブを開き、[ページの背景]グループ→[ページ罫線]をクリックします。

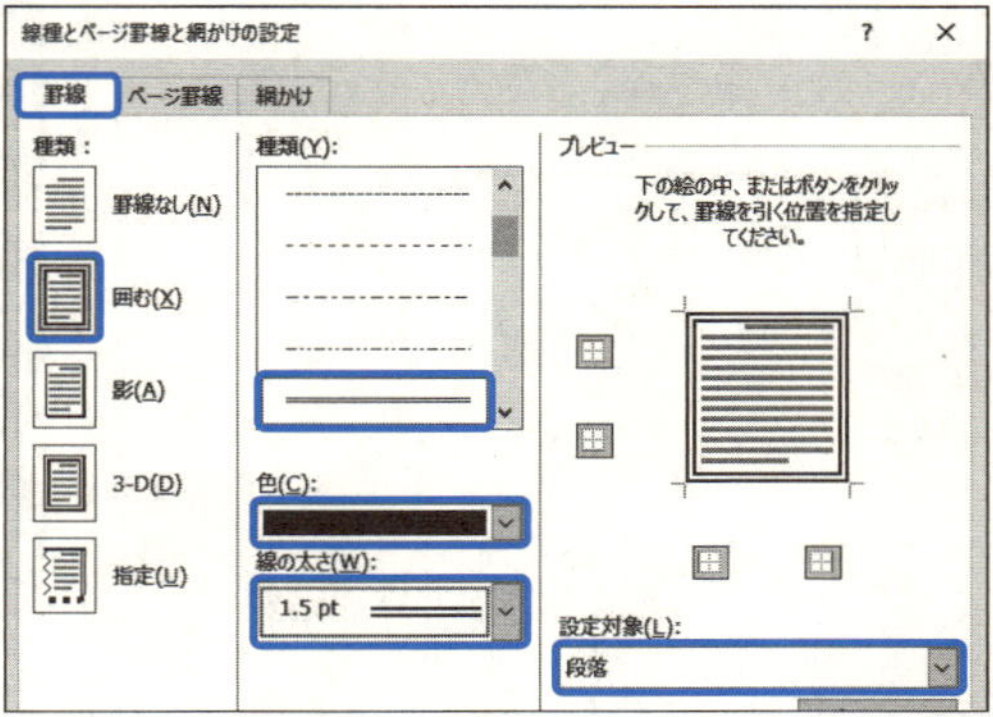

2 [罫線] タブを開きます。[囲む] をクリックします。[種類] で線の種類を選び、[色] で線の色を選び、[線の太さ] で太さも選びます。[設定対象] が [段落] なのを確認します。[設定対象] を [文字] にすると文字を対象に設定できます。

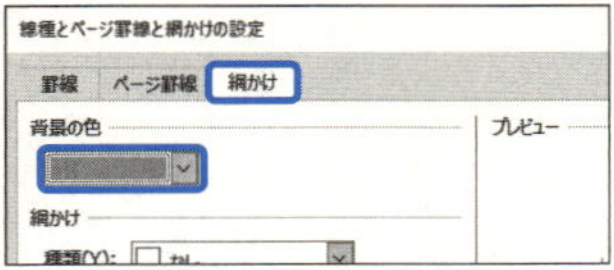

3 [網かけ] タブを開きます。[背景の色] で背景の色を選びます。[OK] をクリックすると、見出しの段落が罫線で囲まれ色が付きます。

書式とレイアウト

ページの周囲を絵柄や罫線で囲む

仕上がりキレイ

[ページ罫線]で絵柄や線を選ぶ

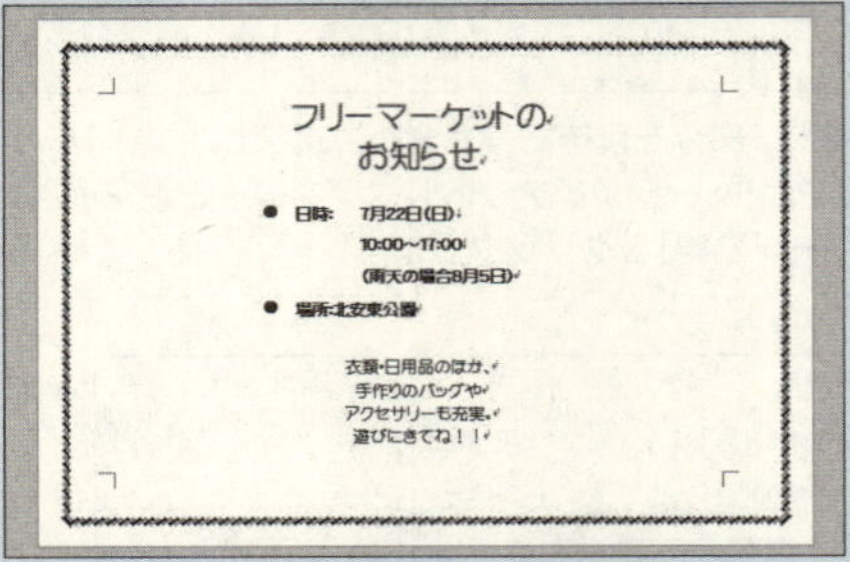
フリーマーケットの
お知らせ
日時: 7月22日(日)
10:00~17:00
(雨天の場合8月5日)
場所:北安東公園
衣類・日用品のほか、
手作りのバッグや
アクセサリーも充実。
遊びにきてね！！

ページの周囲を絵柄で囲いました。

星や木、花、破線などでページの周囲を装飾する機能を「ページ罫線」といいます。ポスターやチラシ、案内文など人の目を惹きたい文書を作るのに適しています。

ページ罫線は余白に印刷されます。このため、余白を狭くすると文字と重なってしまうことがあります。この重なりは、余白を広くするか（P132参照）、絵柄などのサイズを小さくすれば解消できます。

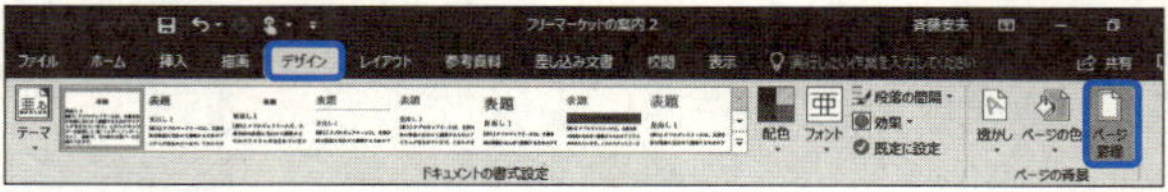

1 [デザイン](2010では[ページレイアウト])タブを開き、[ページの背景]グループ→[ページ罫線]をクリックします。

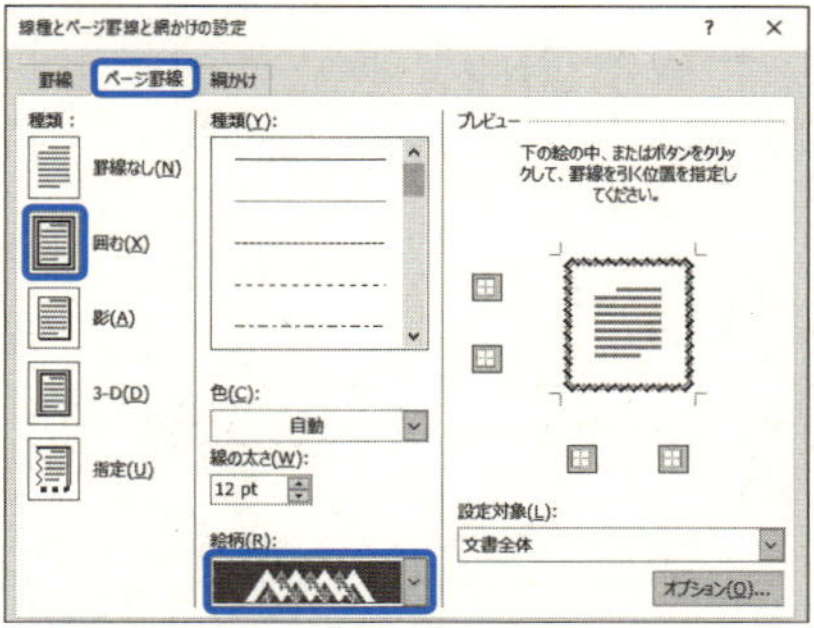

2 [ページ罫線]タブが開いていることを確認します。[囲む]をクリックします。[絵柄]の⌄をクリックしてページを囲う絵柄を選択します。[線の太さ]の数字を小さく(大きく)すると、絵柄も小さく(大きく)なります。[OK]をクリックすると、ページの周囲に絵柄が入ります。

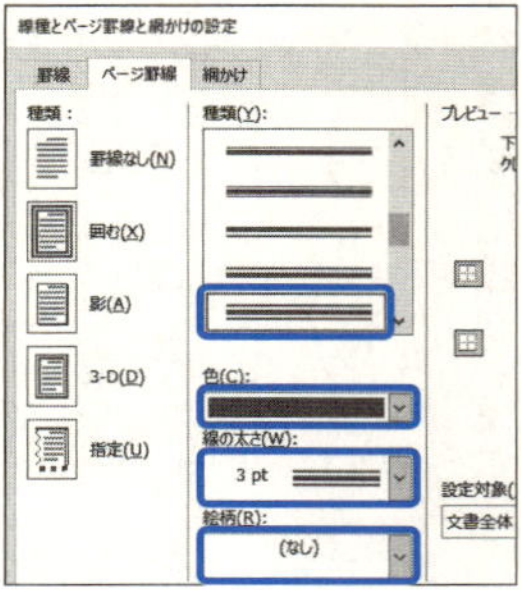

! [絵柄]を[(なし)]にして、[種類]で線の種類を選び、[色]や[太さ]を指定すると、ページの周囲を罫線で囲めます。

書式とレイアウト

文字を自由な位置に置く

[挿入]→[テキストボックス]で自在に配置できる枠を作る

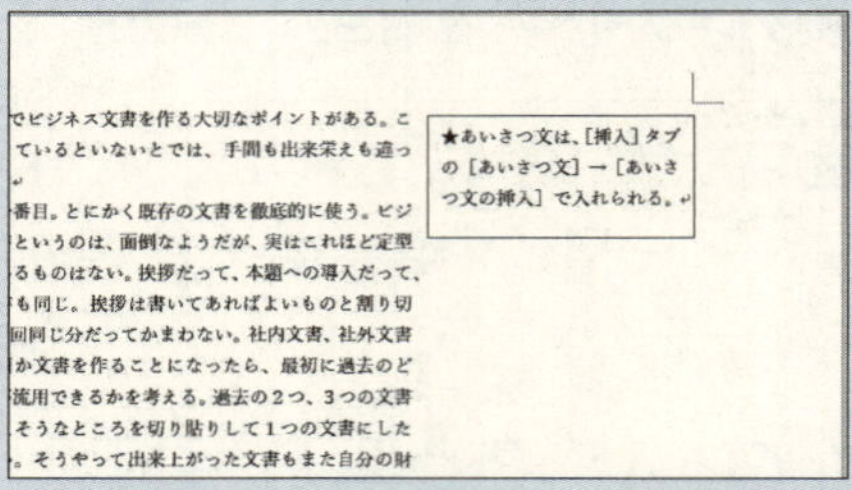
でビジネス文書を作る大切なポイントがある。こ
ているといないとでは、手間も出来栄えも違っ
番目。とにかく既存の文書を徹底的に使う。ビジ
というのは、面倒なようだが、実はこれほど定型
るものはない。挨拶だって、本題への導入だって、
も同じ。挨拶は書いてあればよいものと割り切
回同じ分だってかまわない。社内文書、社外文書
か文書を作ることになったら、最初に過去のど
流用できるかを考える。過去の2つ、3つの文書
そうなところを切り貼りして1つの文書にした
。そうやって出来上がった文書もまた自分の財
★あいさつ文は、[挿入]タブの[あいさつ文]→[あいさつ文の挿入]で入れられる。

行や本文の字詰めとは関係なく、任意の場所に文字を配置します。

本文とは別に任意の場所に文字をレイアウトしたいときには、「テキストボックス」を使います。テキストボックスはページのレイアウトの影響を受けない独自の領域です。横書きのなかに縦書きの文章を入れたり、左右のスペースに注意書きを入れたりするのに役に立ちます。

挿入したテキストボックスは、そのなかをクリックしてから枠線をドラッグすれば自由に動かせます。

基本のキホン

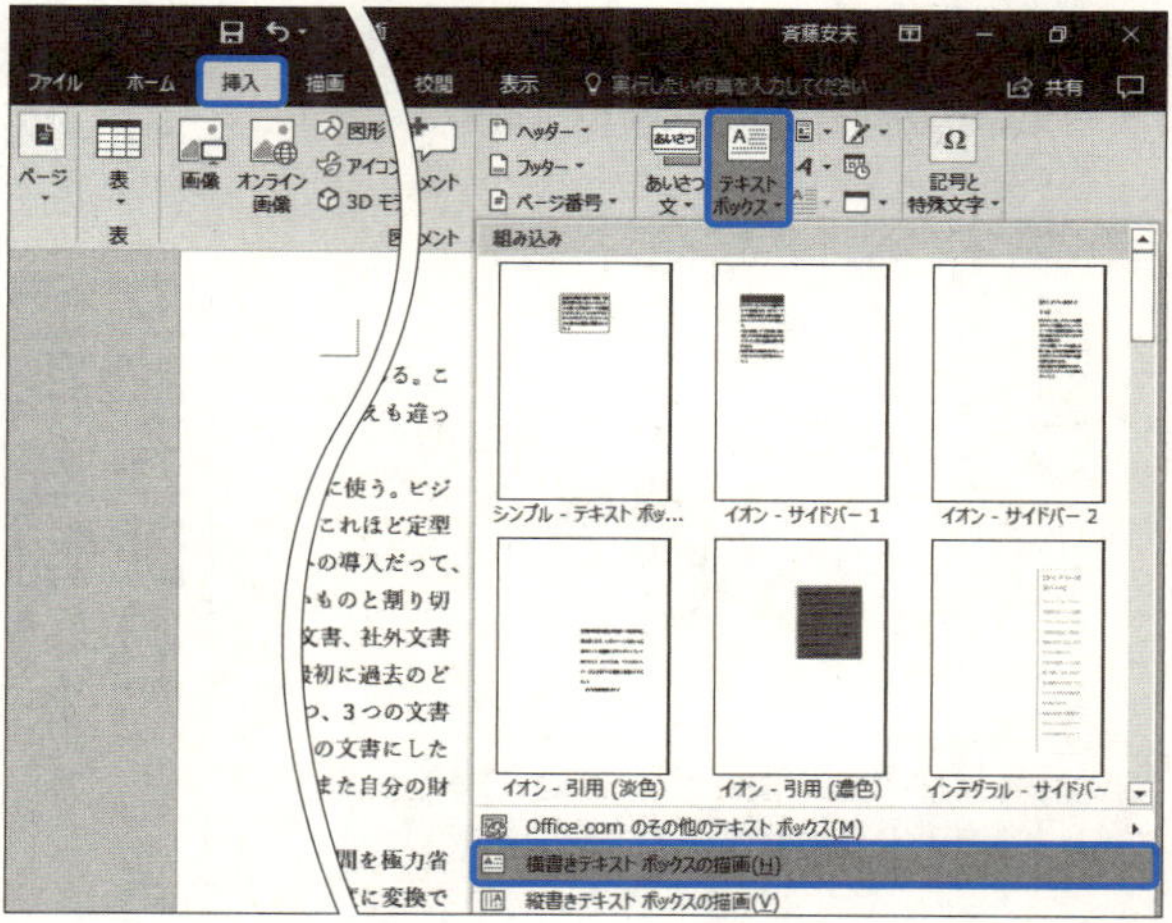

1 [挿入]タブを開き、[テキスト]グループ→[テキストボックス]→[横書きテキストボックスの描画]を選択します。縦書きにしたければ[縦書きテキストボックスの描画]を選んでください。

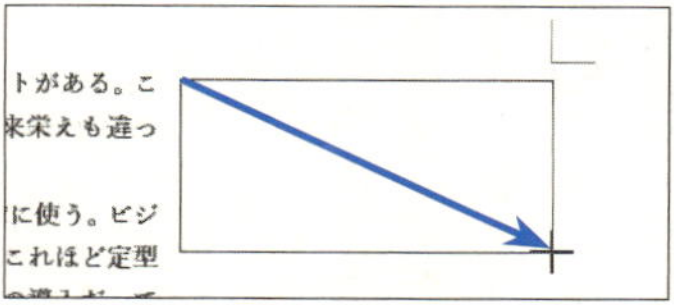

2 ドラッグするとテキストボックスが挿入されます。

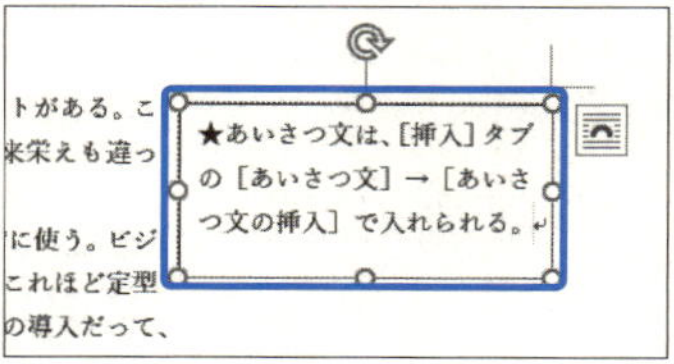

3 テキストボックスのなかに文字を入力します。テキストボックスの外をクリックすると、入力が終了します。

図形を描いたら文字が隠れてしまった

［テキストの背面へ移動］で図形を文字の背面にする

図形を描いたら文字が隠れてしまいました。文字が読めるように修正します。

文字に図形を重ねると、文字が隠れてしまいます。ワードの初期設定では、文字は背面、図形は前面という位置関係になっているためです。文字が読めなくなったら、図形を選んで［テキストの背面へ移動］をクリックすると見えるようになります。これは図形ごとに行う設定です。文字に複数の図形が重なっている場合は、すべての図形を選んでから操作するとまとめて設定できます。

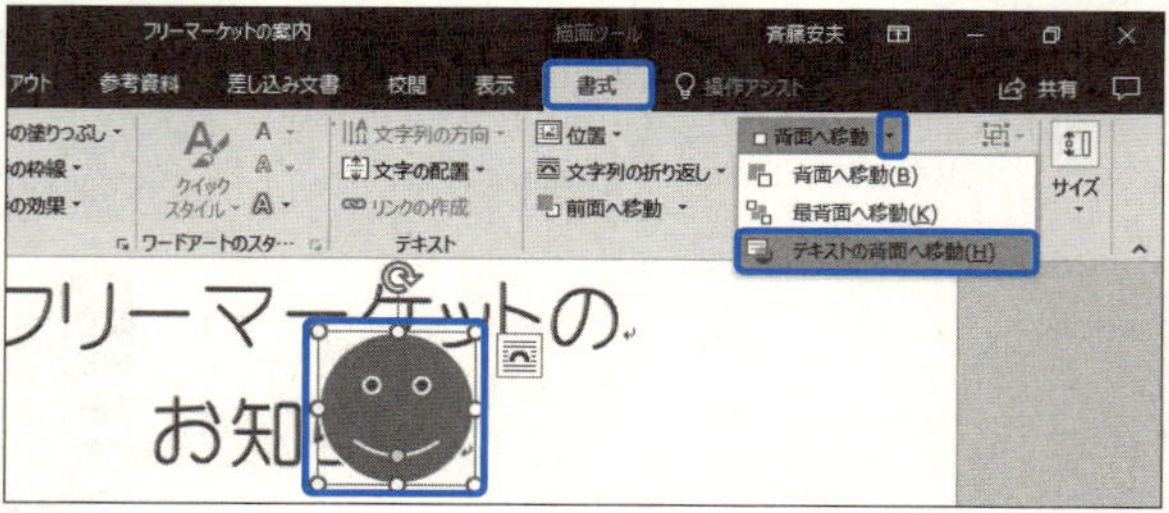

1 文字に重なった図形をクリックします。[Shift] キーを押したままクリックすると複数の図形を選べます。[描画ツール] の [書式] タブを開き、[配置] グループ→[背面へ移動] の▾→[テキストの背面へ移動] を選びます。

2 図形が文字の後ろになります。

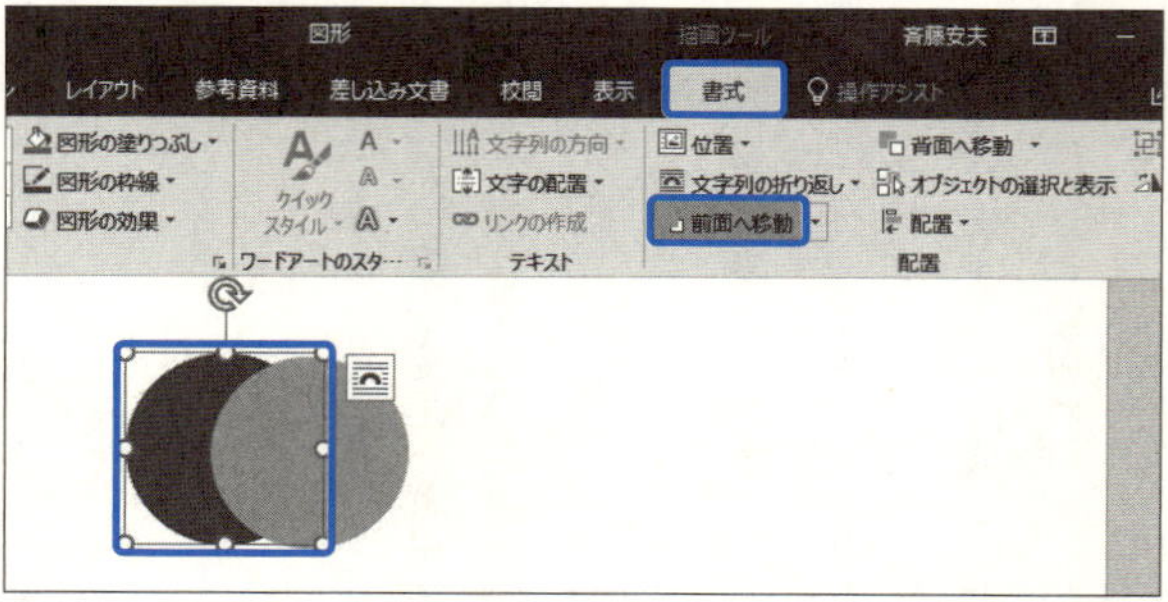

! 重ねて描いた図形の前面、背面も同じように変えられます。背面の図形をクリックして [描画ツール] の [書式] タブを開き、[配置] グループ→[前面へ移動] をクリックすると前面になります。

位置揃え

段落ごと字下げする

仕上がりキレイ

[インデント]の[左]で位置を指定する

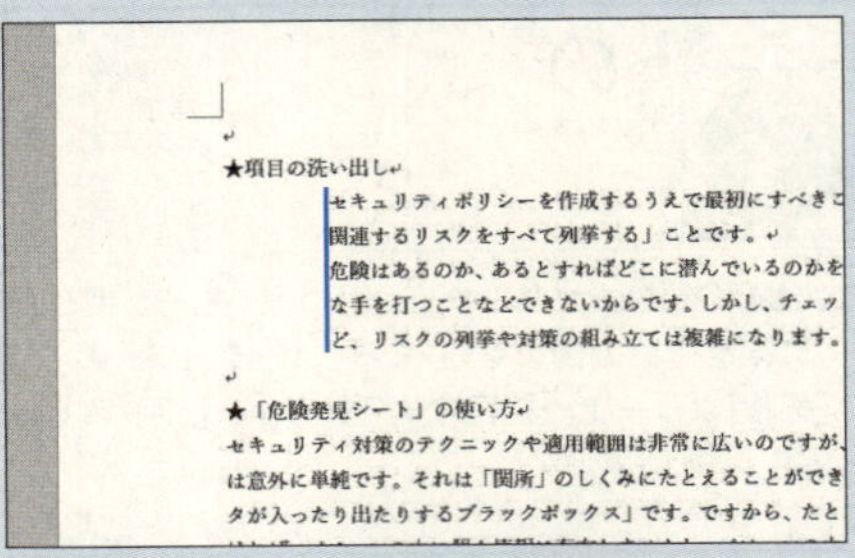
★項目の洗い出し
セキュリティポリシーを作成するうえで最初にすべきこ
関連するリスクをすべて列挙する」ことです。
危険はあるのか、あるとすればどこに潜んでいるのかを
な手を打つことなどできないからです。しかし、チェッ
ど、リスクの列挙や対策の組み立ては複雑になります。
★「危険発見シート」の使い方
セキュリティ対策のテクニックや適用範囲は非常に広いのですが、
は意外に単純です。それは「関所」のしくみにたとえることができ
タが入ったり出たりするブラックボックス」です。ですから、たと

段落全体の開始位置を５文字分下げました。

左インデントを設定すると、段落の左端の位置を変えられます。左余白の設定でも左端の位置が変わりますが、余白は文書全体に影響します。インデントなら、特定の段落だけ左端の位置を変えられます。

インデントの設定は、[Enter]キーで改行すると、次の段落にも引き継がれます。次の段落の左端の位置を元に戻したければ、インデントの解除をしてください。

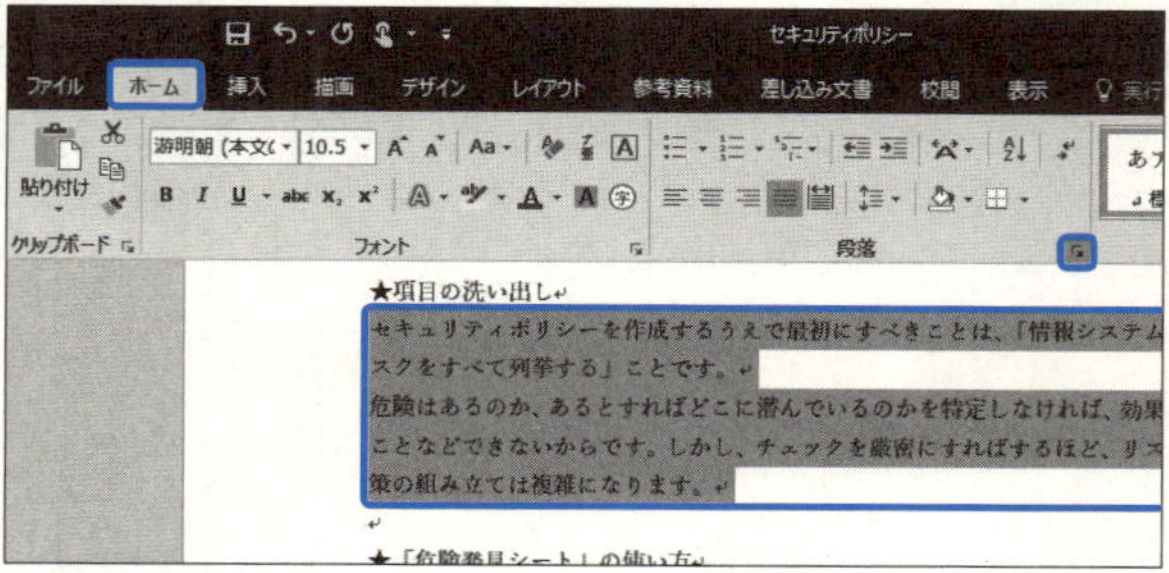

1 字下げする段落を選択します。1つの段落なら対象の段落をクリックするだけでかまいません。[ホーム]タブを開き、[段落]グループ→ [段落の設定](または[段落])をクリックします。

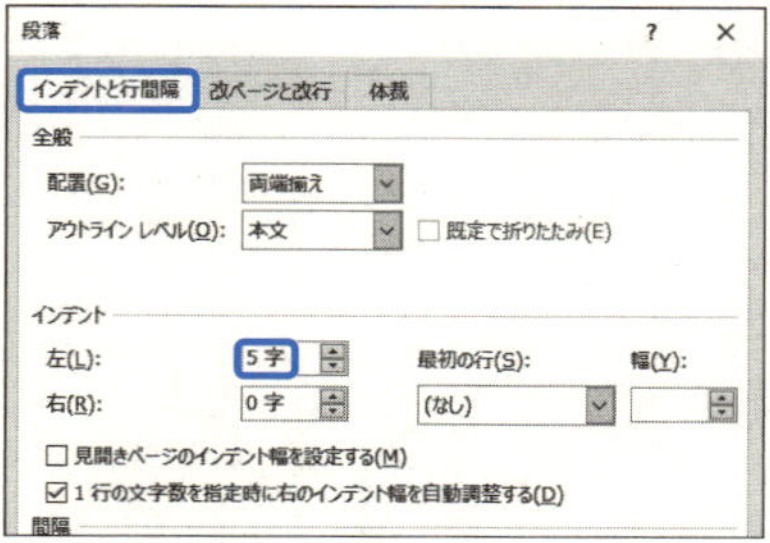

2 [インデントと行間隔]タブを開きます。[インデント]の[左]で左端の位置を何文字下げるか指定します。[OK]をクリックします。ここで[左]を「0」にするとインデントの設定を解除できます。

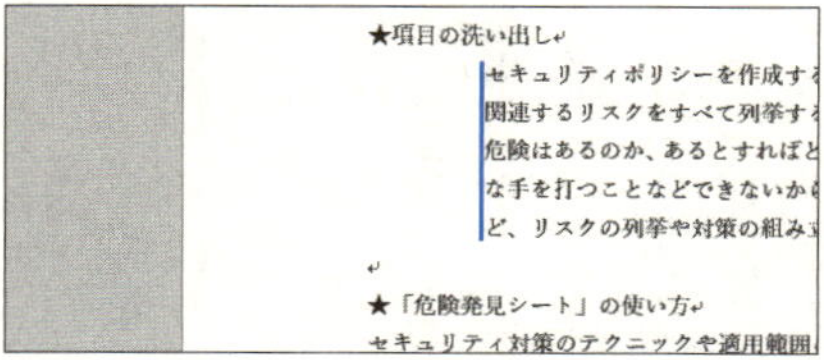

3 段落の左端の位置が字下げされます。

位置揃え

1行目の行頭位置を設定する

これは便利！

文章の入力では段落の1行目を字下げします。このときに空白を入れてしまうと、文章を編集したときに、思わぬ位置に空白が移動してやっかいなことになります。これを防いでくれるのが、1行目の字下げ位置の設定です。この設定をすると、[Enter]キーを押すだけで、次の段落でも同じ位置に字下げできます。これなら編集しても空白が移動する心配もありません。

[最初の行]を[字下げ]にして文字数を指定する

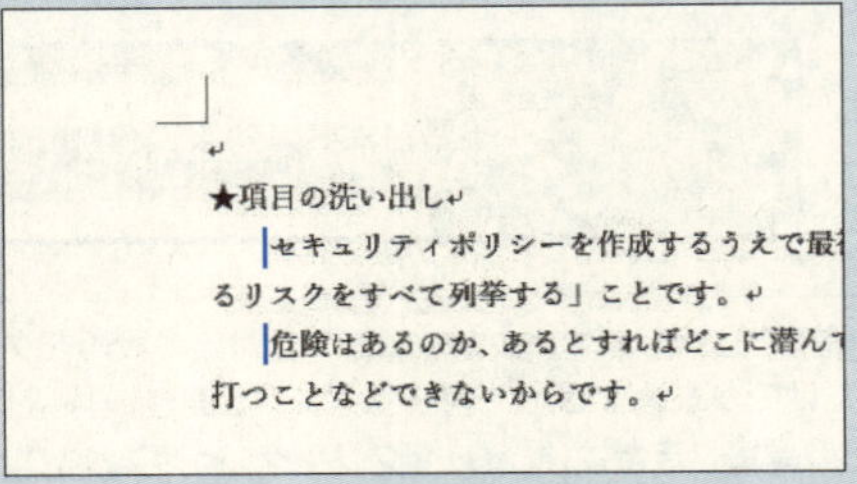
★項目の洗い出し↵
セキュリティポリシーを作成するうえで最
るリスクをすべて列挙する」ことです。↵
危険はあるのか、あるとすればどこに潜んで
打つことなどできないからです。↵

段落の1行目の行頭位置を設定すると、空白を入れなくても字下げができます。

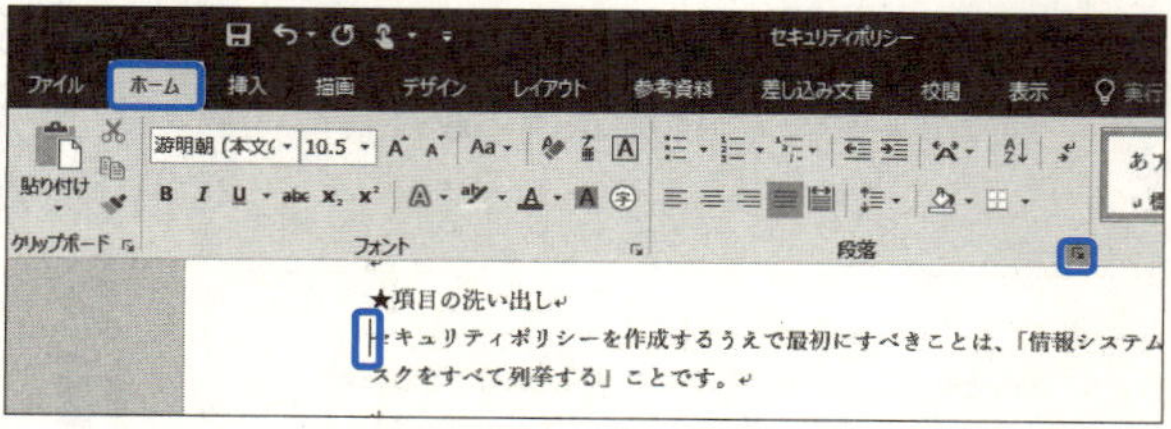

1 1行目の行頭位置を設定する段落をクリックします。ここでは字下げがわかりやすいように入力した段落で設定しますが、入力する前にも設定できます。[ホーム]タブを開き、[段落]グループ→[段落の設定](または[段落])をクリックします。

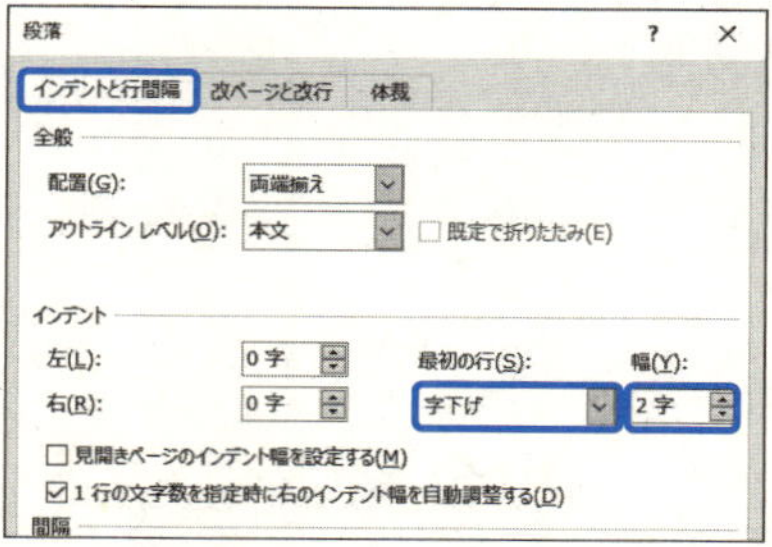

2 [インデントと行間隔]タブを開きます。[最初の行]のをクリックして[字下げ]を選びます。[幅]で字下げする文字数を指定します。[OK]をクリックします。ここで[幅]を「0」にすると設定を解除できます。

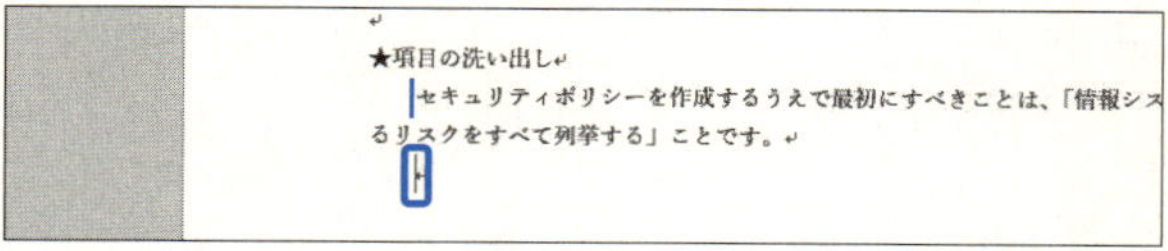

3 段落の1行目の行頭位置が変わります。[Enter]キーで段落を区切ると、次の段落の行頭も自動的に字下げされます。

位置揃え

2行目以降を字下げする

これは便利！

[最初の行]を[ぶら下げ]にして何文字下げるか指定する

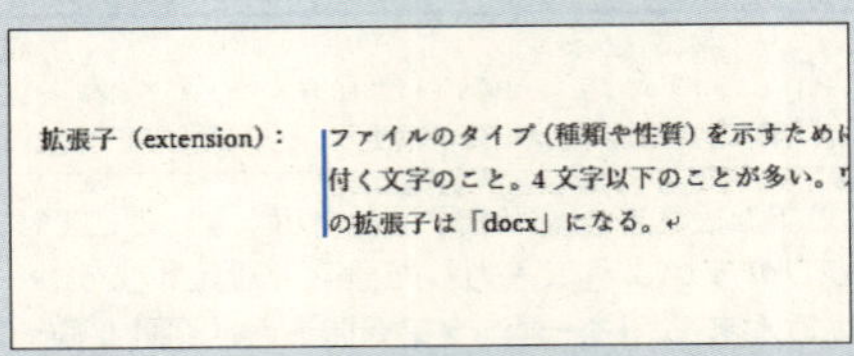

拡張子（extension）：
ファイルのタイプ（種類や性質）を示すため
付く文字のこと。4文字以下のことが多い。
の拡張子は「docx」になる。

2行目以降の行頭位置を揃えたレイアウトです。1行目の行頭は左端、2行目以降は11文字目からはじまっています。

段落の2行目以降の行頭を揃えることを「ぶら下げインデント」と呼びます。1行目と2行目以降の行頭位置が異なる段落で設定します。これを利用すると上図のようなレイアウトも簡単です。

この設定では、1行目の途中の文字の位置も2行目以降の行頭と揃えます。上図では1行目の「フ」が2行目以降と揃っています。これには「Tab」キーを使います。

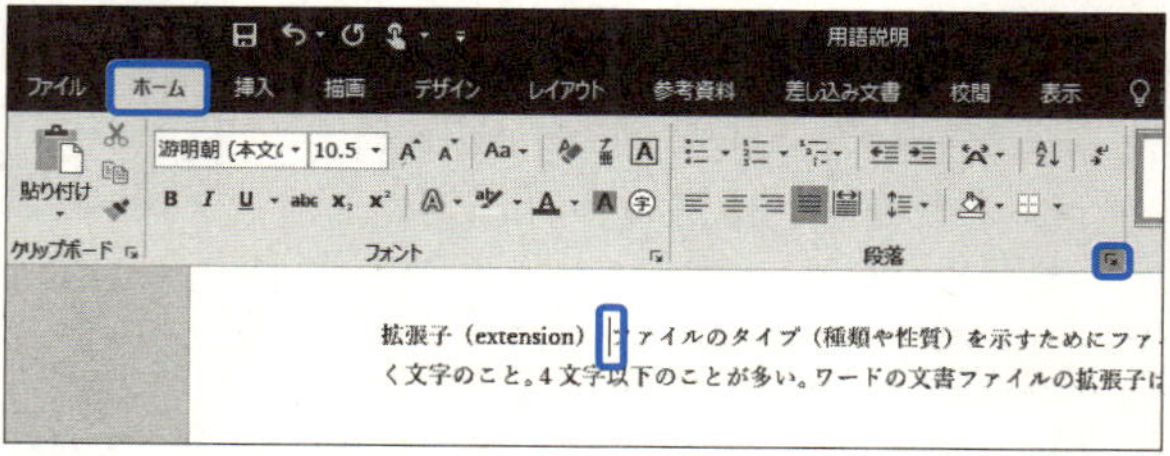

1 2行目以降の行頭位置を設定する段落をクリックします。[ホーム]タブを開き、[段落]グループ→ [段落の設定](または[段落])をクリックします。

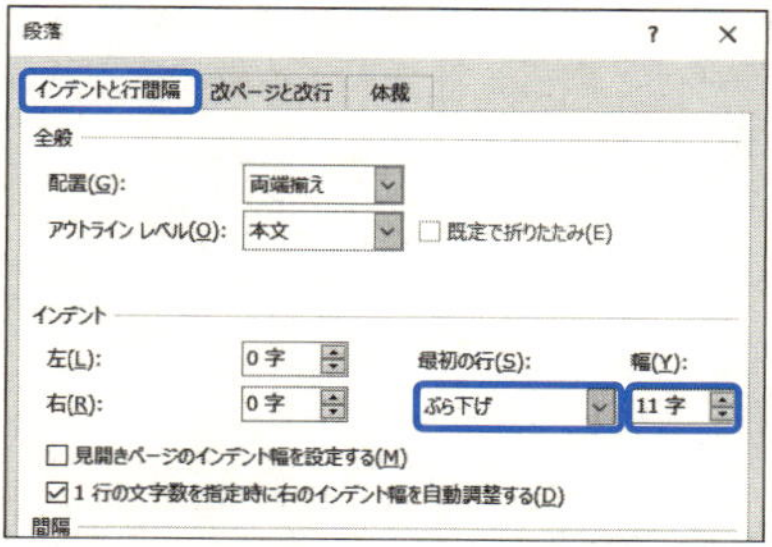

2 [インデントと行間隔]タブを開きます。[最初の行]の をクリックして[ぶら下げ]を選びます。[幅]で字下げする文字数を指定します。[OK]をクリックします。ここで[幅]を「0」にすると設定を解除できます。

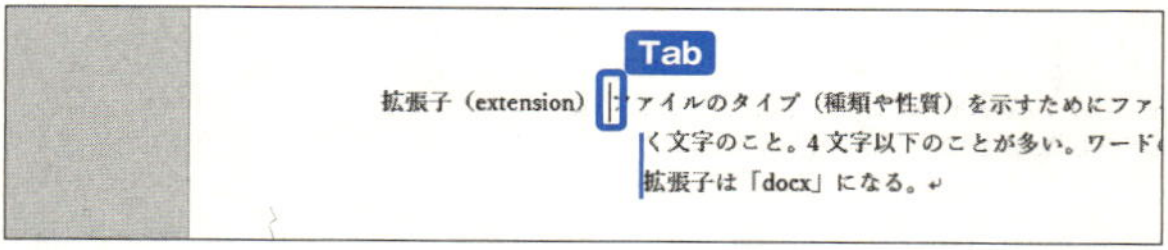

3 2行目以降が字下げされます。位置を揃えたい1行目の文字の前でクリックし、[Tab]キーを押すと2行目以降の行頭と揃います。

位置揃え

文字列の左端を揃える

仕上がりキレイ

[Tab]キーで区切って入力し「左揃えタブ」で揃える

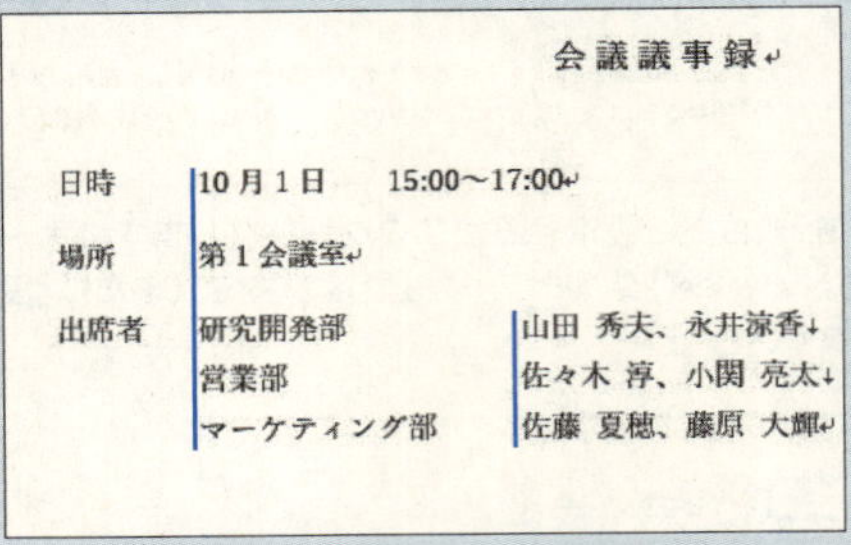

会議議事録

日時　10月1日　15:00～17:00

場所　第1会議室

出席者　研究開発部　山田 秀夫、永井涼香

営業部　佐々木 淳、小関 亮太

マーケティング部　佐藤 夏穂、藤原 大輝

行の途中の文字列の左端をほかの行の文字列と揃えます。

文書の作成では、行頭や行末を揃えるだけでなく、行の途中の文字列をほかの行と揃えたいこともあります。このようなときに役に立つのが「タブ」機能です。この機能は2つのステップで設定します。まず、対象の文字を「Tab」キーを押して区切りながら入力します。次にルーラーを表示して、文字列を揃える位置をクリックして指定します。これで文字が揃います。

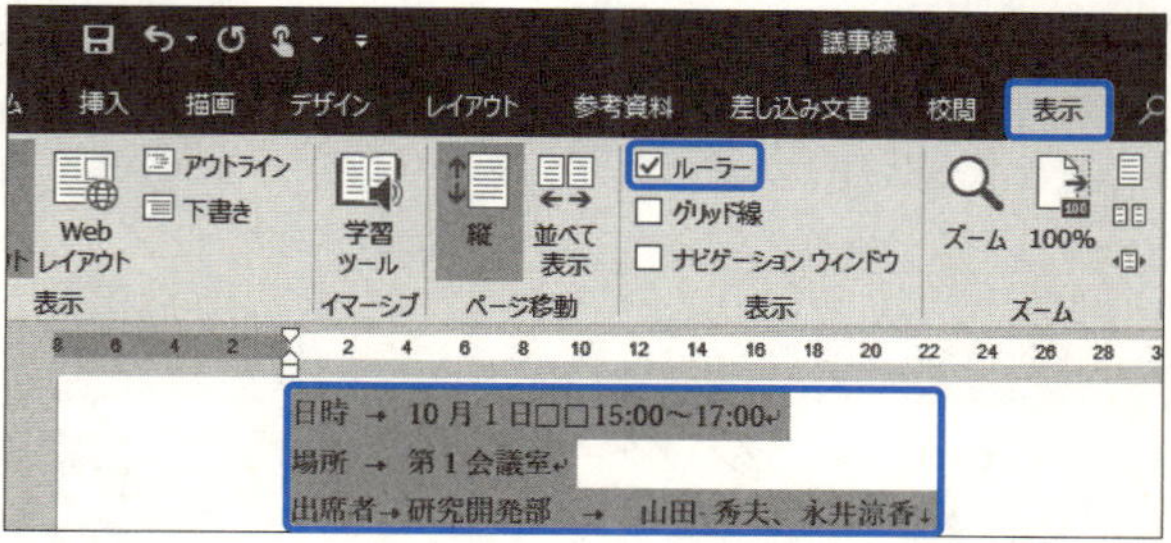

1 左端を揃える文字を[Tab]キーを押して区切りながら入力します。[ホーム]タブの[段落]グループ→をクリックするとタブで区切った位置に「→」が表示されます。位置を揃えたい範囲を選択します。[表示]タブを開き、[表示]グループ→[ルーラー]をクリックして☑にし、ルーラーを表示します。

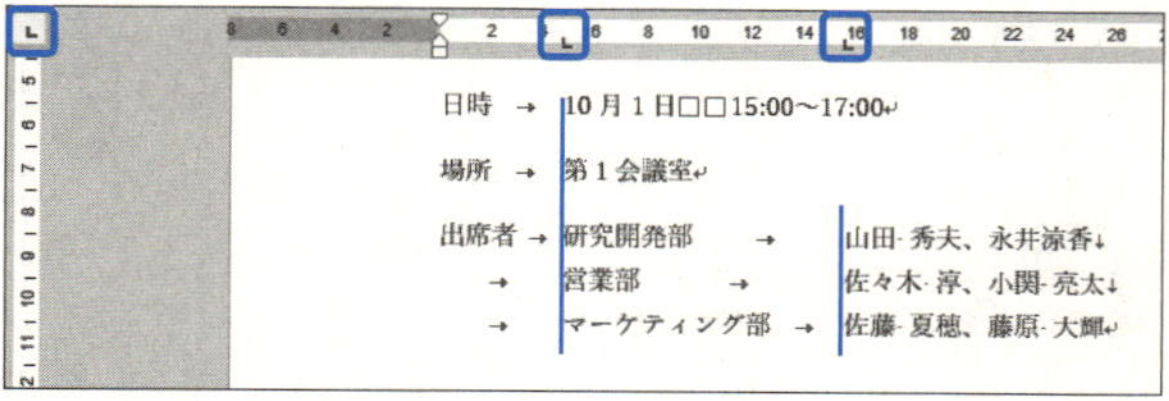

2 ルーラーの左端にある[タブの種類]をクリックして[左揃えタブ]にします。ルーラーをクリックして揃える位置を指定すると、文字列の左端が揃います。

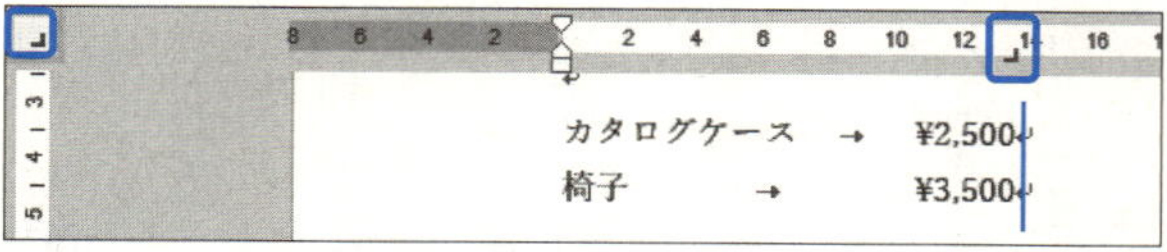

! [タブの種類]を[右揃えタブ]にして、ルーラーをクリックすると、文字列の右端を揃えられます。

位置揃え

文字列の中央を揃える

仕上がりキレイ

[Tab]キーで区切って入力し「中央揃えタブ」で揃える

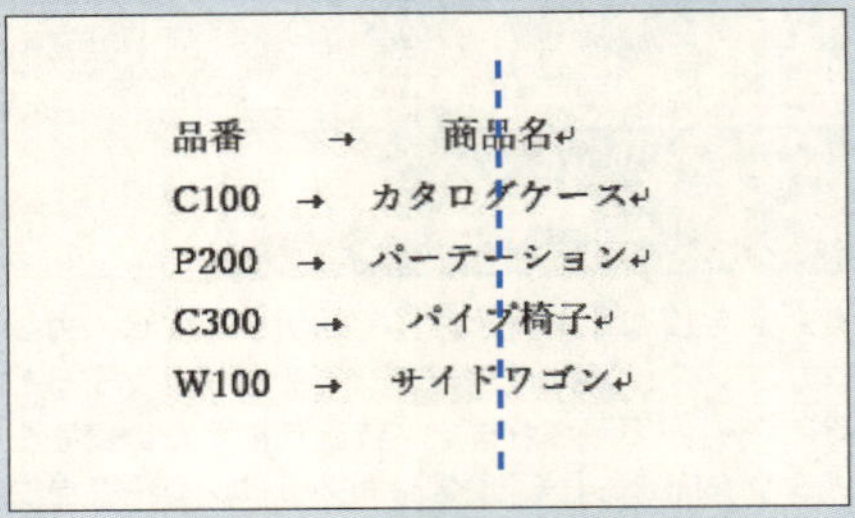

行の途中の文字列の中央をほかの行の文字列と揃えます。

ある行の途中の文字列を、ほかの行の文字列と中央で揃える、こんな面倒な設定にこそタブを使いましょう。「中央揃えタブ」を使えば簡単に揃います。

「中央揃えタブ」と「中央揃え」との違いは、「中央揃えタブ」は行のなかの一部の文字列の中央とほかの行の文字列の中央を揃える機能、「中央揃え」は行全体を用紙の左右中央に配置する機能だということです。

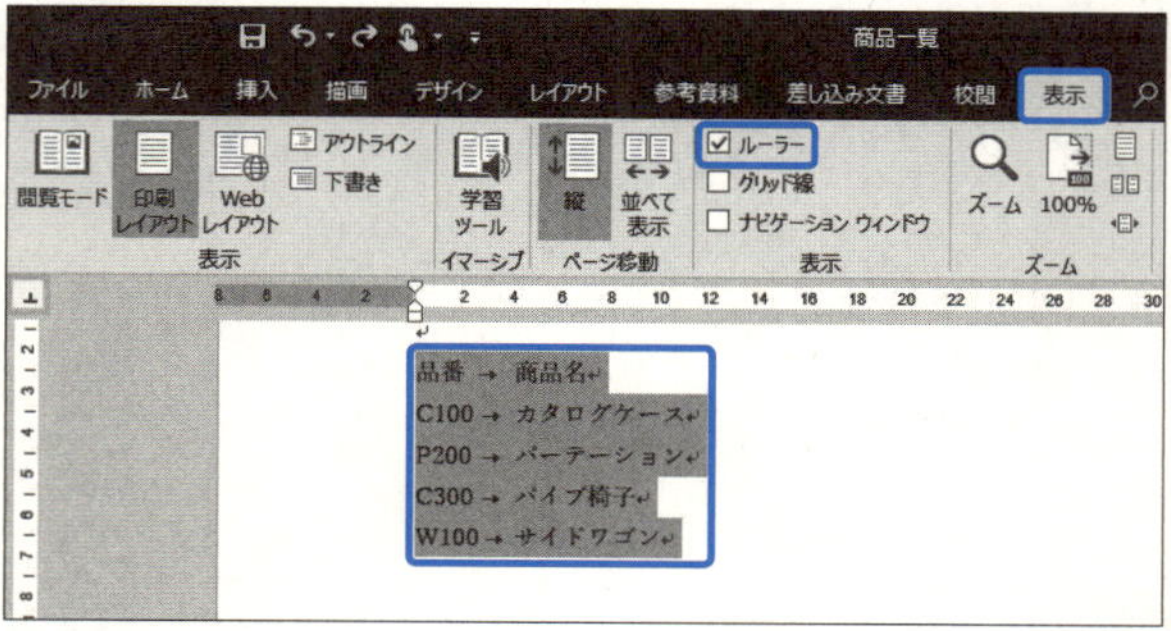

1 中央揃えにする文字を[Tab]キーを押して区切りながら入力します。[ホーム]タブの[段落]グループ→をクリックするとタブで区切った位置に「→」が表示されます。位置を揃えたい範囲を選択します。[表示]タブを開き、[表示]グループ→[ルーラー]をクリックして☑にし、ルーラーを表示します。

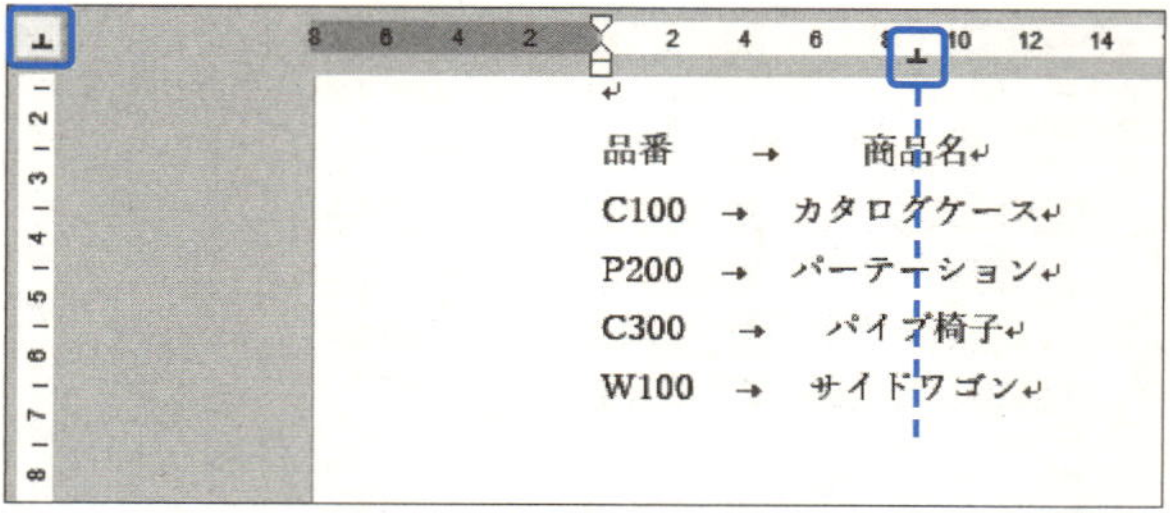

2 ルーラーの左端にある[タブの種類]をクリックして⊥[中央揃えタブ]にします。ルーラーをクリックして揃える位置を指定すると、文字列の中央が揃います。

位置揃え

小数点の位置を揃える

仕上がりキレイ

[Tab]キーで区切った数字を「小数点揃えタブ」で揃える

専有面積	125.48 ㎡↵
バルコニー面積	8.58 ㎡↵
室外機置場面積	2.9 ㎡↵

小数点の位置がバラバラで読みづらくなってしまいました。これを整えます。

整数だけの数字は「右揃えタブ」を使えば一の位を揃えられます（P179参照）。しかし、小数部があるとこの方法では、都合が悪いこともあります。たとえば小数点以下の桁数が異なる数字は右端を揃えても、小数点の位置が異なるため、桁数をつかみづらくなるだけです。

整数部分や小数点以下の桁数が違っていても小数点の位置を揃えるには、「小数点揃えタブ」を使います。

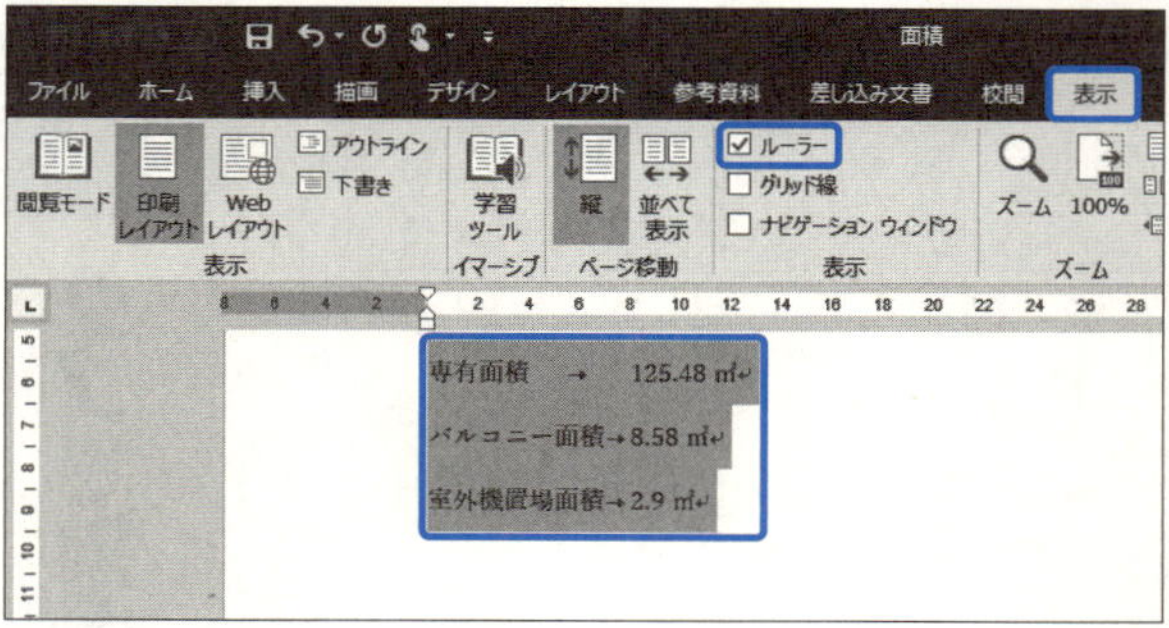

1 小数点を揃える数字を[Tab]キーを押して区切りながら入力します。[ホーム]タブの[段落]グループ→をクリックするとタブで区切った位置に「→」が表示されます。小数点の位置を揃える範囲を選択します。[表示]タブを開き、[表示]グループ→[ルーラー]をクリックして☑にし、ルーラーを表示します。

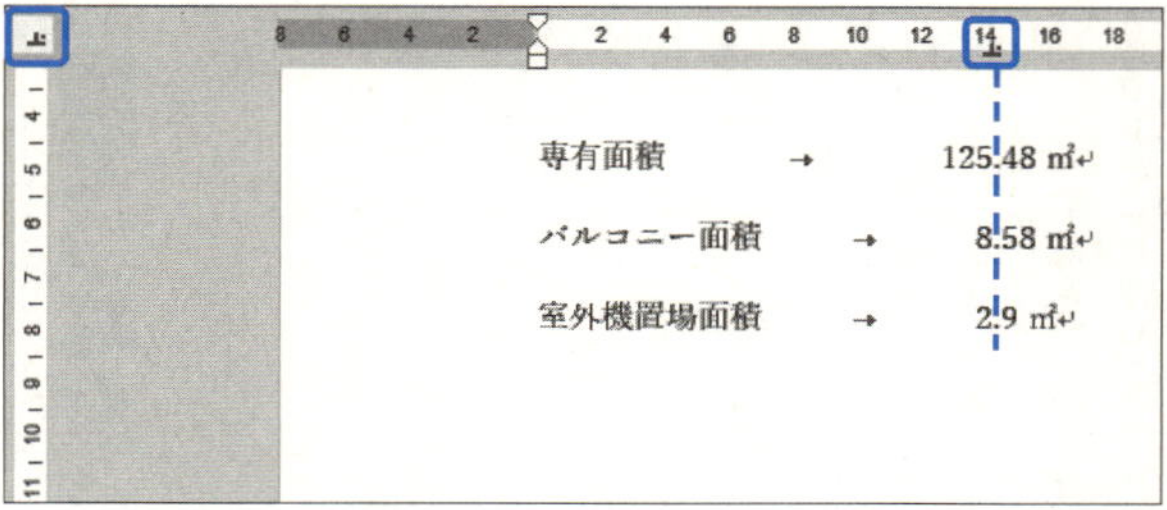

2 ルーラーの左端にある[タブの種類]をクリックして[小数点揃えタブ]にします。ルーラーをクリックして小数点の位置を指定すると、上下の行で小数点の位置が揃います。

位置揃え

タブで揃えた文字列を点線でつなぐ

仕上がりキレイ

上図のように文字列の間を線でつなぎたいときに、最初に思いつくのは線を引くことかもしれません。しかし、この方法では線の長さに注意しないと、短すぎたり、線が文字と重なったりして位置調整に手間がかかります。

そこでおすすめなのが、タブで位置を揃えてリーダー罫を引く方法です。これなら、設定するだけで文字の間隔に合った線が引けます。

タブで位置を揃えてリーダー罫を設定する

A タイプ ....125.29 ㎡　3 LDK↵
B タイプ ....82.60 ㎡　2 LDK↵
C タイプ ....110.35 ㎡　4 LDK↵

タブで位置を揃えると、文字列の間を線でつなげます。

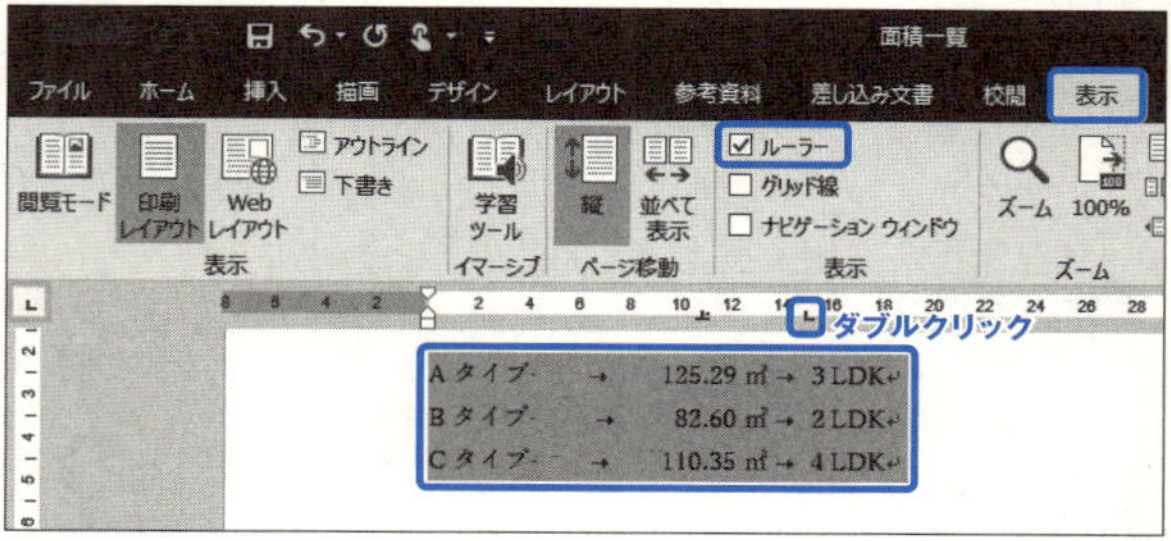

1 タブで文字位置を揃えておきます。[表示]タブを開き、[表示]グループ→[ルーラー]をクリックして☑にし、ルーラーを表示します。タブを設定した段落を選択します。ルーラー上の任意のタブマーカー(揃える位置を示す記号)をダブルクリックします。

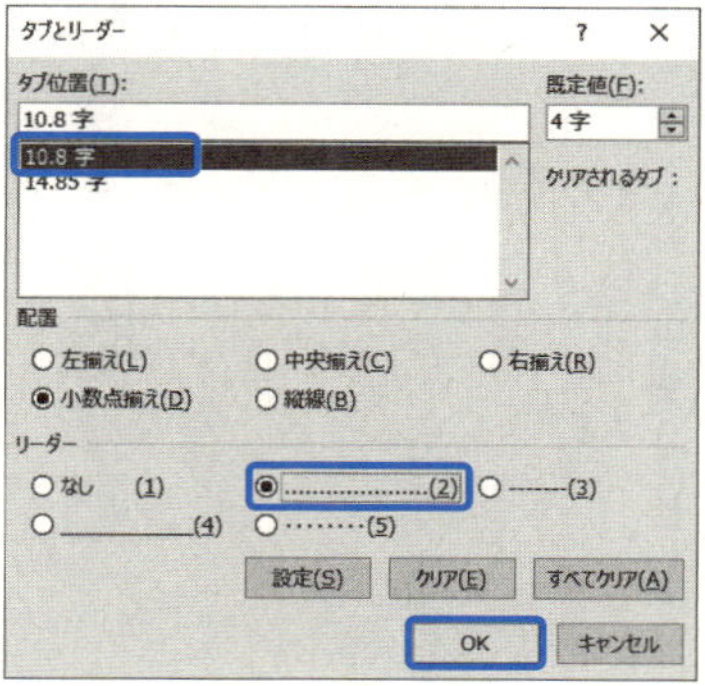

2 [タブ位置]でリーダーを設定する位置を選びます。タブの設定が1ヶ所ならこの操作は不要です。[リーダー]で線の種類を選びます。ここで[なし]を選ぶとリーダー罫を解除できます。[OK]をクリックします。

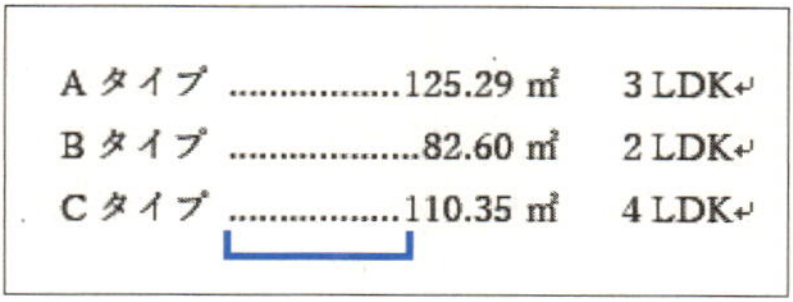

3 文字と文字の間を点線でつなげます。

位置揃え

タブの位置をずらす・解除する

これは便利！

タブマーカーのドラッグで移動・解除できる

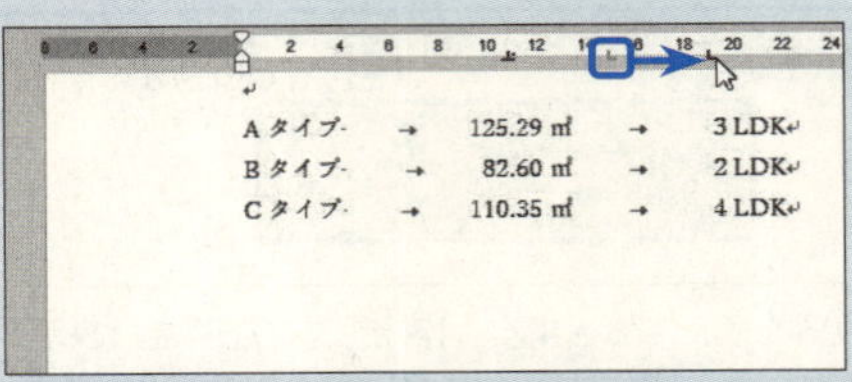

タブマーカーをドラッグすると、文字揃えの位置を変えられます。

タブによる文字揃えの位置は、タブマーカー（揃える位置を設定する記号）をドラッグして変えられます。文書全体のレイアウトを見ながら、位置を調整しやすい機能です。

位置揃えを解除するには、タブマーカーをルーラーの外にドラッグします。位置揃えを解除しても文字のタブ区切りは解除されないので、ルーラー上をクリックすれば再設定もできます。

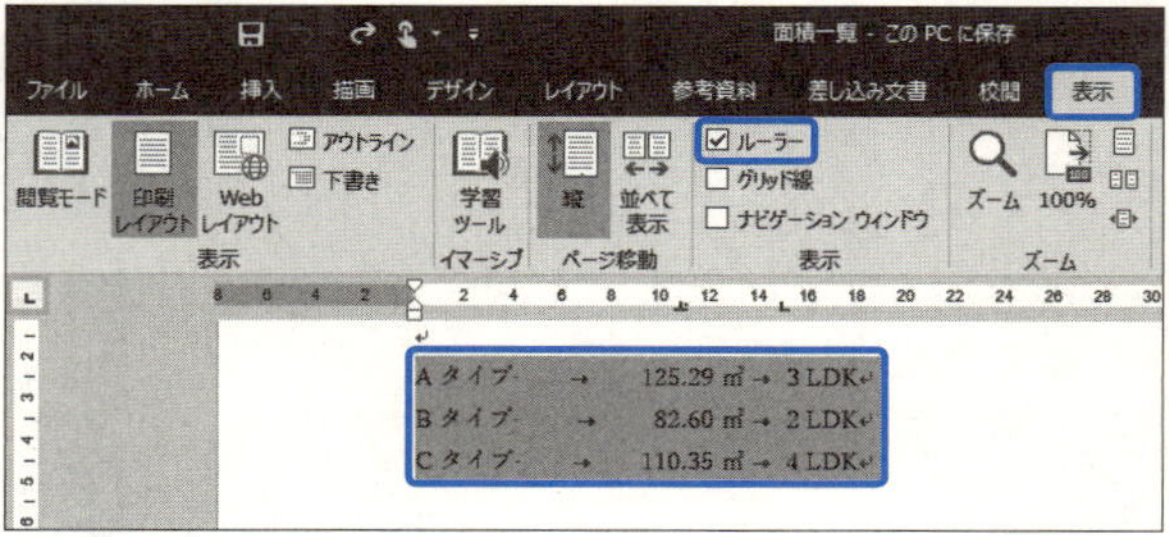

1 文字揃えの位置を変えます。[表示]タブを開き、[表示]グループ→[ルーラー]をクリックして☑にし、ルーラーを表示します。文字揃えの位置を変える段落を選択します。

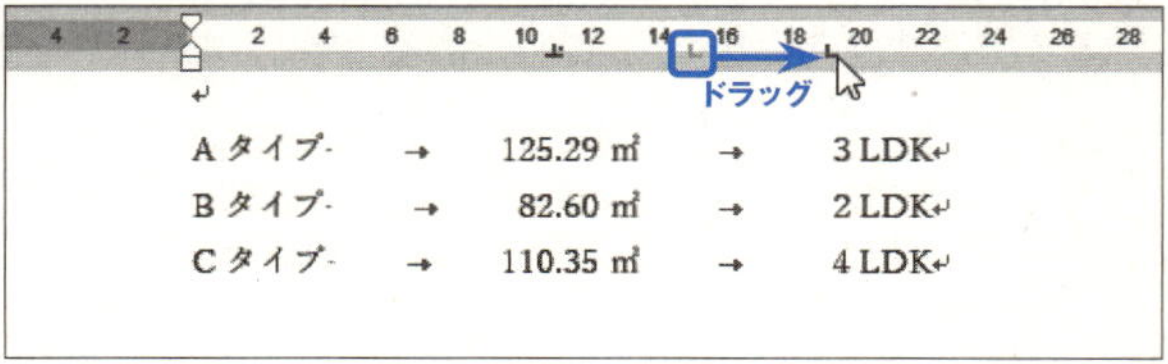

2 タブマーカーを新しい設定位置までドラッグします。タブマーカーに合わせて文字列の位置も移動します。

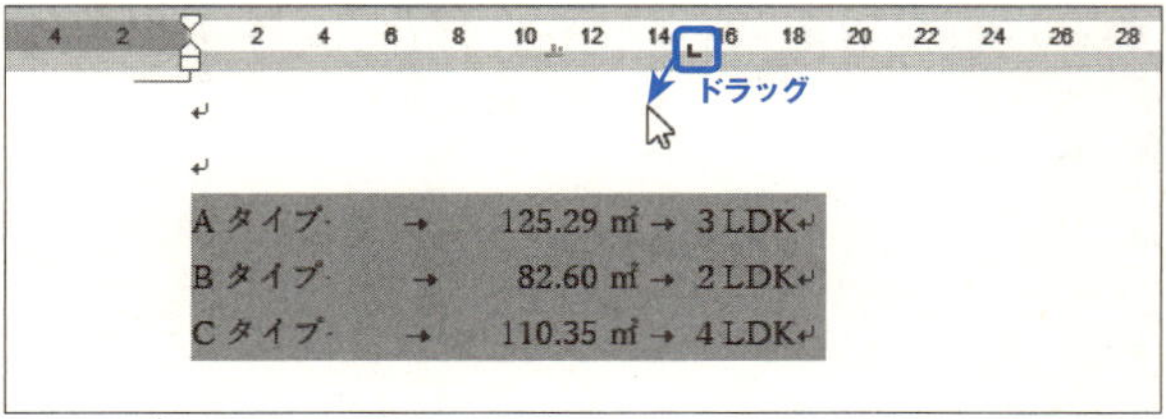

! 文字揃えを解除する段落を選択します。タブマーカーをルーラーの外にドラッグすると、文字揃えが解除されます。

表

表を作る

基本のキホン

表はビジネス文書に欠かせない要素です。表の扱い方を覚えれば文書作成も楽になるでしょう。

表は列数と行数を指定して作りますが、列や行はあとから追加・削除ができるので気楽に操作しましょう。

表を作成すると、リボンに「表ツール」の「デザイン」と「レイアウト」タブが表示されます。この2つは、表のデザインの変更や行・列の挿入や削除のような編集に使います。

列数と行数を指定するだけでOK

価格表

品名	価格	カロリー
えびドリア	700	600
オムライス	650	870
ハンバーグ弁当	750	1010
ヘルシー弁当	800	550

表を作って項目を入力しました。初期値では、表は本文の領域いっぱいの幅になります。

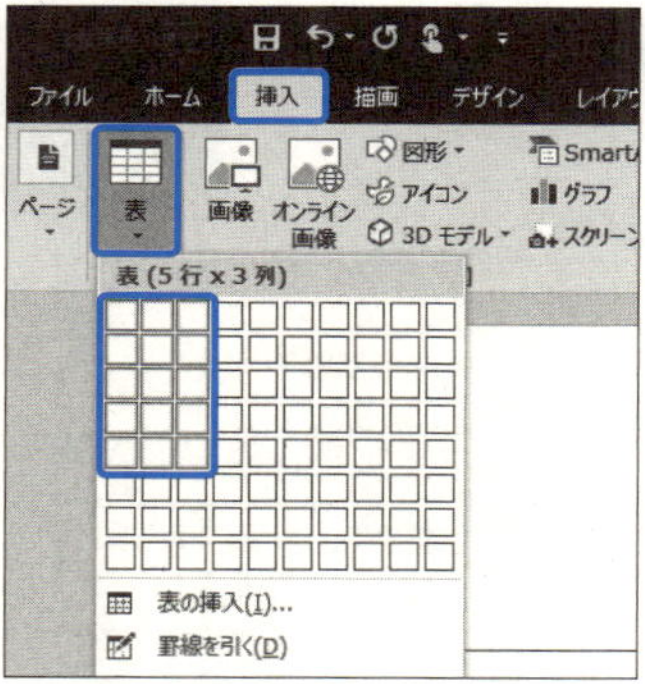

1 表を挿入する位置をクリックします。[挿入]タブを開き、[表]グループ→[表]→作成する表の列数と行数をドラッグします。

2 マウスのボタンを離すと表が挿入されます。表のセル(欄)に文字や数字を入力すると左揃えになります。

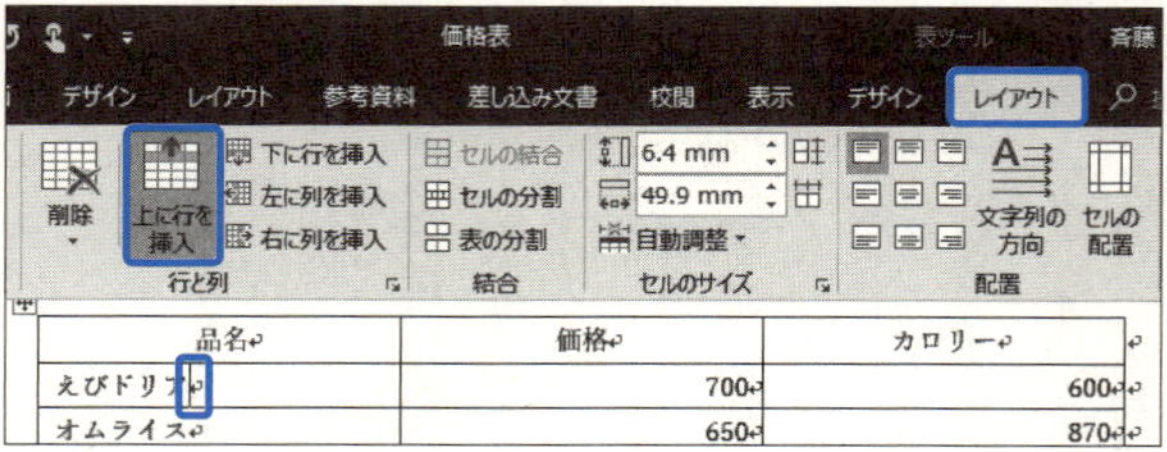

! 行(列)を挿入するには、挿入する位置の行(列)をクリックし、[表ツール]の[レイアウト]タブを開いて、[行と列]グループ→[上に行を挿入]や[左に列を挿入]などをクリックします。行(列)をクリックしてから[削除]→[行の削除]などを選ぶと、削除できます。

表

線の種類を変える

仕上がりキレイ

線の種類を選んで ドラッグで線をなぞる

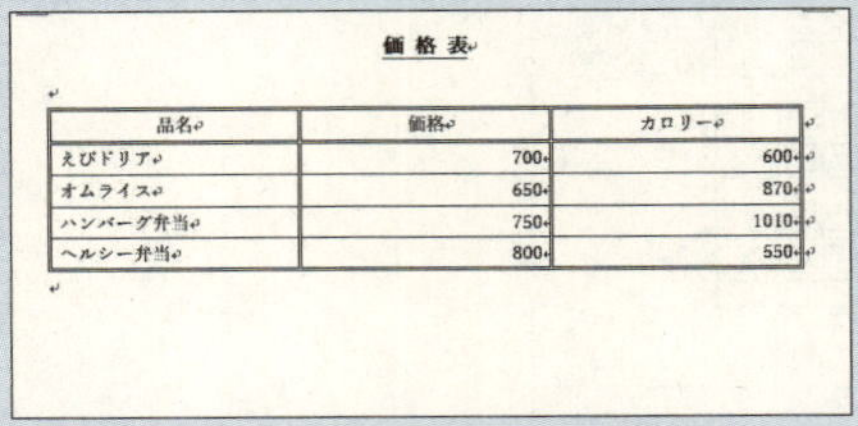
価格表

品名	価格	カロリー
えびドリア	700	600
オムライス	650	870
ハンバーグ弁当	750	1010
ヘルシー弁当	800	550

表の罫線を部分的に二重線に変えました。

表を作ると全体が細線になりますが、あとから線種を変えられます。操作方法は、線の種類を選んで既存の線の上をドラッグするだけです。上図のように一部の線を変えるときは、表の内容を入力し終えてから行うと効率的です。先に線種を変えると、行・列の挿入や削除により線種が混ざることがあるからです。また、「表のスタイル」で罫線も含めて一気に表を装飾するのも便利です。

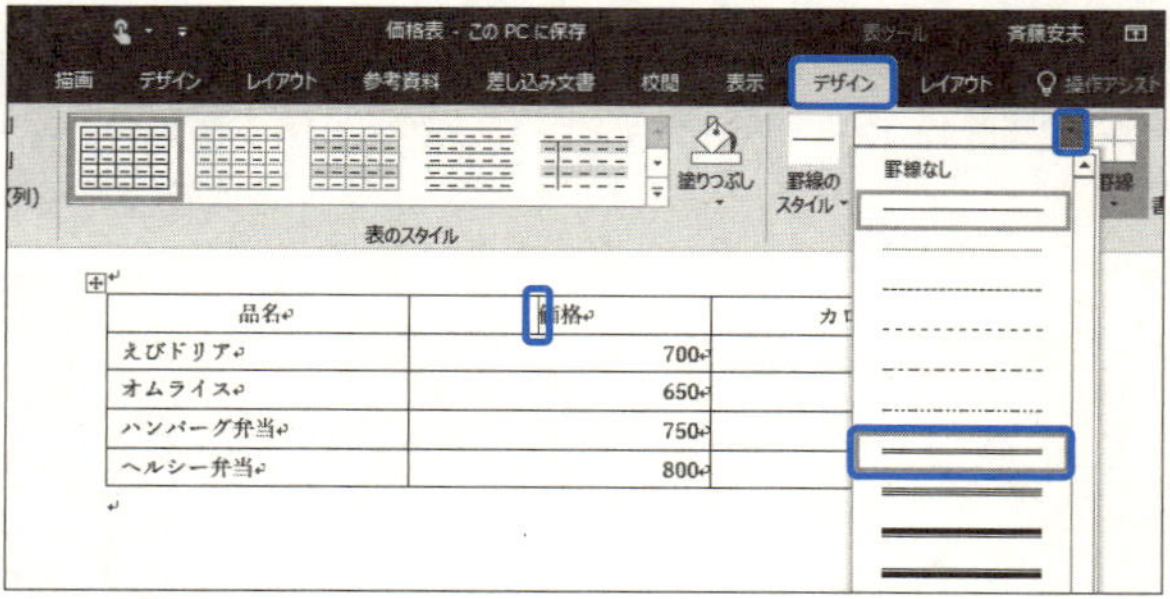

1 表のなかをクリックします。[表ツール] の [デザイン] タブを開き、[飾り枠] (2010では [罫線の作成]) グループ→ [ペンのスタイル] の ▾ をクリックして線の種類を選びます。

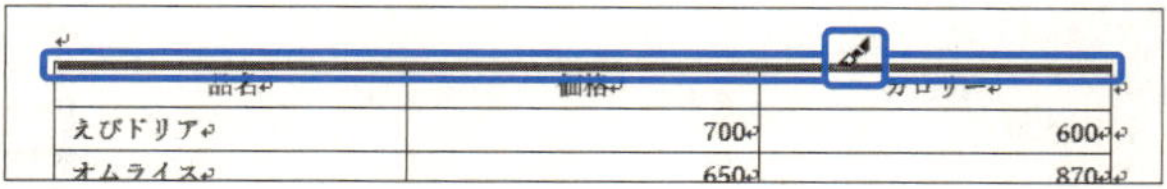

2 ポインターが ✎ になっていることを確認し (2010ではポインターの形状が異なります)、線種を変更する罫線をなぞるようにドラッグすると、罫線の種類が変わります。[Esc] を押して終了します。

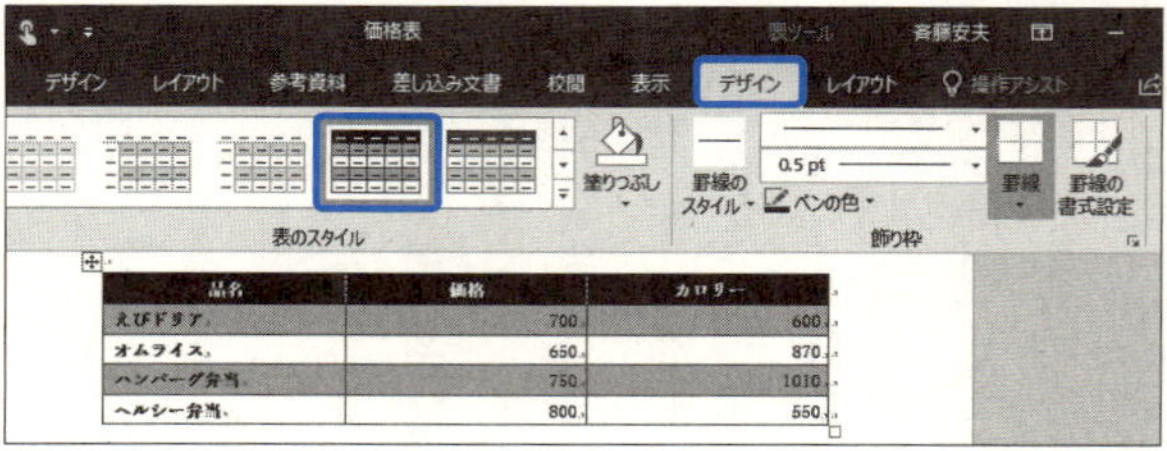

! 表のなかをクリックし、[表ツール] の [デザイン] タブにある [表のスタイル] からスタイルを選ぶと、罫線の太さや色を含め表のデザインを一気に変えられます。

表

複数のセルを1つにして「合計」欄を作る

これは便利！

[セルの結合]で複数のセルを1つにする

品名	価格	売上数	売上金額
えびドリア	700	10	7,000
オムライス	650	15	9,750
ハンバーグ弁当	750	20	15,000
日替わり弁当	800	20	16,000
合計			

3つのセルを1つにまとめて「合計」欄を作りました。

表の複数のセル(欄)を1つにまとめることを「セルの結合」といいます。この機能を使うと、表の最下行で複数のセルを結合し、合計の欄を作るというように、内容に応じてセルの大きさを変えられます。

結合するセルにデータが入っていたら、結合後もすべてのデータが残ります。そのため行が高くなることもありますが、不要なデータや改行を削除して1行にすれば戻せます。

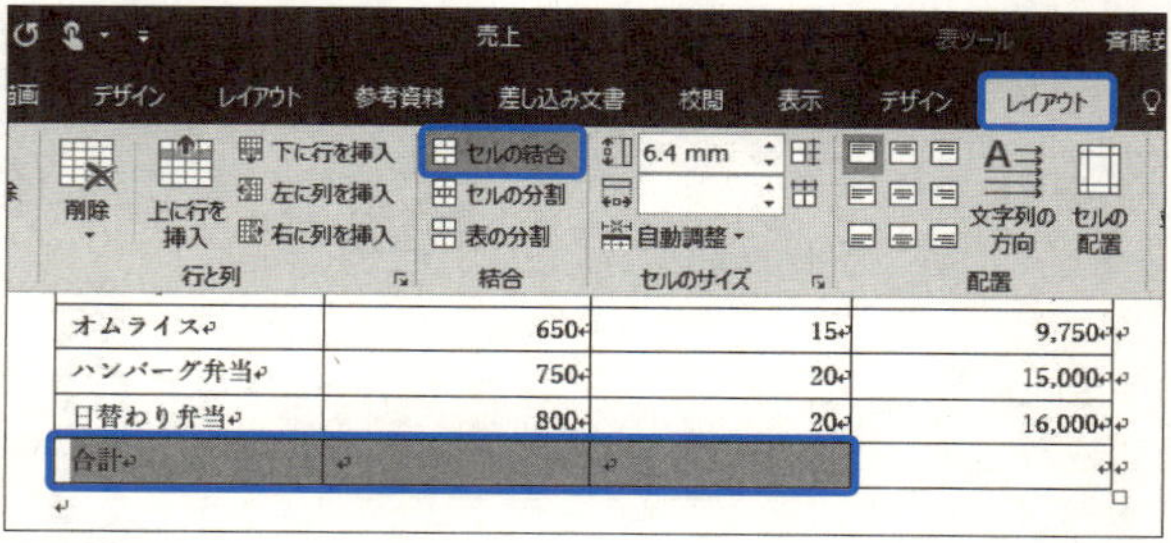

オムライス	650	15	9,750
ハンバーグ弁当	750	20	15,000
日替わり弁当	800	20	16,000
合計			

1 結合する複数のセルを選択します。図では横に選んでいますが、縦方向のセルを選択してもかまいません。[表ツール]の[レイアウト]タブを開き、[結合]グループ→[セルの結合]をクリックします。

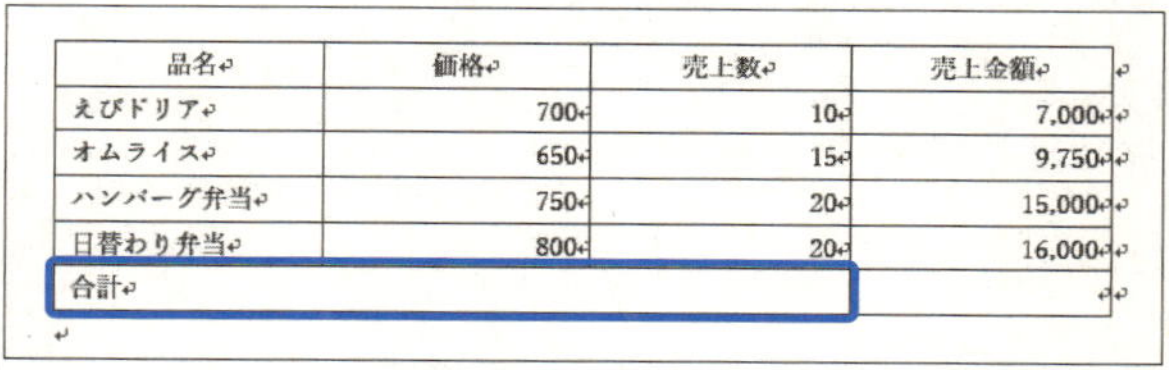

品名	価格	売上数	売上金額
えびドリア	700	10	7,000
オムライス	650	15	9,750
ハンバーグ弁当	750	20	15,000
日替わり弁当	800	20	16,000
合計			

2 複数のセルが1つになります。文字の配置は表の外と同じように、[ホーム]タブの≡や≡で変えられます。

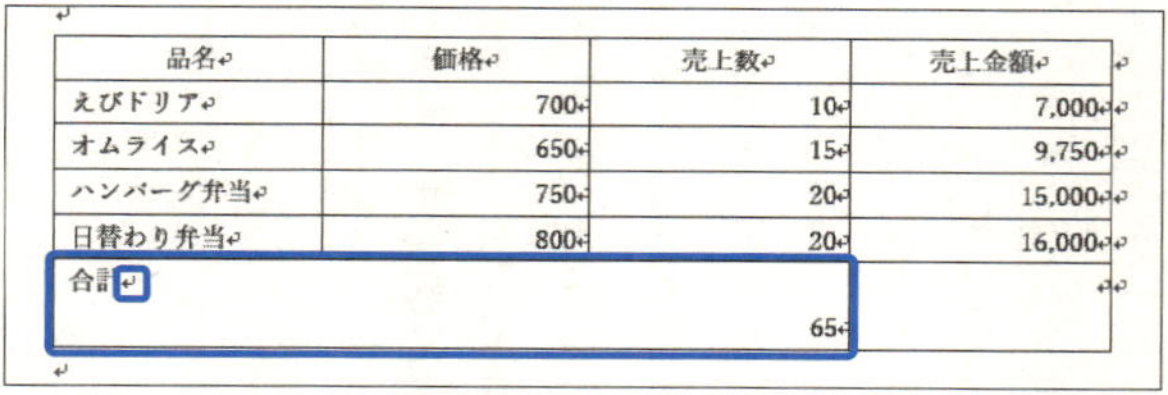

品名	価格	売上数	売上金額
えびドリア	700	10	7,000
オムライス	650	15	9,750
ハンバーグ弁当	750	20	15,000
日替わり弁当	800	20	16,000
合計 65			

! 元のセルにデータが入っていると、結合後も残ります。図では「合計」の文字と「65」の数字が残っています。「合計」の次の改行マークを削除してから「65」を削除すると**2**と同じになります。

表

表の列幅を広げる

仕上がりキレイ

境界線のドラッグで幅を変える

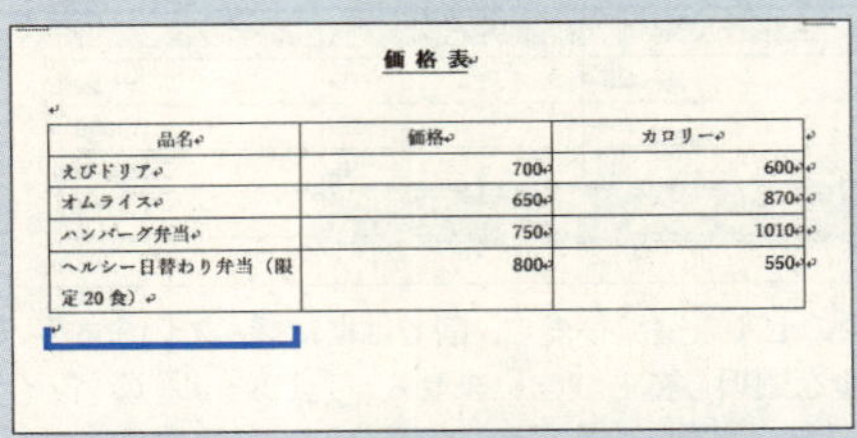

価格表

品名	価格	カロリー
えびドリア	700	600
オムライス	650	870
ハンバーグ弁当	750	1010
ヘルシー日替わり弁当（限定20食）	800	550

入力した文字がセルのなかで折り返してしまいました。列の幅を広げて折り返しを解消します。

表の列幅は境界線をドラッグすれば変えられます。文字数に合わせて幅を広げるのに役立つ操作です。

この操作で注意が必要なのは、列幅を変えると、右隣の列幅も連動して変わってしまうことです。これは表全体の幅が固定されているためです。右隣の列幅を保ちたい場合は[Shift]キーを押したままドラッグしてください。列幅を変えた分だけ表全体の幅が変わります。

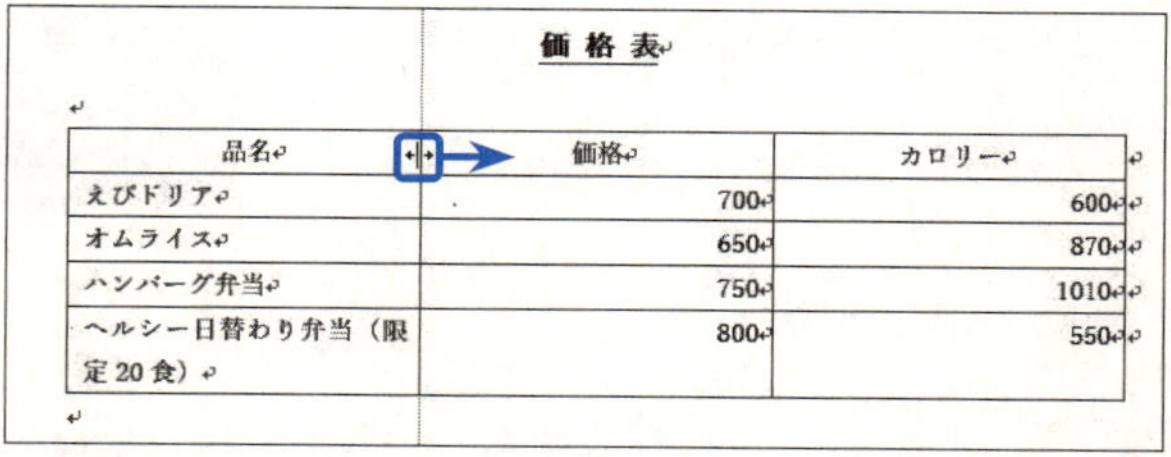

価格表

品名	価格	カロリー
えびドリア	700	600
オムライス	650	870
ハンバーグ弁当	750	1010
ヘルシー日替わり弁当（限定20食）	800	550

1 幅を広げたい列の右の境界線にポインターを合わせ、⫩になったら右にドラッグします。

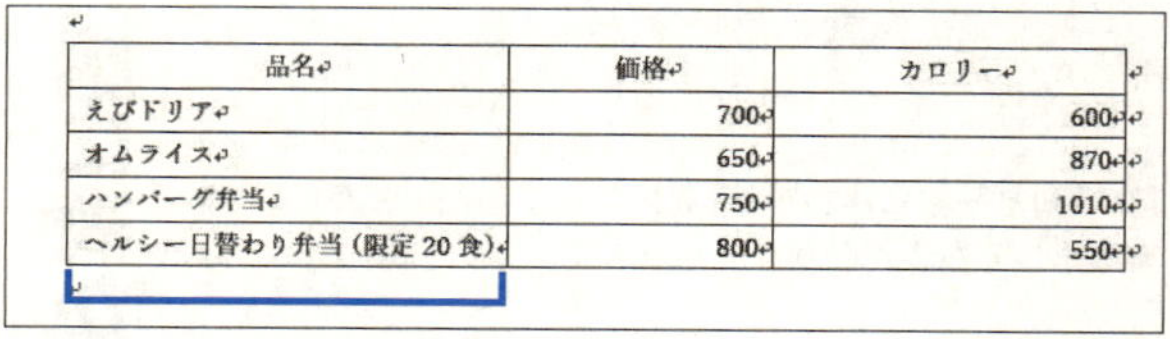

品名	価格	カロリー
えびドリア	700	600
オムライス	650	870
ハンバーグ弁当	750	1010
ヘルシー日替わり弁当（限定20食）	800	550

2 列の幅が広がり、文字が1行に収まりました。右隣の列の幅は狭くなっています。

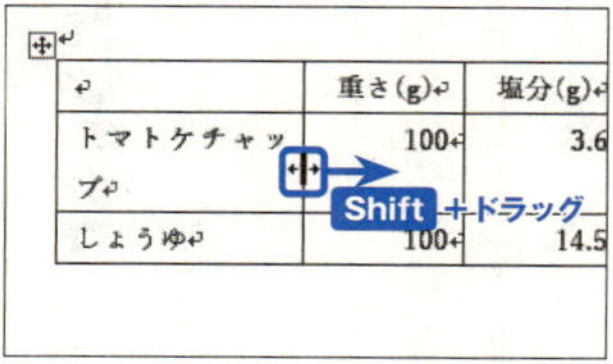

	重さ(g)	塩分(g)
トマトケチャップ	100	3.6
しょうゆ	100	14.5

右隣の列の幅を変えたくない場合は、幅を広げる列の右の境界線にポインターを合わせ、⫩になったら、[Shirt] キーを押したまま右にドラッグします。

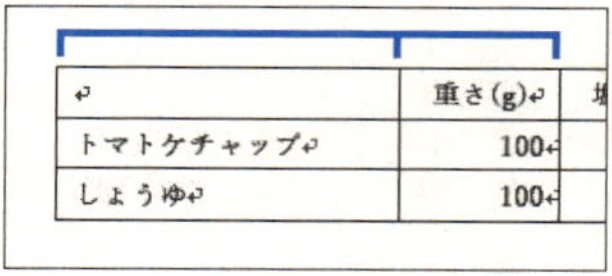

	重さ(g)
トマトケチャップ	100
しょうゆ	100

対象の列の幅が広がり、右隣の列幅は変わりません。

表

文字列と一緒に表が動いてしまう

イライラ解消

　表より前にある文章を編集すると、表の位置が動くことがあります。文書によっては、文章を編集しても表の位置を変えたくない場合もありますが、移動した表を元に戻していたら手間がかかります。

　こんなときは、文字列と一緒に移動しないよう設定を変えましょう。この設定にすると、表の周囲に文章が流し込まれるようになることもあります。

[文字列と一緒に移動する]をオフにする

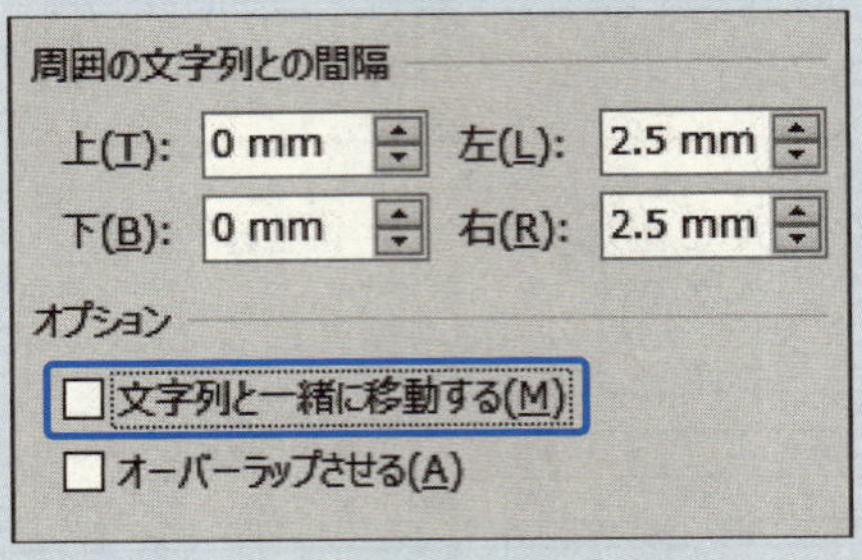

[文字列と一緒に移動する] をオフにすると、文章を編集しても表が動かなくなります。

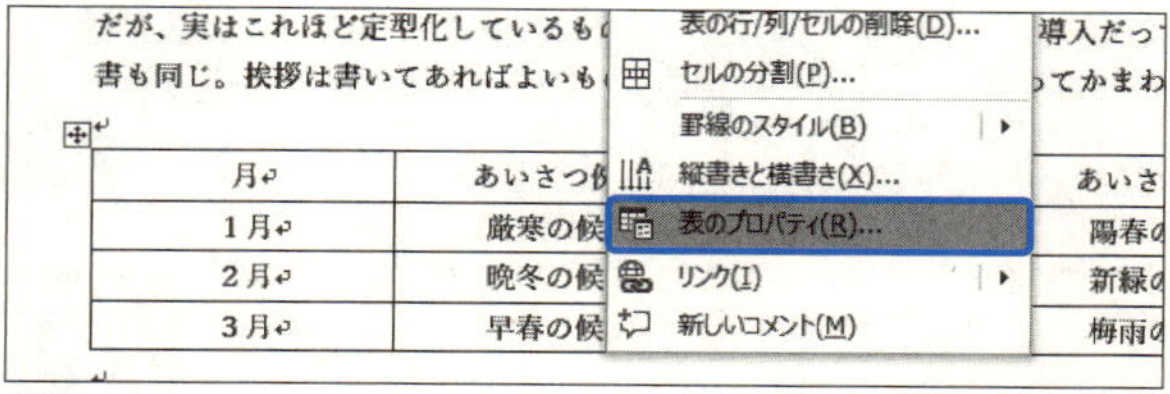

1 表のなかで右クリックし、[表のプロパティ]を選びます。

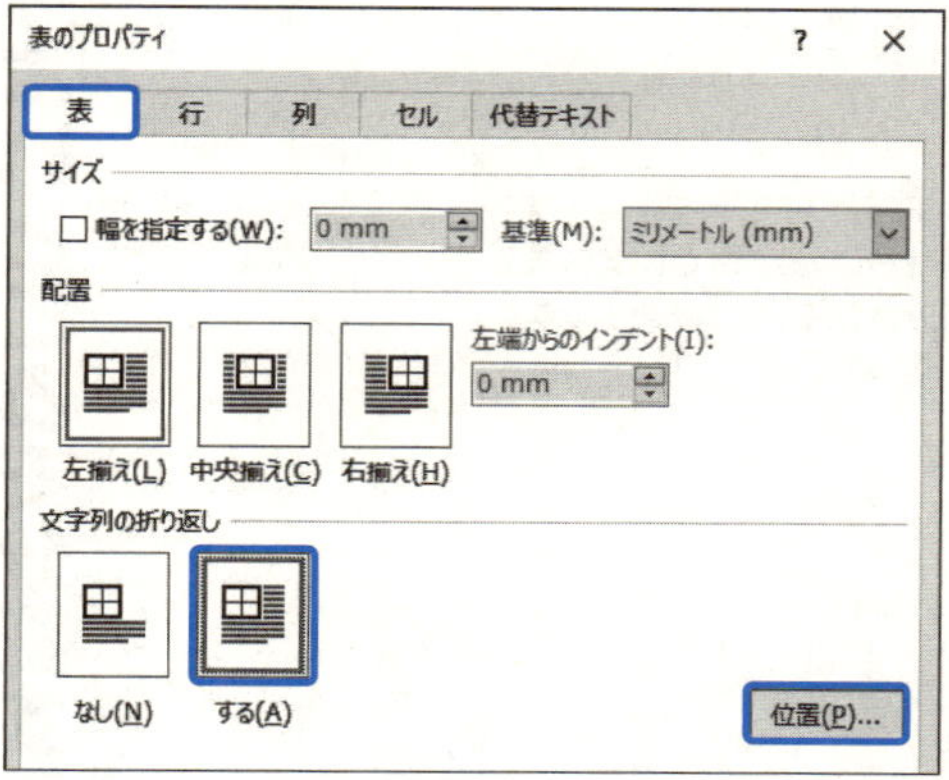

2 [表]タブを開きます。[文字列の折り返し]で[する]をクリックし、[位置]をクリックします。

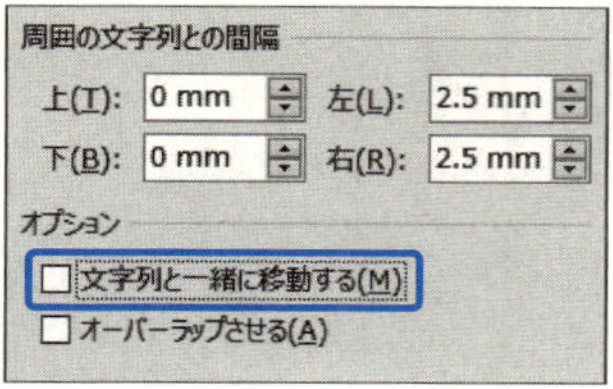

3 [文字列と一緒に移動する]をクリックして☐にします。[OK]をクリックして開いている画面をすべて閉じます。表より前の文章を編集しても表が動かなくなります。

表

不自然に分かれた表を区切りのよいところで分割する

仕上がりキレイ

区切りのよい位置で[表の分割]をクリック

月	あいさつ例
1月	厳寒の候 新春の候
2月	晩冬の候
	向春の候
3月	早春の候 春寒の候

表が不自然に分かれてしまいました。区切りよい位置で分かれるように変更します。

ページをまたがるような表では、うっかりすると、不自然に表が分かれることがあります。表の分割位置は、「表の分割」機能で指定できるので、ページをまたがる場合には区切りのよいところで分けましょう。ただし、表の周囲に文字が流し込まれていると、うまくいかないこともあります。この場合は、表の前で改ページして（Ｐ160参照）、表を次のページに入れてください。

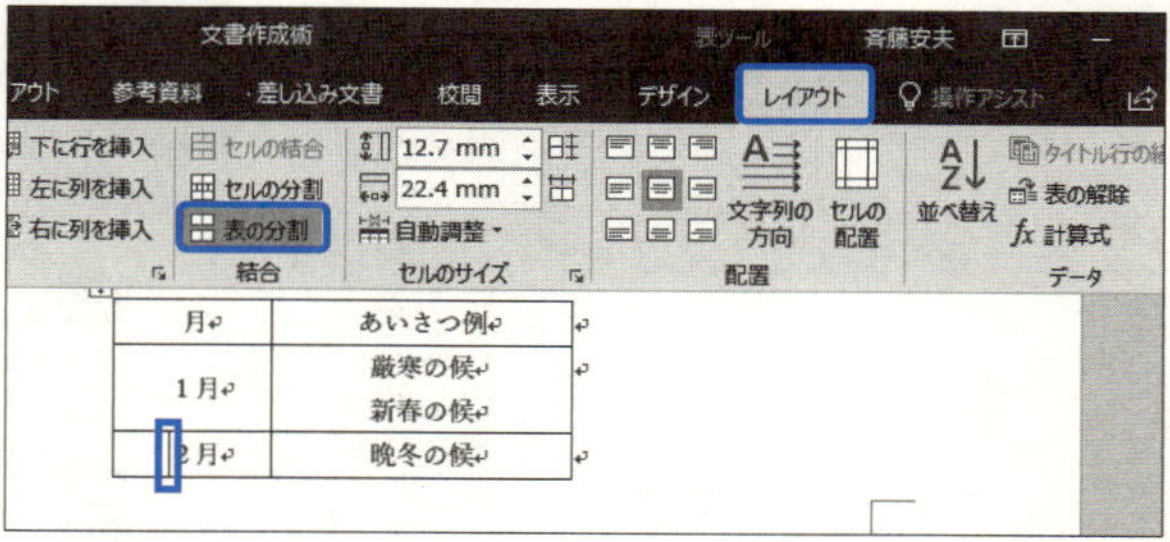

1 分割したい行の任意のセルをクリックします。[表ツール]の[レイアウト]タブを開き、[結合]グループ→[表の分割]をクリックします。

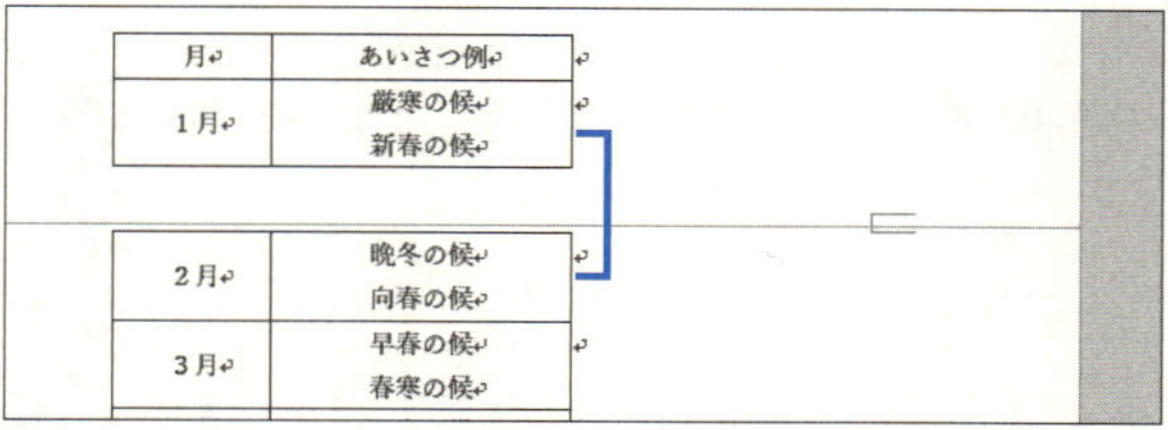

2 表が区切りよく分割できます。分割後の表が次のページに入らなかったら、段落記号↵の位置で[Enter]キーを押してください。

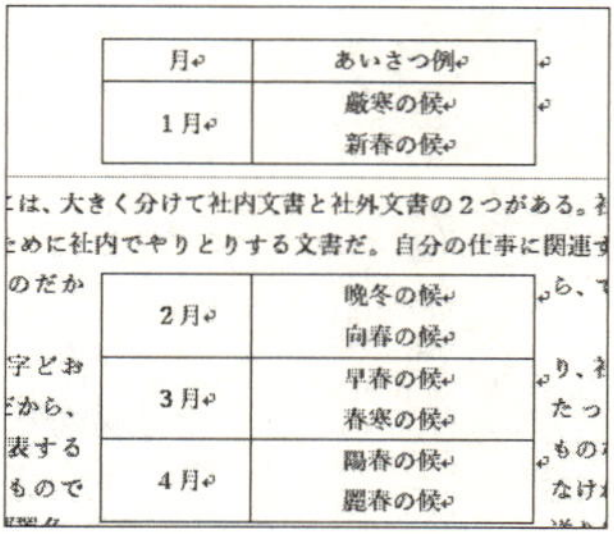

! 周囲に文章が流し込まれている表を分割すると、図のように表の間に文章が入ってレイアウトが整わないことがあります。表の行が横にずれたり重なったりすることもあります。このようなときは、表の前で改ページすれば表と周囲の文章が次のページに入ります。行のずれや重なりも起こりません。

表

表を削除する・解除する

表が不要になったら削除します。[Delete]キーだけでは削除できないこともあるので要注意です。表を削除する方法はいくつかありますが、手早く行えるのが、表を選択して[Back Space]キーを押す方法です。

　表のなかのデータを残したいときは、表を解除します。これなら表の枠線が消えるだけなので、データを効率よく再利用できます。

[Back Space]キーで削除
[表の解除]で解除

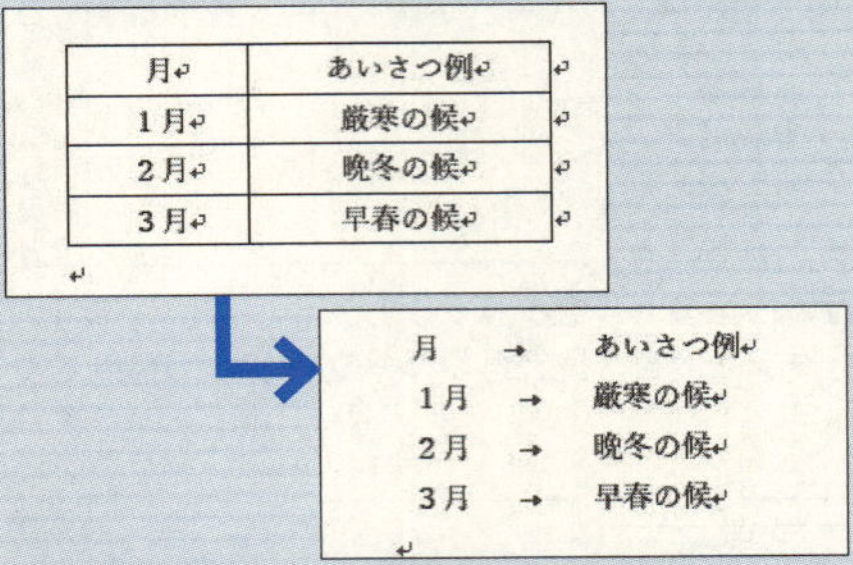

表を解除しました。データは残っています。

基本のキホン

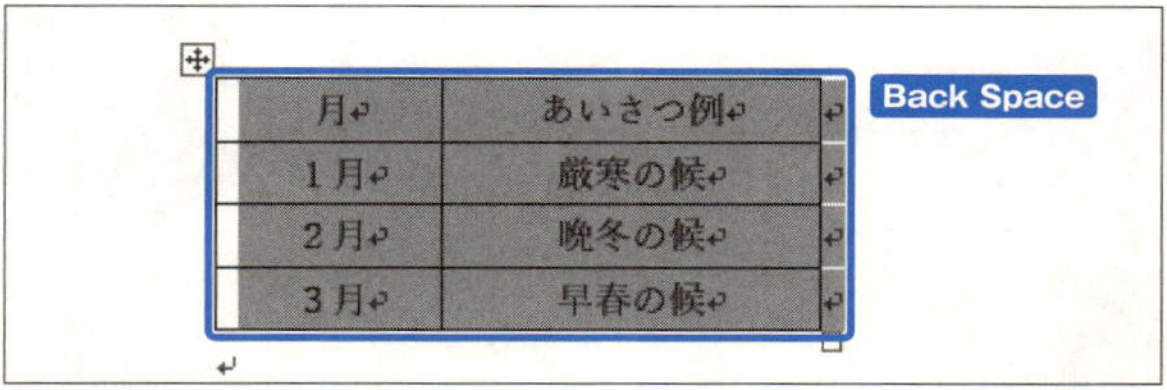

1 表を削除します。表を選択し、[Back Space]キーを押すと表を削除できます。表の直前または直後の行も含めて選択すれば[Delete]キーで削除することもできます。

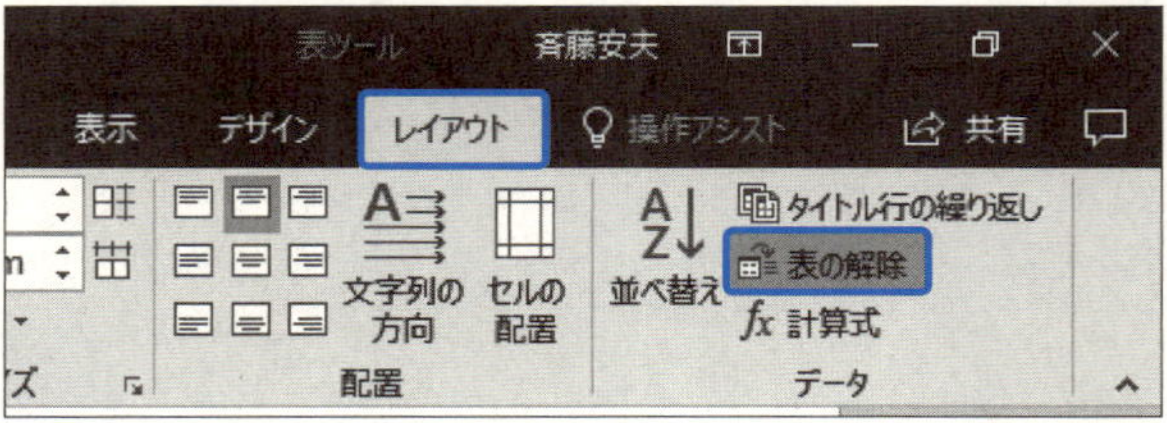

2 表を解除します。表のなかをクリックします。[表ツール]の[レイアウト]タブを開き、[データ]グループ→[表の解除]をクリックします。

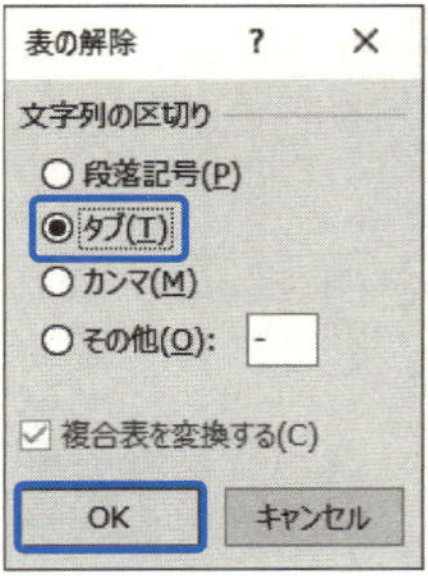

3 表の解除後に各セルの文字列を区切る方法を選びます。図では[タブ]を選んでいます。[OK]をクリックすると表が解除されます。解除後の文字が枠で囲われていたら、枠線にポインターを合わせ になったら右クリック→[レイアウト枠の書式設定]→[レイアウト枠の削除]をクリックしてください。

印刷

印刷する

［印刷］画面で印刷状態を確認して印刷

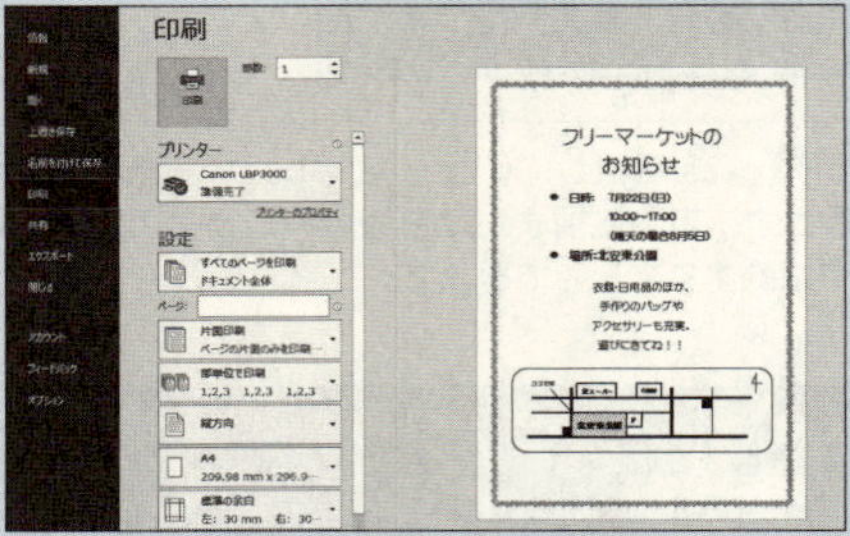

プレビューで印刷状態を確認し、［印刷］をクリックします。

［ファイル］タブの［印刷］を選ぶと［印刷］画面になります。はじめて印刷する文書では、プレビューで印刷される状態を確認してから印刷します。プレビューは用紙全体が表示されるので、文書のレイアウトを確かめるのにも役に立ちます。

定型文書のように、何度も印刷したことがある文書なら、エクスプローラーで文書を右クリック→［印刷］を選べば即座に印刷できます。

基本のキホン

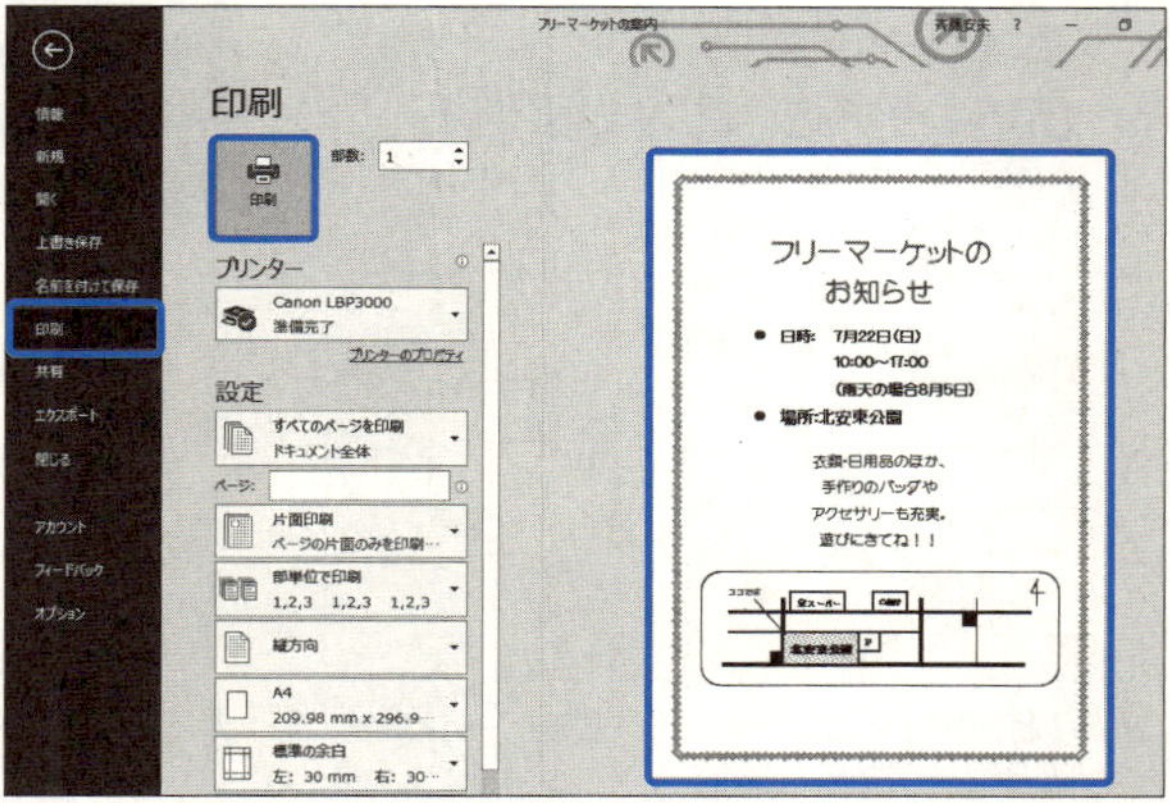

1 [ファイル] タブを開きます。左の一覧で [印刷] を選びます。プレビューで印刷状態を確認し、[印刷] をクリックして印刷します。印刷前にレイアウトを変更したければ、左上の(2010では[ホーム]などのタブ)をクリックすると文書の画面に戻ります。

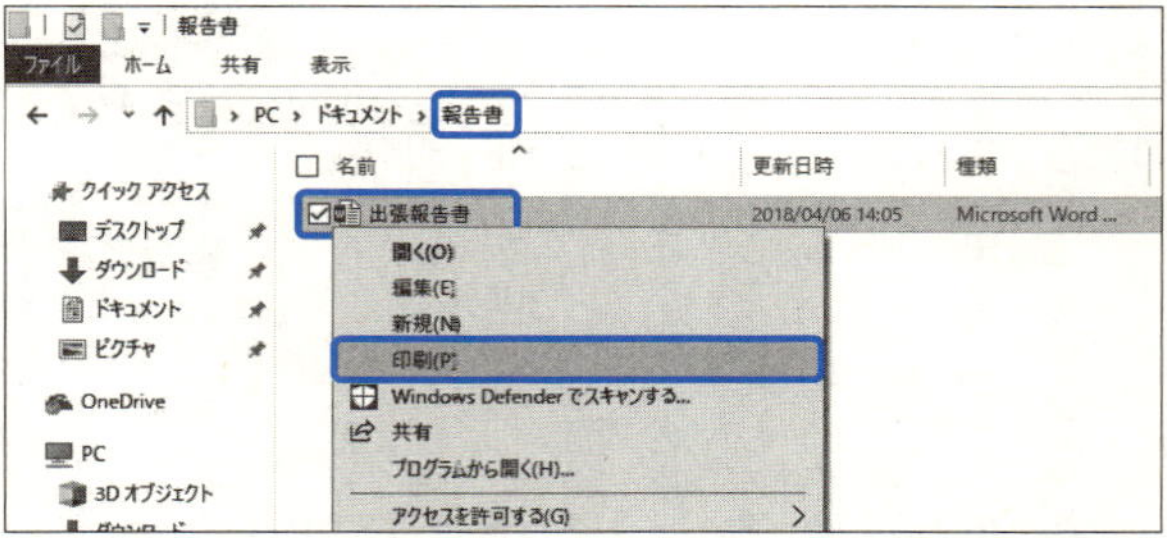

! エクスプローラーで印刷する文書を保存した場所を開きます。印刷する文書を右クリックして [印刷] を選ぶと、ワードが起動して文書が開き、印刷が実行されます。その後ワードは自動で終了します。

印刷

ページを指定して印刷する

基本のキホン

複数ページの文書では、常にすべてを印刷したいとは限りません。必要な部分だけ印刷したほうが、時間も用紙やインクも節約できます。

印刷するページの指定には、ハイフンとカンマを使います。ハイフンは連続するページの範囲の指定、カンマはページの指定を区切るのに使います。また、「5－」のようにすると、5ページ目以降最後まで印刷できます。

連続ページは「－」でつなぐ、個別のページは「,」で区切る

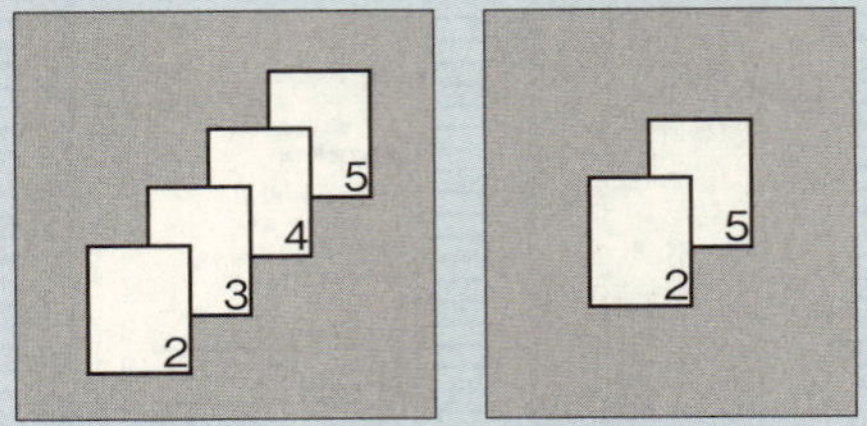

「2-5」と指定すると２ページから５ページまで、「2,5」とすると２ページと５ページを印刷します。

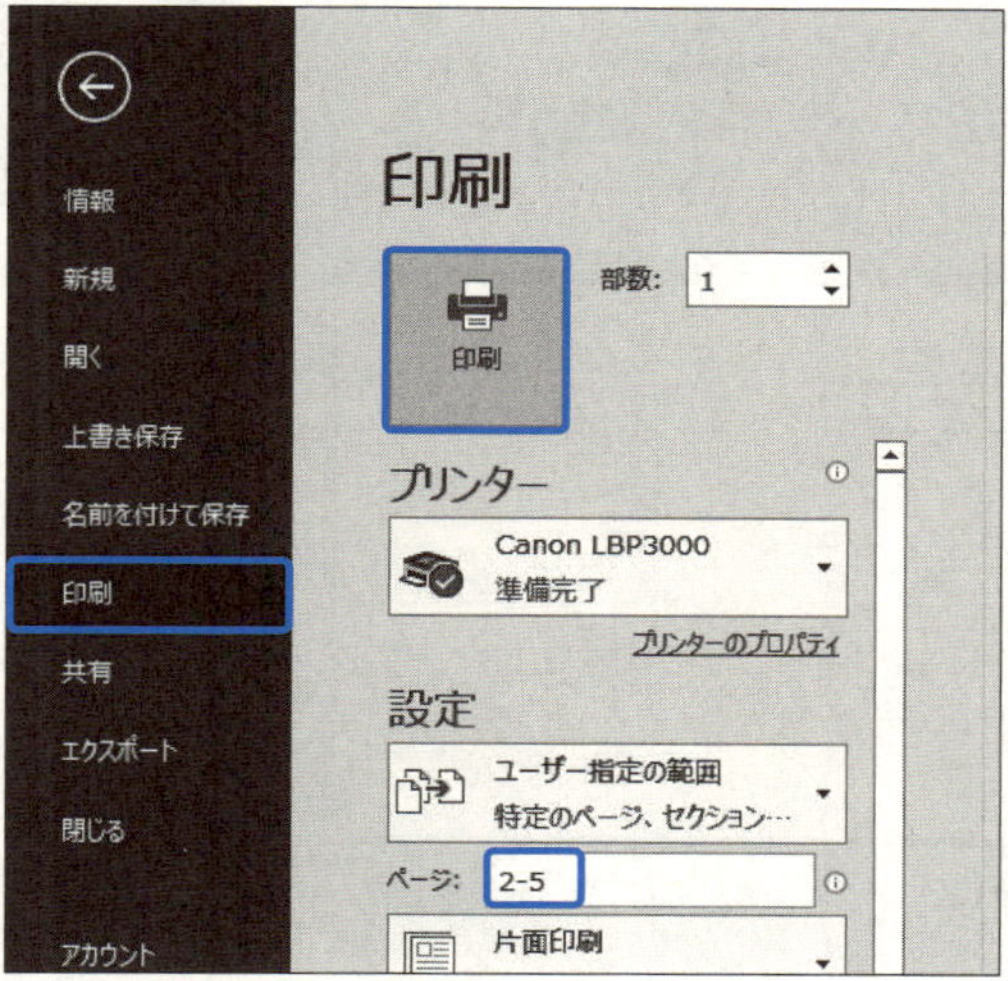

1 [ファイル]タブを開きます。左の一覧で[印刷]を選びます。[ページ]で印刷するページを指定します。「2-5」とすると、2ページから5ページまでの指定になります。[印刷]をクリックすると、指定したページだけが印刷できます。

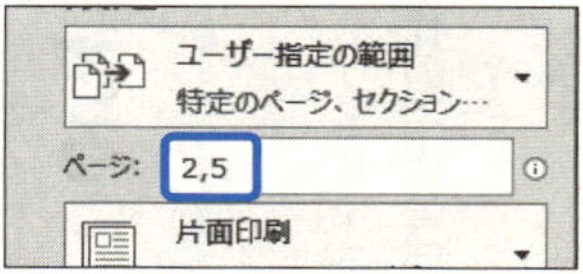

2 離れたページは「,」で区切ります。図では2ページと5ページを印刷するように指定しています。

3 連続したページと離れたページを同時に指定することもできます。印刷する範囲やページは「,」で区切ります。

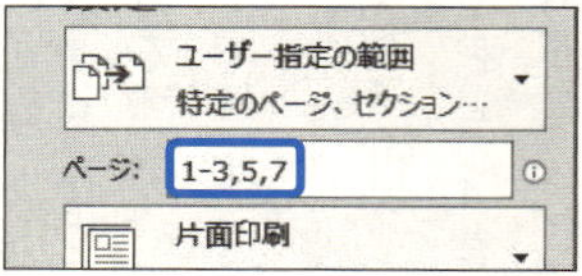

印刷

1枚の用紙に複数ページ印刷する

これは便利！

複数ページの文書を印刷するときは、1枚の用紙に何ページ印刷するか指定できます。ページ数に応じて縮小して印刷されるので、A4用紙1枚に印刷するページ数としては2～4ページくらいが適当です。

この設定はプレビューで確認できません。確認するには、「ページ」欄で「1-2」（1枚に2ページ印刷する場合）のように指定し（P204参照）、1枚目を印刷してください。

[印刷]画面で[2ページ／枚]を選ぶ

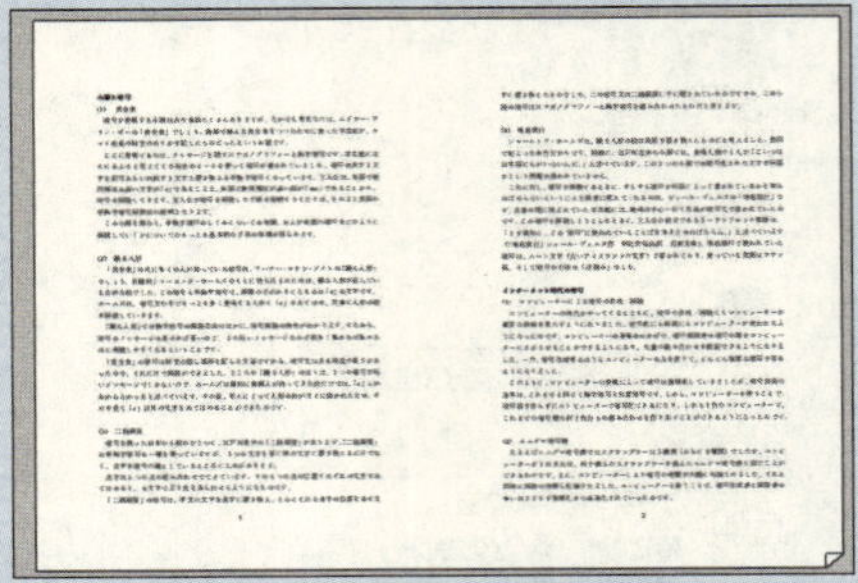

1枚の用紙に2ページ印刷する設定に変えました。

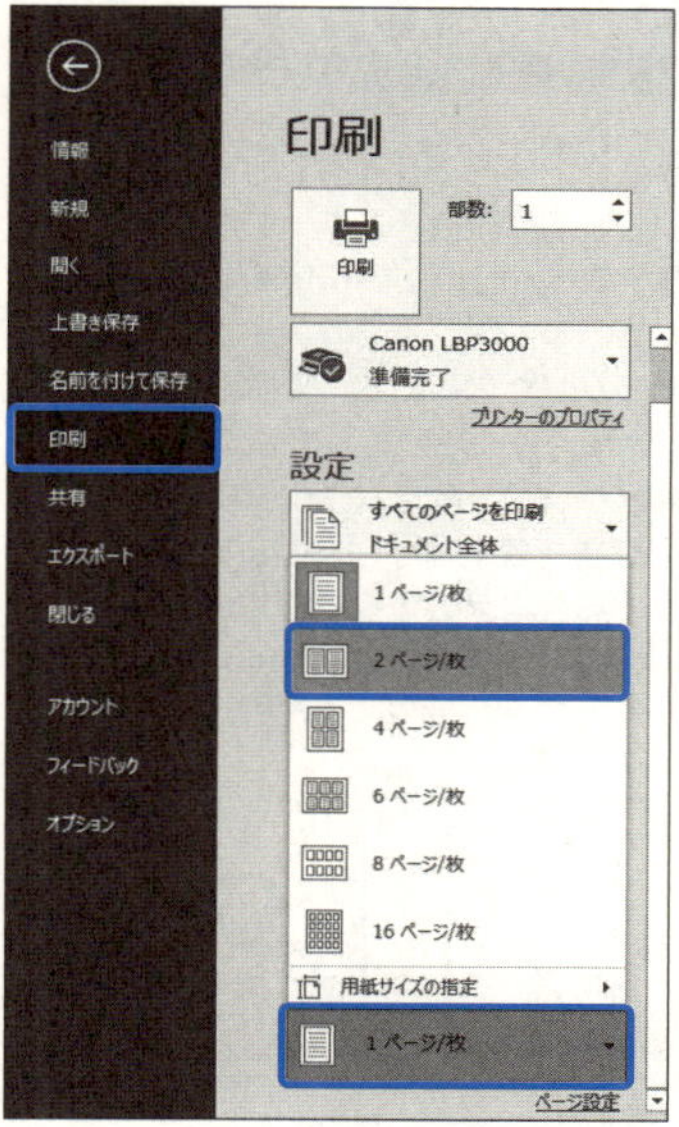

1 [ファイル] タブを開きます。左の一覧で[印刷] を選びます。[1ページ／枚] をクリックして、1枚に印刷するページ数を選びます。図では1枚に2ページになるようにしています。

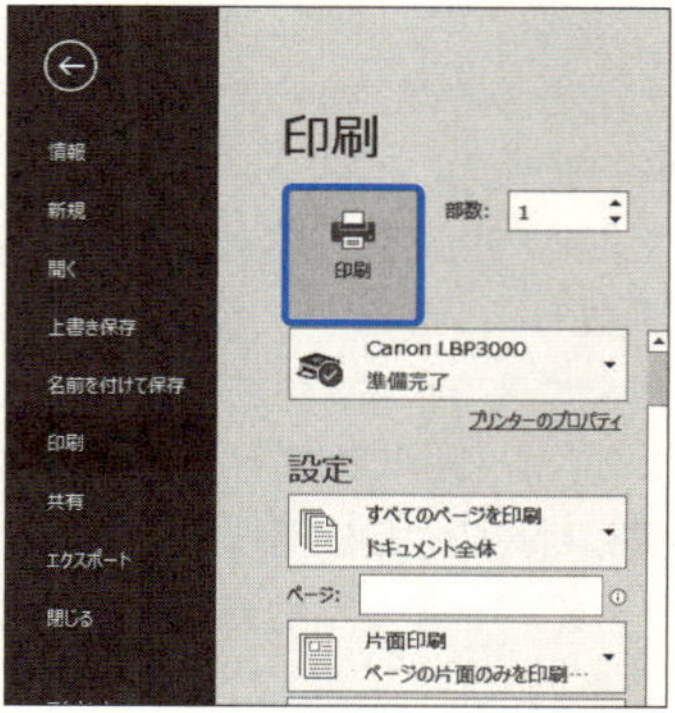

2 [印刷] をクリックすると、1枚の用紙に指定したページ数が印刷されます。設定の確認をする必要がなければ[ページ] 欄は空白でOKです。

COLUMN

読みのわからない漢字を入力する

タスクバーのあなどを右クリックし、[IMEパッド]を選ぶと（ウィンドウズ7では言語バーのをクリックし）、IMEパッドを起動できます。

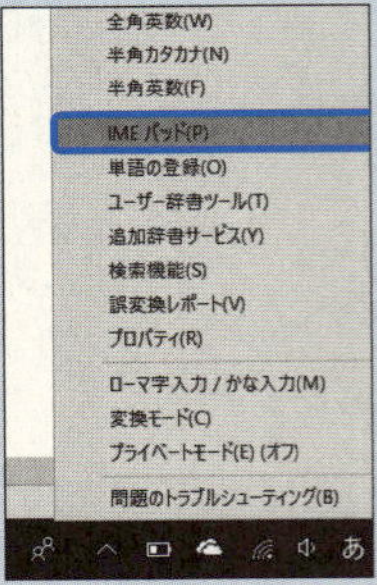

手書きで漢字を探すには、をクリックします。枠内をドラッグして文字を書きます。書いた線に応じて候補が表示されるので、目的の漢字が見つかったらクリックします。文字が入るので[Enter]キーで確定します。

IMEパッドの部をクリックすると漢字を部首で探せます。また、画をクリックすると総画数で探せます。

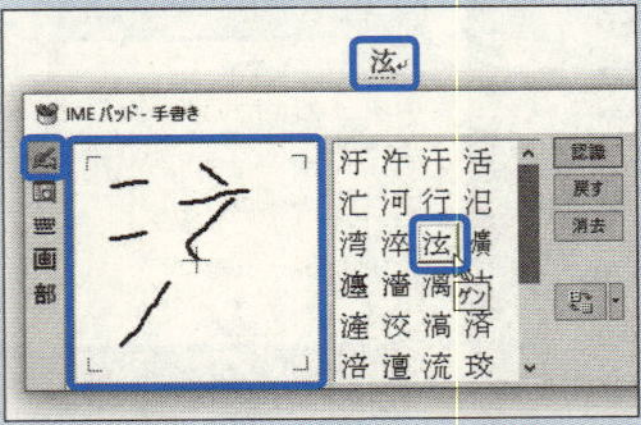

特殊な漢字は読みから変換できないこともあります。そもそも読みがわからない漢字もあるでしょう。このような漢字の入力には「IMEパッド」を使います。

IMEパッドでは漢字辞典と同じ要領で、漢字を部首や総画数で探せるほか、手書きで探すこともできます。手書きはマウスでドラッグするか、タッチパネルの機能があるパソコンなら指でも書けます。たいていの漢字は、途中まで書けば見つかります。

IMEパッドの起動方法は、ウィンドウズ10および8.1とウィンドウズ7とでは少し異なりますが、使い方は同じです。

Part 4
パワーポイントの超基本ワザ!

パワポの基本操作

編集

アニメーション

スライドショー

保存と印刷

グラフの挿入
クリックすると、グラフの種類とレイアウトを指定してプレースホルダーにグラフを挿入できます。

SmartArt グラフィックの挿入
クリックすると、スマートアートを挿入できます。

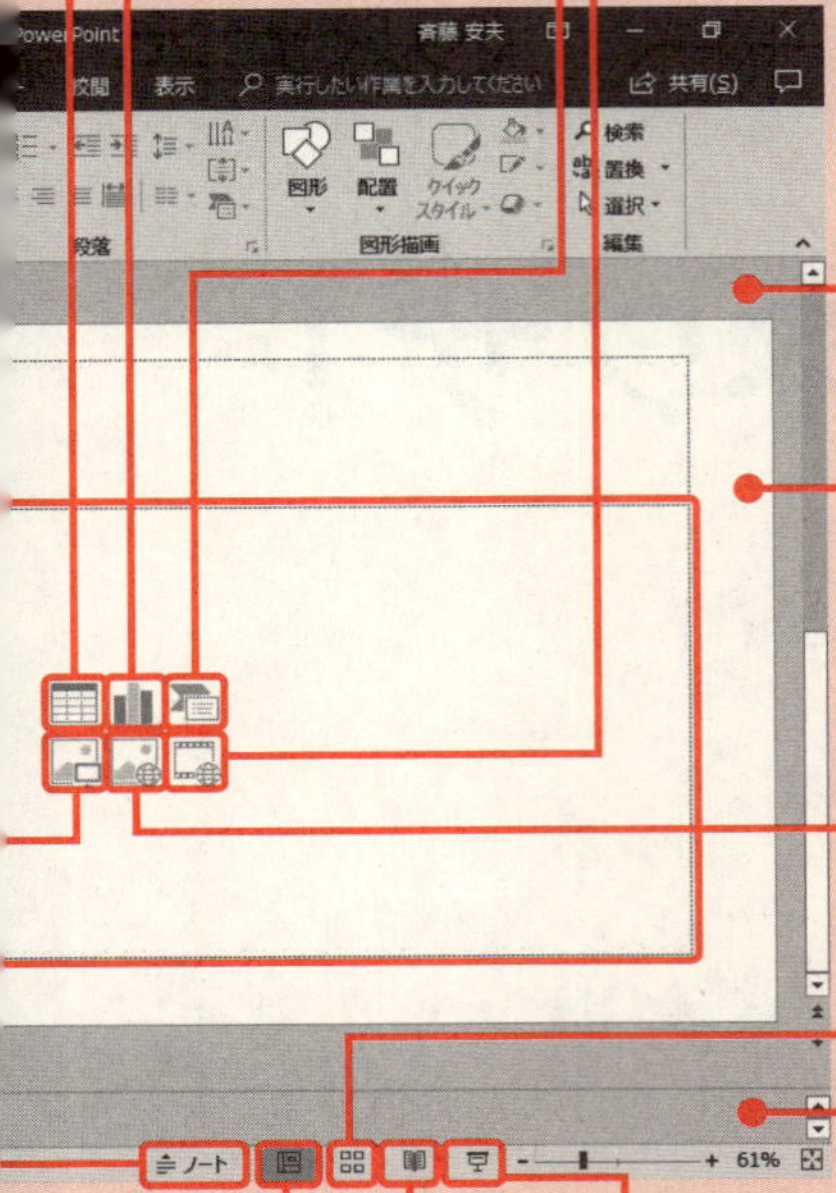

ビデオの挿入
クリックすると、パソコンやUSBメモリなどに保存されているビデオやユーチューブのビデオをスライドに挿入できます。

スライドペイン
「標準」表示でスライドが表示される領域です。

スライド
プレゼンテーション(パワポのファイル)のページです。

オンライン画像
インターネットに接続した状態でクリックすると、キーワードを入力してネット上の画像を検索し、スライドに挿入できます。

スライド一覧
クリックすると、スライドの縮小版を並べて表示できます。

ノートペイン
タスクバーの[ノート]をクリックすると表示されます。スライドごとに説明する内容などを記入する領域です。

標準
パワポの標準の表示で、サムネイルとスライドペインが並んでいます。

閲覧表示
クリックすると、ウィンドウのサイズに合わせてスライドを表示します。

スライドショー
クリックすると、画面いっぱいにスライドを表示します。

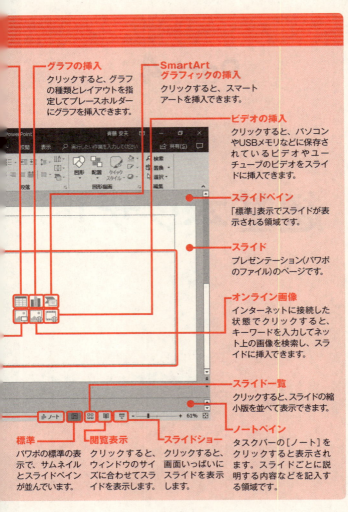

パワーポイント画面解説

パワーポイント2016の各部の名称と機能です。2013、2010でもほぼ同じです。エクセル、ワード、パワーポイントに共通する部分の名称と機能はP34にあります。

表の挿入

クリックすると、行数と列数を指定してプレースホルダーに表を挿入できます。

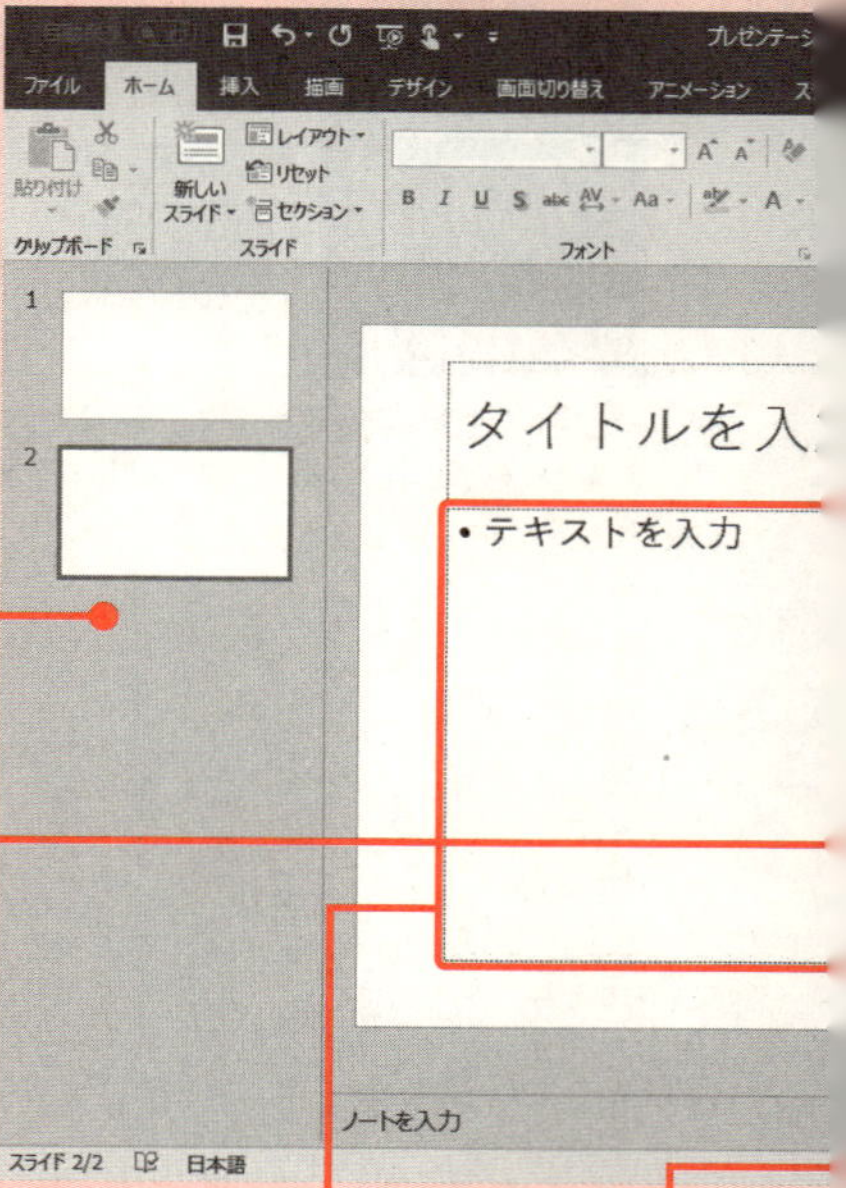

サムネイル

「標準」表示でスライドのサムネイル(縮小版)を表示します。「アウトライン」表示では、この領域に、スライド内の文字が表示されます。「スライド一覧」表示にすると、この領域はなくなります。

図

クリックすると、パソコンやUSBメモリなどに保存されている写真やロゴ、図などをスライドに挿入できます。

プレースホルダー

文字や図形、グラフなどを挿入する領域です。スライドのレイアウトによりプレースホルダーの位置や数、文字の向きなどが異なります。

ノート

クリックして、ノートペインの表示と非表示を切り替えます。

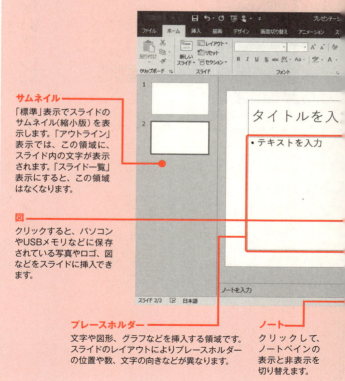

新しいプレゼンテーションを作る

起動時に作成するか、
[ファイル]→[新規]を選ぶ

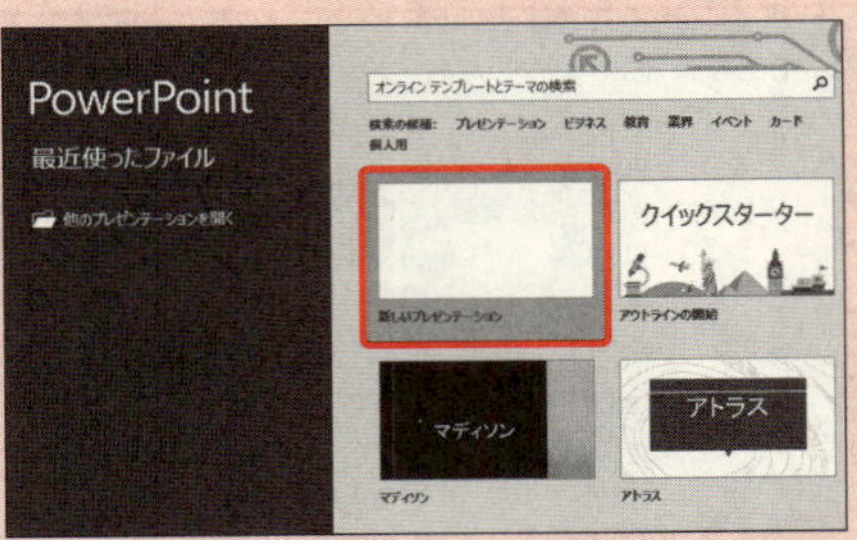

パワポ2016の起動画面です。[新しいプレゼンテーション]を選ぶと、新しいファイルを作れます。

パワーポイント（以下「パワポ」）のファイルを「プレゼンテーション」と呼びます。新しいプレゼンテーションはパワポを起動したときに作成できます。また、パワポを起動している状態なら、「ファイル」タブを開き、［新規］を選んで作れます。

いずれの場合も、最初にテーマ（P214参照）も選べますが、テーマはプレゼンテーションを作成してから設定することもできます。

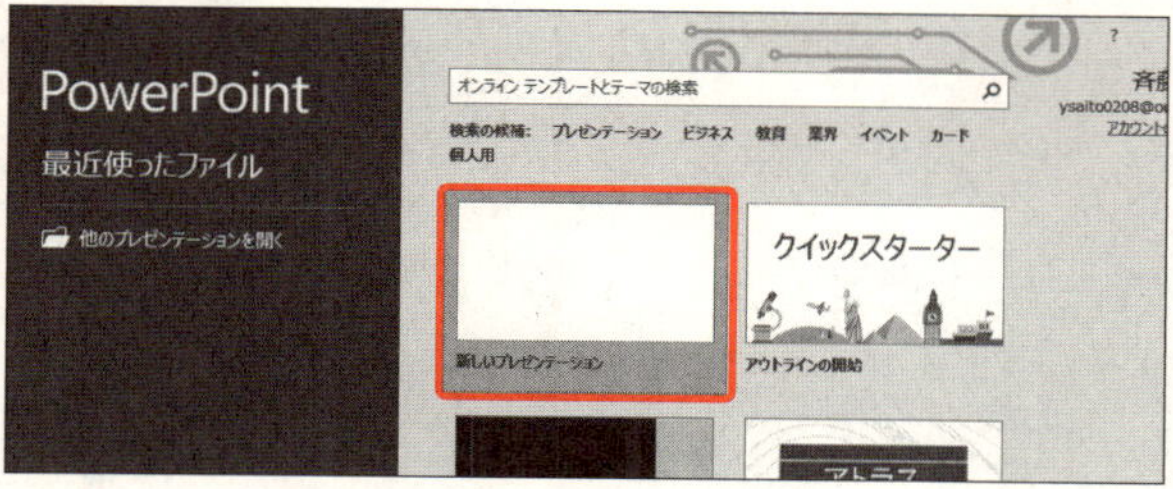

1 2016と2013は起動時に[新しいプレゼンテーション]をクリックして、新しいプレゼンテーションを作ります。2010は起動するだけで新しいプレゼンテーションが作れます。

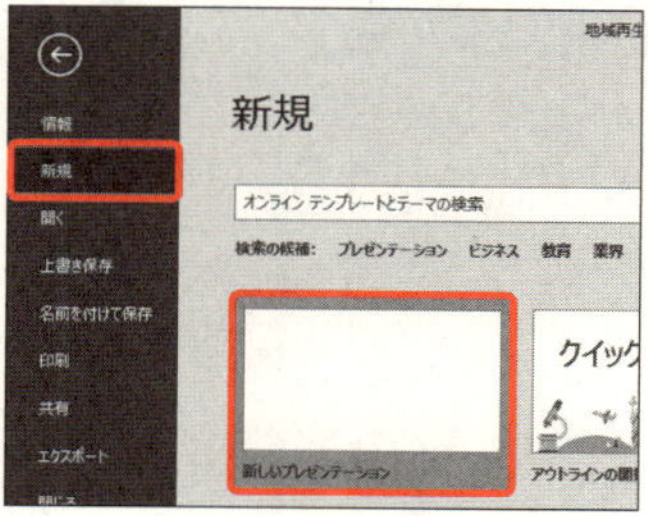

2 パワポを起動しているときには、[ファイル]タブを開き、左の一覧で[新規](2010では[新規作成])をクリックします。[新しいプレゼンテーション]をクリック(2010では、次に[作成]もクリック)してプレゼンテーションを作成します。

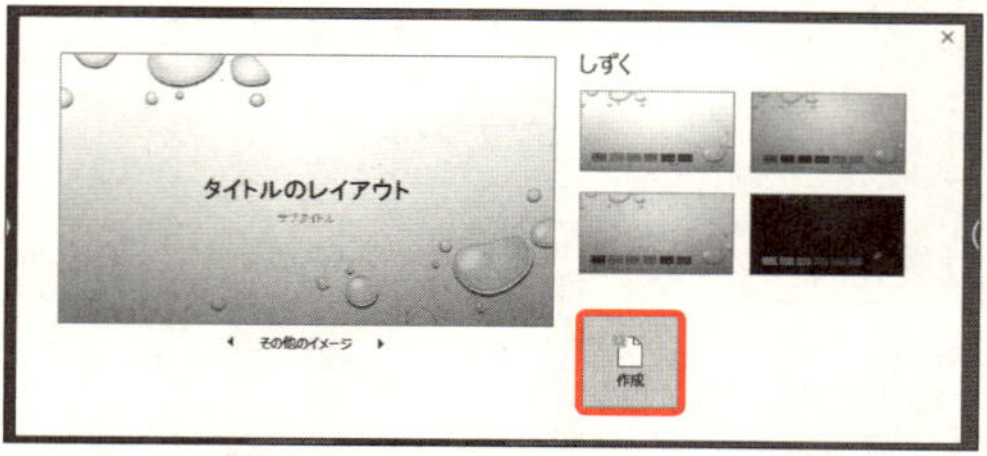

! 2016と2013で、新しいプレゼンテーションを作る際にスライドのテーマをクリックすると図の画面になり、[作成]をクリックするとテーマを適用したプレゼンテーションを作れます。

テーマを変更する

仕上がりキレイ

［デザイン］の［テーマ］から選ぶ

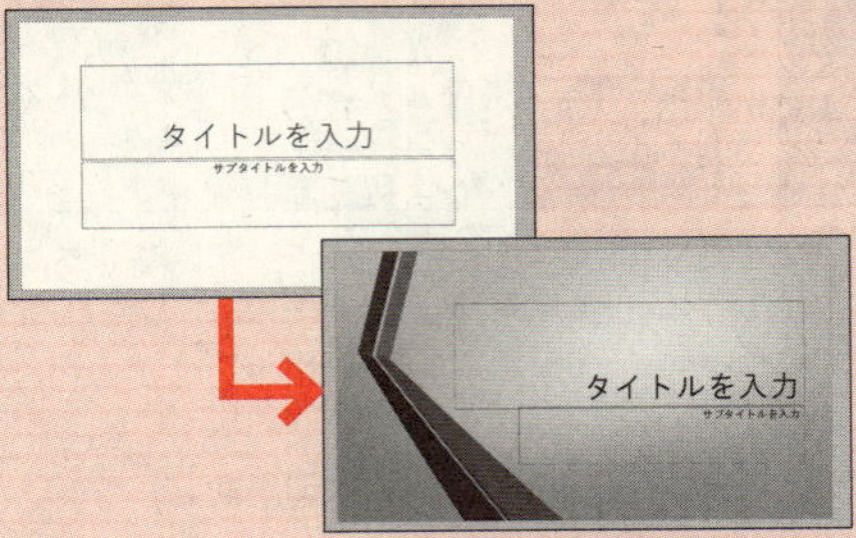

テーマを適用すると、スライドのデザインを一気に変えられます。

テーマはスライドの背景と配色、フォントなどの組み合わせです。テーマを選ぶだけで、簡単にデザインの施されたスライドにできます。テーマによって、フォントの種類や文字の大きさ、配置が異なります。このため、データを入力してからテーマを変えると、改行位置が不自然になったり、図と文字が重なることがあります。テーマは、早いうちに設定したほうが効率的です。

1 ［デザイン］タブを開きます。［テーマ］グループの▼［その他］をクリックします。

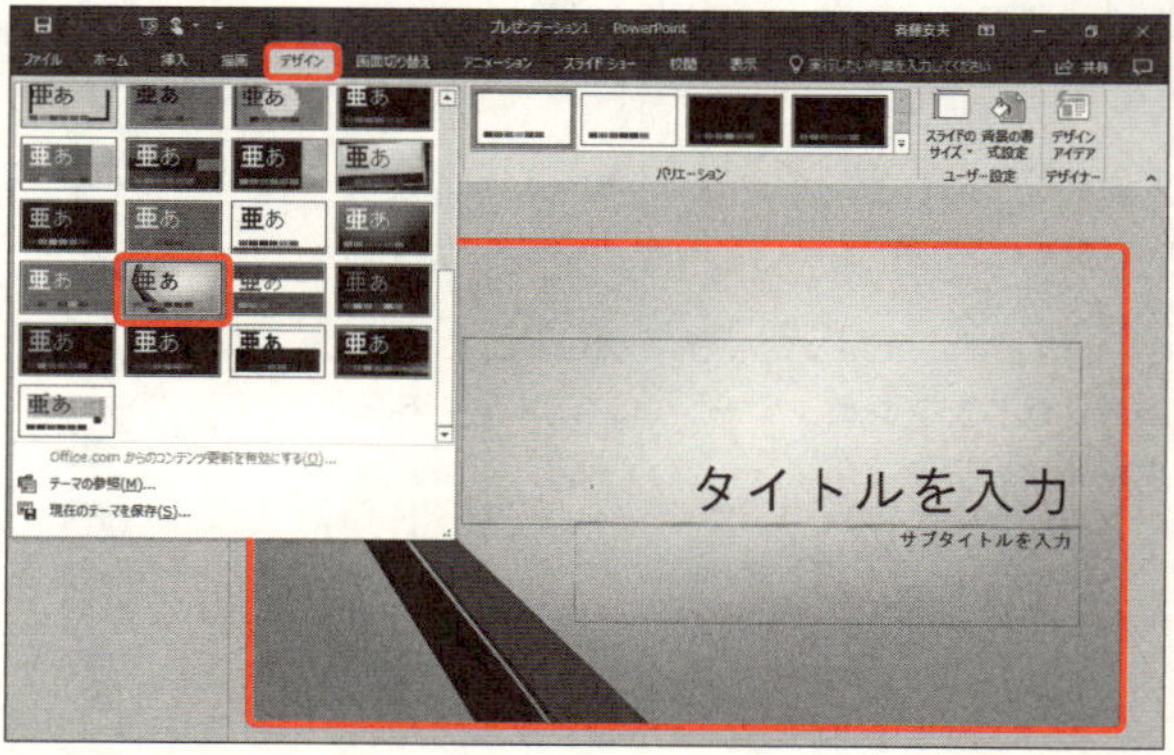

2 使用するテーマをクリックすると、テーマが適用されます。テーマにポインターを合わせると適用された状態が確認できるので、選択の参考にしましょう。

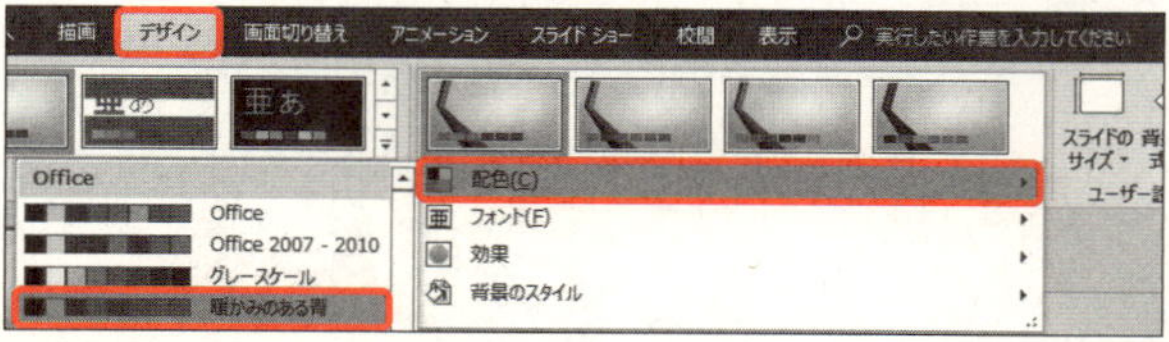

! ［デザイン］タブを開き、［バリエーション］グループの▼［その他］をクリックし（2010では［テーマ］グループで）、［配色］→色の組み合わせを選ぶとテーマで使う色を変えられます。

パワポの
基本操作

新しいスライドを追加する

基本の
キホン

[新しいスライド]を
クリックして追加する

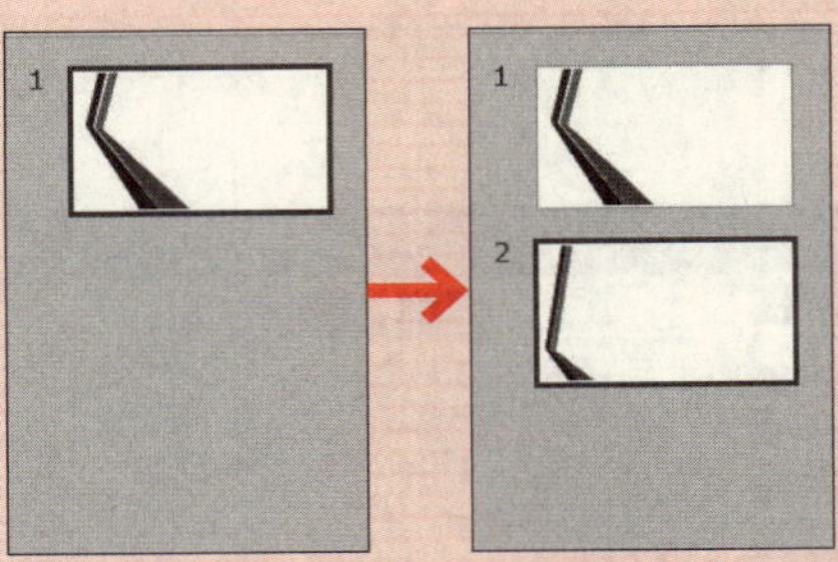

新規作成したプレゼンテーションにスライドを1枚追加しました。

新しく作成したプレゼンテーションには、タイトルスライドだけがあります。プレゼンテーションを作っていくには、スライドを追加しなければなりません。スライドの追加は[ホーム]タブの[新しいスライド]で行います。タイトルスライドの直後に挿入したスライドは「タイトルとコンテンツ」のレイアウトです。以降は直前と同じレイアウトのスライドが入ります。

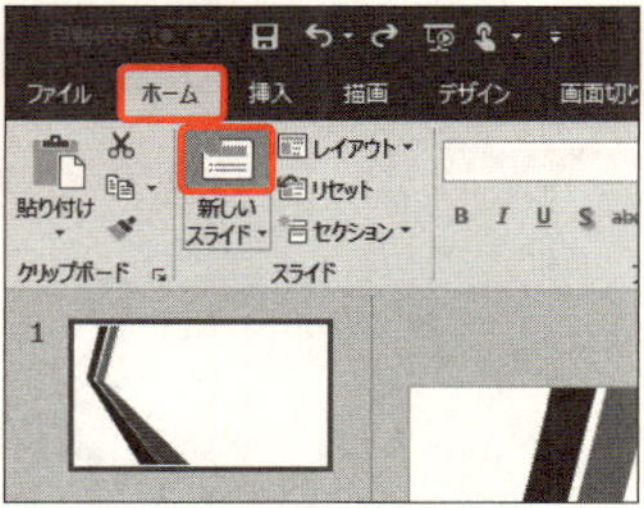

1 [ホーム]タブを開きます。[スライド]グループ→[新しいスライド]をクリックします。

2 表示していたスライドの次に新しいスライドが入ります。レイアウトを指定してスライドを追加する方法はP219にあります。

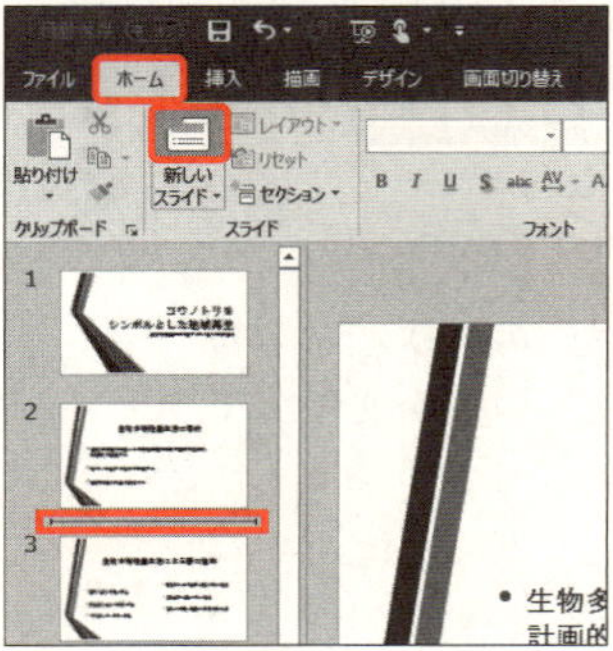

! スライドを挿入する場所を指定したければ、スライドのサムネイルで挿入位置をクリックしてから、[ホーム]タブの[新しいスライド]をクリックしてください。挿入位置を示す線の前にスライドが入ります。

スライドのレイアウトを変更する

スライドには10以上のレイアウトがあり、いつでも別のレイアウトに変更できます。既存のスライドが想定と違うレイアウトだったら、内容に合わせて変更しましょう。また、スライドを挿入する際にレイアウトを指定することもできます。

文字や図などを入れたスライドでレイアウトを変えると、新しいレイアウトに合わせてデータが配置されます。

[ホーム]→[レイアウト]で変更後のレイアウトを選ぶ

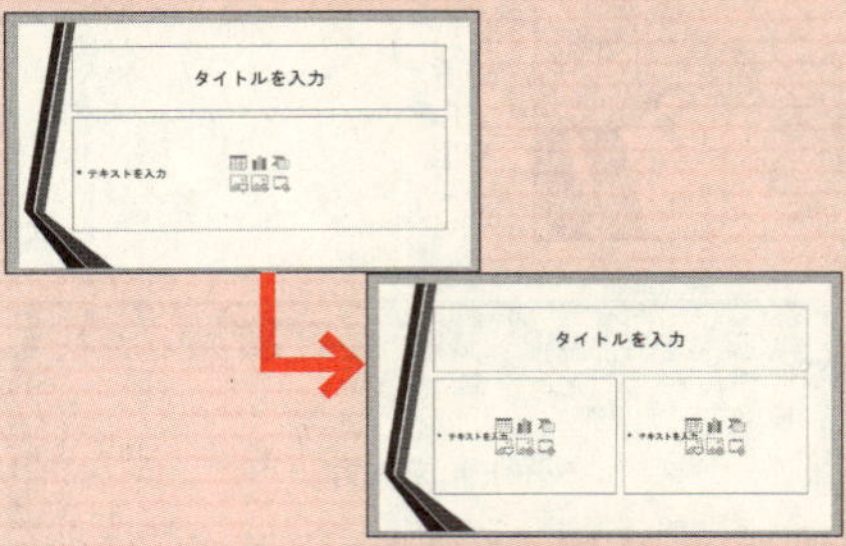

レイアウトを「タイトルとコンテンツ」から「2つのコンテンツ」に変えました。

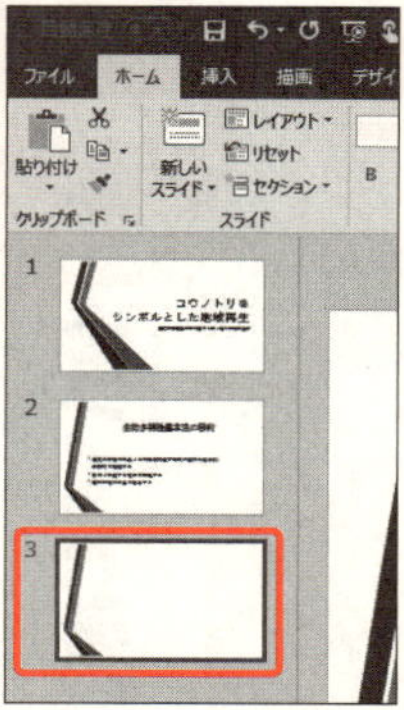

1 スライドのサムネイルで、レイアウトを変更するスライドをクリックします。

2 [ホーム] タブを開き、[スライド] グループ→[レイアウト]→変更後のレイアウトをクリックすると、レイアウトが変わります。

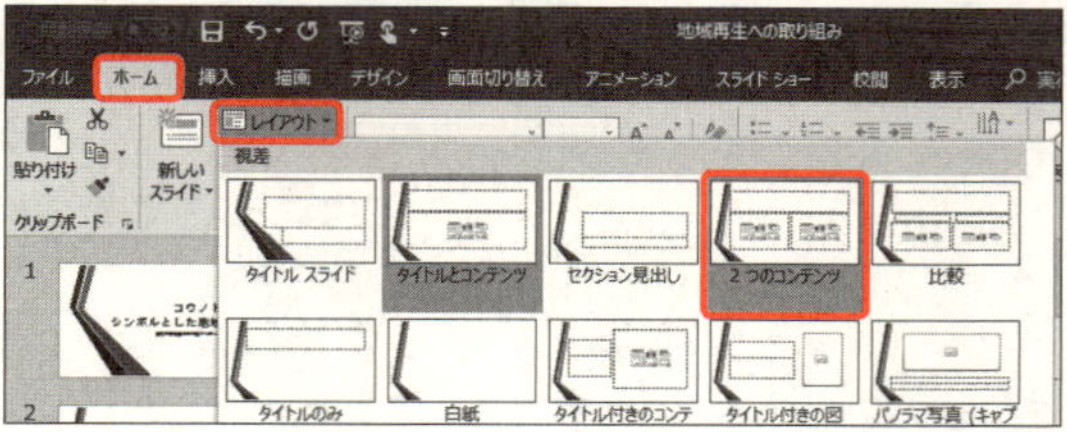

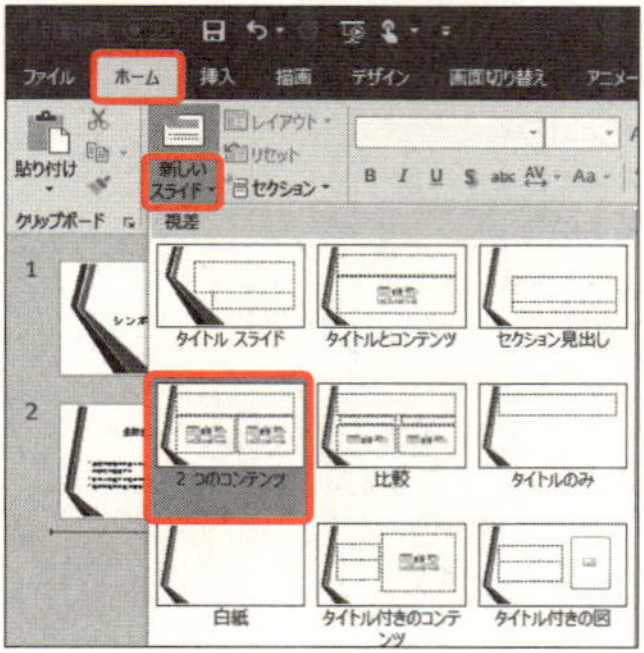

! スライドを追加するときにレイアウトを指定することもできます。[ホーム] タブを開き、[スライド] グループ→[新しいスライド] の▼→レイアウトをクリックしてください。

スライドを移動する

スライドはドラッグすれば移動できます。プレゼンテーションを作ってから説明の順序を変えたくなったら、それに合わせてスライドを入れ替えましょう。

スライドの移動は、画面左側のサムネイルで行います。スライドの数が多いときは、表示を「スライド一覧」に変えれば（P224参照）、より多くのスライドを見ながら移動先を決められます。

スライドのサムネイルを移動先までドラッグする

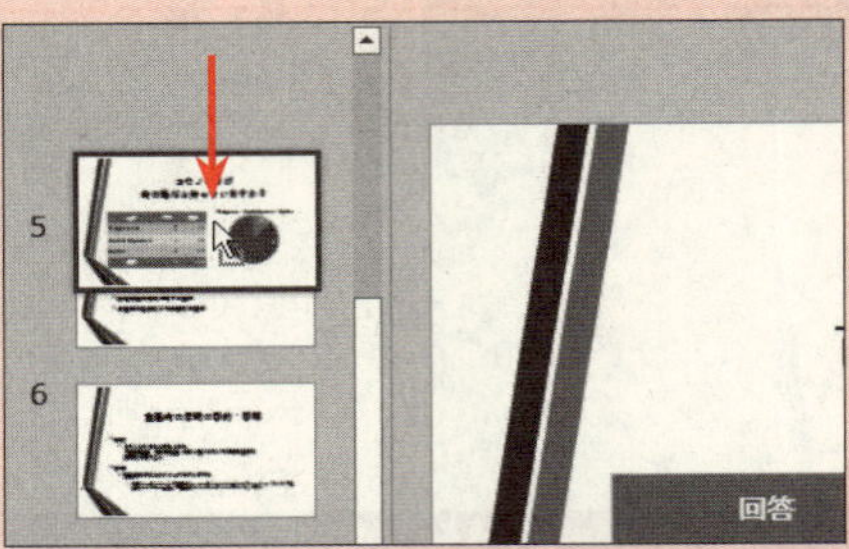

スライドのサムネイルをドラッグして、スライドを移動しています。

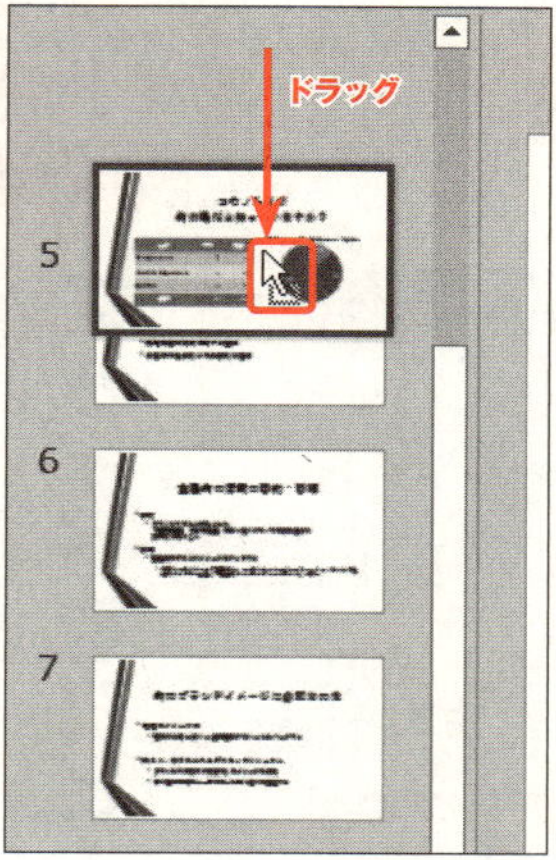

1 スライドのサムネイルで対象のスライドにポインターを合わせ、移動先までドラッグします。

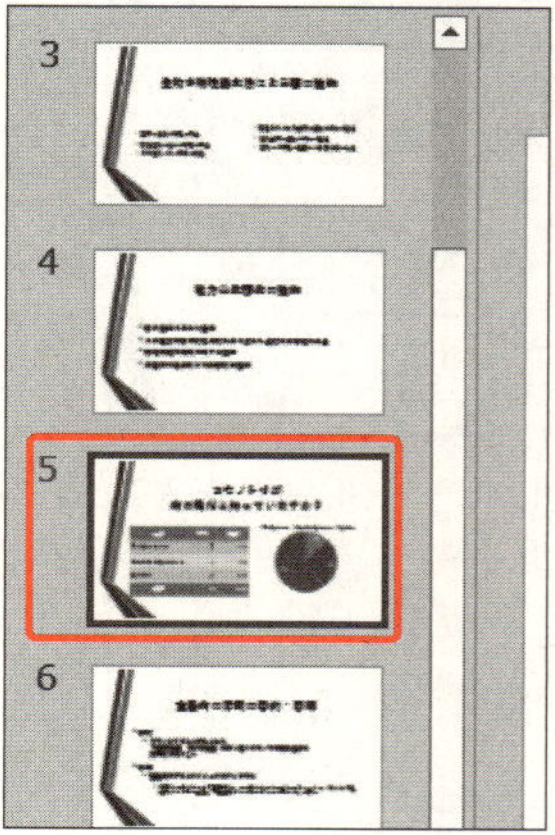

2 スライドの位置が変わります。

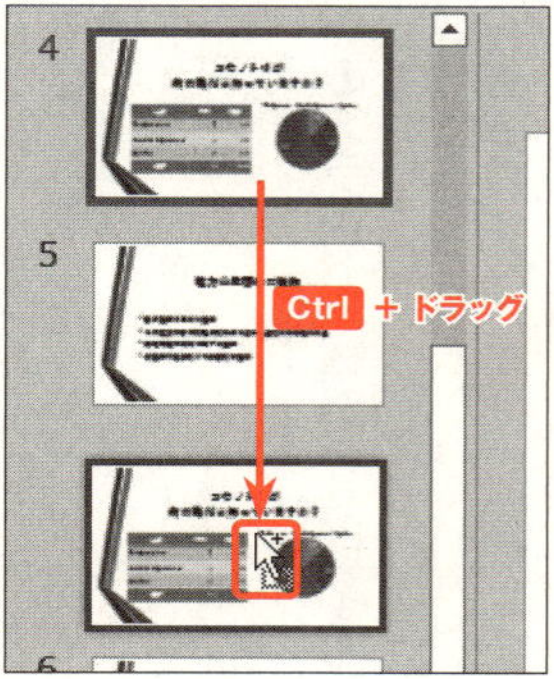

! ドラッグでスライドのコピーもできます。ドラッグをはじめてから[Ctrl]キーを押し、挿入位置でマウスのボタンを離してから[Ctrl]キーを離します。スライドをコピーする方法はP222にもあります。

パワポの基本操作

スライドをコピーする・削除する

基本のキホン

[複製]でコピー、[Delete]キーで削除

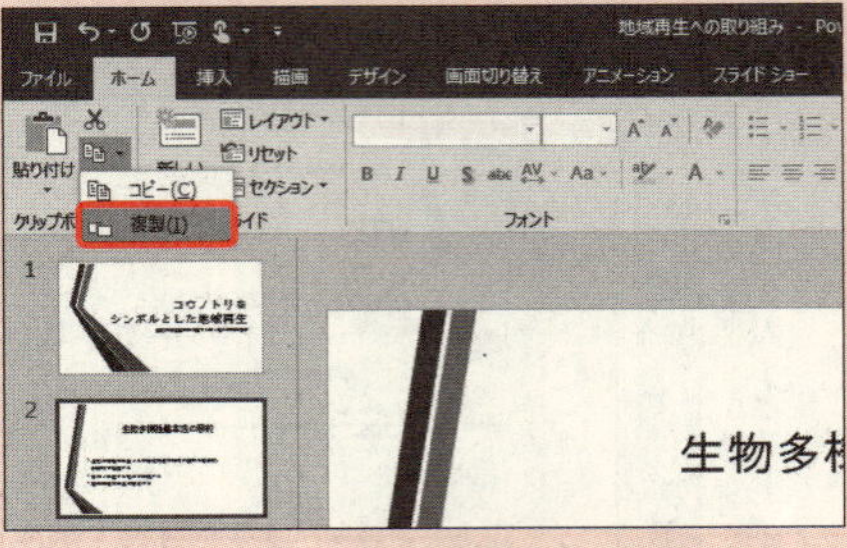

[コピー]で[複製]を選ぶと、スライドをコピーできます。

既存のスライドと類似のスライドを作るときは、スライドをコピーしてから書き換えると手間も時間も省けます。スライドは「コピー」と「貼り付け」でコピーしてもかまいませんが、「複製」を使えば、即座にコピーできます。

不要なスライドは「Delete」キーまたは「Back Space」キーで削除します。複数のスライドを一度に削除することもできます。

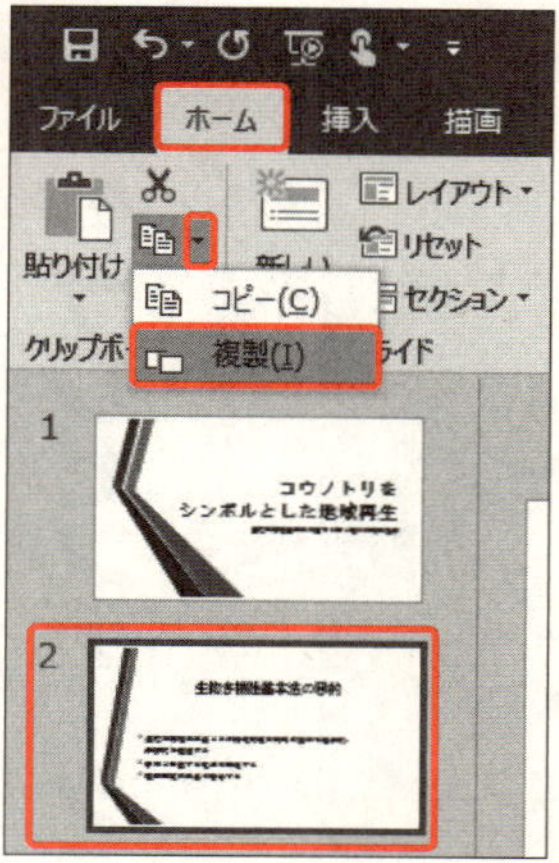

1 スライドをコピーします。スライドのサムネイルでコピーするスライドを選びます。[ホーム]タブを開き、[クリップボード]グループ→[コピー]の→[複製]を選びます。

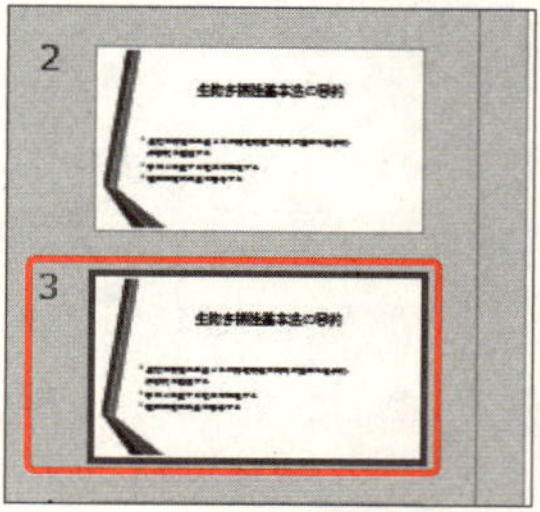

2 スライドがコピーされ❶のスライドのすぐ下に入ります。位置はドラッグして変えられます（P220参照）。

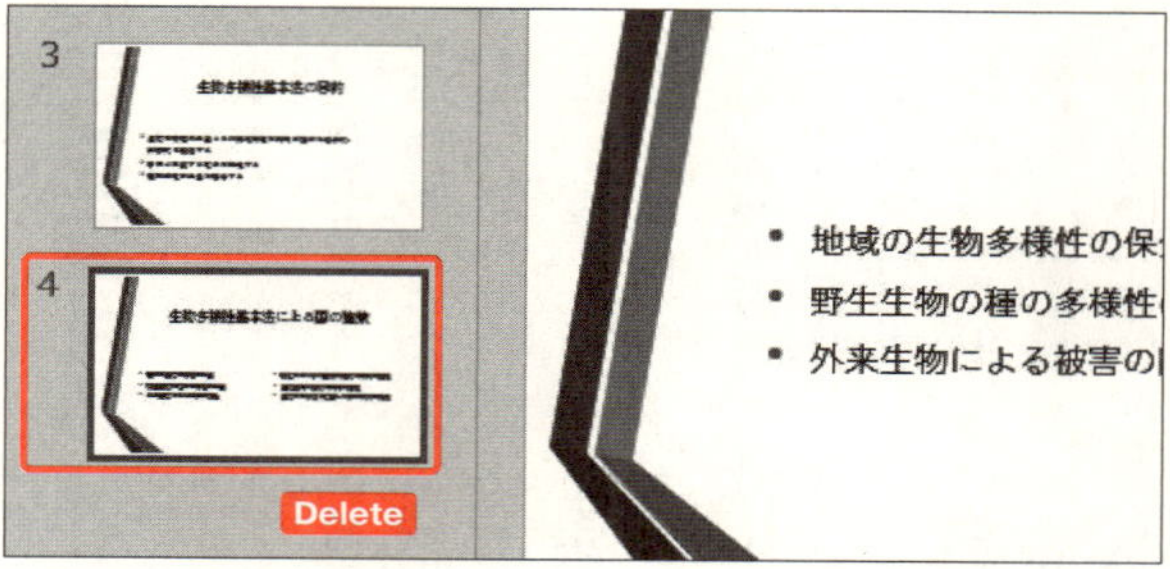

3 スライドを削除します。スライドのサムネイルで削除するスライドを選びます。複数のスライドを削除する場合は、[Ctrl]キーを押したままスライドをクリックして選んでください。[Delete]キーを押すと削除できます。[Back Space]キーでもかまいません。

パワポの基本操作

プレゼンテーションの表示を変える

これは便利！

プレゼンテーションの表示方法には、通常使う「標準」のほかに「アウトライン表示」「スライド一覧」「ノート」「閲覧表示」があります。「アウトライン表示」はプレゼンテーションの構成を考えるのに適しています。「スライド一覧」はスライド全体を見るのに便利です。「ノート」は話す内容を入力するのに使います（P240参照）。「閲覧表示」はスライドをウィンドウいっぱいに表示します。

[プレゼンテーションの表示]で表示方法を選ぶ

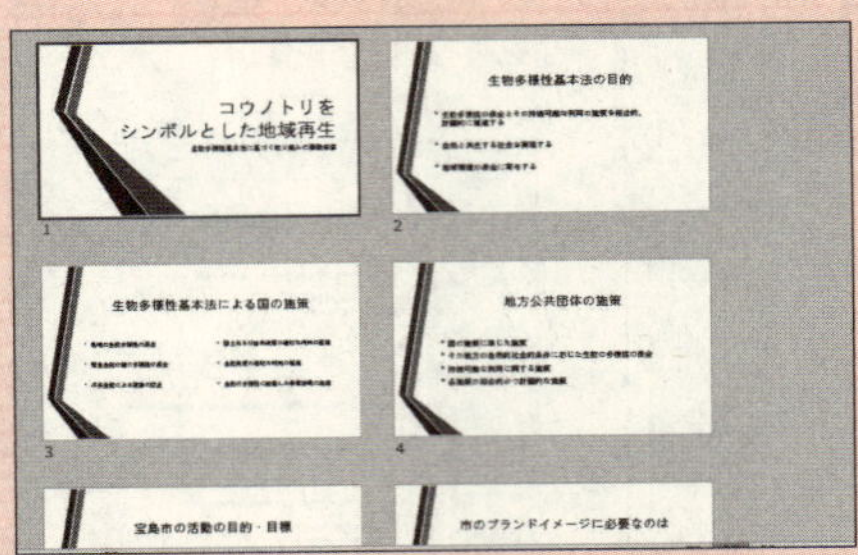
コウノトリを
シンボルとした地域再生
1
生物多様性基本法の目的
2
生物多様性基本法による国の施策
3
地方公共団体の施策
4
宝島市の活動の目的・目標
市のブランドイメージに必要なのは

全部のスライドを見渡しやすいように、一覧表示にしています。

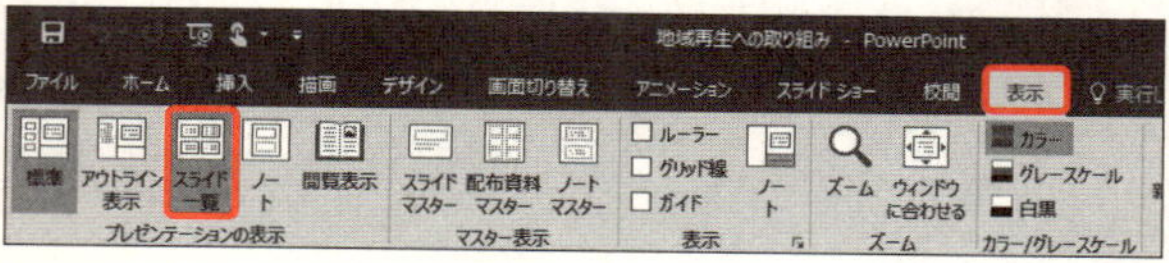

1 [表示]タブを開き、[プレゼンテーションの表示]グループ→[スライド一覧]をクリックします。

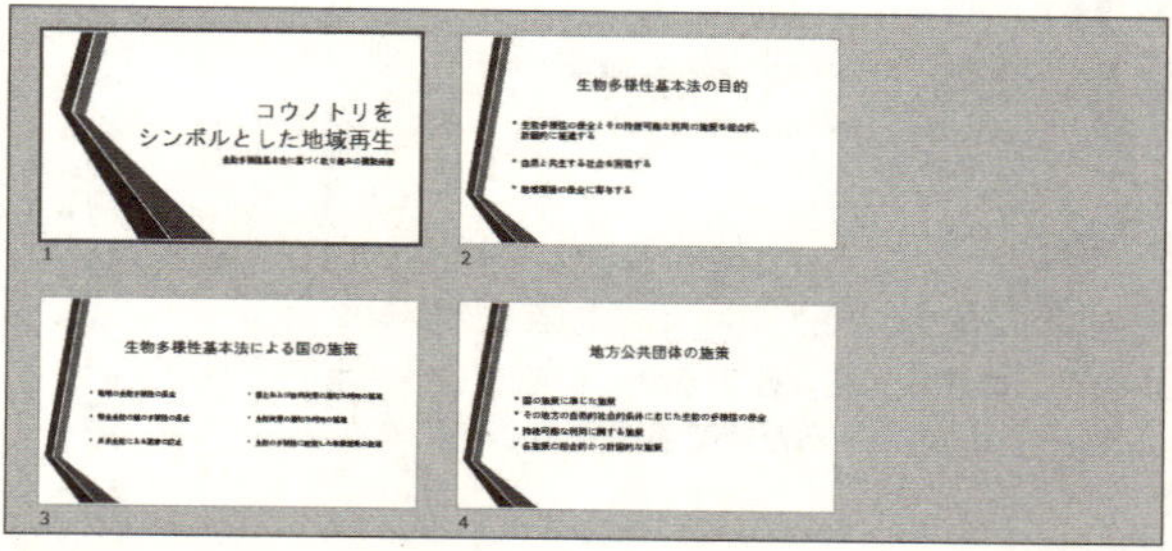

2 スライドが一覧で表示されます。スライドを移動するのに便利な表示です。表示を戻すには**1**で[標準]をクリックします。

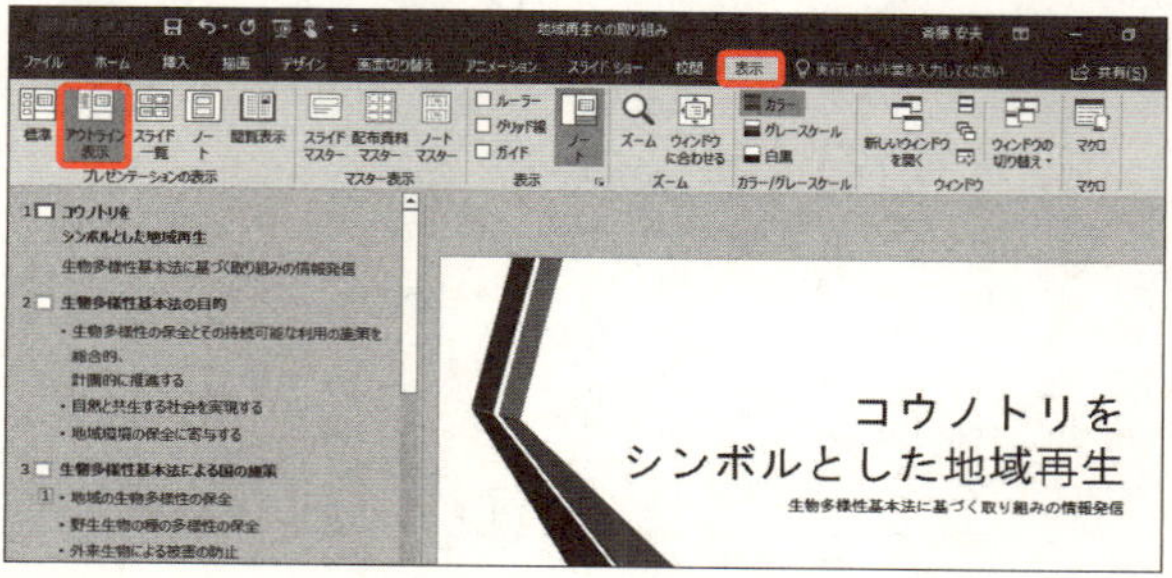

! [プレゼンテーションの表示]グループ→[アウトライン表示]をクリック(2010では、サムネイルの領域にある[アウトライン]タブをクリック)すると、左側にスライドの内容が表示されます。

パワポの基本操作

プレースホルダーに入力する

基本のキホン

プレースホルダーをクリックして文字を入力する

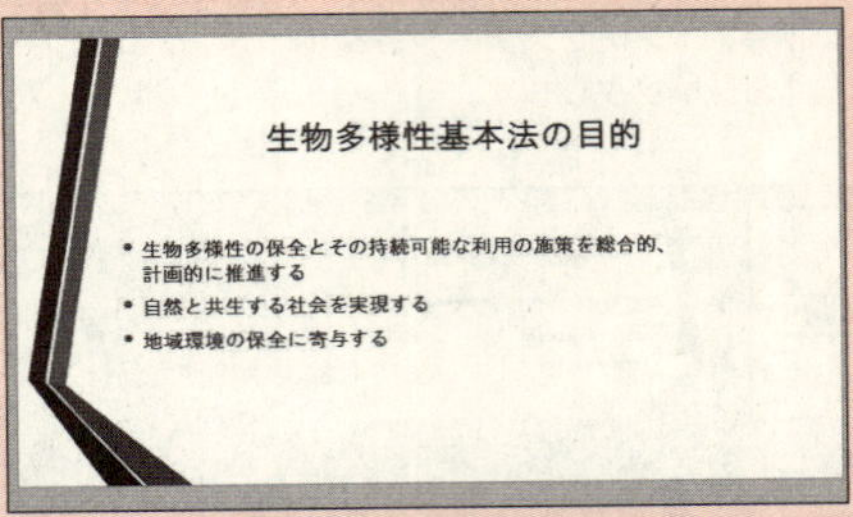

生物多様性基本法の目的
• 生物多様性の保全とその持続可能な利用の施策を総合的、計画的に推進する
• 自然と共生する社会を実現する
• 地域環境の保全に寄与する

あらかじめ箇条書きに設定されているプレースホルダーでは、入力するだけで箇条書きが作れます。

プレースホルダーは文字や図、グラフなどを配置する領域です。プレースホルダーの多くには、箇条書きが設定されているので、文字を入力するだけで箇条書きを作れます。

また、文字量が多くなると、プレースホルダーに収まるように文字を縮小する機能も備えています。

プレースホルダーの文字は「ホーム」タブのやを使って中央揃えや右揃えにできます。

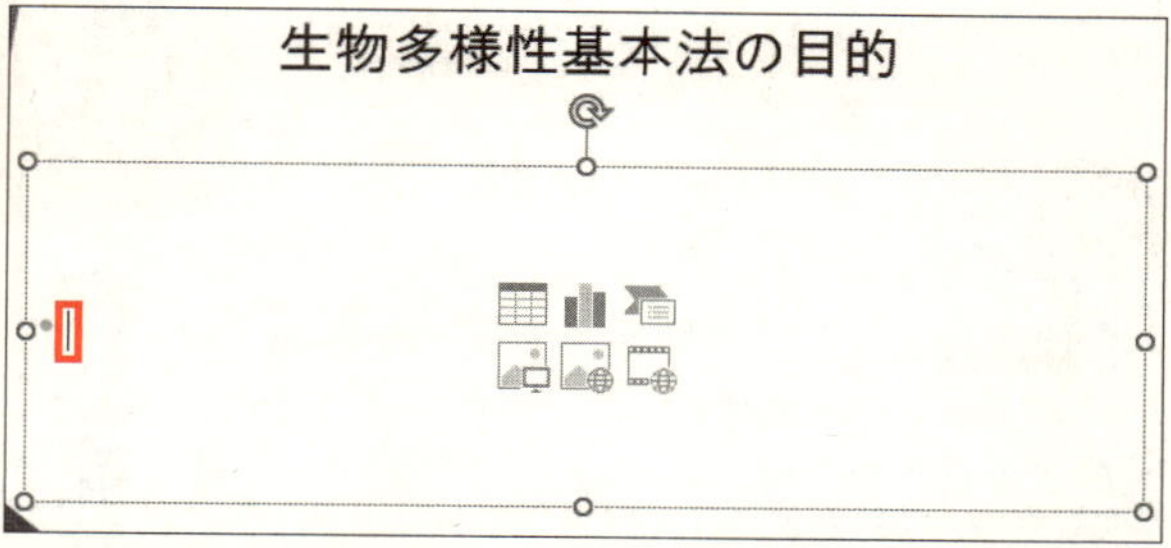
生物多様性基本法の目的

1 「テキストを入力」(2010では「クリックしてテキストを入力」)と表示されたプレースホルダーをクリックします。

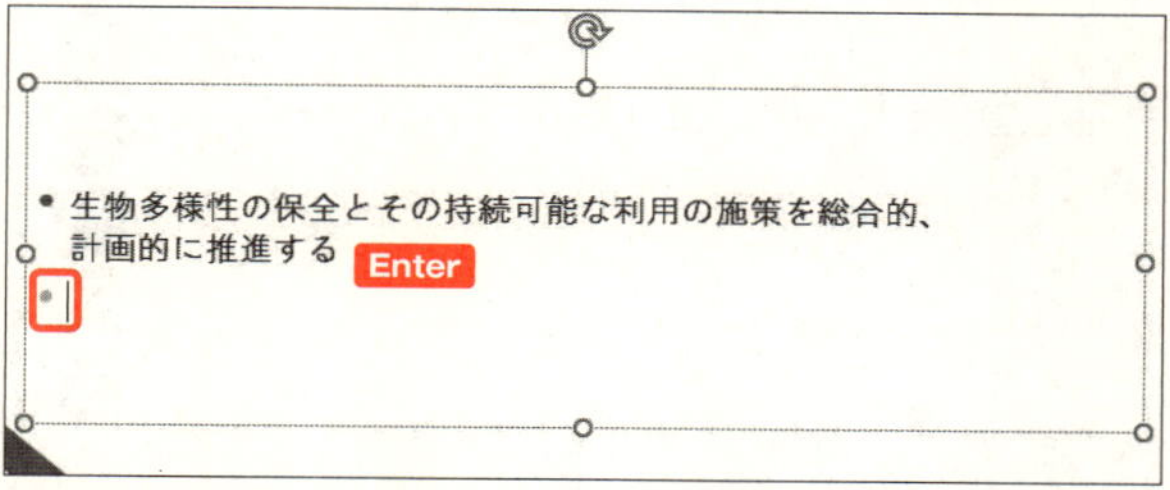
生物多様性の保全とその持続可能な利用の施策を総合的、
計画的に推進する
Enter

2 文字を入力して[Enter]キーを押すと次の行にカーソルが移動し、行頭に記号などが付きます。

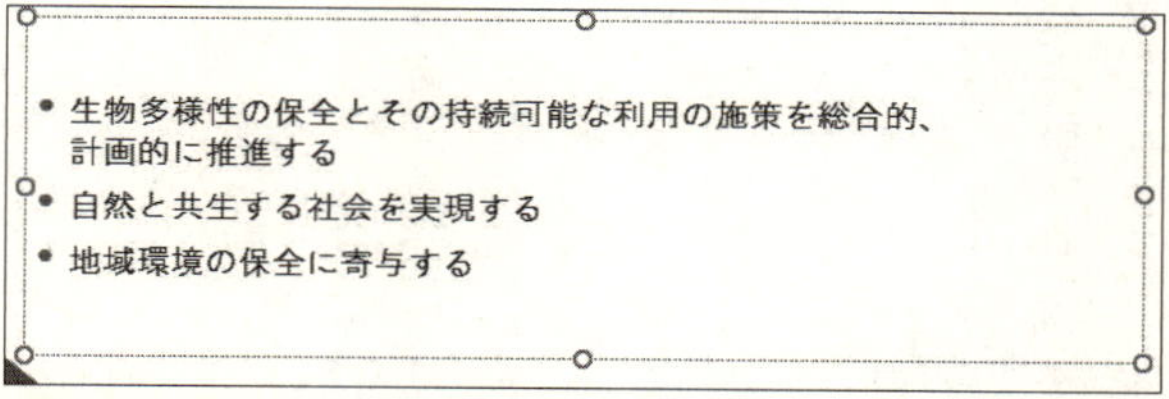
生物多様性の保全とその持続可能な利用の施策を総合的、
計画的に推進する
自然と共生する社会を実現する
地域環境の保全に寄与する

3 ❷を繰り返して箇条書きを作ります。最後に不要な行頭記号が残ったら、欄外をクリックすると消えます。

編集

行頭記号の種類を変える

これは便利！

[箇条書き]から記号を選ぶ

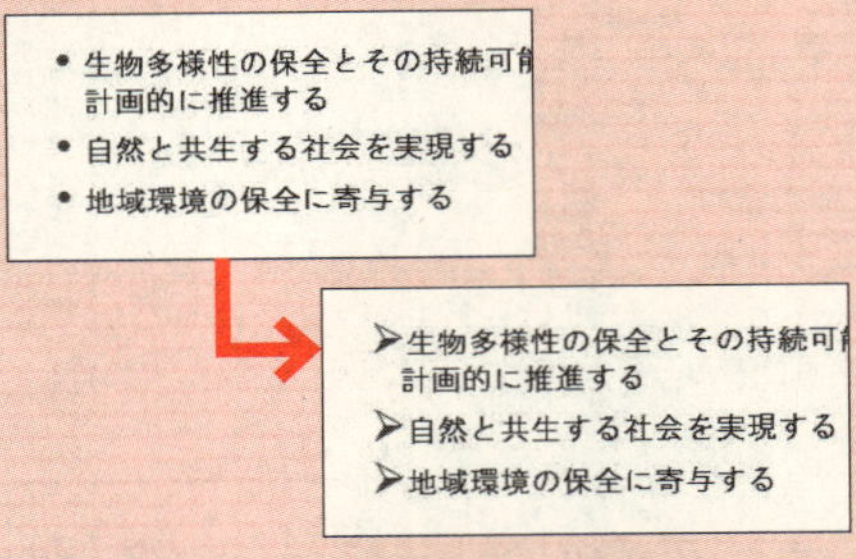

• 生物多様性の保全とその持続可
計画的に推進する
• 自然と共生する社会を実現する
• 地域環境の保全に寄与する
➢生物多様性の保全とその持続可
計画的に推進する
➢自然と共生する社会を実現する
➢地域環境の保全に寄与する

テーマで設定された記号から、別の記号に変えました。

プレースホルダーによっては、あらかじめ箇条書きが設定されています。クリックすれば行頭記号が付きます。しかし、ほかのスライドとは異なる行頭記号を使いたかったり、行頭を番号にしたいときは、記号を選びなおすこともできます。

行頭記号はスライドごとに変えられますが、「スライドマスター」（Ｐ２４２参照）で変更すれば、全部のスライドに反映できます。

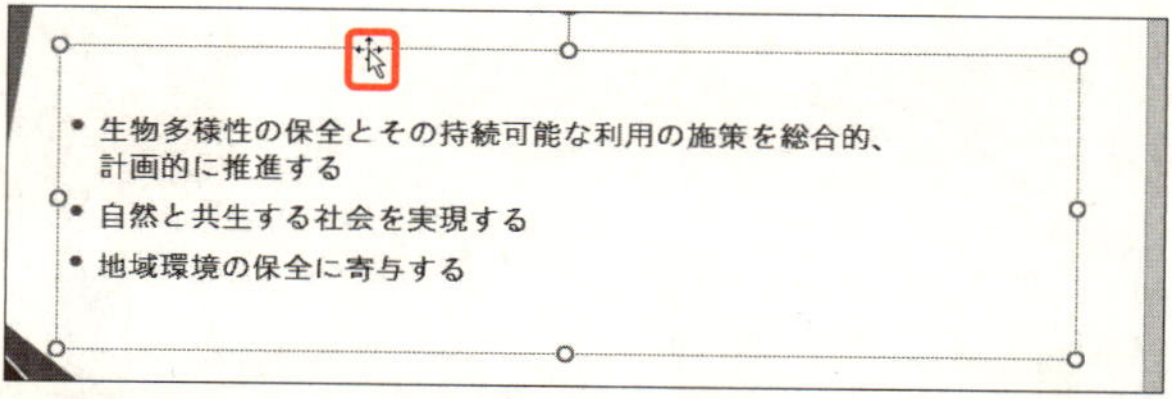

1 対象のプレースホルダーのなかをクリックしてから枠線をクリックし実線になったことを確認します。全部のスライドの行頭記号を変更する場合は、スライドマスターを開いて(P242参照)、サムネイルの最上位のスライドで同じ操作をしてください。

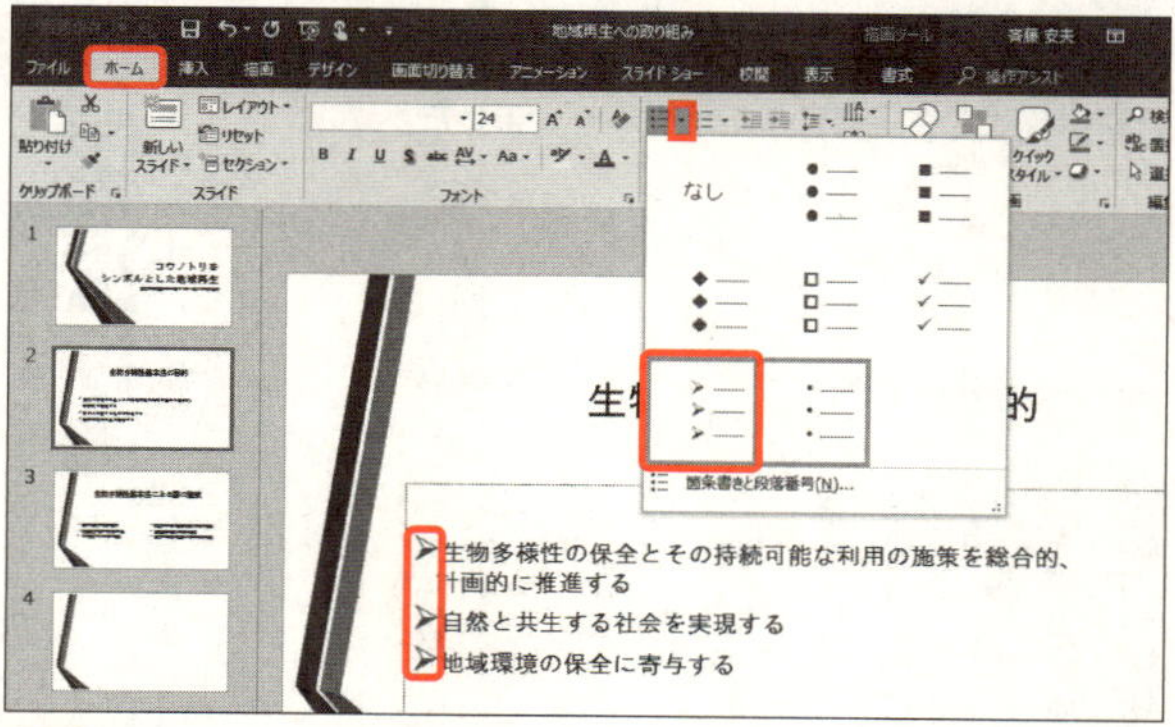

2 [ホーム]タブを開きます。[段落]グループの☰の▾→変更後の記号をクリックすると、行頭記号の形が変わります。

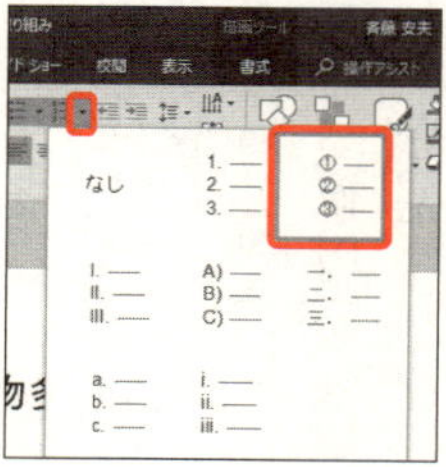

! **2**で[ホーム]タブの☰の▾をクリックすれば行頭番号を選べます。

編集

箇条書きの行間を広げる

仕上がりキレイ

[行間]で行間の広さを選ぶ

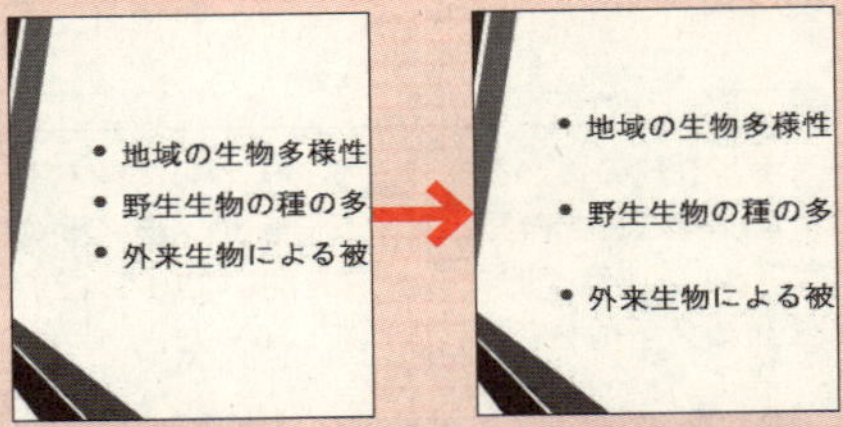

行間を広げて、箇条書きを見やすくしました。

プレースホルダーに入力した文字数や行数が増えると、そのホルダーに収まるように文字が小さくなります。しかし、少ない文字数に合わせて文字を大きくしたり、行間を広げる機能はありません。そこで、箇条書きの項目数が少ないスライドでは、バランスよい配置になるように行間を変えます。行間の数字にポインターを合わせると、適用した状態を確認しながら行間を選べます。

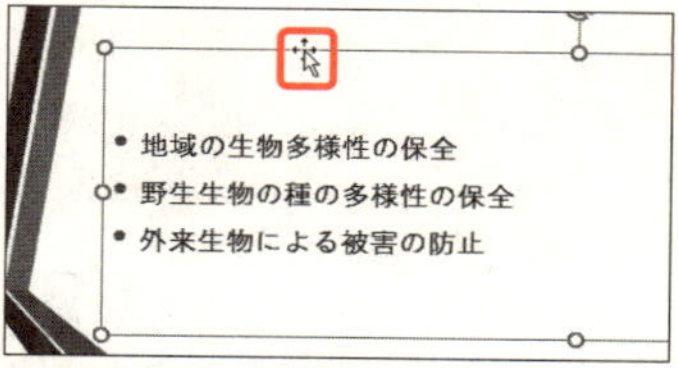

1 対象のプレースホルダーのなかをクリックしてから枠線をクリックし、枠線が実線になったことを確認します。

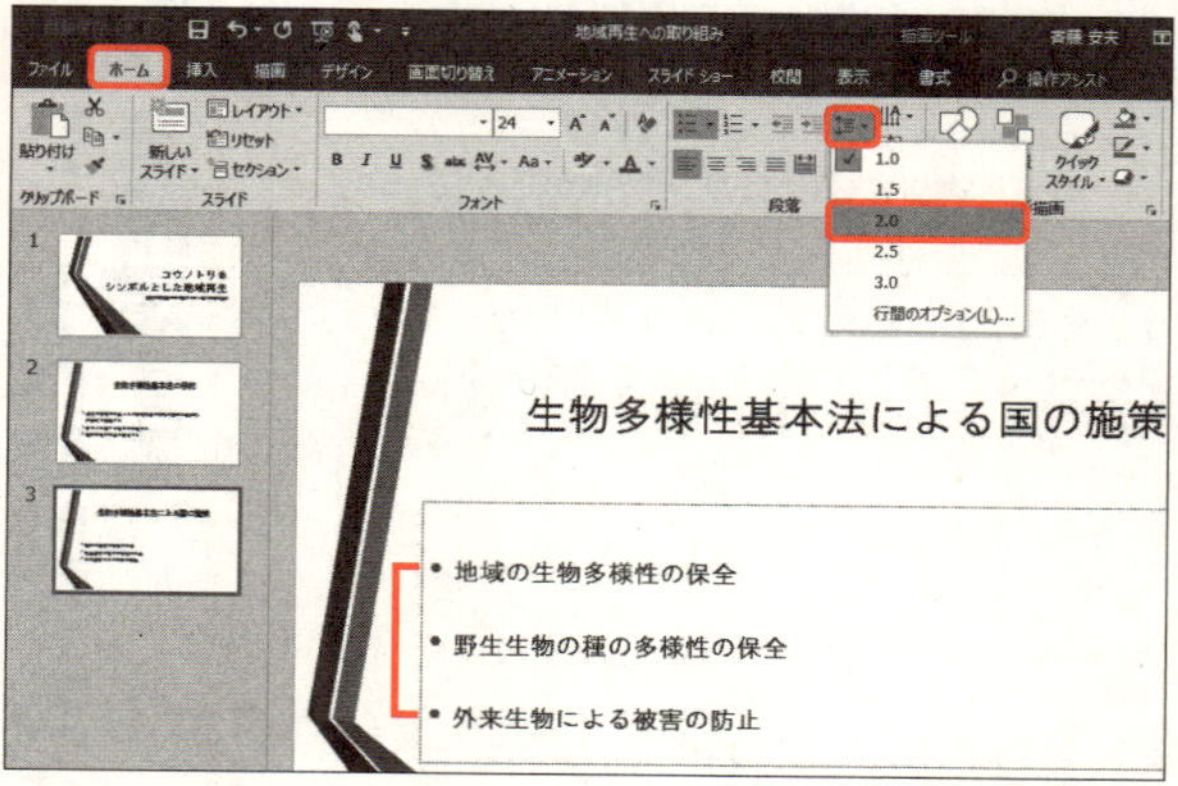

2 ［ホーム］タブを開きます。［段落］グループの→変更後の行間をクリックすると、行間が変わります。行間にポインターを合わせると適用状態を確認できるので、行間を選ぶ参考にしてください。

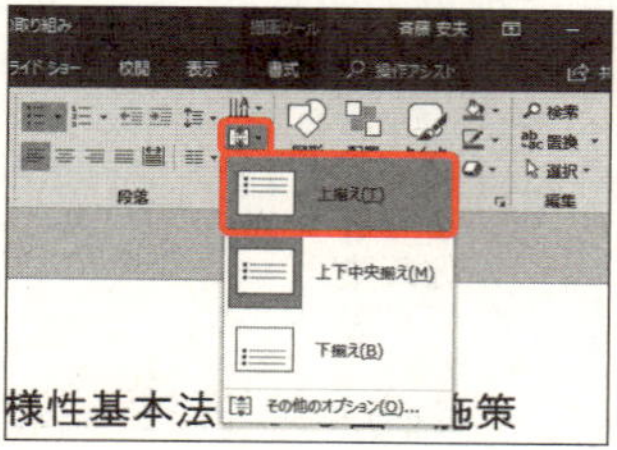

! プレースホルダー内で箇条書きの上下の位置を変えることもできます。［ホーム］タブを開き、［段落］グループ→［文字の配置］→位置を選択します。

編集

別のスライドへ移動するためのリンクを設定する

これは便利!

「リンク」は、ほかのスライドやウェブページなどを参照するための情報です。文字や写真に別のスライドへのリンクを設定すると、スライドショーのときにクリックするだけで移動できます。説明の都合で離れたスライドに一気に移動したいときにおすすめの設定です。また、ウェブページへのリンクを設定すると、ネット環境があればクリックだけでページを開けます。

[挿入]→[リンク]で移動先のスライドを選ぶ

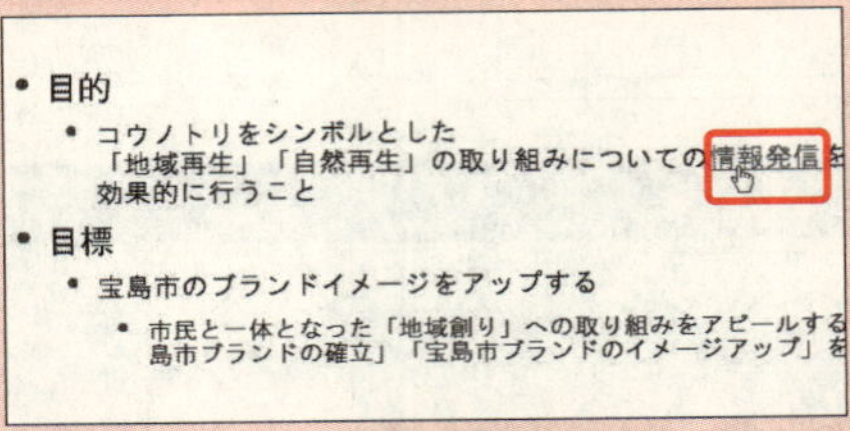
• 目的
• コウノトリをシンボルとした
「地域再生」「自然再生」の取り組みについての情報発信を
効果的に行うこと
• 目標
• 宝島市のブランドイメージをアップする
• 市民と一体となった「地域創り」への取り組みをアピールする
島市ブランドの確立」「宝島市ブランドのイメージアップ」を

リンクを設定した文字は、スライドショーでウェブページの文字のようにクリックできます。

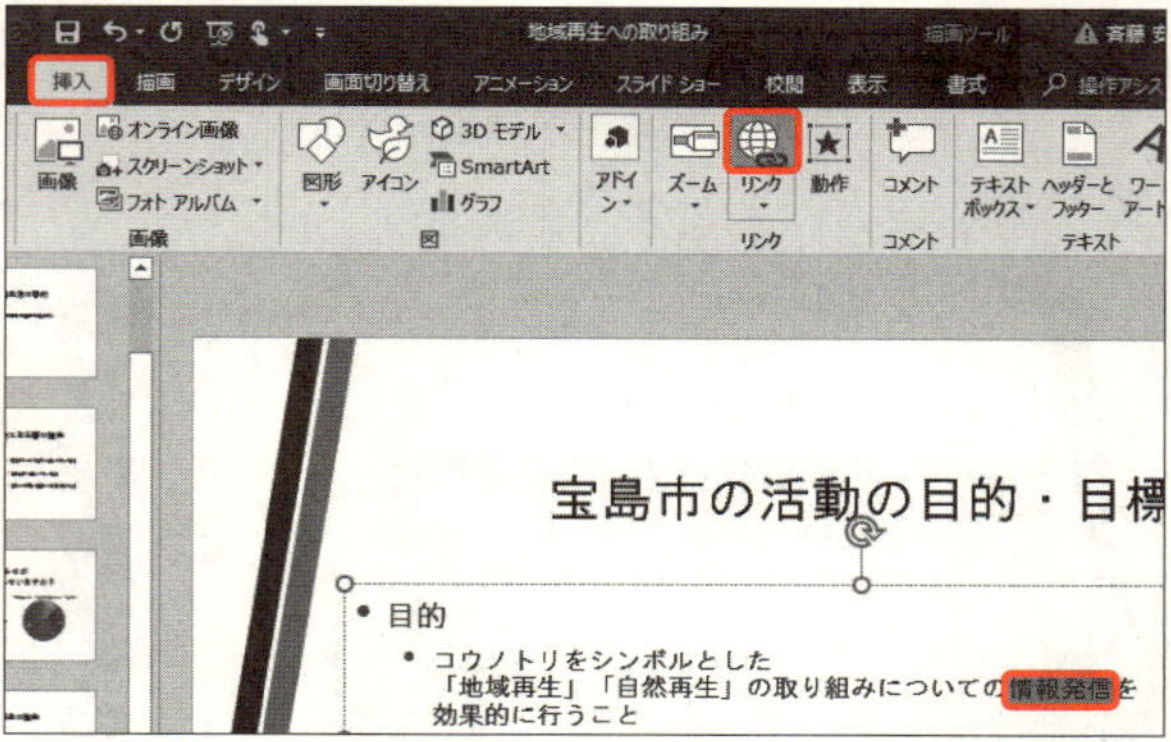

1 文字にリンクを設定します。対象とする文字を選択します。[挿入]タブを開き、[リンク]グループ→[リンク](2013と2010では[ハイパーリンク])をクリックします。

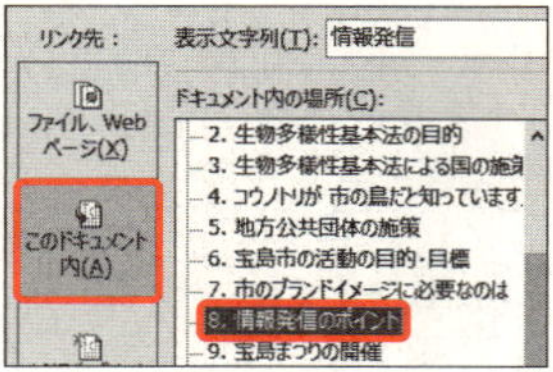

2 [このドキュメント内]をクリックします。文字をクリックしたときに表示するスライドを選び、[OK]をクリックするとリンクが設定できます。

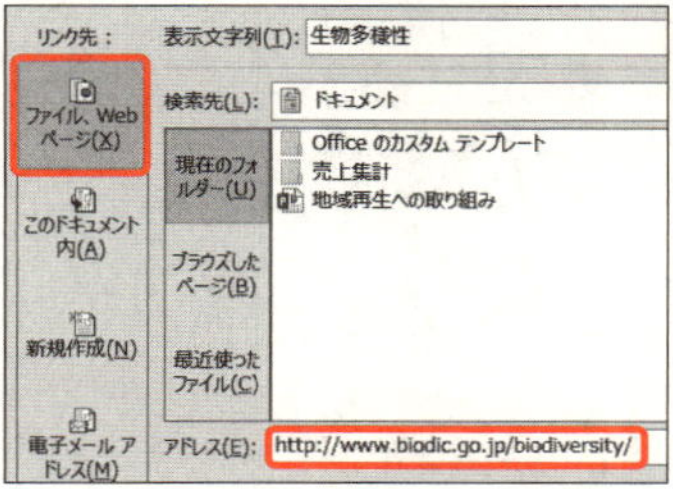

! 2で[ファイル、Webページ]をクリックして、[アドレス]に表示したいウェブページのアドレス(URL)を入力すると、ウェブページへのリンクが設定できます。

[表の挿入]で行数と列数を指定する

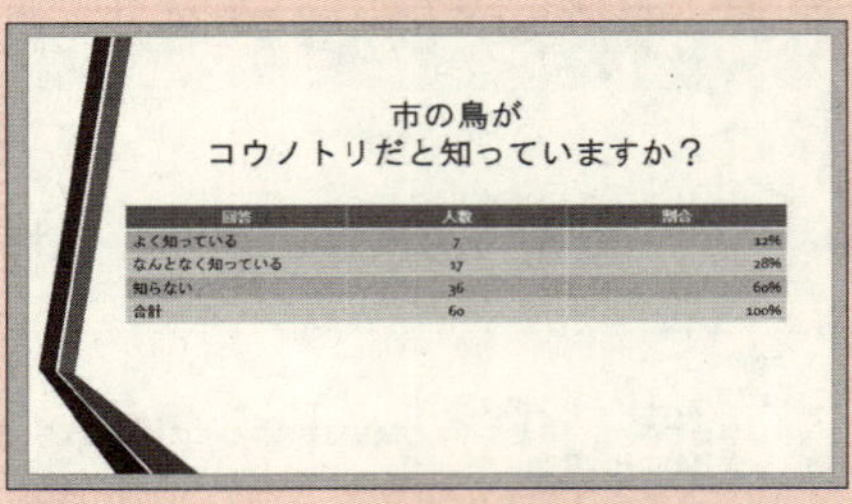

表を作成すると、テーマに応じたデザインが適用されます。

表を作成する

「コンテンツ」のプレースホルダーでは、[表の挿入]をクリックして、列数と行数を指定すれば表が入ります。それ以外の場合は[挿入]タブの[表]から作ります。行や列の増減は、行や列を選んで、[表ツール]の[レイアウト]タブを開き、[行と列]グループで行えます。

表にはスライドのテーマに即したデザインが施されるので、書式を設定する手間はかかりません。

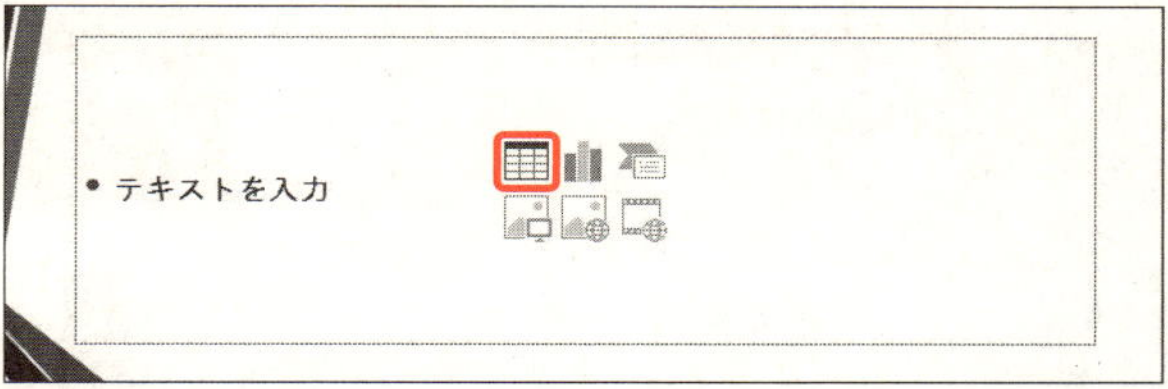

1 表を挿入するプレースホルダーの[表の挿入]をクリックします。

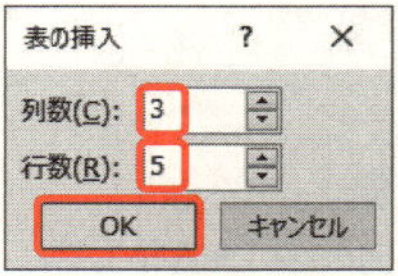

2 表の列数と行数を指定して[OK]をクリックします。

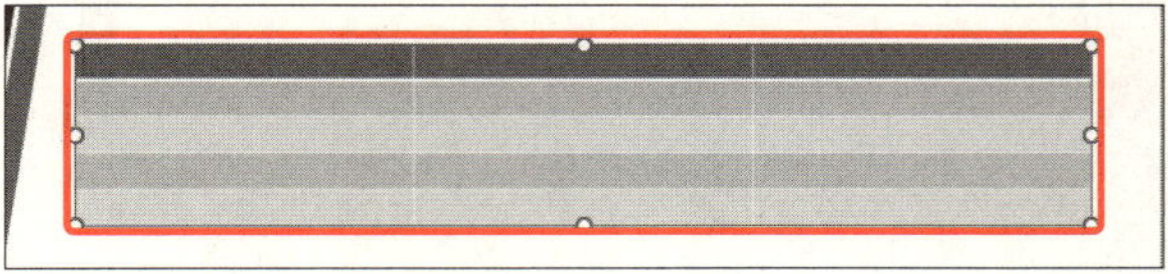

3 プレースホルダーに表が入ります。

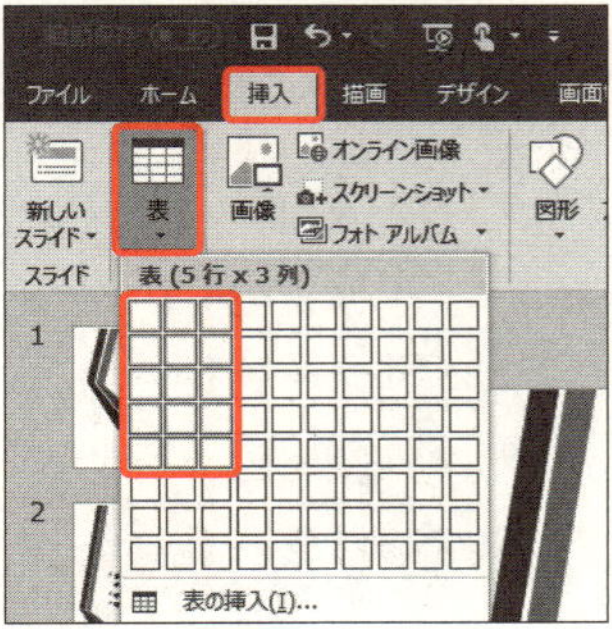

! 表を作成するプレースホルダーをクリックして、[挿入]タブを開き、[表]グループの[表]をクリックし、列数と行数をドラッグしても表が作れます。

編集

表の列幅を変更する

仕上がりキレイ

列の右の境界線を左右にドラッグする

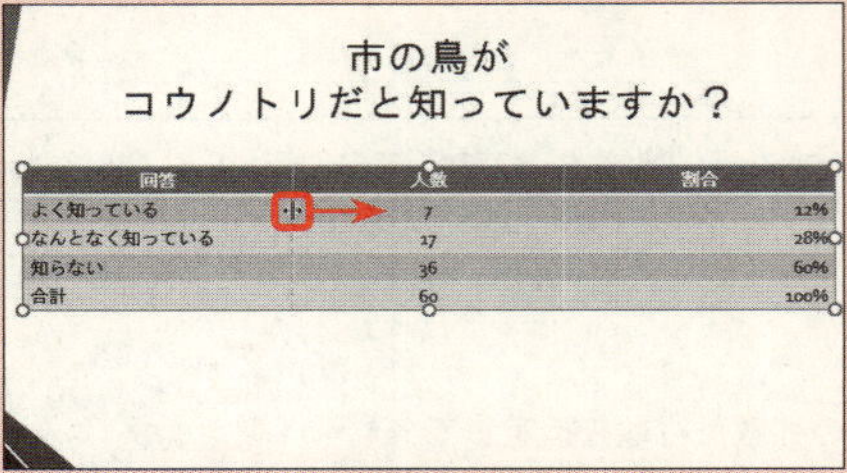

列の右の境界線を右にドラッグすると、列幅が広がります。

スライドに挿入した表の列幅は均等になっていますが、文字数や内容に応じた幅に変えると見やすくなります。

列の幅は右の境界線をドラッグするだけで変えられます。列幅を変えると右隣の列の幅が狭く（広く）なり、表全体の幅は変わりません。表の幅を変えるには、表をクリックしてから外枠の左右中央のいずれかをドラッグしてください。

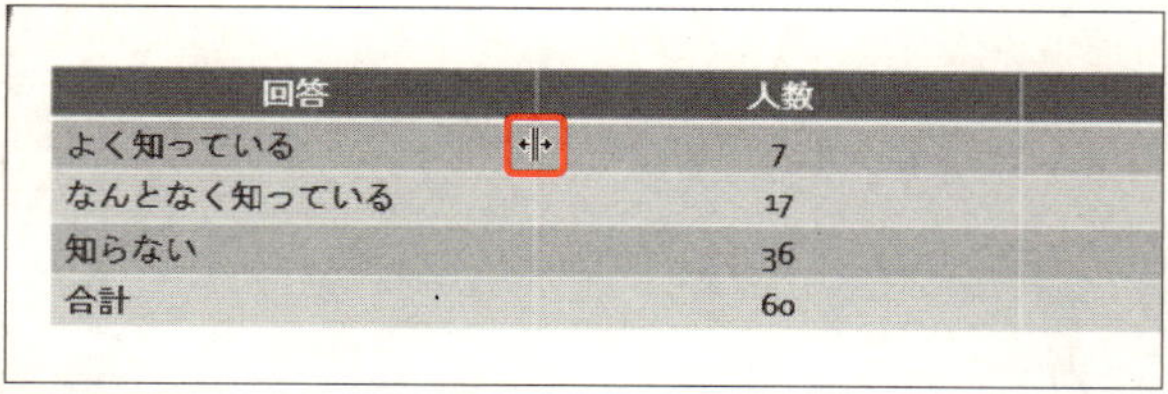

1 幅を変更する列の右の境界線にポインターを合わせ、+||+になったことを確認します。

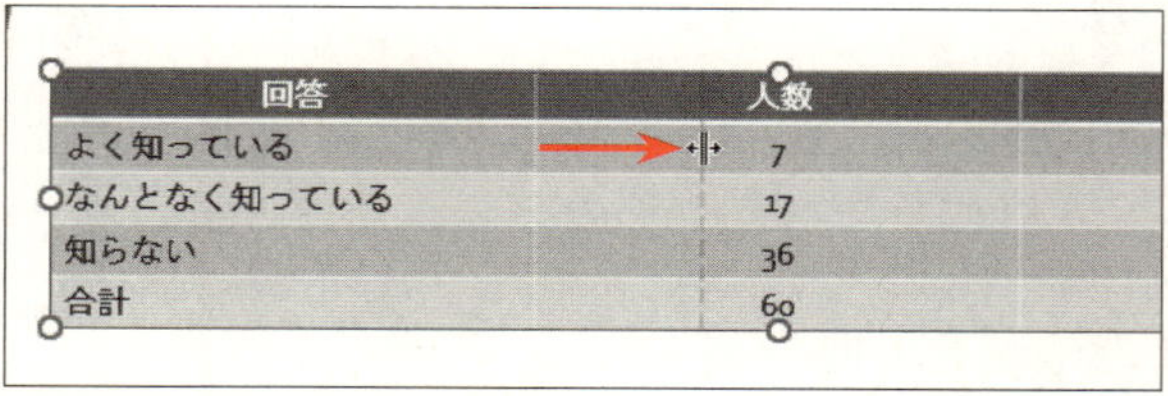

2 右にドラッグすると列幅が広がります。左にドラッグすると列幅が狭くなります。

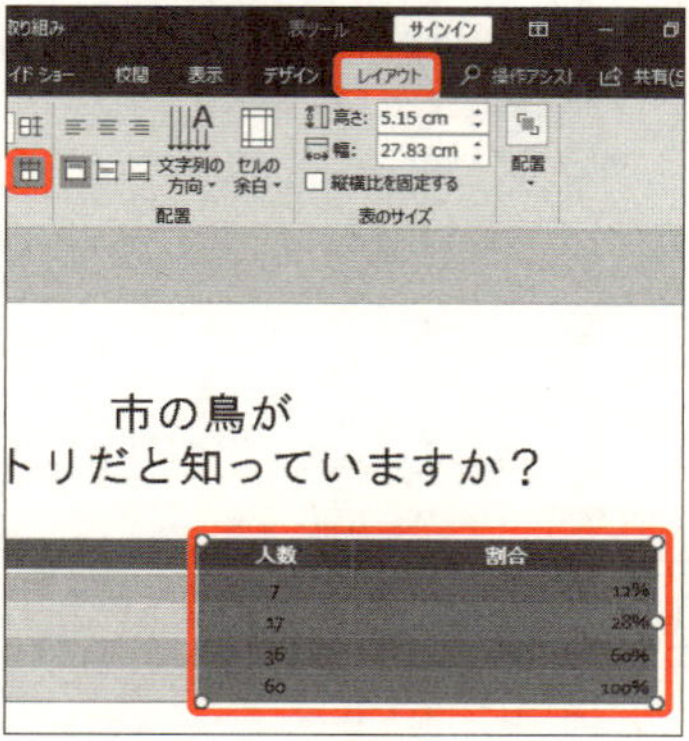

! 異なる列幅を揃えたいときは、対象の列を選択し、[表ツール]の[レイアウト]タブを開き、[セルのサイズ]グループの田[幅を揃える]をクリックします。

編集

グラフを挿入する

基本のキホン

[グラフの挿入]をクリックして グラフの種類を選ぶ

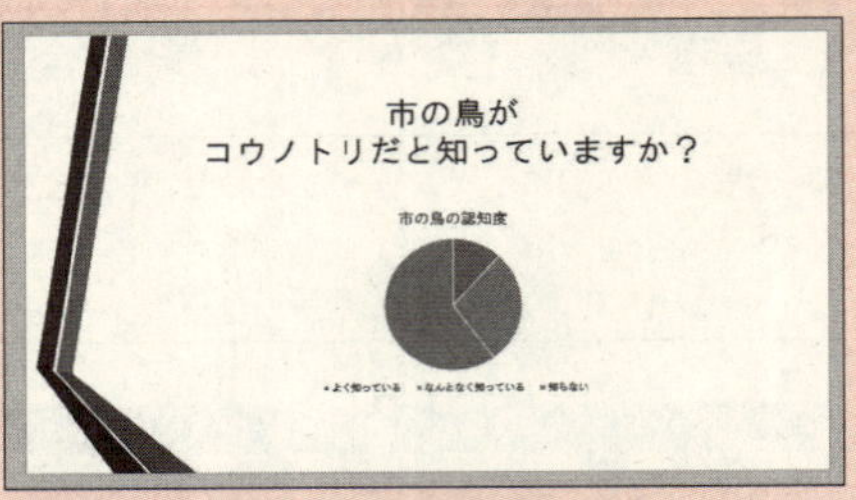

スライドに円グラフを挿入しました。

パワポでもエクセルと同じように各種のグラフを作れますが、エクセルと違ってスライドショーでの見栄えも考慮する必要があります。項目数が多すぎたり、数値が細かいとスライドが見づらく、聴衆に伝わらないからです。グラフを作る前にデータを見なおして、項目数を減らすなど整理しておきましょう。グラフの種類はエクセルと同様に、あとから変更もできます(P100参照)。

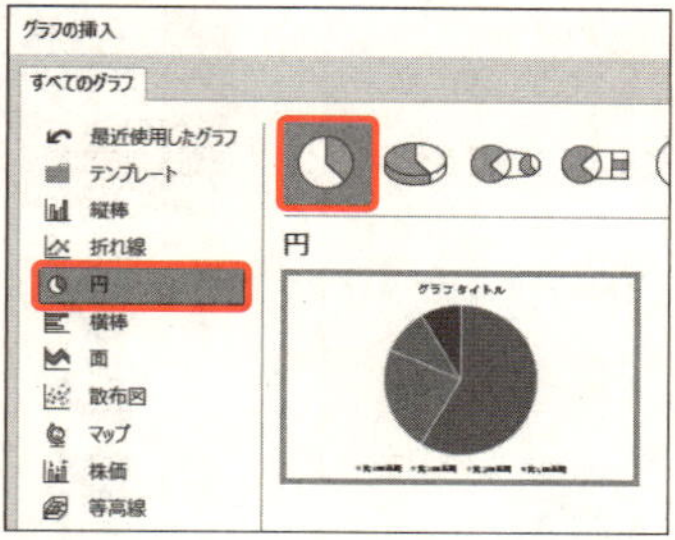

1 プレースホルダーの［グラフの挿入］をクリックします。［挿入］タブを開き、［図］グループ→［グラフ］をクリックしてもかまいません。
図の画面になったら、グラフの種類と形式を選んで［OK］をクリックします。

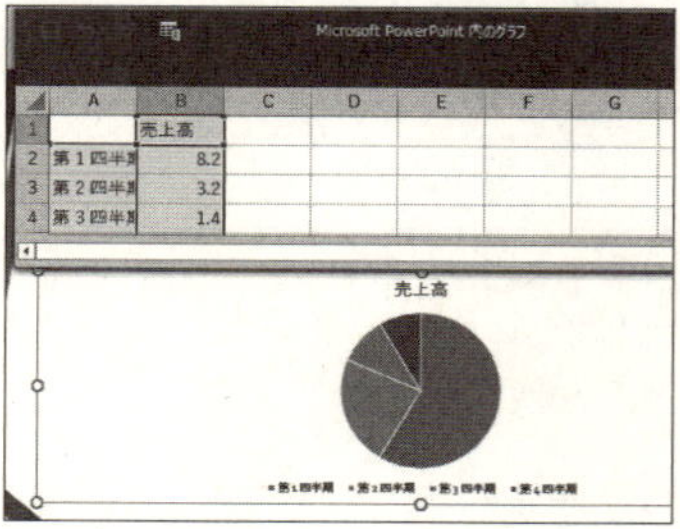

2 仮のデータを入れたワークシートが表示され、スライドには仮のグラフが入ります。

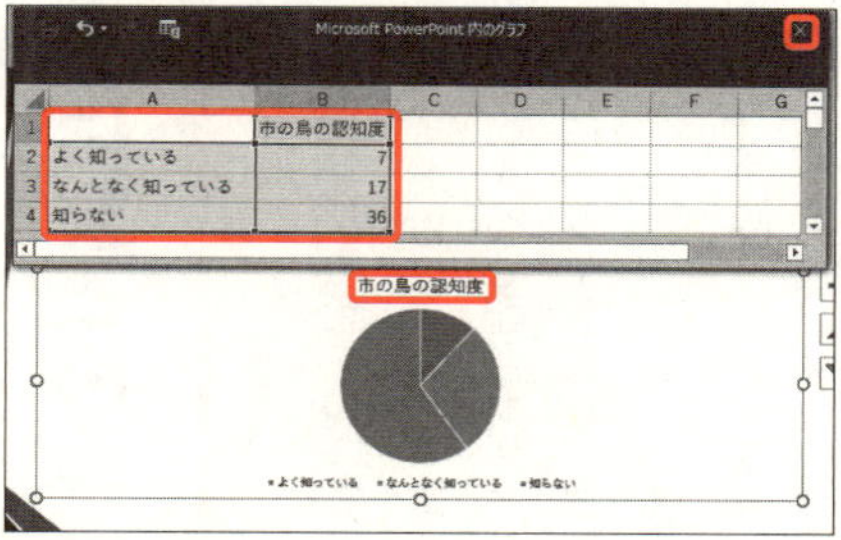

3 ワークシートにグラフにするデータを入力すると、スライドのグラフに反映されます。不要なデータが残ったら、行や列ごと削除してください。必要に応じてタイトルを入力します。ワークシートの「×」をクリックして閉じるとグラフだけになります。

編集

プレゼンのセリフをノートにまとめる

これは便利！

表示を「ノート」にしてセリフを入力

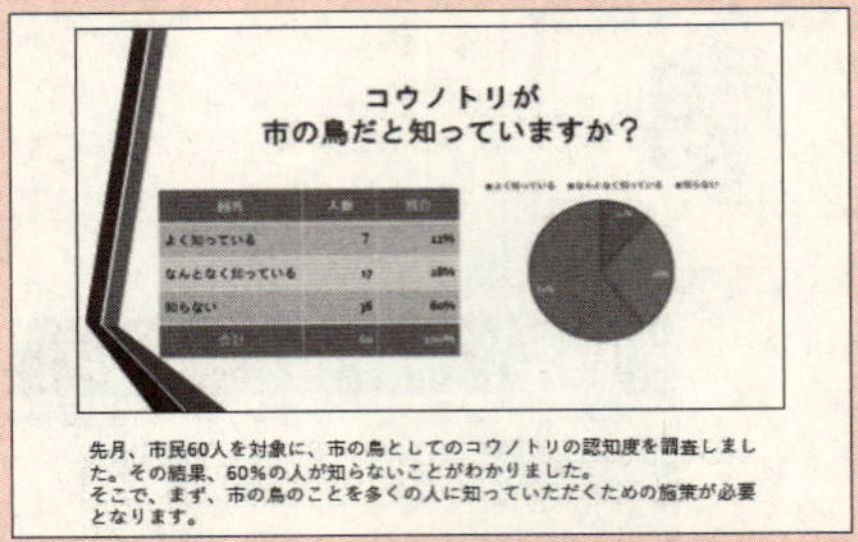
コウノトリが
市の鳥だと知っていますか？
よく知っている
7
なんとなく知っている
知らない
先月、市民60人を対象に、市の鳥としてのコウノトリの認知度を調査しました。その結果、60%の人が知らないことがわかりました。
そこで、まず、市の鳥のことを多くの人に知っていただくための施策が必要となります。

スライドごとに、プレゼンで話したいセリフを入力しておけます。

プレゼンで話す内容を事前に文章にしておけば、過不足があったり、度忘れする心配がありません。パワポではスライドごとに文章を入力でき、これを「ノート」と呼びます。ノートは、標準の表示でも入力できますが、表示を「ノート」にすると、文章全体を見ることができます。このように入力したノートは印刷して自分用の資料にできます。印刷方法はP268にあります。

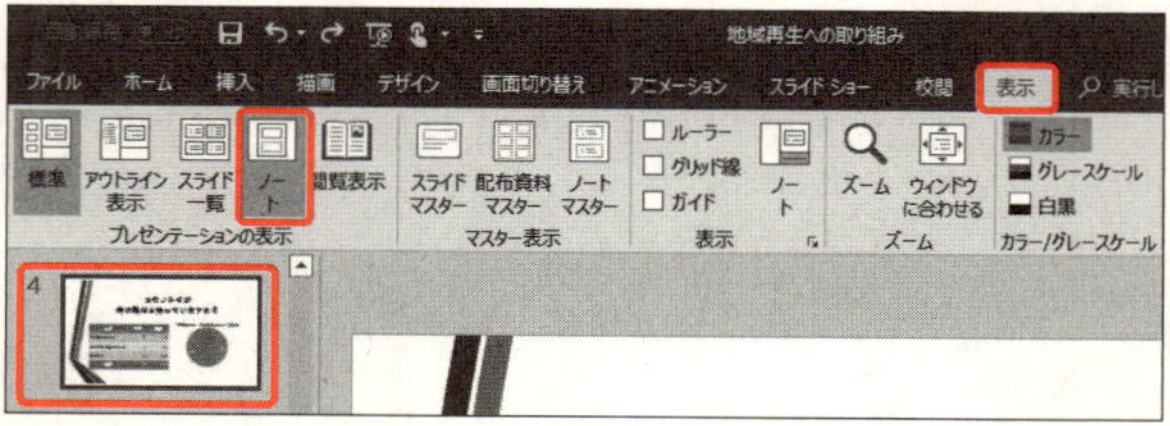

1 ノートを入力するスライドを表示します。[表示] タブを開き、[プレゼンテーションの表示] グループ→ [ノート] をクリックします。

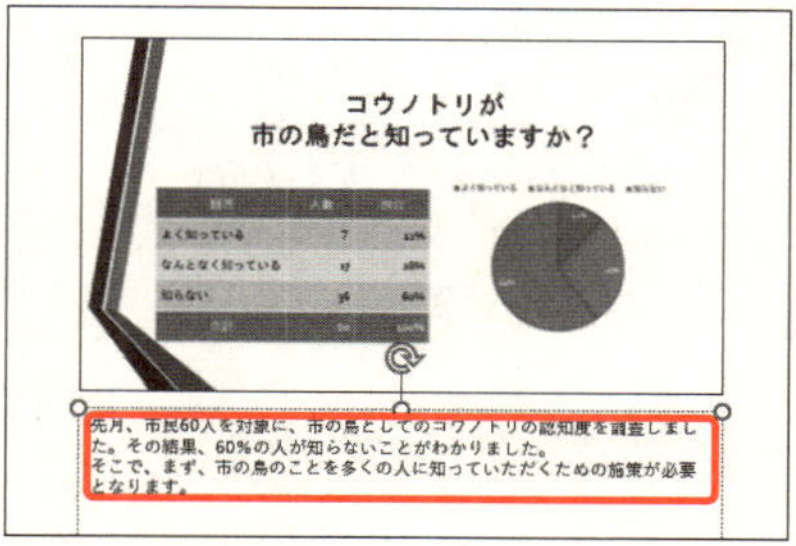

2 ノートの領域が表示されるので、「テキストを入力」と表示された欄をクリックして文章を入力します。文字が小さくて見づらい場合は、P26の方法で表示倍率を変えると大きくできます。入力が終わったら、[表示]タブを開き、[プレゼンテーションの表示] グループ→[標準]をクリックすると通常の表示に戻ります。

! 表示を変えずにノートを入力することもできます。ステータスバーの[ノート]をクリックするとノートの領域が表示される(2010は既定で表示されている)ので文章を入力します。

編集

スライドマスターを表示する・閉じる

基本のキホン

スライドマスターは、スライドの背景、色、プレースホルダーのサイズなど、スライドのデザインや配置の元となる情報を保存するスライドです。スライドマスターで行った設定はほかのスライドにも反映されます。「スライドマスター」表示でスライドのサムネイルの最上位にあるのがスライドマスターです。2番目以降はスライドマスターに関連付けられているスライドです。

[表示]→[スライドマスター]をクリックする

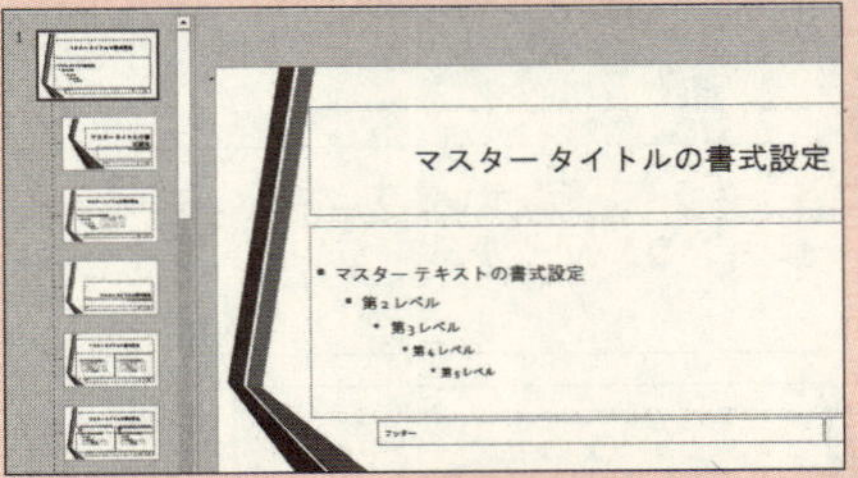

スライドマスターでは、スライドのすべてのレイアウトが表示されます。

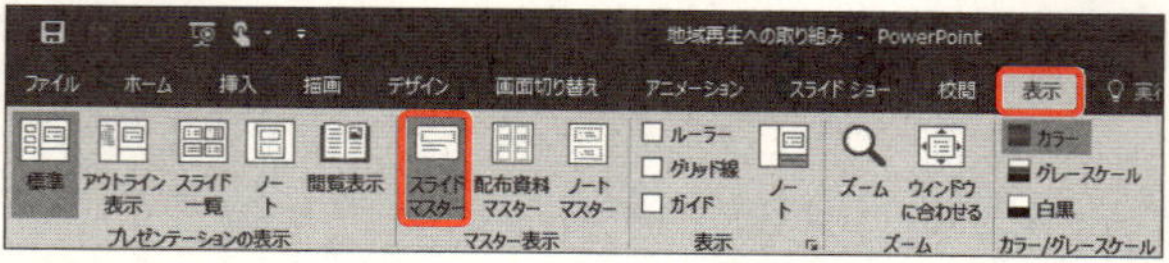

1 [表示]タブを開き、[マスター表示]グループ→[スライドマスター]をクリックします。

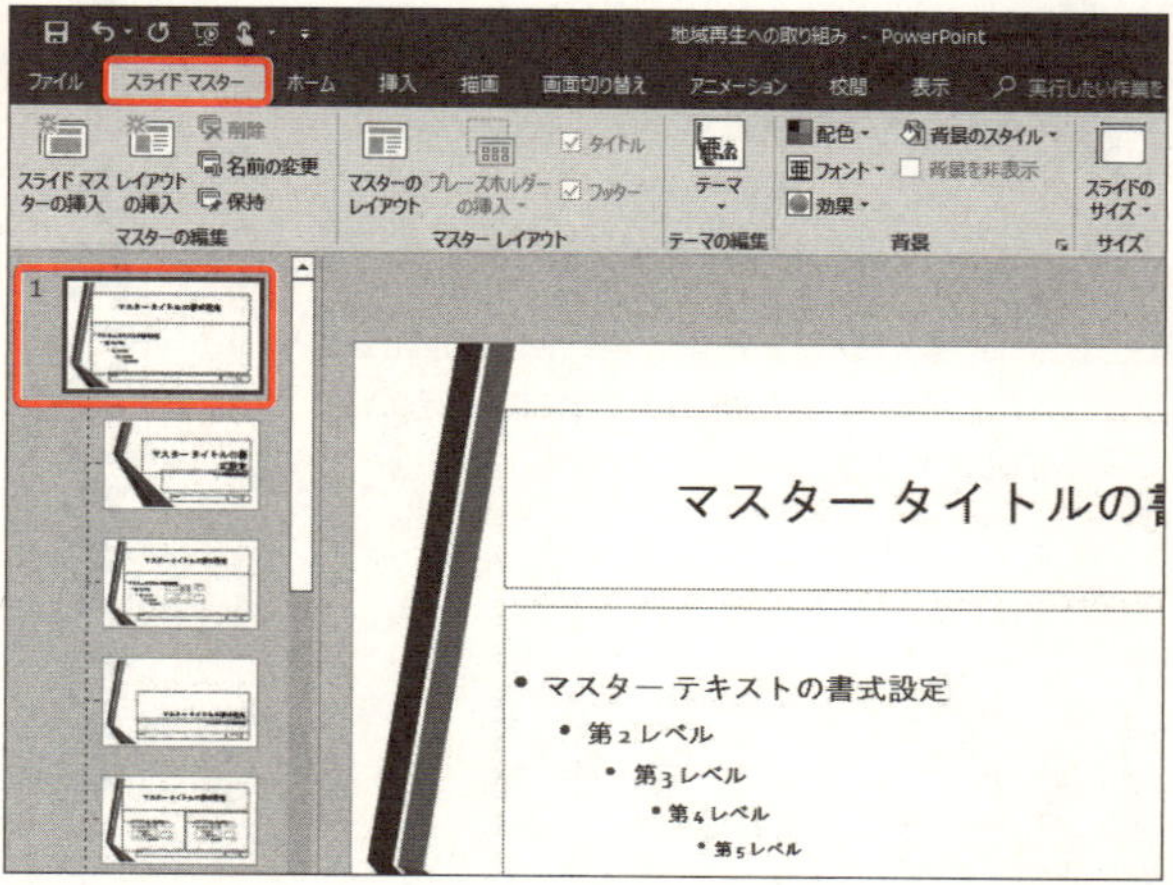

2 スライドマスターが表示され、[スライドマスター]タブが開きます。

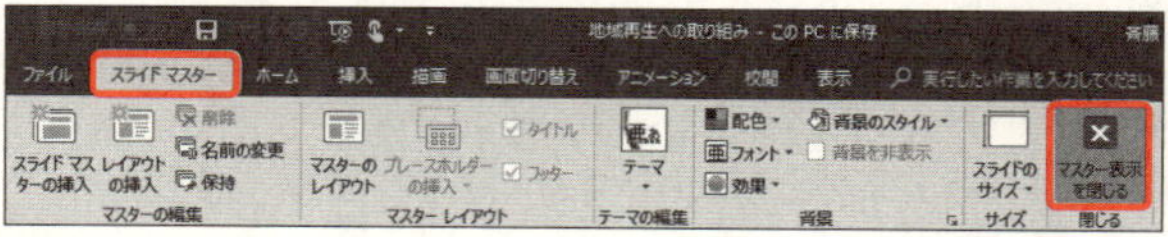

3 スライドマスターを閉じて元の表示に戻るには、[スライドマスター]タブを開き、[閉じる]グループ→[マスター表示を閉じる]をクリックします。

編集

全スライドにロゴを入れる

これは便利！

スライドマスターにロゴを挿入する

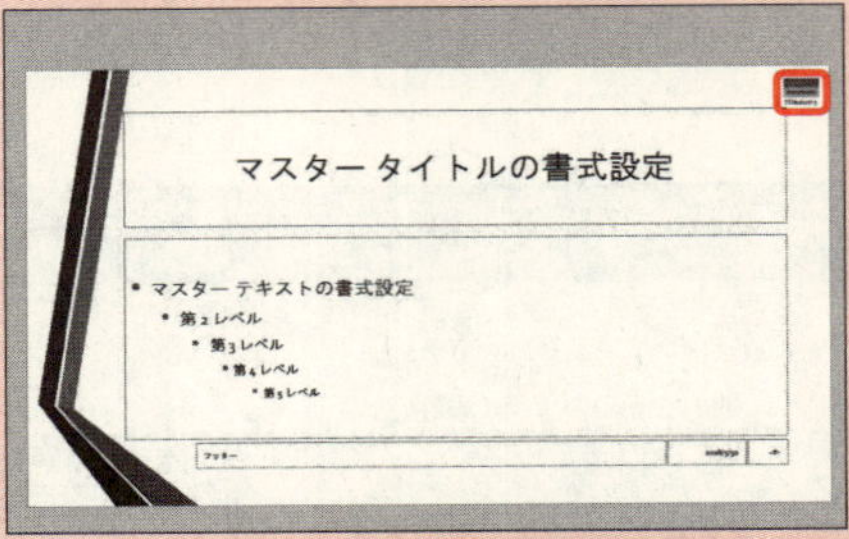

スライドマスターにロゴを挿入すれば、ほかのスライドにも入ります。

スライドに会社のロゴを表示したいときは、スライドマスターにロゴを挿入します。こうすれば、一度の操作でよく使うレイアウトにロゴが入るので、スライドごとにロゴを入れるのと比べ、大幅に作業時間を短縮できます。また、ロゴを入れ忘れる心配もありません。ロゴが不要になったら、スライドマスターでロゴを選択し、[Delete]キーを押せばまとめて削除できます。

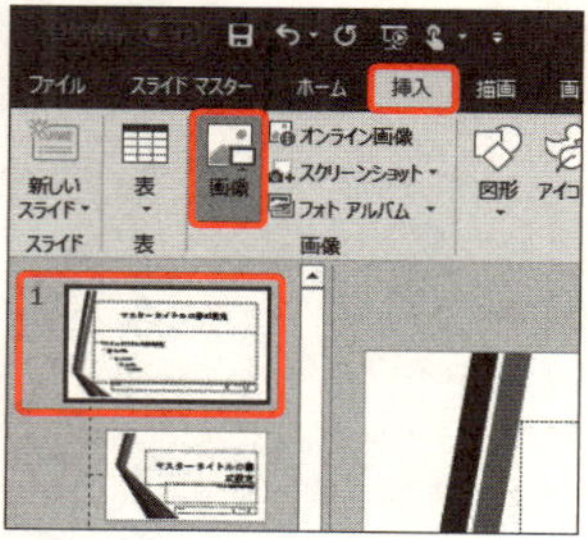

1 スライドマスターを表示します（P242参照）。スライドのサムネイルの最上位にあるスライドマスターを選択します。[挿入]タブを開き、[画像]グループ→[画像]（2010では[図]）をクリックします。

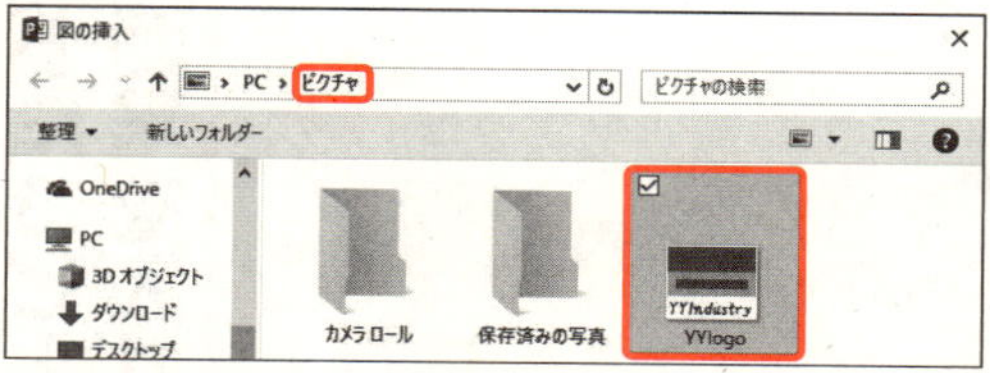

2 ロゴを保存した場所を開き、ロゴをクリックして[挿入]をクリックします。

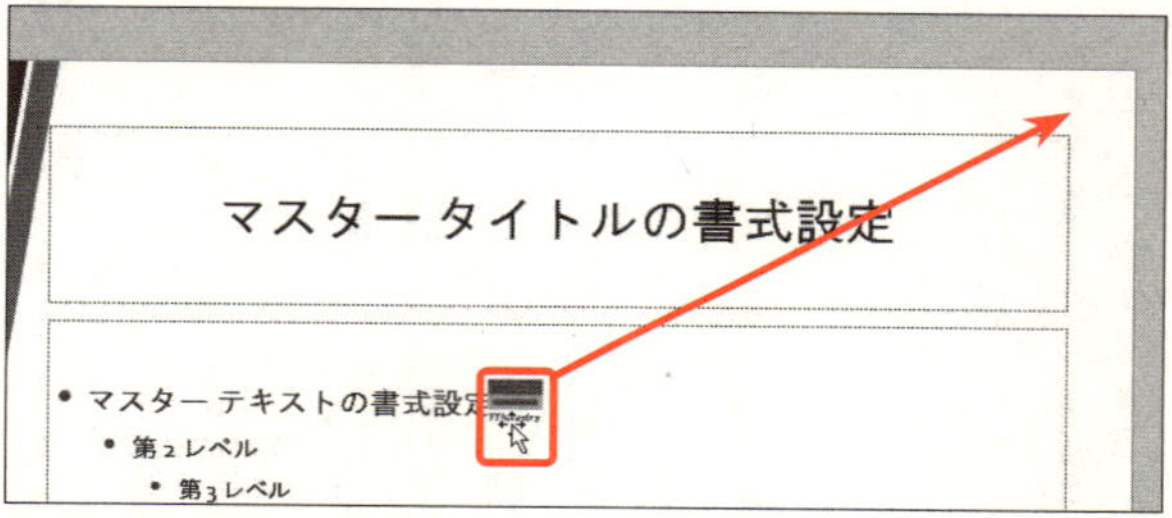

3 ロゴが挿入されるのでポインターを合わせ、 になったら配置する場所までドラッグします。スライドマスターを閉じます（P243参照）。テーマによっては、ロゴが入らないスライドのレイアウトがあります。その場合はスライドマスター表示で、そのスライドを選び、ロゴを個別に挿入してください。

編集

全スライドにコピーライトやスライド番号を入れる

これは便利！

全スライドにコピーライト（著作権を保護するための表示）を入れるにはフッター（下部欄外）を使います。またスライド番号は設定をオンにするだけで入ります。フッターの文字やスライド番号が表示される位置は、テーマによって異なります。

ここでは、フッターにコピーライトを入れますが、フッターには任意の文字を入力できるので、会社名や部署名などの表示にも使えます。

番号とフッターを設定し［すべてに適用］をクリック

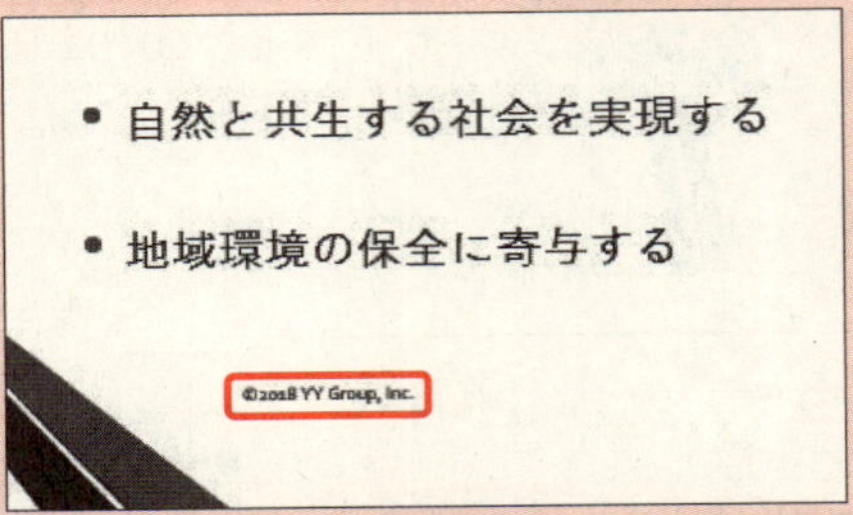
• 自然と共生する社会を実現する
• 地域環境の保全に寄与する
©2018 YY Group, Inc.

スライドにコピーライトを入れました。右端にはスライド番号も入れてあります。

1 [挿入] タブを開き、[テキスト] グループ→[ヘッダーとフッター]をクリックします。

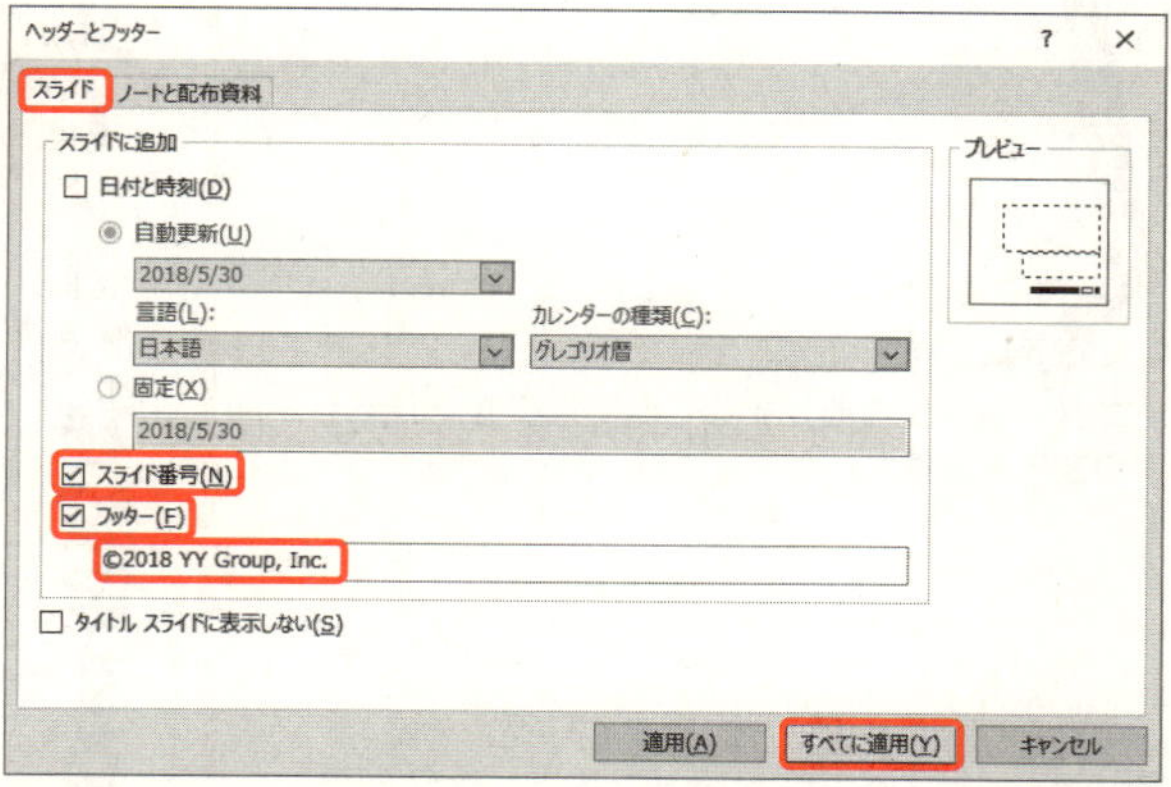

2 [スライド] タブが開いていることを確認します。[スライド番号] をクリックして☑にします。[フッター] をクリックして☑にしてコピーライトを入力します。[すべてに適用] をクリックします。

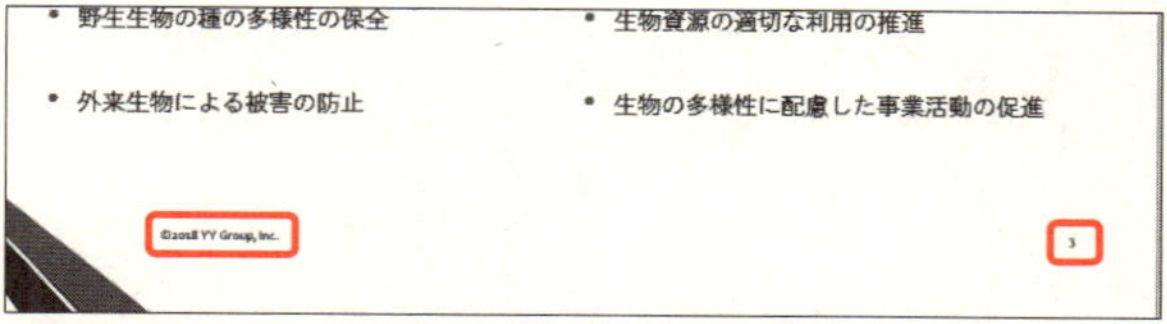

3 すべてのスライドにコピーライトとスライド番号が入ります。

アニメーション

アニメーションを設定する

基本のキホン

[アニメーション]でアニメーションの種類を選ぶ

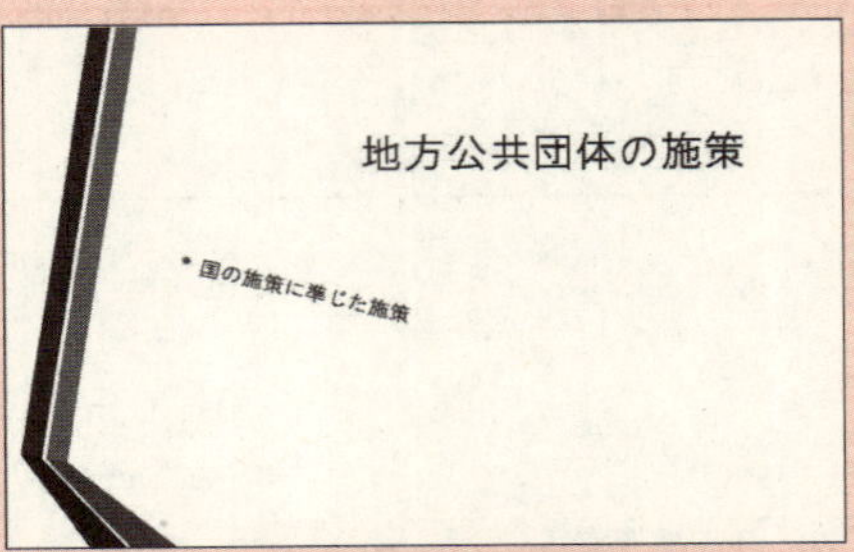

アニメーションを設定すると、箇条書きを1項目ずつ表示できます。

アニメーションはスライドの文字やグラフ、図形などに付ける動きです。説明に合わせて箇条書きやグラフなどを表示するのに使います。アニメーションは目を引く機能ですが、表示に時間がかかるので、特に強調したい箇所にだけ設定するのが得策です。アニメーションの有無は[アニメーション]タブを開くと確認できます。スライド上に再生順を示す番号があれば設定されています。

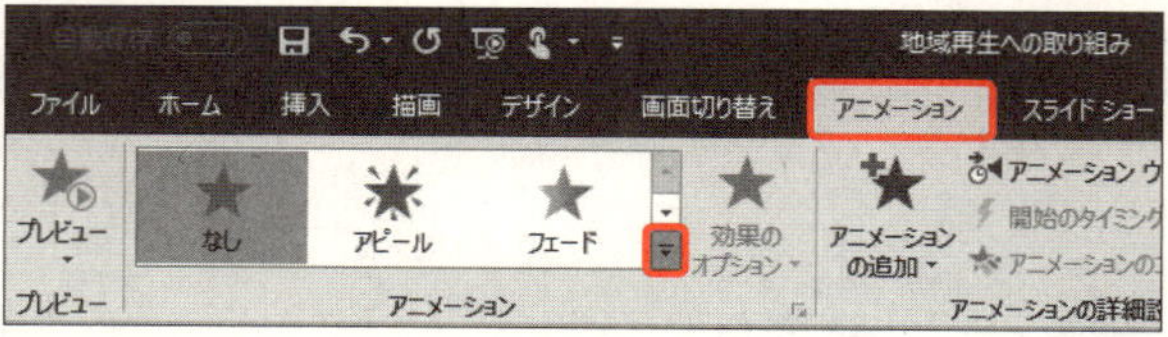

1 箇条書きにアニメーションを設定します。対象のプレースホルダーのなかをクリックしてから枠線をクリックし、枠線が実線になったことを確認します。[アニメーション]タブを開き、[アニメーション]グループの▼[その他]をクリックします。

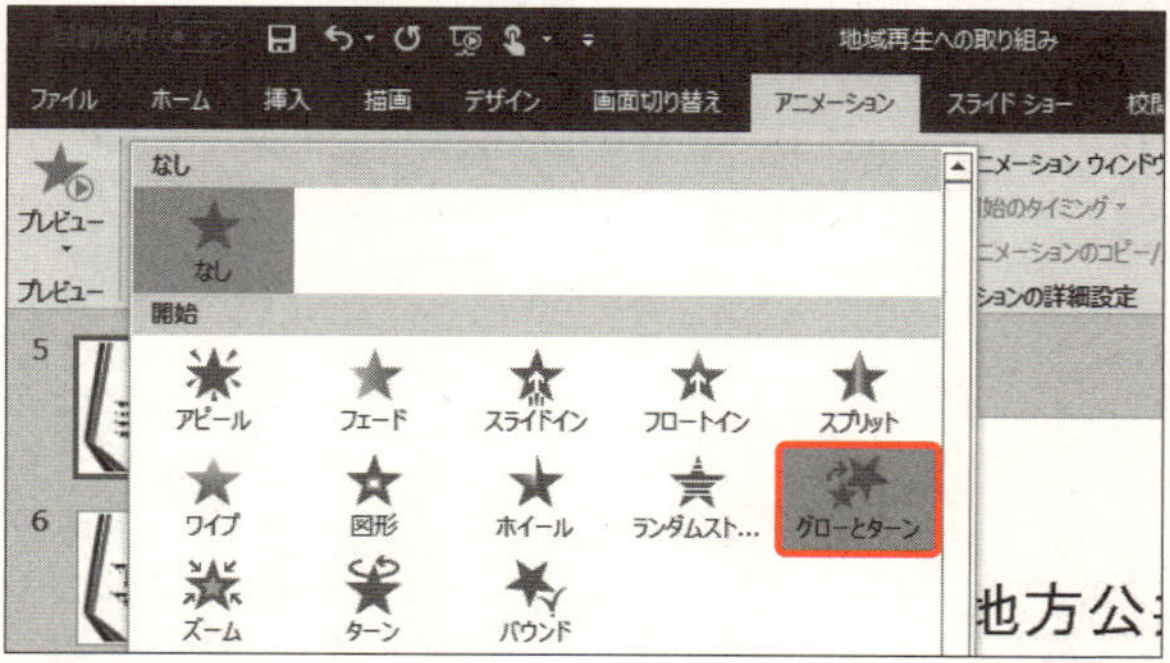

2 使用するアニメーションをクリックすると、アニメーションが設定され、動きがプレビューできます。

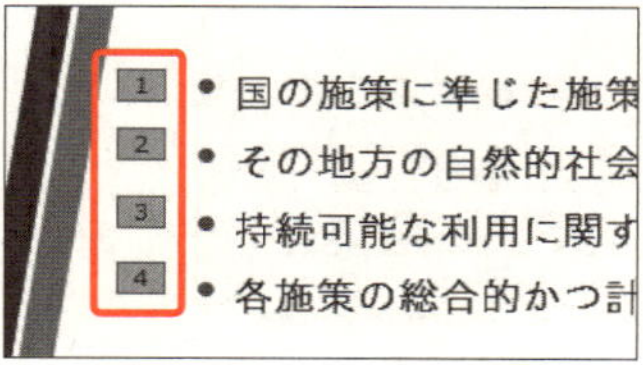

3 動きの順の番号が表示され、アニメーションが設定されていることがわかります。

アニメーション

アニメーションの再生順序を変える

これは便利！

表やグラフなど、複数の要素があるスライドでは、それぞれにアニメーションを設定できます。設定した順序がそのまま再生順になりますが、説明の順番と一致するとは限りません。再生の順序は後から変えられるので、リハーサルをしながら、順序を調整するとよいでしょう。

また、部分的にアニメーションを解除したいときには、番号を選んで［Delete］キーを押します。

番号を選んで、［順番を前にする］をクリック

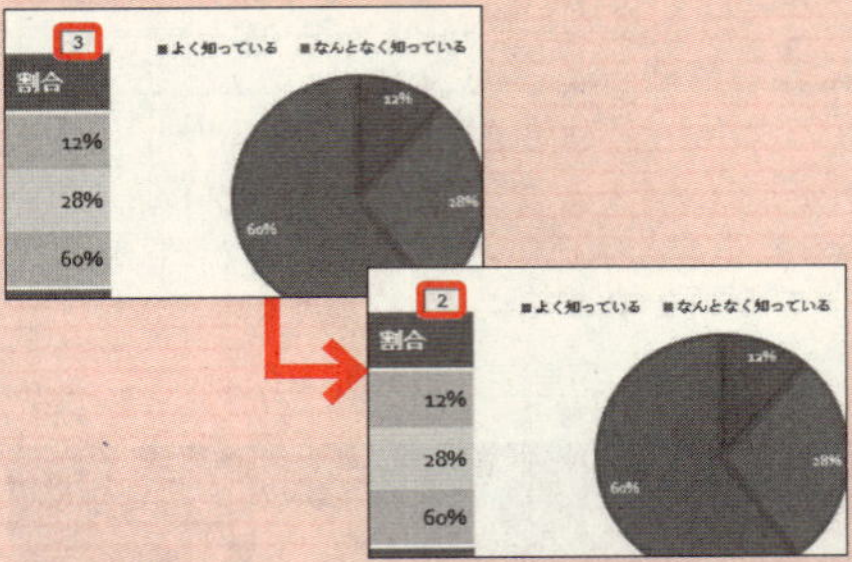

3番目に再生されるアニメーションを2番目に再生するように順序を変えました。

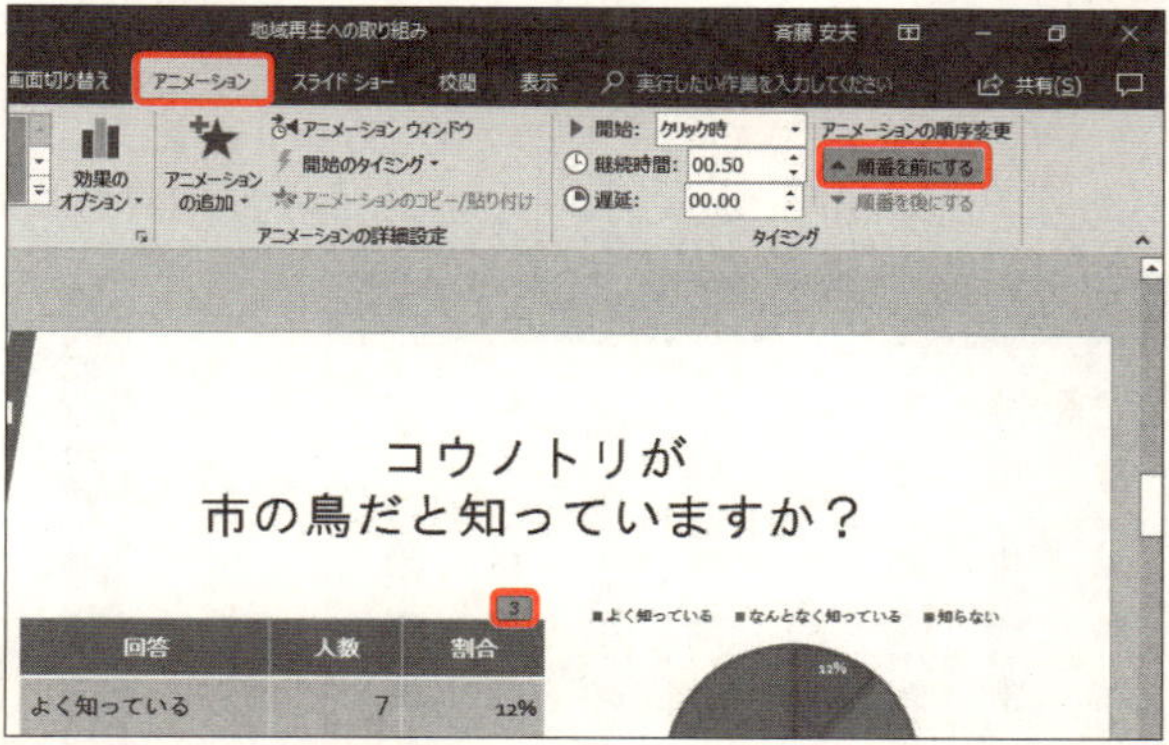

1 円グラフの再生順を変えます。[アニメーション] タブを開きます。円グラフの番号をクリックします。[タイミング] グループ→[順番を前にする](2010では[順番を早くする])をクリックします。再生順を後にしたければ、[順番を後にする](2010では[順番を遅くする])をクリックしてください。

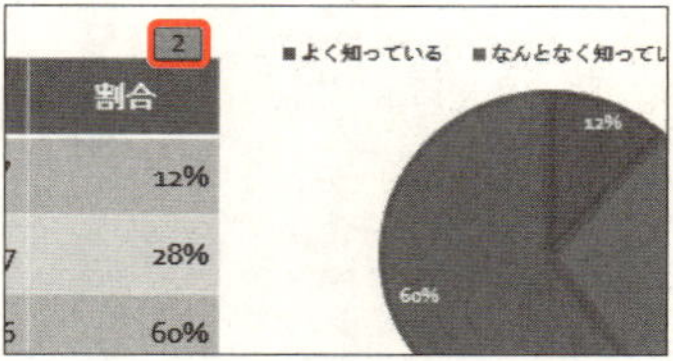

2 アニメーションの再生順序が変わります。図では3番目から2番目になりました。

! アニメーションの速さを変えることもできます。[アニメーション]タブを開き、速さを変える番号をクリックし、[タイミング]グループの[継続時間]にアニメーションを継続する時間を入力します。

アニメーション

画面の切り替えを設定する

基本のキホン

スライドショーでスライドを切り替える際の動きを設定するのが「画面切り替え」機能です。動きを選ぶだけで、スライドをスマートに切り替えられるようになります。ただし、動きの分だけ、画面の切り替えに時間がかかります。また、派手な切り替えはビジネスの場にはふさわしくないこともあります。プレゼンの目的や相手に合わせて、設定の有無や動きを選んでください。

[画面切り替え]で切り替え効果を選ぶ

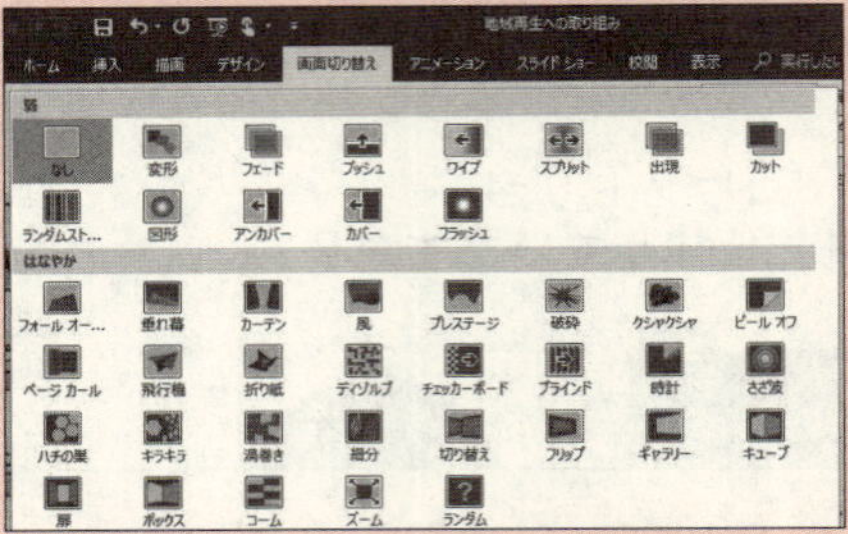

40種類以上の切り替え効果から、画面の切り替え方を選べます。

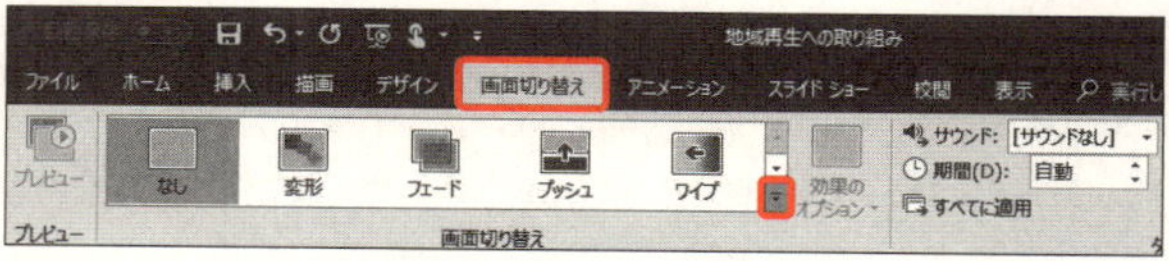

1 すべてのスライドに同じ切り替え効果を設定します。スライドのサムネイルで任意のスライドを選びます。特定のスライドにだけ設定したければ、設定するスライドを選択してください。[画面切り替え]タブを開きます。[画面切り替え]グループの▽[その他]をクリックします。

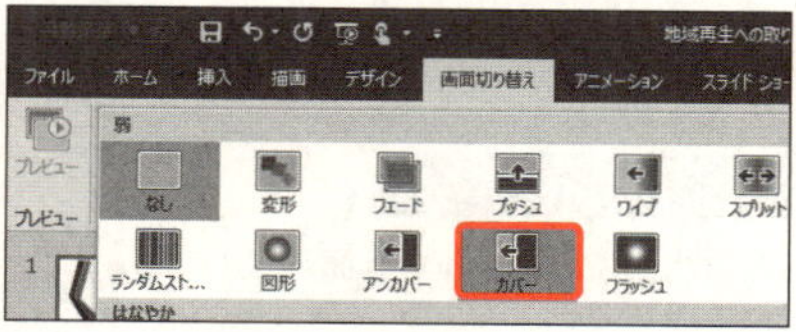

2 切り替え効果を選びます。

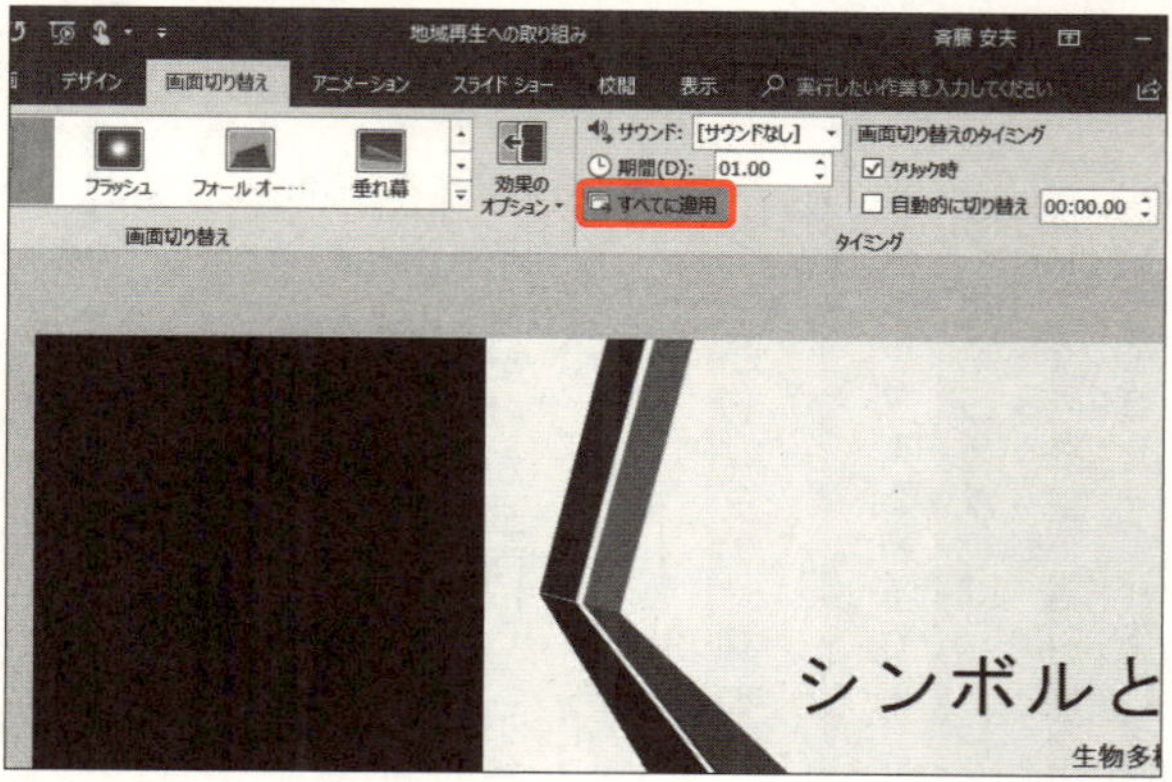

3 動きがプレビューされます。[タイミング]グループ→[すべてに適用]をクリックします。特定のスライドに設定する場合はこの操作は不要です。

スライドショー

スライドショーを開始する・終了する

基本のキホン

[スライドショー]→[最初から]をクリック

コウノトリを
シンボルとした地域再生
生物多様性基本法に基づく取り組みの情報発信

スライドショーを実行すると、スライドが全画面表示になります。

スライドを使って説明をする際にはスライドショーを実行します。スライドだけが画面に表示され、クリックで次に移動できます。

スライドショーを開始する方法はいくつかあります。基本は「スライドショー」タブを開いて「最初から」をクリックする方法です。もっと手早く開始したければ、「F5」キーを押してください。最初のスライドからスライドショーが実行されます。

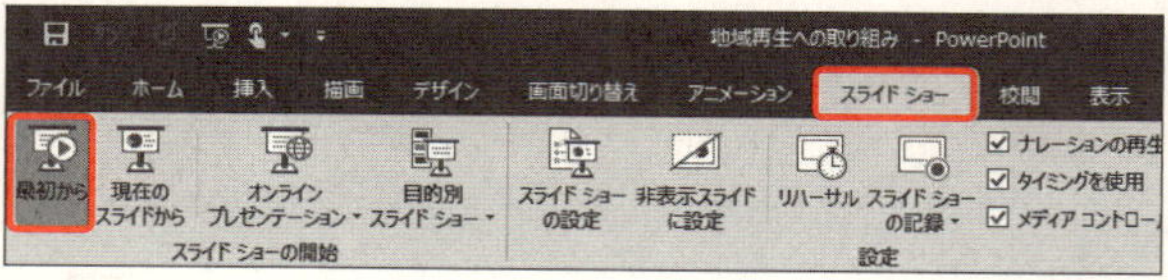

1 [スライドショー]タブを開き、[スライドショーの開始]グループ→[最初から]をクリックします。[F5]キーを押しても同じです。選択中のスライドからはじめたければ[現在のスライドから]をクリックしてください。

2 スライドが全画面表示になります。画面の任意の場所をクリックすると、指定した方法で画面が切り替わったり(P252参照)、アニメーション(P248参照)が再生されたりします。クリックの代わりに[↓]キーまたは[Enter]キーを押してもかまいません。スライドショーは[Esc]キーを押すと終了します。

スライドショー

スライドショーを自動で繰り返す

これは便利！

スライドショーは自動で繰り返すように設定することもできます。展示会のブースでスライドショーを繰り返し再生したいときや、セミナーの終了後にスライドショーを流しておきたいときなどに役に立ちます。

　この設定をしてからスライドショーを開始すると、［Ｅｓｃ］キーを押すまで指定した間隔でスライドが切り替わり、アニメーションも自動で再生されます。

スライドショーの設定で［自動プレゼンテーション］を選ぶ

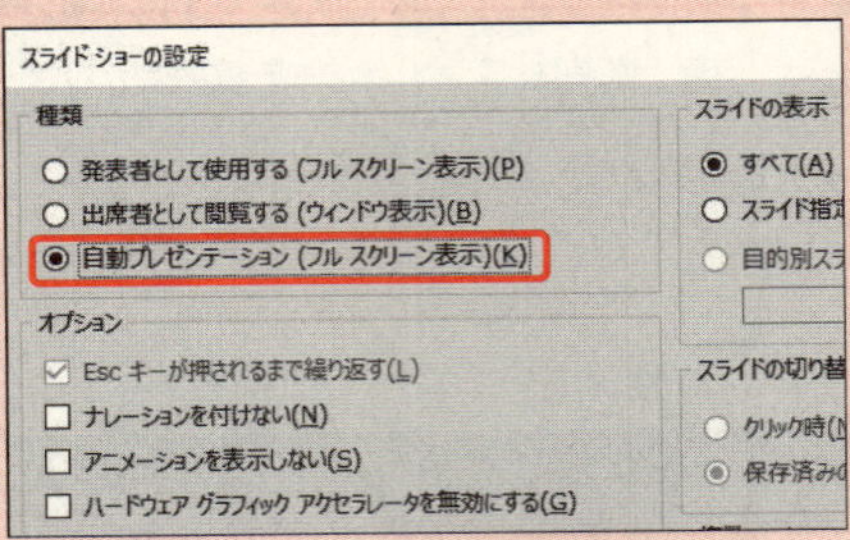

［自動プレゼンテーション］を選ぶと、スライドショーが繰り返されるようになります。

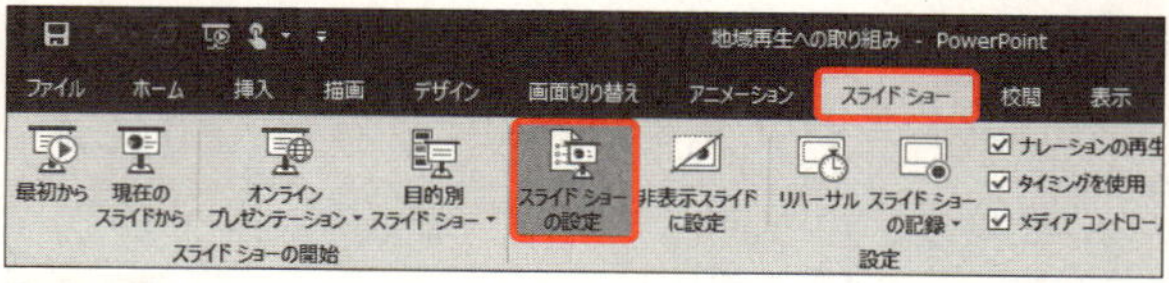

1 ［スライドショー］タブを開き、［設定］グループ→［スライドショーの設定］をクリックします。

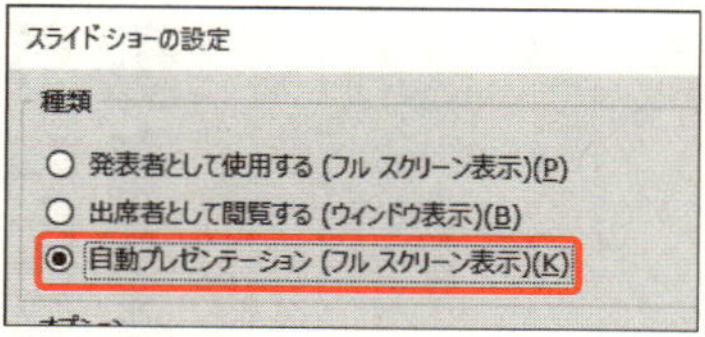

2 ［自動プレゼンテーション（フルスクリーン表示）］をクリックして◉にし、［OK］をクリックします。

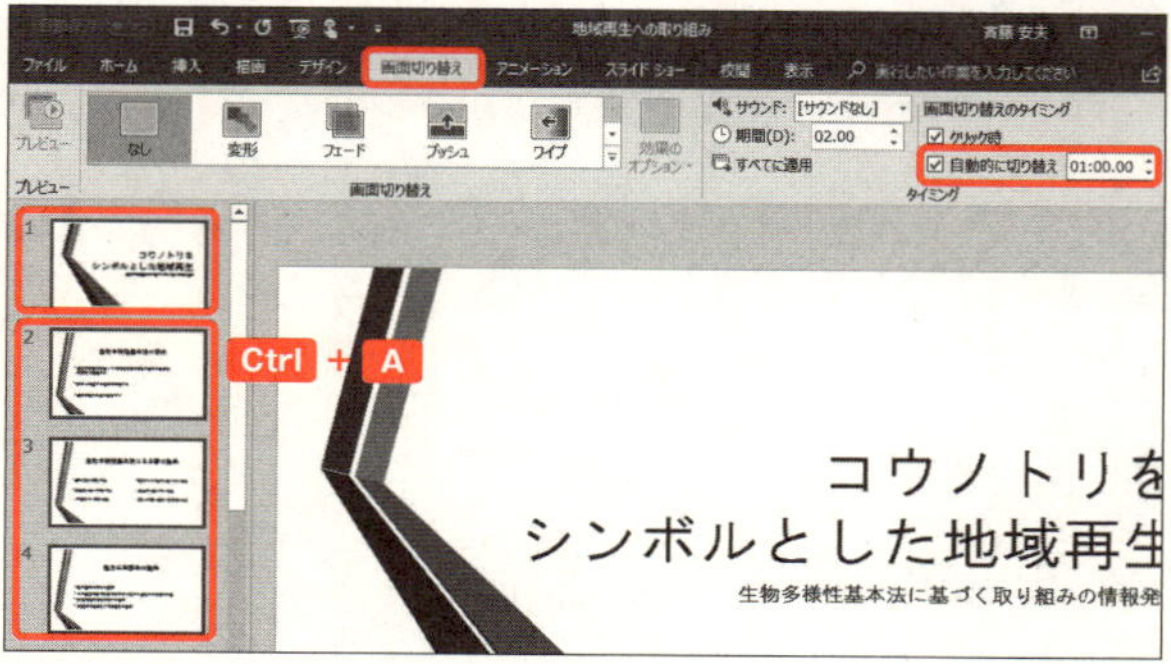

3 スライドのサムネイルで任意のスライドをクリックし、［Ctrl］キーを押したまま［A］キーを押して全部のスライドを選択します。［画面切り替え］タブを開き、［タイミング］グループ→［自動的に切り替え］をクリックして☑にします。右の欄でスライドが切り替わるまでの時間を指定します。スライドショーを開始すると（P254参照）、［Esc］キーを押すまで自動で繰り返されます。

スライドショー

プレゼン中にスライドに書き込みをする

これは便利！

**[ペン]を選び
ドラッグして書く**

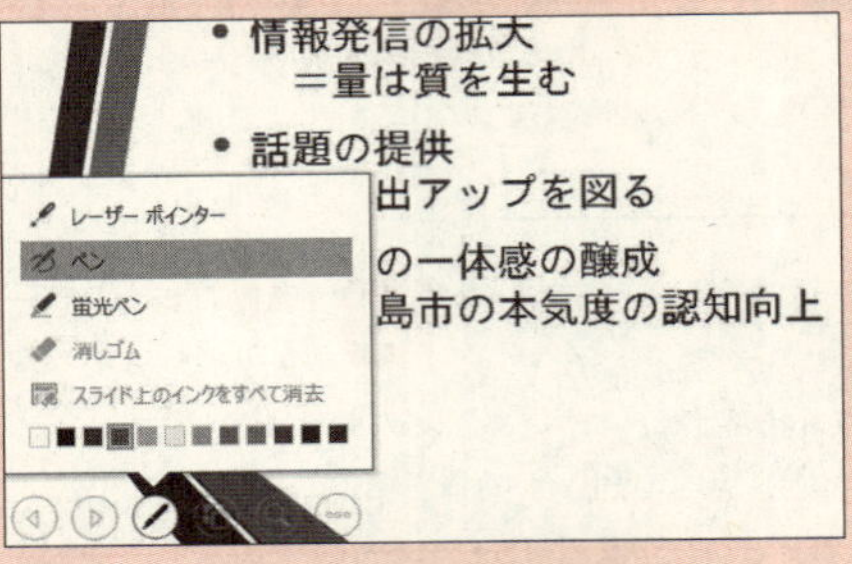

スライドショーの最中に［ペン］を選ぶと書き込みができます。

スライドショーを実行してプレゼンをしている最中でも、スライドに書き込みができます。話しながら強調したい語句を囲ったり、数字を書き込んだりすれば、相手に印象付けられます。

書き込みには「ペン」や「蛍光ペン」の機能を使います。色も選べるので、内容によって色を変えることも可能です。書き込みはスライドショーの終了時に削除できます。

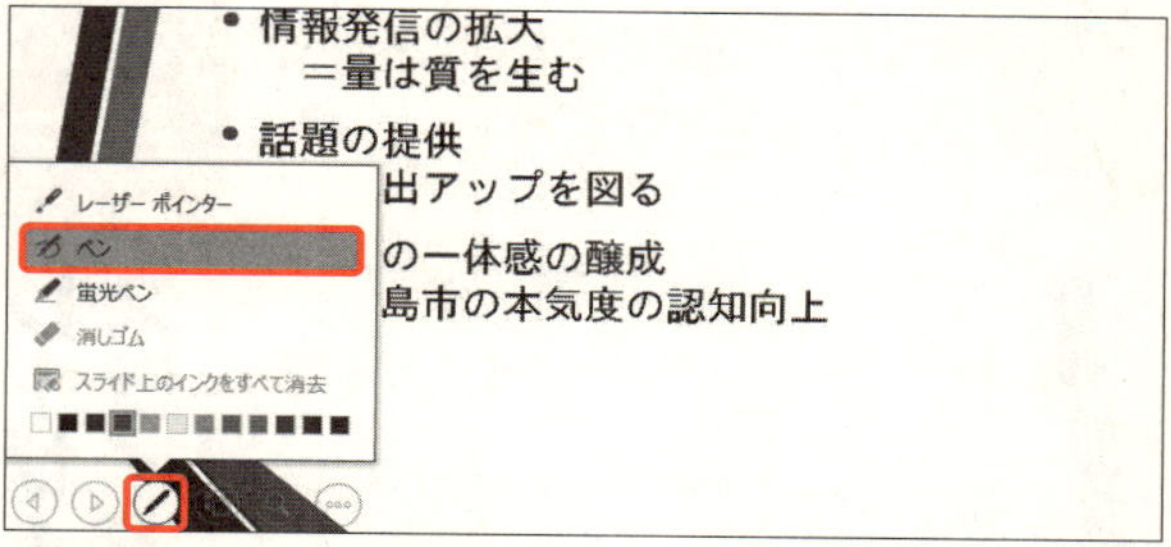

1 スライドショーを実行中にスライドの左下にポインターを移動し⊘（2010は）→［ペン］を選びます。色を変えるにはここ（2010では［インクの色］）で色を選びます。

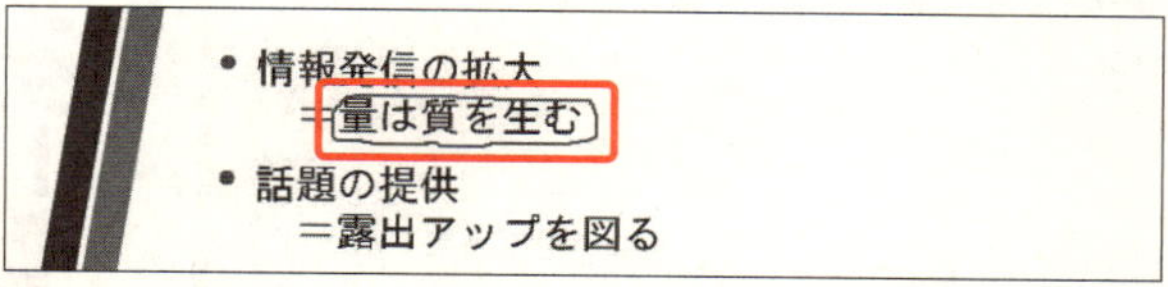

2 ドラッグするとスライド上に書き込みができます。［Esc］キーを押すと終了します。

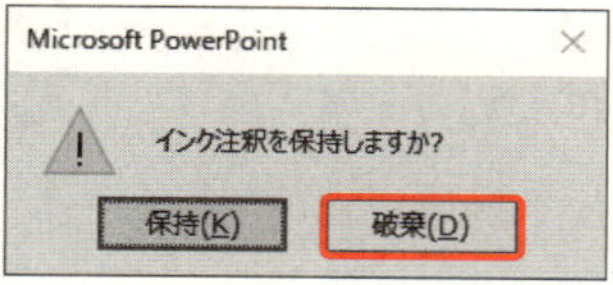

3 スライドショーを終了する際には、この画面が表示されます。［破棄］をクリックすると書き込みを削除できます。

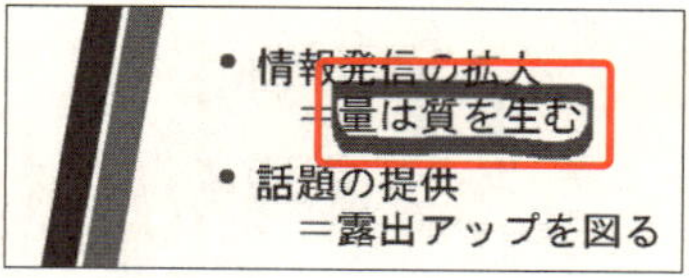

! 1で［蛍光ペン］を選んで書き込むこともできます。使い方はペンと同じです。

スライドショー

レーザーポインターを表示してスライドを指す

これは便利！

プレゼンでは、スライドを見せながら話をすすめていきますが、その際にレーザーポインターを使って、注目してほしい言葉や数字を指すことがあります。

レーザーポインターはパソコンとは別に用意するものと思いがちですが、パワポにもポインターを表示する機能があります。これならレーザーポインターを持っていなくても、その場ですぐに使えます。

[Ctrl]キーを押したまま マウスの左ボタンを押す

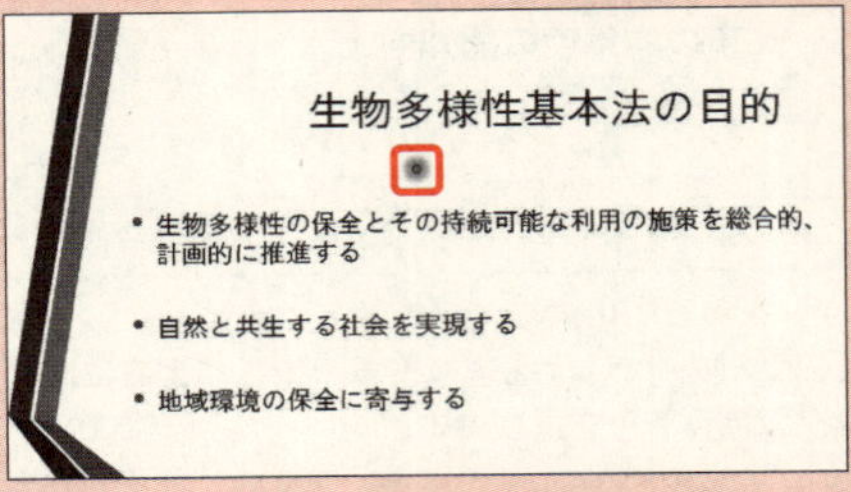
生物多様性基本法の目的
• 生物多様性の保全とその持続可能な利用の施策を総合的、計画的に推進する
• 自然と共生する社会を実現する
• 地域環境の保全に寄与する

レーザーポインターはパワポの機能で表示できます。

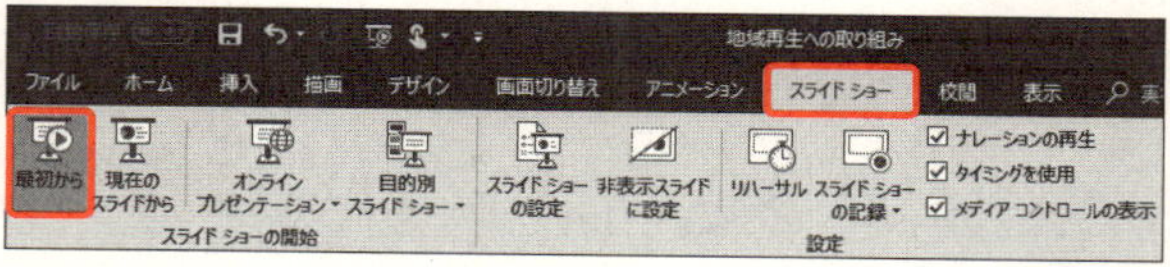

1 ［スライドショー］タブを開き、［スライドショーの開始］グループ→［最初から］（または［現在のスライドから］）をクリックしてスライドショーを実行します。

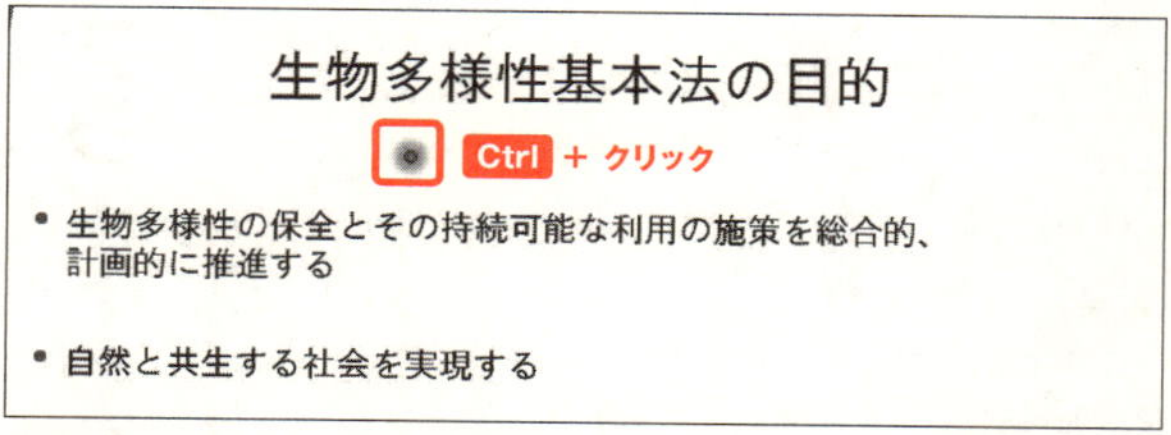

2 ［Ctrl］キーを押したままスライド上をクリックすると、レーザーポインターが表示されます。［Ctrl］キーを離して（2010は押したまま）ドラッグすると、レーザーポインターが動きます。ポインターの表示を終了するには、マウスのボタン（2010では［Ctrl］キーとマウスのボタン）を離します。

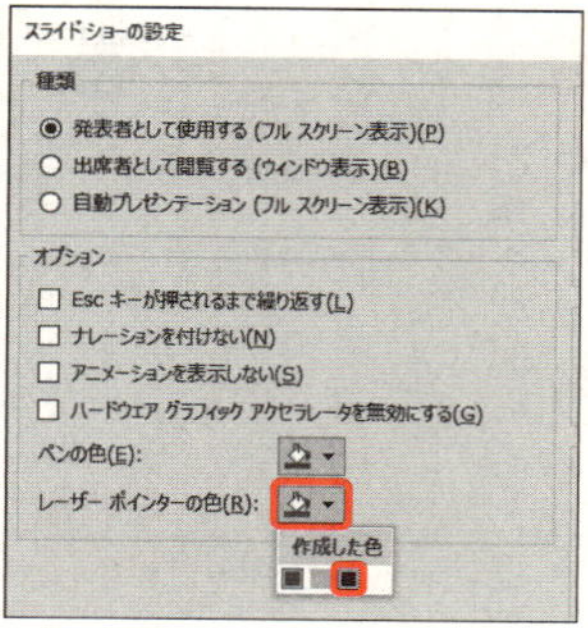

! レーザーポインターの色は次のようにすると変えられます。［スライドショー］タブを開き、［設定］グループ→［スライドショーの設定］をクリックします。［レーザーポインターの色］の（2010は）をクリックして色を選び、［OK］をクリックすると、色が変わります。

スライドショー

一部のスライドを非表示にする

これは便利！

[非表示スライドに設定]をクリックするだけ

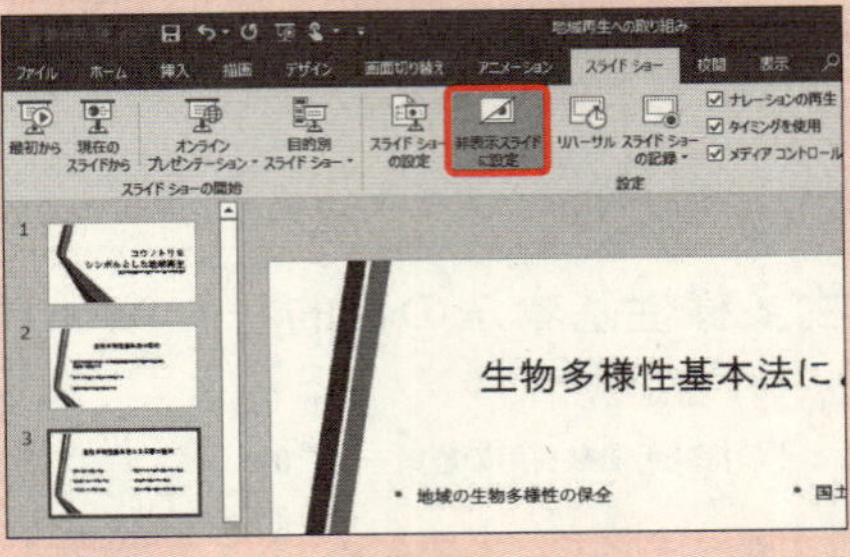

スライドショーで使わないスライドは[非表示スライドに設定]で非表示にできます。

1つのプレゼンテーションファイルを繰り返し使ってスライドショーを行う場合、相手や状況によって使わないスライドが生じることもあります。このときにスライドを削除すると、あとで作りなおしが必要になったりして、手間や時間がかかります。一時的に使わないスライドは、非表示スライドに設定しましょう。スライドを残したまま、スライドショーで飛ばすことができます。

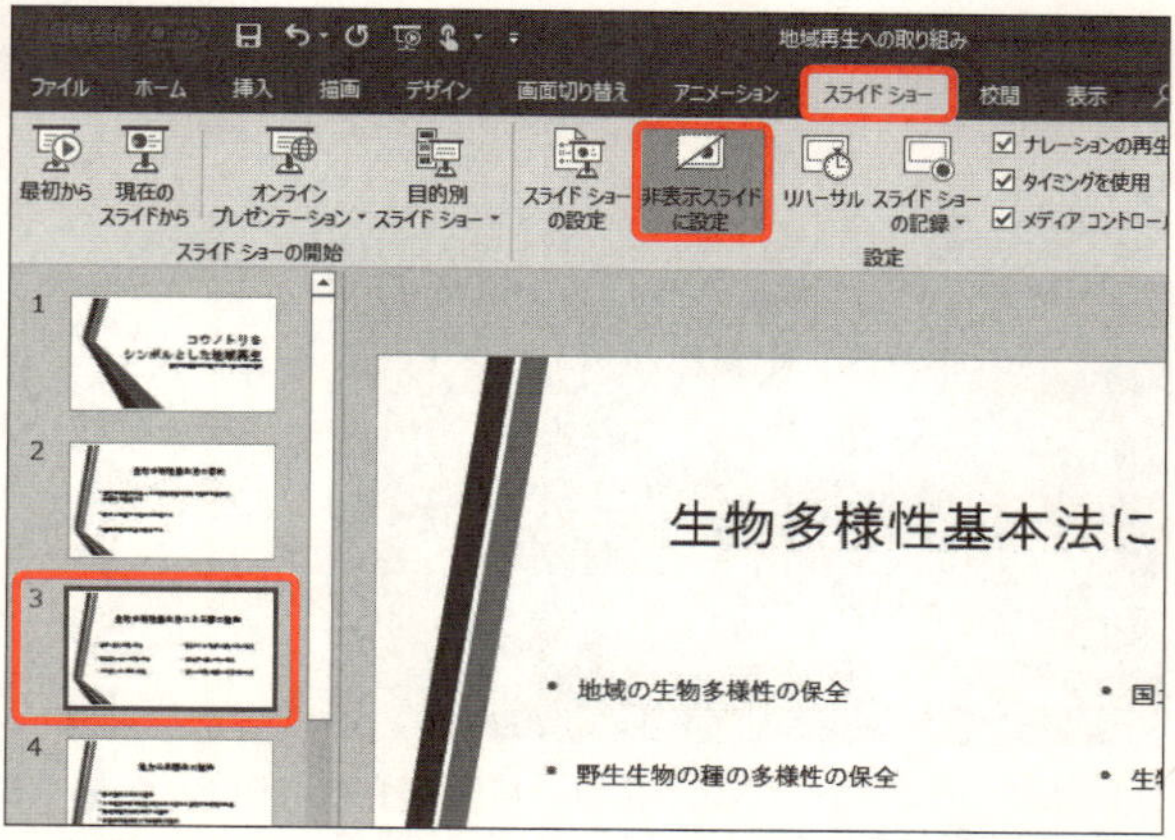

1 スライドのサムネイルで、スライドショーに含めないスライドを選択します。［スライドショー］タブを開き、［設定］グループ→［非表示スライドに設定］をクリックします。この操作を再度行うと、非表示の設定を解除できます。

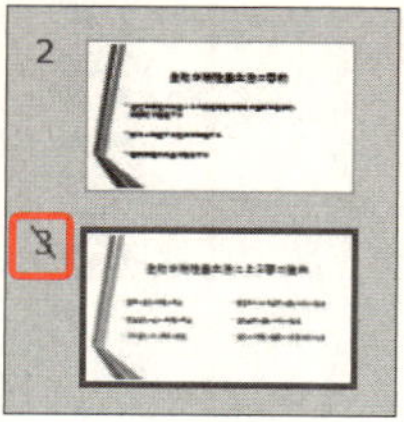

2 スライドが非表示に設定され、スライド番号に斜線が付きます。スライドショーを実行するときには、このスライドは表示されません。

! スライド番号を表示しているプレゼンテーションでは、非表示スライドの番号が飛んでしまいます。こんなときは非表示スライドを末尾に移動すれば番号の抜けが生じません。移動方法はP220にあります。

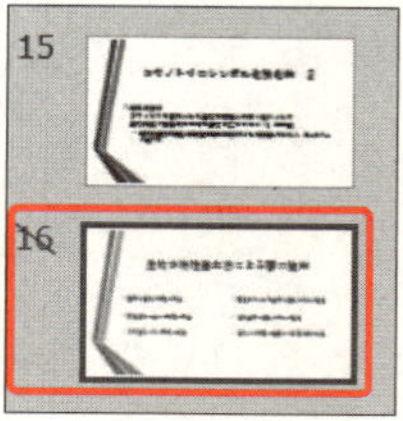

保存と印刷

スライドショー形式で保存する

これは便利！

スライドショーをはじめるときに、うっかりプロジェクターからの投影を先に行ってしまい、パワポの起動から、プレゼンテーションの選択まで相手に丸見えになることがあります。これでは手際が悪い印象になりかねません。プレゼンテーションをスライドショー形式でデスクトップにも保存しておけば、アイコンをダブルクリックするだけでスライドショーをはじめられます。

ファイルの種類を[PowerPointスライドショー]にする

プレゼンテーションをデスクトップにスライドショー形式で保存しました。アイコンをダブルクリックすればスライドショーがはじまります。

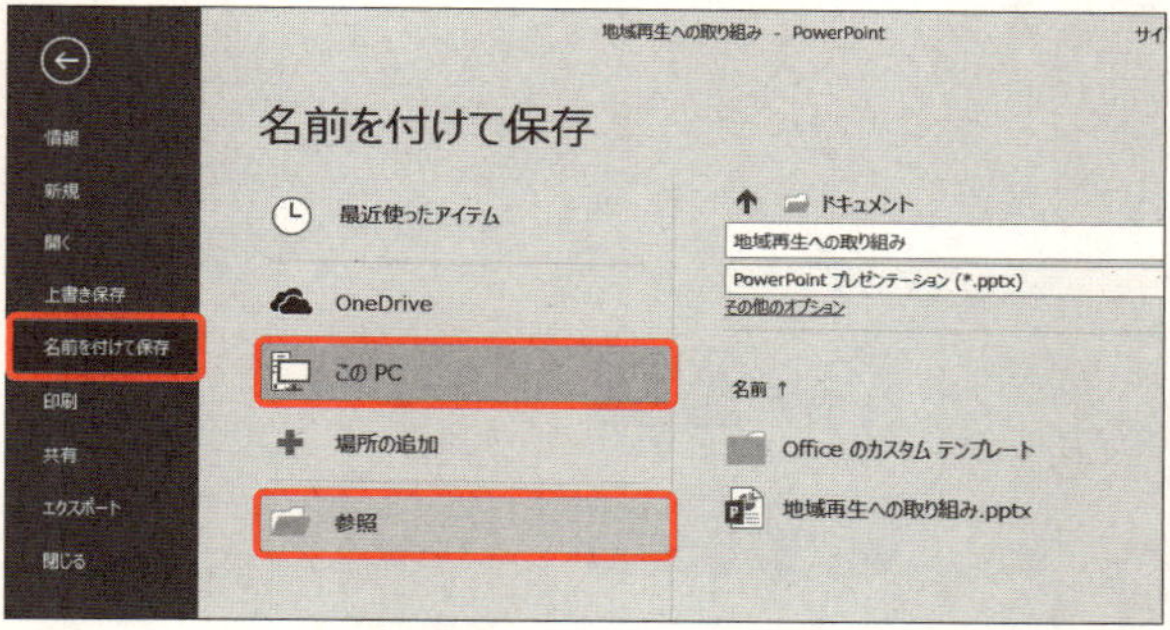

1 ［ファイル］タブを開き、左の一覧で［名前を付けて保存］を選びます。2010は次に**2**に進んでください。［このPC］（2013では［コンピューター］）を選び、［参照］をクリックします。

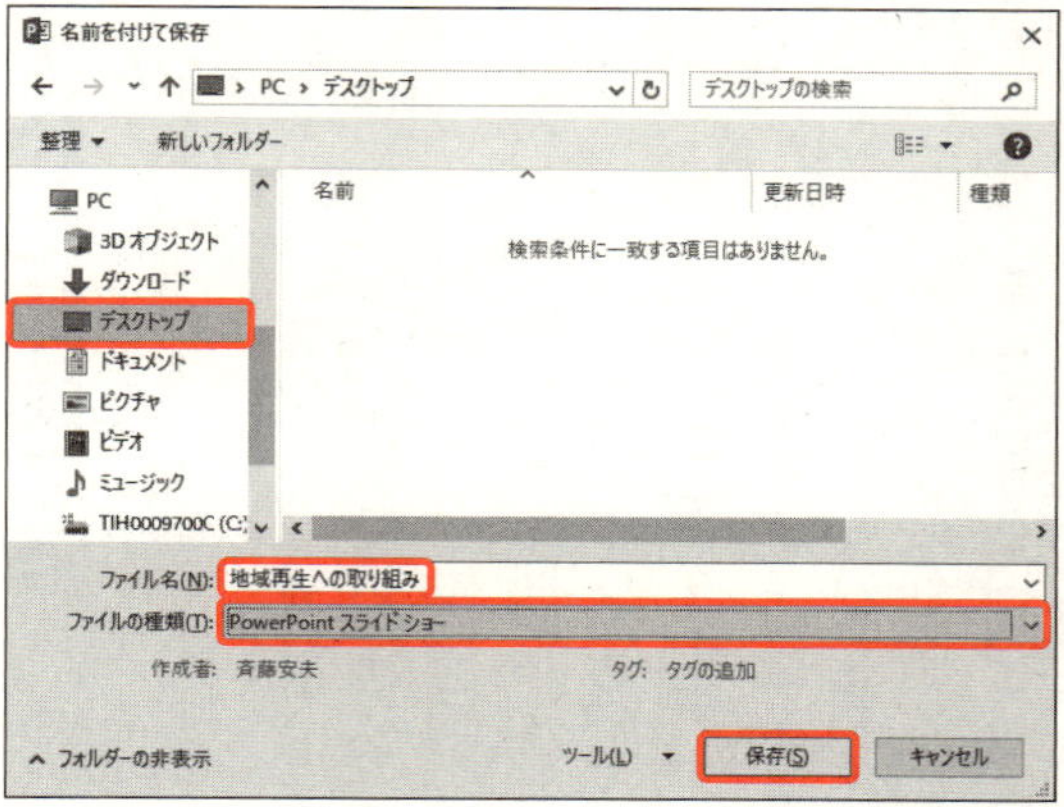

2 ［デスクトップ］をクリックします。プレゼンテーションに付ける名前を入力します。［ファイルの種類］欄をクリックして［PowerPointスライドショー］を選びます。［保存］をクリックすると、ファイルがデスクトップに保存され、アイコンができます。

保存と印刷

複数のスライドを1枚に印刷する

これは便利！

スライドを資料として配る場合は、一枚の用紙に複数のスライドを印刷するのが一般的です。一枚に9スライドまで印刷できますが、多すぎると見づらくなるので、2～6枚程度にするのがよいでしょう。

複数枚のスライドの印刷では、スライドの並べ方も選びます。1枚目のスライドの右隣に2枚目が並ぶようにするなら「(横)」、1枚目の下にしたければ「(縦)」にします。

スライドの枚数と並べ方を指定する

1枚の用紙に6枚のスライドを印刷するように設定しました。

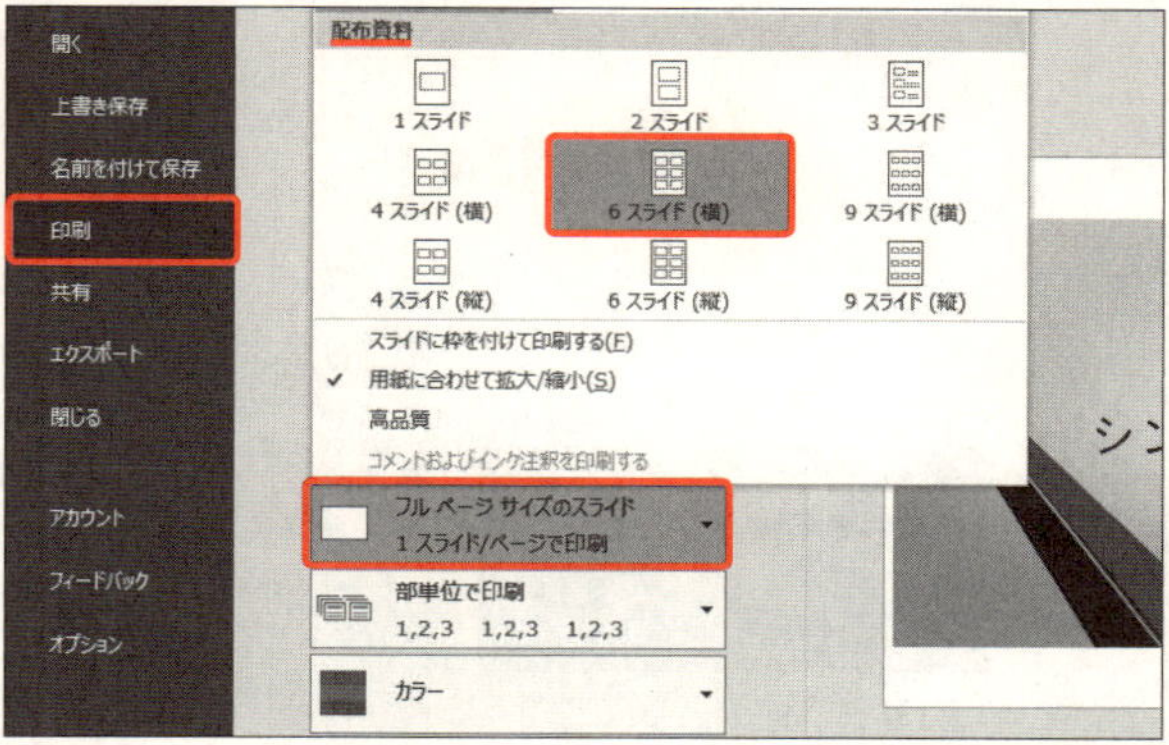

1 [ファイル]タブを開き、左の一覧で[印刷]を選びます。[フルページサイズのスライド]をクリックして、[配布資料]で[6スライド(横)]など1枚に印刷するスライドの枚数を選択します。

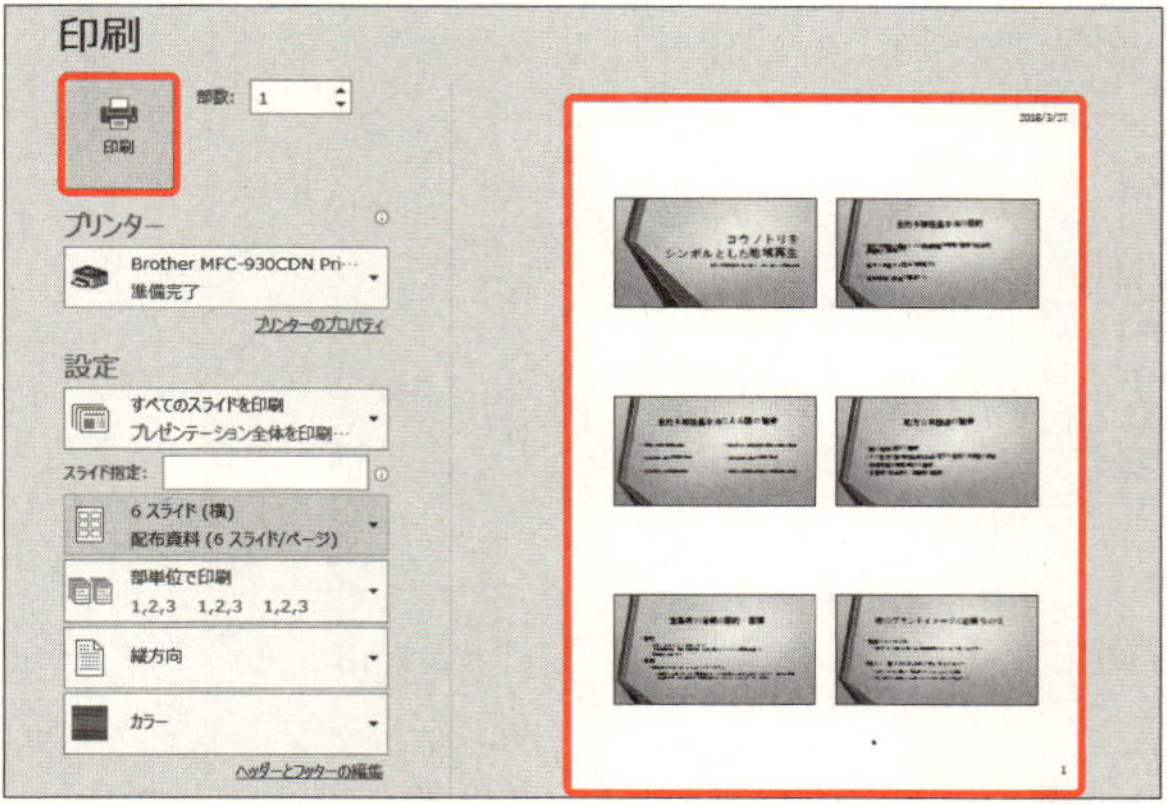

2 1枚の用紙に指定した数のスライドが印刷されることを確認します。[印刷]をクリックして印刷します。

保存と印刷

ノートを付けて印刷する

これは便利！

プレゼンで話す内容は、スライドごとに「ノート」として記入できます（P240参照）。スライドを印刷する際に、ノートを付けておけば発表者の手元資料になります。

ノートはプレゼンをする人のためのメモですが、プレゼンを見る人がメモを取るスペースを作ることもできます。［配布資料］で［3スライド］を選んで印刷すると、右側にメモの欄が印刷されます。

［印刷］画面で［ノート］を選ぶ

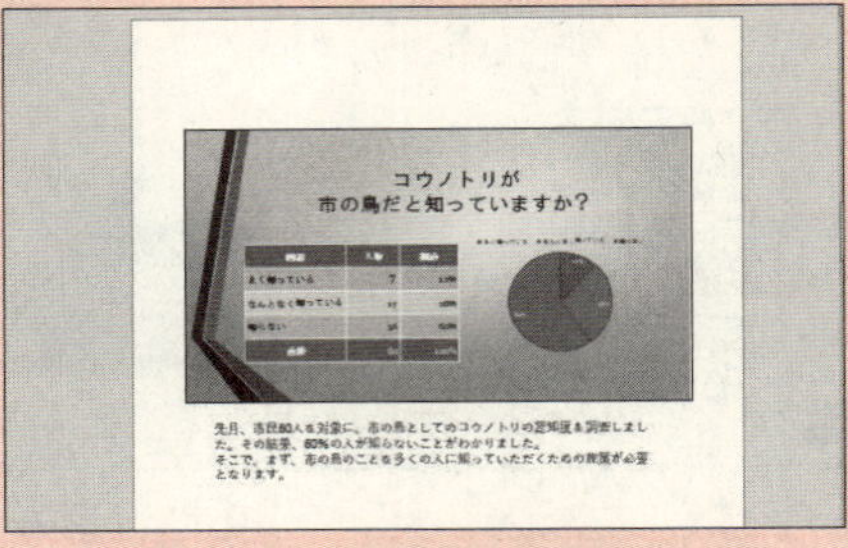

ノートを印刷する設定にすると、1枚の用紙にスライドとノートが印刷できます。

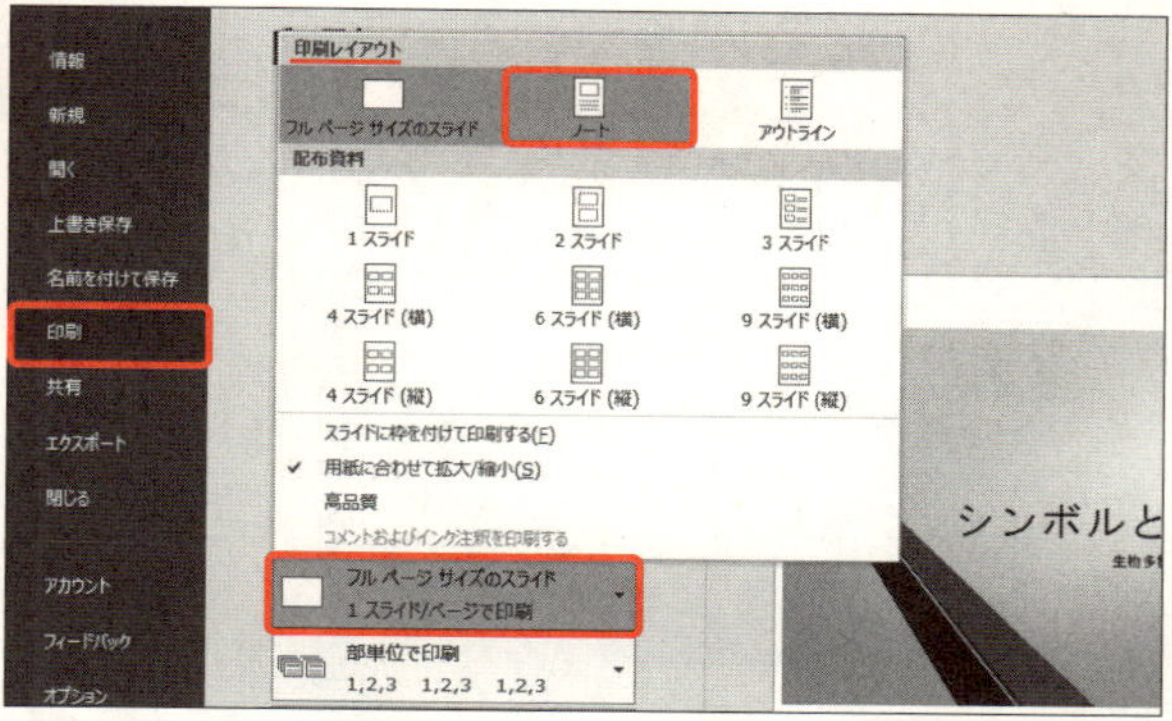

1 [ファイル]タブを開き、左の一覧で[印刷]を選択します。[フルページサイズのスライド]をクリックして[印刷レイアウト]で[ノート]を選びます。

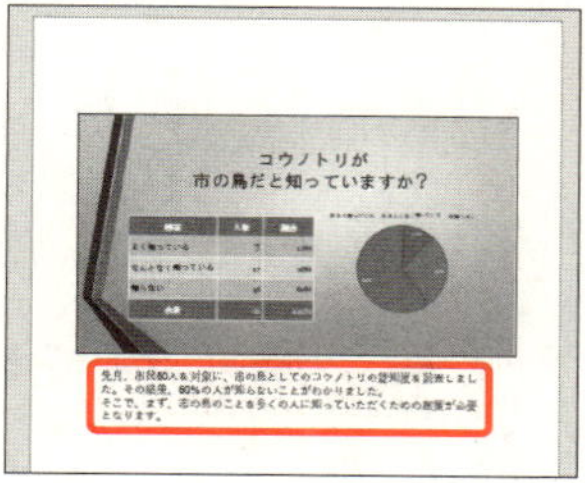

2 1枚の用紙にスライドとノートが印刷されることを確認します。[印刷]をクリックして印刷します。

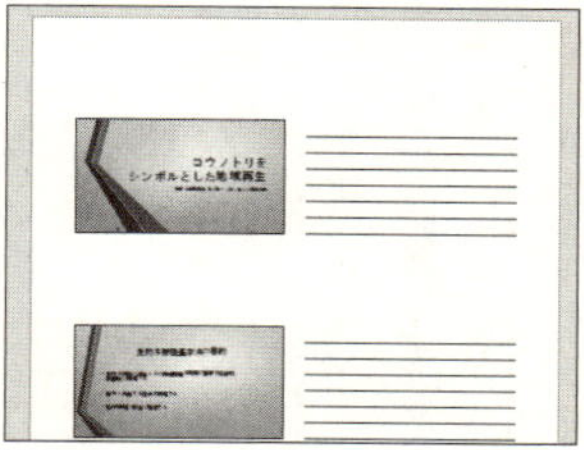

! [フルページサイズのスライド]をクリックして、[配布資料]で[3スライド]を選ぶと(**1**の図参照)、1枚の用紙に3枚のスライドが印刷されます。スライドは用紙の左に縦に並び、右にはメモを記入できるように罫線が印刷されます。

保存と印刷

会社名やタイトル、ページ番号を付けて印刷する

これは便利！

スライドにコピーライトやスライド番号を入れる（P246参照）ほかに、印刷の際に、用紙に会社名やページ番号などを付けることもあります。印刷する場合は配布資料のヘッダーやフッターを設定します。スライドのフッターとは別のものです。

ここで設定するヘッダーなどは［配布資料］として印刷するときに有効です（P267参照）。また、日付は初期設定で上部に入ります。

印刷用紙のヘッダー・フッターを設定する

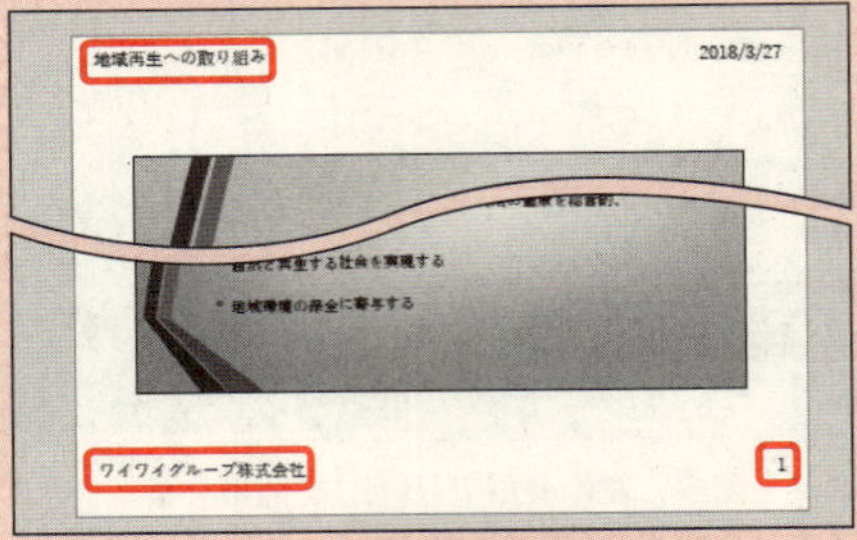

ヘッダーやフッターを設定すると、用紙に会社名やページ番号を付けてスライドを印刷できます。

1 [挿入]タブを開き、[テキスト]グループ→[ヘッダーとフッター]をクリックします。

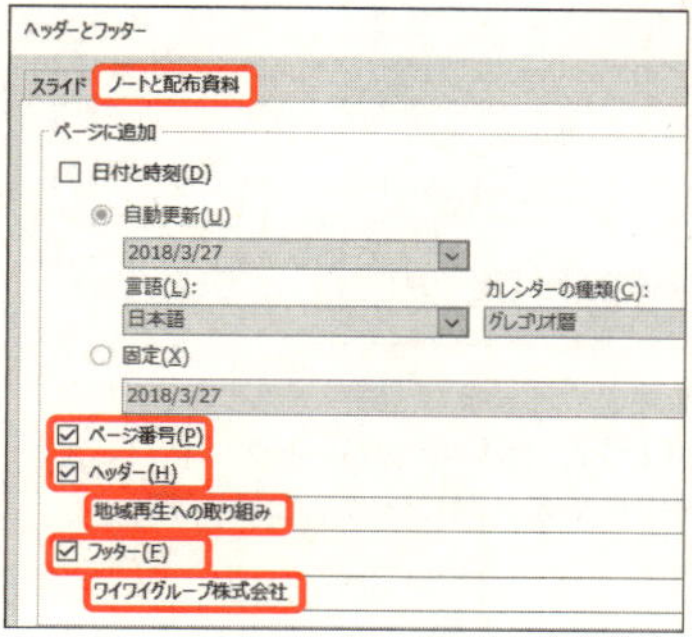

2 [ノートと配布資料]タブを開きます。[ページ番号]が☑になっていることを確認します。[ヘッダー]をクリックして☑にし、上部に印刷したい内容を入力します。[フッター]をクリックして☑にし、下部に印刷したい内容を入力します。[すべてに適用]をクリックします。

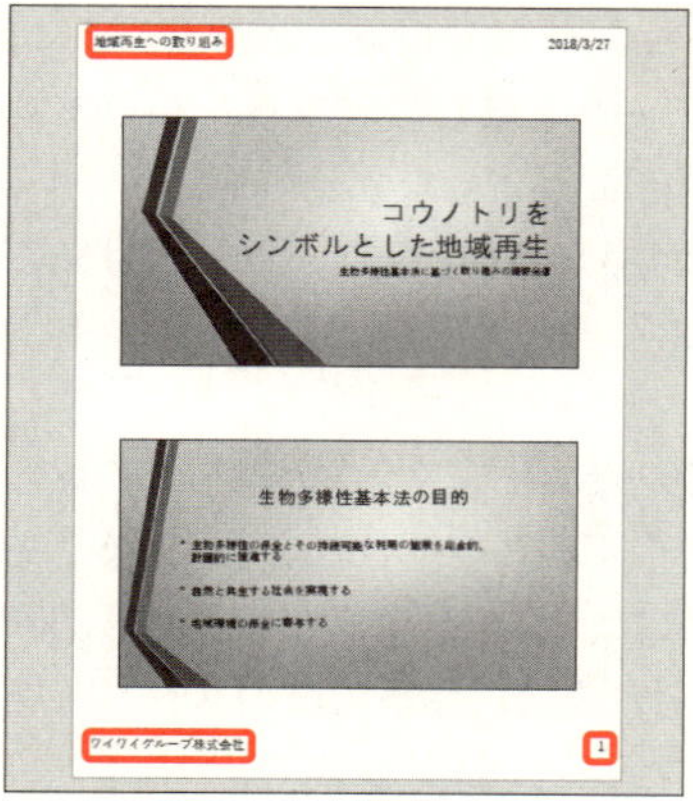

3 印刷用紙に会社名やページ番号などが印刷されることを確認します。[印刷]をクリックして印刷します。

COLUMN

エクセル、ワード、パワポの連携

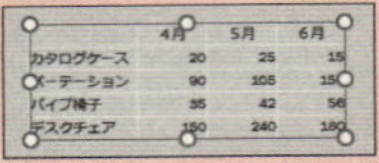

エクセルの表をコピーして、パワポのスライドに[貼り付け先のスタイルを使用]で貼り付けます。

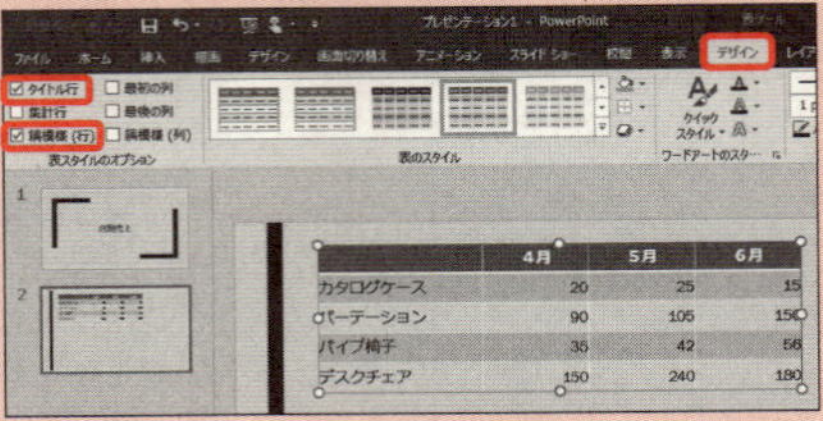

表のなかをクリックしてから、周囲の「○」などのハンドルを外側にドラッグして表を大きくし、文字のサイズもスライドに合わせて大きくします。[表ツール]の[デザイン]タブを開き、[タイトル行]と[縞模様(行)]をクリックして☑にすると、スライドに作成した表と同じ体裁になります。

エクセルで作成した表をコピーして、ワードの文書やパワポのプレゼンテーションに貼り付けるというように、1つのアプリで作ったデータをほかのアプリで利用すれば、データを作りなおす手間が省けます。

この操作のポイントは貼り付け方です。[貼り付け先のスタイルを使用]にすれば、貼り付け先と同じフォントや色などになります。

データの貼り付けが便利なのに、見え方が違って戸惑うのは、エクセルの表をパワポのスライドに貼り付けるケースでしょう。表のサイズは、表をクリックしてから四隅をドラッグすれば変えられます。さらに表のスタイルを設定すれば、パワポで作った表と同じ体裁になります。

Part 5
共通操作
画像編

図形・図表
・写真

図形・図表・写真

図形を描く

基本のキホン

図形の種類を選んでドラッグする

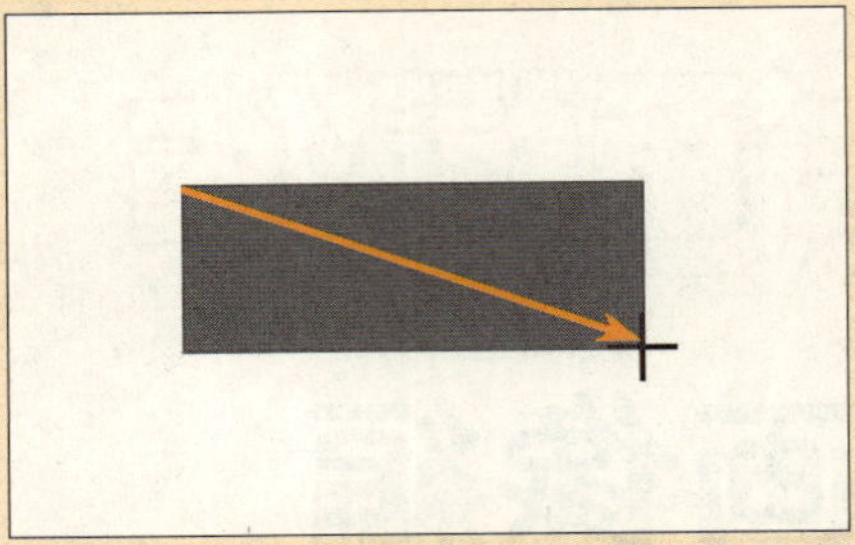

図形はドラッグで描けます。

地図を作ったり、手順の流れを図解したりするには図形を使います。文字を強調したり、座席表を作るのにも図形が役に立ちます。図形はドラッグで描けます。また、［Ｓｈｉｆｔ］キーを押しながら四角形を描くと正方形、円を描くと正円、直線を横に描くと水平線、縦に描くと垂直線になります。初期値では図形に色が付きます。色を変える方法も覚えておきましょう。

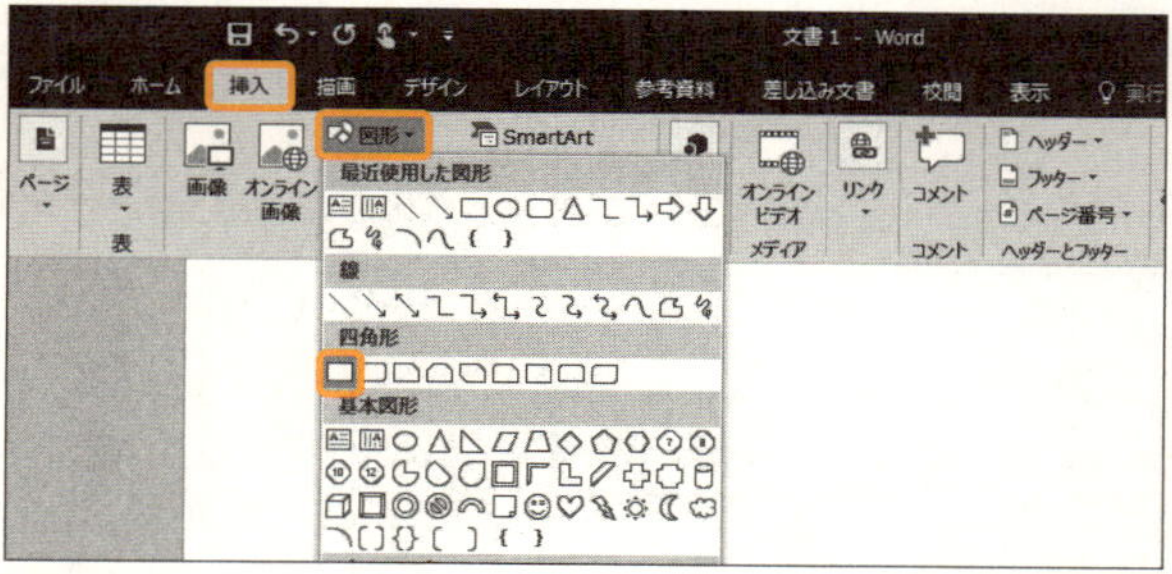

1 [挿入] タブを開き、[図] グループ→ [図形] →描く図形を選びます。

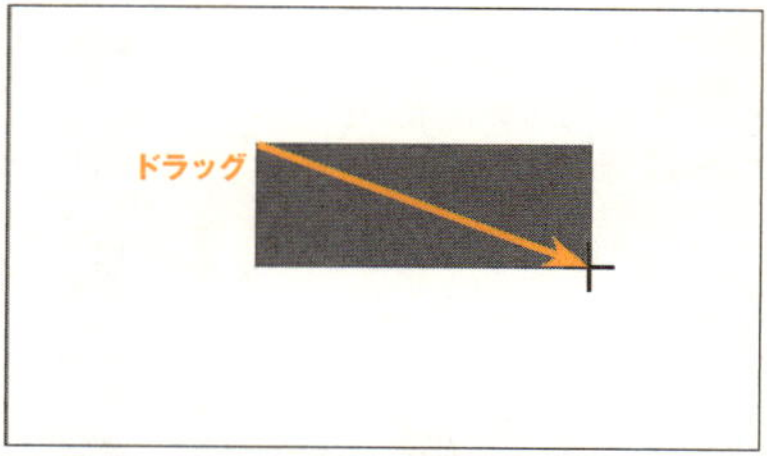

2 ドラッグして図形を描きます。

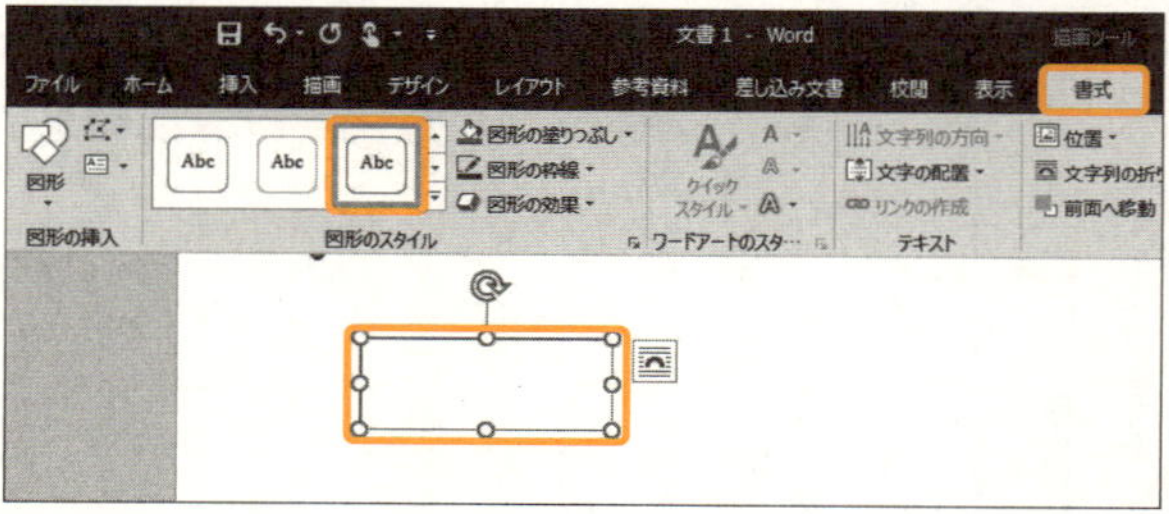

3 [描画ツール] の [書式] タブを開き、[図形のスタイル] グループでスタイルを選ぶと色などを変えられます。また、図形のなかをクリックすると文字を入力できます。

図形・図表・写真

図形をつなぐ伸縮自在な線を引く

これは便利！

図形を矢印や線でつなぐと、後で図形を動かしたときに線が外れて面倒です。しかし、図形を動かすと移動先に合わせて伸縮する線を引けば、この問題は解決できます。このような線を引くのに使うのが「接続ポイント」です。接続ポイントは図形にポインターを合わせたときにだけ表示されます。ワードでは、「描画キャンバス」に図形を描くと接続ポイントを利用できます。

接続ポイント同士を矢印や直線でつなぐ

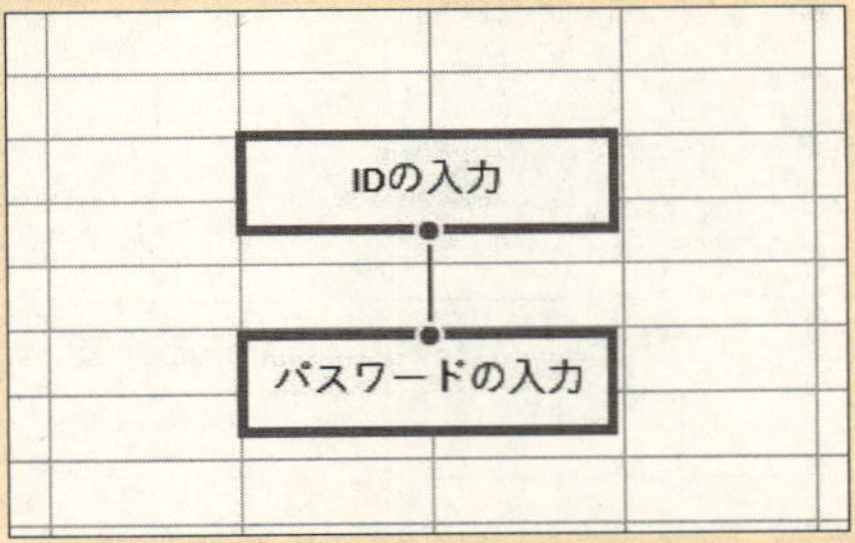

1つの図形の接続ポイントから、先方の図形の接続ポイントへ線を引くと、伸縮する線になります。

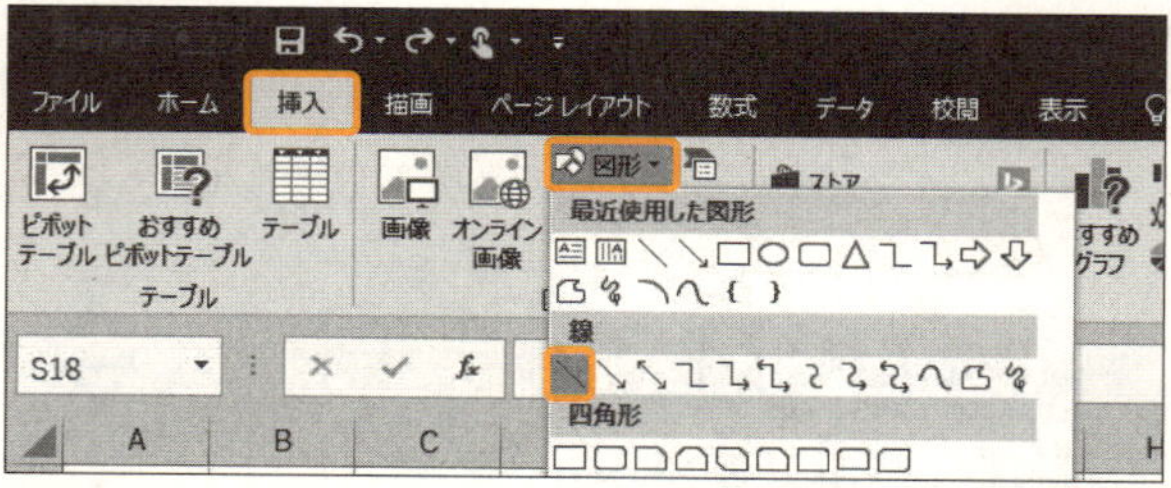

1 [挿入]タブを開き、[図]グループ→[図形]→[線](または[直線])を選びます。[線矢印](または[矢印])でもかまいません。

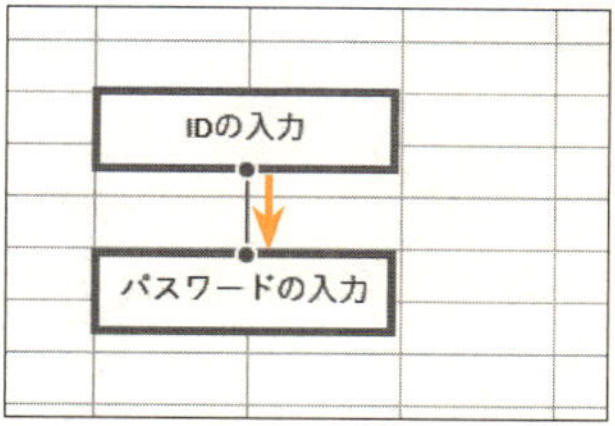

2 図形にポインターを合わせるとグレー(2010では赤)の接続ポイントが表示されます。接続ポイントから先方の接続ポイントまで線を引きます。

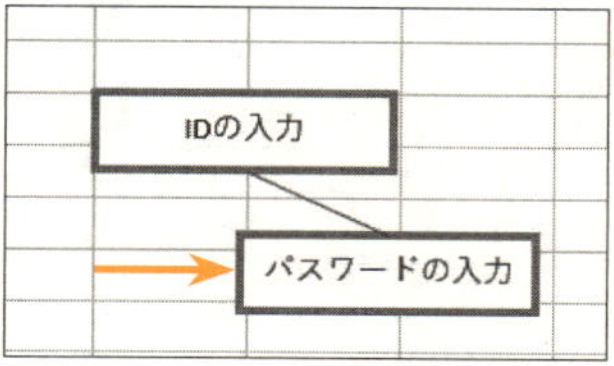

3 図形を動かすと線も伸縮します。

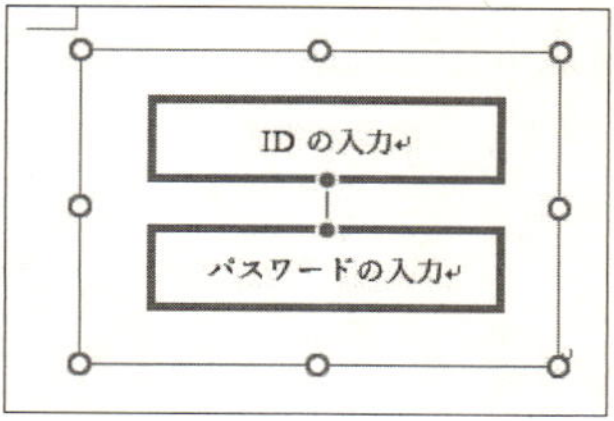

! ワードでは「描画キャンバス」に描いた図形でのみ接続ポイントが使えます。描画キャンバスは[挿入]タブを開き、[図]グループ→[図形]→[新しい描画キャンバス]を選ぶと作成できます。

スマートアートで図表を描く

これは便利！

図表の種類とレイアウトを選んで挿入する

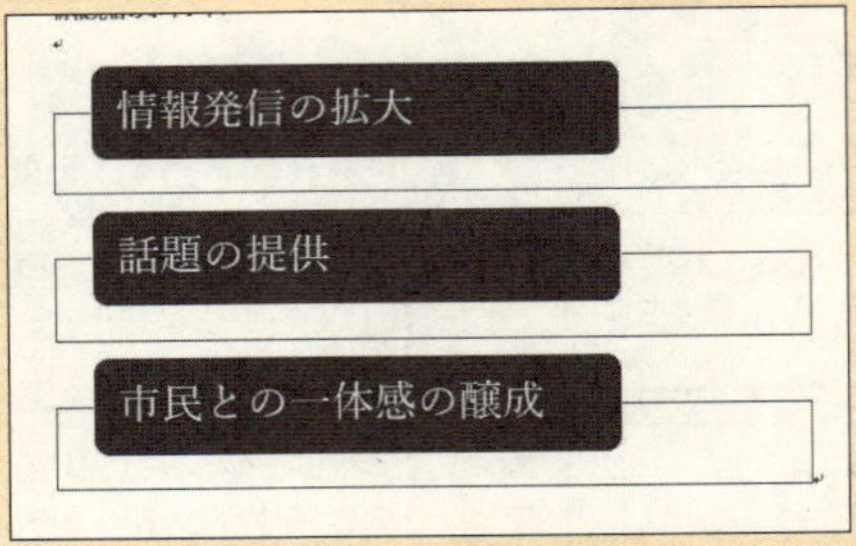

スマートアートを使うと、体裁の整った図表も簡単に作れます。

図形を描けば、組織図や手順図などさまざまな図表を作れます。しかし、図形の数が多くなったり、複雑な関連を示すとなると、かなり面倒なことになります。こんなときこそ「スマートアート」を使いましょう。スマートアートは図表のひな型です。これを利用すれば、項目を列挙する「リスト」や最大要素を最上部（最下部）として階層を示す「ピラミッド」など各種の図表を短時間で作れます。

1 スマートアートを挿入する位置をクリックします。[挿入]タブを開き、[図]グループ→[SmartArt]をクリックします。

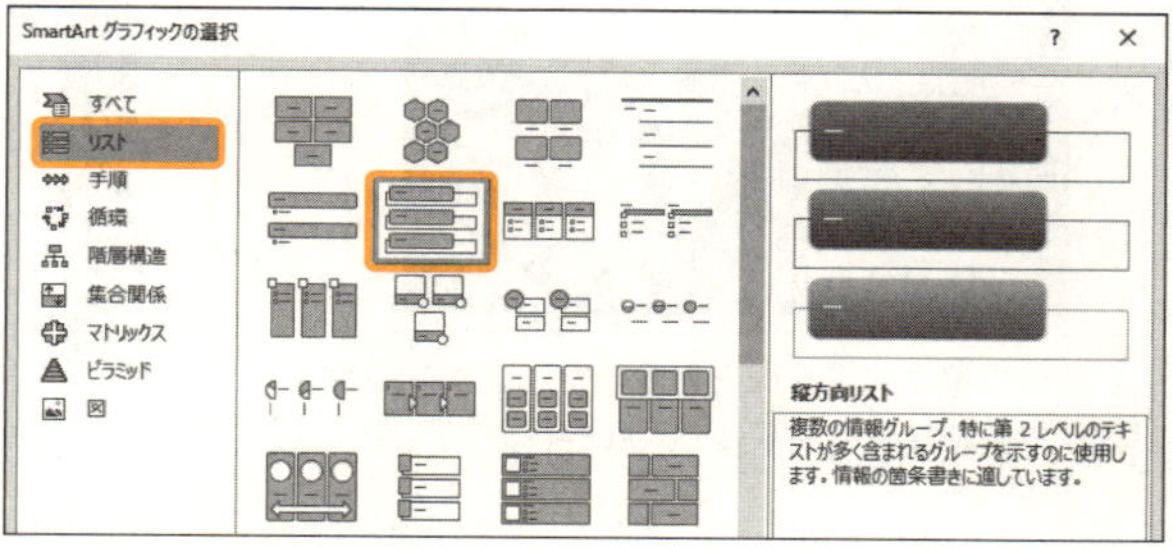

2 図表の種類と図表のレイアウトを選び、[OK]をクリックします。図では「リスト」のなかの「縦方向リスト」を選んでいます。

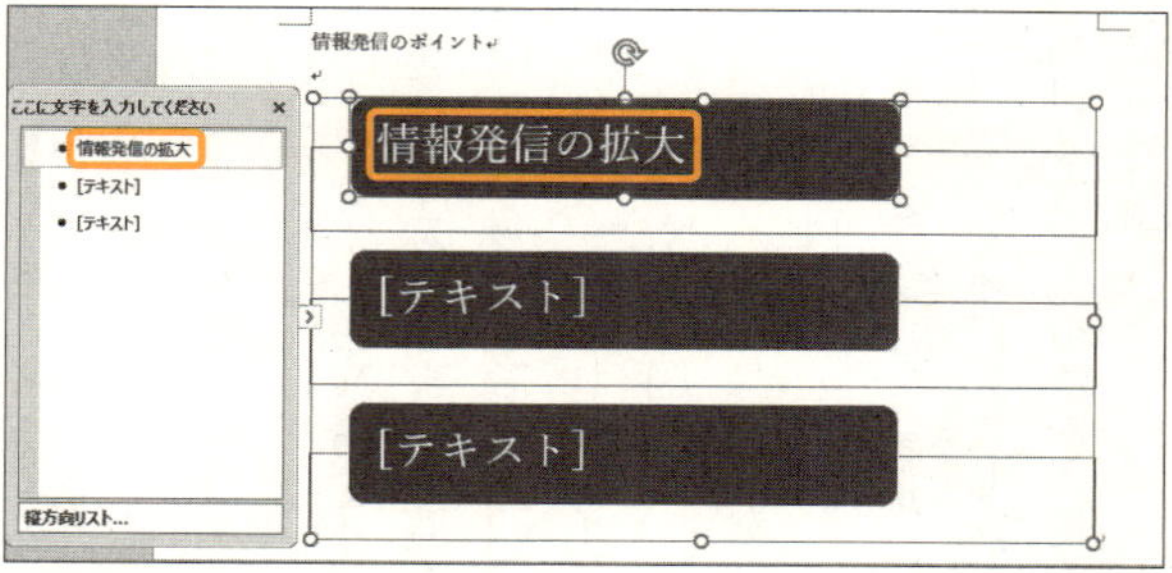

3 図表が挿入されます。「[テキスト]」と表示された部分をクリックして文字を入力すると、図形のなかに文字が入ります。入力が終わったら図表の外をクリックして終了します。

図形・図表・写真

写真を挿入する

基本のキホン

[挿入]→[画像]で写真を選ぶ

ワードの文書に写真を挿入しました。エクセルやパワポでも同じ操作で写真を入れられます。

ワークシートや文書、スライドには写真を挿入できます。挿入した写真は、クリックしてから四隅のハンドルをドラッグすればサイズを変えられます。文字や図など、写真以外の要素とのバランスを見ながらサイズを決めましょう。

また、「写真のスタイル」機能を使うと、写真を楕円形にしたり縁取りを付けるなどの効果をとても簡単に設定できます。

1 写真を挿入する位置をクリックします。[挿入]タブを開き、[図]グループ→[画像](2010では[図])をクリックします。

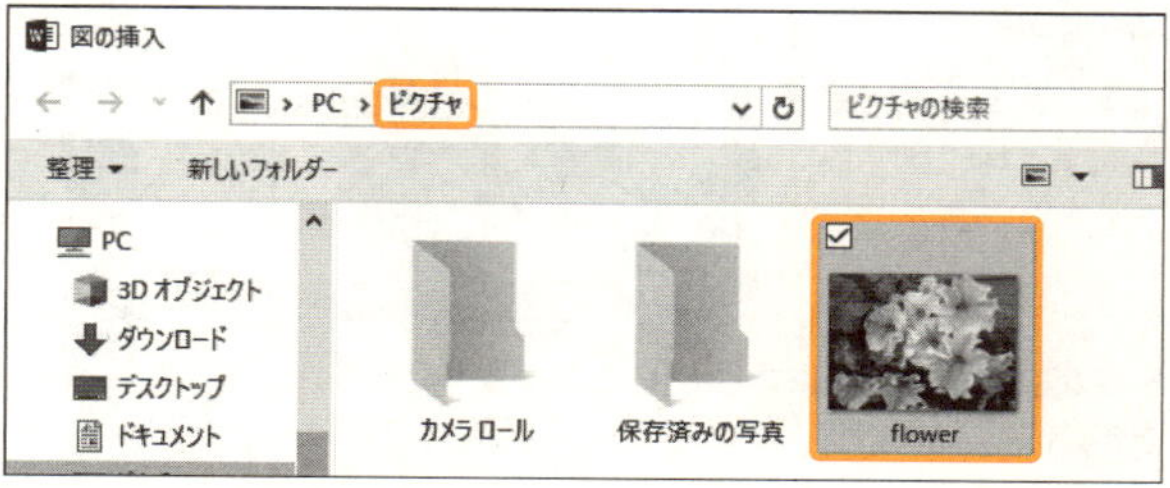

2 写真を保存した場所を開きます。挿入する写真を選んで[挿入]をクリックすると、写真が入ります。

! 写真をクリックして[図ツール]の[書式]タブを開き、[図のスタイル]でスタイルを選ぶと写真の形状を変えたり、縁取りを付けたりできます。

図形・図表・写真

写真の一部を隠す

これは便利！

[トリミング]を選び ドラッグして表示範囲を狭める

不要な部分を非表示にすると写真の構図が変わります。

文書などに挿入した写真は、「トリミング」機能で周囲を非表示にできます。通行人を隠したり、見せたい箇所を強調するのに役立ちます。この操作は、表示部分を変えるだけで、写真そのものは変更しません。

トリミングでは四隅のハンドルを「Shift」キーを押したままドラッグすると、縦横比を変えずに非表示部分を指定できます。それ以外の方法では形状が変わります。

1 写真をクリックします。[図ツール]の[書式]タブを開き、[サイズ]グループ→[トリミング]をクリックします。

2 写真の周囲に表示される太線のハンドルにポインターを合わせ、ハンドルを内側にドラッグして、写真の不要な部分を表示しないようにします。写真の外をクリックするとトリミングが終了し、指定した範囲だけが表示されます。非表示にした部分を再表示するには、1を行い、ハンドルを外側にドラッグします。

ショートカットキーで効率アップ!

ショートカットキーは、コピーや保存など各種の操作を行うキーの組み合わせです。これらを使えばボタンを探す手間を省いて、手早く目的の機能を使えます。エクセル、ワード、パワポで共通のキーも多いので、いくつか覚えるだけでも作業効率が上がります。

共通編

（パワポはスライド作成時に有効）

ショートカット	操作
[Ctrl]＋[C]	コピー
[Ctrl]＋[X]	切り取り
[Ctrl]＋[V]	貼り付け
[Ctrl]＋[Z]	操作を元に戻す
[Ctrl]＋[Y]	直前の操作を繰り返す
[Ctrl]＋[S]	上書き保存
[F12]	[名前を付けて保存]画面の表示
[Ctrl]＋[N]	新しいファイルを作る
[Ctrl]＋[O]	[開く]（2010は[ファイルを開く]）画面を表示する
[Ctrl]＋[P]	[印刷]画面を表示する
[Ctrl]＋[B]	太字にする／解除する
[Ctrl]＋[I]	斜体にする／解除する
[Ctrl]＋[U]	下線を付ける／解除する
[F1]	ヘルプを表示する

エクセル編

ショートカット	操作
[Ctrl]＋[D]	上のセルをコピーする
[Ctrl]＋[R]	左のセルをコピーする
[F2]	セルを編集状態にする
[Ctrl]＋[スペース]	列を選択する
[Ctrl]＋[A]	表全体の選択／ワークシート全体の選択
[Ctrl]＋[1]	[セルの書式設定]画面の表示
[Ctrl]＋[F]	[検索と置換]画面の[検索]を開く
[Ctrl]＋[Shift]＋[1]	桁区切りを付ける
[Ctrl]＋[Shift]＋[5]	パーセンテージ表示にする
[Ctrl]＋[Shift]＋[~]	標準表示形式にする
[Ctrl]＋[;]	今日の日付を入力する
[F11]	標準グラフ(棒グラフ)を作る
[Ctrl]＋[Home]	ワークシートの先頭に移動する

ワード編

ショートカット	操作
[Ctrl]＋[Shift]＋[C]	書式のコピー
[Ctrl]＋[Shift]＋[V]	書式の貼り付け
[Shift]＋[F5]	前回の編集位置を表示する
[Shift]＋[Enter]	段落内で改行する
[Ctrl]＋[A]	文書全体を選択する

[Ctrl]+[Delete]	カーソルの右の1単語を削除する
[Ctrl]+[「]	文字のサイズを1ポイント小さくする
[Ctrl]+[」]	文字のサイズを1ポイント大きくする
[Ctrl]+[E]	中央揃えにする／解除する
[Ctrl]+[R]	右揃えにする／解除する
[Ctrl]+[Enter]	改ページする

パワポ編 （スライドショー実行時に有効）

ショートカット	操作
[F5]	最初のスライドからスライドショーを開始する
[↓]	次のスライドまたは次のアニメーションに進む
[↑]	前のスライドまたは前のアニメーションに戻る
数字+[Enter]	指定した番号のスライドに移動する
[B]	スライドショーを中断して画面を黒くする／スライドショーに戻る
[W]	スライドショーを中断して画面を白くする／スライドショーに戻る
[Esc]	スライドショーを終了する／ペンにしたポインターを矢印に戻す
[Ctrl]+[P]	ポインターをペンにする
[Ctrl]+[A]	ポインターを矢印に戻す
[E]	スライドへの書き込みを削除する
[Ctrl]+[T]	タスクバーを表示する

著者紹介

ワイツープロジェクト
Y2 Project

■ 岡田泰子
Yasuko Okada

ワイツープロジェクトで書籍執筆およびユーザーモデル（ペルソナ）開発、コンサルティングを担当。著書に『その仕事、3秒で完了！　パソコンの神ワザ200』『500円で覚えるエクセル&ワード 超お得ワザ全部!』（ともに宝島社）、訳書に『ペルソナ戦略』（ダイヤモンド社）など。

■ 秋本芳伸
Yoshinobu Akimoto

工学博士。ワイツープロジェクトにおいて、システムコンサルティングおよびコンピュータ関連書籍の執筆を担当。『基礎から学ぶシステム仕様書』『90分で学べるRFPの作り方』（ともに日経BP社）をはじめ著書、訳書多数。

宝島
SUGOI
文庫

500円で覚えるエクセル&ワード&パワポの超基本ワザ全部！

(ごひゃくえんでおぼえるえくせるあんどわーどあんどぱわぽのちょうきほんわざぜんぶ！)

2018年7月19日　第1刷発行

著　者　ワイツープロジェクト

発行人　蓮見清一

発行所　株式会社 宝島社

〒102-8388　東京都千代田区一番町25番地

電話：営業 03（3234）4621／編集 03（3239）0928

http://tkj.jp

印刷・製本　図書印刷株式会社

ISBN978-4-8002-8490-7